深田耕一郎

福祉と贈与

全身性障害者・新田勲と介護者たち

生活書院

はじめに

ある痛みを発している身体をまえにしたとき、何をすればよいかわからずに身体をこわばらせてしまう。手をさしだそうか、いやそれは無用な配慮ではないか。自分でつくりあげたダブルバインドに拘束されて右往左往している。私はそのような人間だ。他者の身体への畏れからだろうか。あるいは何かその人のありようを大事にしたいという感覚があるからかもしれない。

そう考える私は反対に他者に助けを請うことが不得手だ。誰かにものをたのむ、助けてほしいと声を出す、そのようなことができない。自分のプライドが邪魔をするということもあるが、あまり迷惑をかけたくないという思いもある。これもひとつの身体のこわばりだといえる。

もっとも、身体のこわばりが悪いことだとは思えなかった。何か他者を尊重するということの本質的な部分にかかわるのではないか。そう考えていた。新田勲さんに出会うまでは――。

新田勲(以下、敬称略)、一九四〇年生まれの男性、脳性麻痺の障害者。私は彼の介護者だった。「だった」というのは、二〇一三年一月三日に彼が亡くなったからだが、私は二〇〇五年八月からほぼ休むことなく彼の介護を続けた。新田は自分のことを「全身性重度障害者」と呼ぶ筋金入りの「プロ障害者」だった（橋本 2009）。障害をかかえて生きることのディスアドバンテージをおよそすべてアドバンテージへと換えていた。介護の必要は彼にとっては出会いの結節点だった。多くの人を惹きつけ、多くの人の人生に影響を与え、自分自身も多くの人との関係の渦のなかに巻き込まれていくことをよしとした。そうした生のすべてを彼は「福祉活動」と表現した。

この本は私が彼と出会い介護をするなかで経験した出来事を記録したエスノグラフィーである。新田の変化、彼をとりまく介護者たちの変化、私自身の変化、私と彼らとの関係の変化。そうしたものが書き綴られている。

新田と出会ってからの私はアタマもココロもカラダもすっかり変わってしまった。身体への畏れはいまでも大事にしたいとは思っているが、それとは異なる感覚が身体の大部分を占めている。他者の身体に丁寧に触れるとはどういうことか。相手にとっても私にとっても快となる身体の使い方とはどのようなものか。そのような身体の水準からの気づかいを私は新田から教わった。彼は人にものをたのむことをしなければ生存がままならない。人の手を借りながら、人の身体とまじわりながら自らの生を築いた。助けを請わなければ生きていけないという負い目を彼は主体的に生きた。今村仁司は最後の著書『社会性の哲学』のなかで人はすべて自己の内に抱えた負い目を解消するように生きるといい、そのことを「挑戦」と呼んだ（今村 2007）。新田は公的介護保障の実現を求めて生涯、社会運動にかかわったが、彼の生は福祉への「挑戦」だった。そしてその挑戦は私たちへの強烈な「贈与の一撃」でもあった。

私は新田からの贈与の一撃を身体で受け取ってしまった。いま、私はできるだけ多くの人に介護にかかわってほしいと願っている。これも彼と出会うまでは考えもしないことだったが、多くの人を福祉の世界へ招待したいと思っている。私はその世界に魅了されてしまったのだ。ただし、この本で描こうとしている福祉は朗らかで胸のすくような福祉ではない。というかそんなものは福祉ではない。福祉とは矛盾と葛藤に満ちた世界である。しかし、だからこそ、この世界は強い輝きを放っている。その人間のドラマを少しでも伝えることができたらと思う。本書が多くの人にとって福祉に足を踏み入れるきっかけになればとてもうれしい。福祉の世界へようこそ。

目次

福祉と贈与

全身性障害者・新田勲と介護者たち

第2章　全身性障害者の自立生活運動と介護の贈与論的理解

第3章　支配の贈与を拒む――家族と施設における抑圧

第4章 贈与を与え返す——府中療育センター闘争をめぐって

第5章 相互贈与を求めて――他人介護のありか

第6章 相互贈与を可能にする条件——介護者たちの自立生活

第7章　相互贈与と疑似商品交換——全国公的介護保障要求者組合の分裂

第8章 考察――相互贈与としての福祉をめぐって

終章　返礼としての結論

凡例

一　本書の内容は二〇一一年一二月一二日時点の事実を記述したものである。

一　本書に登場する人物のうち、障害当事者は実名である。介護者、支援者は仮名である。

一　「介護」と「介助」という表記について。こんにち日本の自立生活運動では、「保護」の意味あいを持つ「介護」ではなく、生活に必要なアシストをおこなうという意味の「介助」が使われるようになっている。新田ならびに公的介護保障要求運動はふたつの言葉の意味の違いにこだわりを見せず、「介護」を用いてきた。本書は要求運動の意味世界の記述を目的としているため、「介護」を使用している。ただし、引用や語りのなかで「介助」が使われている場合はその限りではない。

序章

福祉を贈与として立ち上げることは可能か

1 「福祉」とは何か

全身性の障害をもった者が自己の生育環境から離れ、自らの居宅において介護を受けながら暮らす生活がある。「自立生活」と呼ばれるその暮らし方は、人びととの意識や福祉の制度の変更を求める社会運動として実践されてきた（安積ほか 1990=1995=2012〔第3版〕）。本書の目的は、ある全身性障害者の自立生活への参与観察から得られた事実をもとにして、「福祉を贈与として立ち上げることは可能か」という問いを考察し、その解を導き出すことにある。

全身性障害者の自立生活運動は一九六〇年代に世界で同時多発的に起こった「新しい社会運動」の一つに数えられる。それは既存の福祉のあり方を問い直すものだった。既存の福祉とは家族による保護や施設への隔離であり、全身性障害者はそれに対する激しい異議申し立てをおこなった。その際、彼らが先鋭的に告発したものとは、他者を支えようとする、まさにそのことが他者を抑圧してしまう福祉のパラドックスである。たとえば、「もう憐れみはいらない」という標語がある。憐憫の情は、障害者を憐れだと貶めておいて、社会の都合のいいように保護を施す。それは結局のところ、他者を救済した気分になって自尊心を充たしているだけの錯誤ではないか。そのようにして彼らは社会が押しつけてくるおしきせの福祉を批判した。

もっとも、自立生活運動は既存の福祉を批判しただけではない。批判したうえでなお従来のそれとは別様の福祉をつくりあげていく運動でもあった。なぜなら、彼らの生活は権力を批判すればそれで事足りるわけではない。自らが生きていくためには、権力を批判しつつそれをどう利用していくかということが問われた。

そうしたなかで彼らが求めた福祉とは、「身勝手な思いこみはいらない、手だけ貸してくれ、あとは黙っていてくれ」というものだ。それは自立生活センター（Center for Independent Living=CIL：以下、ＣＩＬ）の方法論に如実に表れている。詳しくは後述するが、ＣＩＬとは運動体であるとともに事業体であることを前面に出した障害当事者のグループである。自分たちで介護者を集め、介護を必要とする人たちに介護を提供している。介護とは社会資源であり、障害者は介護を消費する消費者である。そこに「憐れみ」や「あたたかさ」はいらない。機械的でも冷たくてもいいから必要なサービスをきちんと提供して欲しい。ＣＩＬの考え方はこれまでの福祉の過剰さを脱色するもので、自分たちの求めているものは「福祉」ではない、「サービス」だと主張した。

ところで、日本の自立生活運動にはもう一つ別の水脈がある。この運動が登場する以前、全身性の障害を持った者の介護は、その家族が担うか地域共同体のボランティアが担うこととされていた。彼らはそうした意識に異議を申し立て、行政に対し介護の公的給付を求めた。本書ではこうした実践を担った一群を「公的介護保障要求運動」と呼ぶ（以下、「要求運動」と表記することもある）。

この要求運動の中心を担った人物が新田勲である。私は彼の自立生活に介護者としてかかわり、参与観察を実施してきた。本書はその過程で私が経験してきた事実を記述し、考察を加えるものである。私が知ることとなった要求運動はＣＩＬの世界とまったく違った。いくつもの驚きがあったけれど、一番の驚きは、彼らが「福祉は大切だ」と訴えていたことだ。ＣＩＬは「福祉」ではなく「サービス」を求めていたと述べたが、要求運動はその反対に「サービス」ではなく「福祉」を求めていた。たとえば、新田は自己の実践を「福祉活動」と呼び、こう説明している。

全身性重度障害者の細かい心の支えを、そこを深く理解するのはすごく大変です。その一番大変な障害者を深く理解して動いていくのが福祉活動の基本的な動きです。こういう活動は自分のいのちや生活をある程度捨てて、心底そこに賭けていかないと、行政も社会そのものも絶対に変わらないのです。人間社会の生活、いのちというところでは、これほど大切な活動はないのです。

（二〇〇八年五月二六日パーソナルアシスタンス☆フォーラム　中西正司との対談）

このいかにも切迫性の高い言明をどう受け取ればよいだろうか。障害者の心理を理解することの重要性はわかるが、「自分のいのちや生活」を捨てるほど自己を投げ出さなければ、「福祉活動」は成立しないのか。そもそも彼のいう「福祉」とは何なのか。

本書は公的介護保障要求運動が福祉をどのように立ち上げようとしているかということに注

目する。とりわけ、彼らが「福祉を贈与として存立させることは可能か」という問いに向き合ってきたという仮説のもとに、その実践過程を紐解いていく。彼らは福祉の抑圧性を痛いほど知悉しているにもかかわらず、福祉の贈与性にこだわる。それはなぜか。こうした観点から本書は福祉を贈与として立ち上げることの可能性と意義、困難と限界について考察し結論を得る。

2 「福祉」という「闘争」のエスノグラフィー

本書の視座と方法について述べる。公的介護保障要求運動が最もユニークである点は、本来、福祉の受け手であるはずの側（＝新田）が「福祉活動」を実践していると認識している点である。受け手の側が自分の身体をさらけ出して何らかの働きかけをおこなうことが、福祉への貢献であると考えられている。そして、それに触れたわれわれが否応もなく反応を示し、われわれは結果的に福祉活動にコミットしていることになっている。

このことを踏まえ、本書は第一に福祉の送り手と受け手の相互作用過程に着目する。障害者と健常者、介護を受ける側と介護を提供する側（以下、被介護者と介護者）、彼らとわれわれ、彼らと社会というカテゴリーを自覚的に設定し、その言語的・身体的メッセージの往復を読みとる。こうした二項区分的なカテゴリーは図式的で静態的な印象を与えるかもしれないが、この本が試みようとしているのはその逆である。もちろん、それぞれの行為主体ははじめから「障害者」

でも「健常者」でもなく、社会的な状況のなかでそのようにカテゴリー化される。ただ、公的介護保障要求運動の場合、彼ら自身が「障害者」と名指されること、また障害にかんする抑圧的な出来事を、積極的に表に出し、「健常者」とカテゴライズされる人びとに対して自他の区分を強く認識させ、「障害者であること」「介護をうけること」「弱者であること」をぶつけていくところがある。行為者間の対立、葛藤、分裂、破局によって既存の枠組をずらし何かしらの現実がつくられている。こうした行為者が自覚的・戦略的に使い分けるカテゴリーに注意を払いながら、その主観的意味世界を読みといていく。したがって、客観的な事実ばかりでなく、彼ら自身が現実をどのように経験し、感じ、解釈しているかという主観的事実を重視する。

第二に「福祉」という現象をできるだけ価値中立的に把握する。というのも、福祉にかんする研究はこれまで規範的な正しさや援助志向型の実践論が先取りされる傾向にあり、最初から「望ましい福祉とは何か」という議題が設定されてしまいがちである[1]。もちろん、「問題」として認識される現実があるからこそ、問題を改善しうる「望ましさ」が語られるわけだが、「問題」とラベリングするより先に現実そのものを価値中立的に観察することが重要である。たとえば、福祉の世界において行為者たちは矛盾や葛藤、負の感情や関係の破局など、様々な局面に遭遇するが、それ自体が福祉のダイナミックな変容を突き動かしていると観察される場面があり、そのため、そうした事柄を視野に入れた記述をおこなう必要がある。

福祉の語源は「幸福」であるといわれる。しかし、幸福とはきわめて主観的なものだから、福祉が幸福を提供する営みであるとはいえない。福祉は「幸福のための物質的社会的諸条件」（Pierson 1991=1996:24）であり、また「幸福追求のための条件」（武川 1996：29）を提供する営みであるといったほうが適切だろう。

ここには幸福は主観的だが、福祉は個人の主観を超えた集合的な価値を含んでいるという認識が持たれている。社会福祉学者の稲沢公一が「社会福祉とは何か」を問うなかで述べているように、「幸福」が場合によっては、他人の「不幸」の上にさえ成り立ちうるのに対し、「福祉」は一定の範囲にいる誰もが必要とする幸福という意味が込められている。個人的な幸福だけではなく、他の人びとにも共通する「幸福」のために「何かをする」という意味が「福祉」にはある。

> そういう意味では、福祉を実現するための活動である「福祉活動」は、おせっかいともいえるような側面も含まれている。「幸福」の形はみんな違うと考えて、見知らぬ他者のことなど放っておけばよいのに、その状態を放置することは、福祉（他者にも共通する幸せの状態）ではないとして手をさしのべるのである。この放っておけないという思いで手をさしのべることが福祉活動の出発点なのである。（稲沢 2008：4）

社会福祉というときの「社会」とは、この「放っておけないという思い」を集合的に表現した概念だと考えることができるだろう。しかし、稲沢の慎重な書きぶりからもわかる通り、こうした「社会的な望ましさ」とは、本来きわめて価値論争的なものである。「他者にも共通する幸せ」など誰が措定することができるのだろうか。それはまさに「神々の闘争」と呼びうるような様相を見せているのではないか。このように福祉をめぐる「価値」が論争的であることを踏まえて、この本ではその論争・闘争の過程それ自体を記述する。

そして、第三に彼ら（運動）の要求に対して、われわれはどう応えることができるのかということに関心を向け、「社会」の側の応答可能性を論述する。彼らが発する「手をさしのべよ」という呼びかけに、われわれが応答することが可能になる状況と、そうはならない状況とがある。われわれは、「他者のために」と思ってはいても、自己本位的であることを捨て切ることはできないし、捨て切ることが望ましいともいえない。彼らもわれわれも自身の幸福の実現を欲望して生きている。そこでは欲望と欲望がぶつかり合い、矛盾が噴出する。それらの矛盾がどのようなものであり、いかにして調停されているのか、いないのか。また、調停が成立するのであれば、それを可能にする条件とはどのようなものか。こうした、いわば「福祉をめぐる闘争」を記述することによって、われわれは公的介護保障要求運動の世界から何を受け取ることができるのか、できないのかということを考察する。

では、次に研究の方法と調査の概要を示そう。本書は新田勲という個人の生涯に照準をあわせて、彼と彼をとりまく介護者、支援者の主観的意味世界にアプローチする質的研究である。社会学の領域では一九六〇年代以降、「ライフヒストリー法リバイバル」といわれる、個人の人生や語りの多元性に注目する研究が新しく登場した（Lewis 1961=1969, Bertaux 1997=2003)。ほぼ同じ時期に日本においても個人の語りに丁寧に寄り添おうとする研究が現れ、「特定個人のモノグラフ的研究を通して――もとより多様な個々人の事例を積み重ねながら――そうした人間個人から全体社会へ接近する試み」が数多く蓄積されるようになった（中野 1981：4)。こうした研究方法は「生身の人間と出会う」（中野 1981：7）ことを調査の基礎に置き、インタビューにおける対象者と調査者の相互行為それ自体をとらえ返す（アクティブ・インタビューや対話的構築主義といわれる)。個人の生の全体性に接近することがこの研究法の大きな目的であり、本書もそうした研究課題を共有している（小倉 2011)。なお、本書では口述の語りである対象者のライフストーリーを中心に、彼の手紙や自伝などのドキュメント資料も取り上げ、ある程度編年的に人生を再構成していることから「ライフヒストリー」という用語を採用している。

社会学者の長谷正人はコミュニケーションを論じるなかで、「ほかとは比較できないような、ある関係やコミュニケーションが独自にもっている特徴（表情や匂いやオーラのようなもの)」を「単独性」と概念化している。単独性は個別に異なっているようでいて、そうであるがゆえに「互いに違ったまますべてのコミュニケーションに当てはまるような『普遍性』へと通じている」（長谷 2009a：74)。本書はこのような「単独性‐普遍性」の認識を根底に据えて、きわめて単独的なものとして観察される新田の世界が、すぐれて普遍的な性格を有していることを明らかにするものである。

調査の概要は次の通りである。公的介護保障要求運動のいう福祉の意味世界を探求するためには、当該集団の内部に入り込み、現実の構成のされ方を観察することが最も有効だと思われた。そこで、参与観察という調査方法を採用し、新田らの生活に介護者として入り込んだ。私は二〇〇五年八月から二〇一三年一月まで新田の介護に入った。その関係者には私が研究者であることを表明し、観察記録を学術的な媒体に公表することを伝え、その了承を得た。

介護に入った時間は週に一日二四時間と一日一二時間（夜間）である。二四時間の日は、土曜日の朝九時から日曜日の翌九時までである。したがってそのあいだは介護者である私も食事をし、排泄をし、睡眠をとった。一二時間の夜間介護も同様である。そのため、介護中は共同生活をしているような感覚が生まれた。私は二〇〇五年から毎週、ほとんど休むことなくこの生活を続けた。その間、新田の生活とその周辺、公的介護保障要求運動の世界を観察し記録を残してきた。加えて、新田とその介護者にインタビューを実施した。また、本書では団体が発行している機関誌、ビラ、パンフレット類の資料、行政が配布している資料などを取り上げる。

私は同じ期間、筋ジストロフィーの男性の介護も継続している。こちらは週に一日四時間（二〇〇八年までは週に二回）、介護に入っている。この男性はＣＩＬのスタッフであり、自立生活運動に取り組みつつ、介護派遣事業に従事している。要求運動との比較参照点として、ＣＩＬの世界を観察し、記録を残している。本書では、そうしたＣＩＬの意味世界についても言及することになる。

介護現場での私の立場を記しておこう。私は基本的に介護者として参与しているが、参与者であるのか観察者であるのか、その性格は状況によって様々である。H．ガンズは参与観察を次の三つに類型化している（Gans 1982=2006：314-315）。①調査者が、対象に影響を与えないよう観察者としてのみ行動するタイプ、②調査者が、参与しながらも、調査関心の対象となる話題や出来事にのみ関わるタイプ、③調査者が、一時的に研究役割をやめて参与者となり、出来事のあとに、参与者である自己の分析を含めて、対象を記述するタイプ、である。

私の場合、この三つの性格が入り混じっている。というのは、介護中は介護者として食事、入浴、衣服の着脱、排泄、移乗、体位交換などの介護や、炊事、洗濯、掃除などの家事、代筆、電話の媒介などのコミュニケーション支援をおこなっており、その場面においては観察記録をとっていないため、基本的に三番目の性格が強い。しかし、介護中であっても、会話のなかで、研究関心である被介護者と介護者の関係性についての話題を促し、その回答を得ることも少なくないため、二番目の性格もある。また、別の介護者と交代する際や介護とは別の要件で新田の家に訪問した際などは、私は介護をしないが、対象を観察することもあることから、一番目の性格も有している。本書はこうしたいくつかの立場に依拠してなされた観察記録のなかから、研究主題に該当する事例を抽出し、それらに考察を加えるエスノグラフィーである。

3　公的介護保障要求運動の世界

本書の構成は次の通りである。第1章は介護経験を通して得られた現実を提示する。とりわけ、私が介護に入るなかで見聞きした出来事を最初の驚きとともに示しながら、公的介護保障要求運動の世界を開示する。彼らの生活は脱家族、脱施設、介護の他人化・労働化といった思想が埋め込まれ、それが実践されている。しかし、それらをよく観察してみると、脱家族を主張しながらパートナーや娘と同居していたり、他人介護者と呼んで関係の距離を確保しながら、まるで疑似家族的な共同体をつくっていたりする。こうした一見、矛盾に見える要求運動の世界を記述することによって本書の分析課題を明確にする。

第2章は第1章を受けた理論編である。近代資本主義社会における福祉の構造と障害者が置かれてきた社会的な位置を確認する。近代の福祉は対象者を保護する代わりに抑圧する傾向が見られた。それに対して、全身性障害者の自立生活運動は一つに福祉のパターナリズムを批判する運動であるとともに、二つに自分たちの望む福祉を構築する運動だった。その福祉を構築するあり方が自立生活運動のなかで異なりが見られる。その異なりに本書は着目する。公的介護保障要求運動は福祉が贈与の性格を持っていることにこだわり、福祉を贈与として立ち上げようとしていた。本書はこうした要求運動の実践を跡づけることで、福祉を贈与として立ち上げることは可能かを問う。

第3章は贈与のどのような側面を拒むべきかという観点から、新田の家族経験と施設入所の体験を取り上げる。自立生活運動の先行研究が示していたような、家族の愛情や施設の福祉的配慮が彼のライフヒストリーにどのように影響を与えているかを確認する。その後、現在の彼の自立生活における家族と他人介護者の関係について解釈を加える。

第4章は新田が中心的にかかわった府中療育センター闘争（以下、府中闘争）の展開過程を見る。府中闘争は入所者が施設の管理体制に批判の声をあげた施設の処遇改善運動であるとともに、施設の職員への態度変更と連帯の呼びかけだった。だが、その呼びかけには一部の職員が理解を示したにとどまり、多くの職員は応答を示すことはなかった。この過程をとおして、これまで贈与の一方的な受け手であった障害者が健常者社会に贈与を与え返していくことになる。

第5章は府中闘争後に地域に出た新田らが福祉をどのようなものとして立ち上げようとしたかを見る。彼らが「他人介護」と呼ぶ、他者との距離を一定確保した関係による介護が、公的に保障される社会の確立を求める運動／生活が開始される。彼らは行政に介護者（人材）ではなく介護料（貨幣）を支給することを求め、実際に公的介護保障の制度化に成功する。

第6章は公的介護保障要求運動が開発した「専従介護」という介護の労働形態の生成過程とその内実を見る。このときいかにして贈与を肯定的に立ち上げるかが問われ、贈与を可能にする条件がどのようなものであるかが模索された。専従介護は漸増していた介護料を、コアとなる介護者に手渡すことで介護を労働として位置づけ、介護の安定化を図るものだった。本章では彼らが労働をいかなるものとして位置づけているかに注目することになる。

第7章は福祉を贈与として立ち上げる実践が現在どのような帰結にいたっているのかを明らかにする。そのために公的介護保障要求運動における全国公的介護保障要求者組合と自立生活センターの分裂過程に注目していく。ゲマインシャフト的な組織とゲゼルシャフト的な組織とが、いかなる要因と過程を経て分派していくかを記述することになる。

第8章は事例に対する考察にあたる。福祉を贈与として立ち上げることは可能だったか。なぜ彼らは福祉の贈与性にこだわるのか。こうした問いに対する考察を踏まえ、最後に本書の結論をまとめる。

注

1……福祉にかんする原理的な研究については、規範的な学問である哲学や倫理学、また実証的には経済学や社会学、実践的には社会福祉学において議論が蓄積されてきた。とりわけ、社会福祉学は福祉概念を定義づけることに自覚的であり、「広義の社会福祉」と「狭義の社会福祉」といった分類や「目的概念」「実体概念」という整理によって概念の彫琢を試みてきた（竹中 1950、孝橋 1954）。なお、広義の社会福祉とは、医療、雇用、年金などの社会保障を指し、共同体のすべての成員の生活を保障するという意味での福祉である。「福祉社会」や「福祉国家」というときの福祉も、これにあたると考えられる。狭義の社会福祉は、障害者や貧困者、児童、老人など、いわゆる「社会的弱者」に対する保護や救済を指している。日本では「社会福祉」という言葉は主にこちらの意味で用いられている。さらに「最広義の社会福祉」といういい方で、「人間生活に望まれる安定、調和、生活内容の充実、人格発展のごとき理想状態」を展望するものもある（孝橋 1962：13）。

第1章
ある全身性障害者の自立生活

本章では私が介護者としてこの世界にかかわって以来、経験した事柄を記述する。彼らの生活はそれ自体が公的介護保障要求運動の思想の実践である。なぜこの運動がはじめられたのか。それはどのような思想であり実践か。生活を観察することのなかから、この運動が投げかけているいくつかの問いを抽出する。それが本章の目的である。

1　介護者になる

(1) 自立生活という暮らし方がある

最初に新田のもとを訪れたのは二〇〇五年八月二七日のことである。大学院の博士前期課程に在籍していた私は障害者の自立生活をテーマにした修士論文を書こうとしていた。その関連で、ある知人（Aさん）に新田勲という人物を教えられた。Aさんは一九七〇年代に新田と同じ住宅に住んでいた猪野千代子という女性障害者の介護をしていた。だから、私の研究テーマを聞いて「それなら新田さんに話を聞いてみたらいい」といった。私はそれまで新田の名前すら知らなかったが、行けば何か話してくれるだろうと（愚かにも！）思い、特段の疑問も持たず、インタビューに行こうと思った。

大学で知りあった落合勇平がちょうど自立生活をはじめた頃だった。彼は筋ジストロフィーという障害とつき合いながら、自分の暮らしをつくるために、毎日もがいていた。彼に会うといつも「介護者」と呼ばれる人たちがそばにいた。彼らは落合の電動車椅子のそばにピタリとはりついて、落合が出す指示で動きまわっていた。そんな場面に接しているうちに、「あぁ、これが自立生活なんだ」と思うようになった。二四時間、他者と折り合いをつけながら暮らす生活がここにある。これはコミュニケーションの究極型だと目を瞠った。

私は落合の介護者ではなかった。研究者という立場を守りながら、ときには友人と自己定義しながら、彼の生活を観察していた。ただぼんやりと考えていたことは、彼を気づかうことが彼を尊重することでもあるけれど、その同じことが彼を傷つけることもあり、であれば、気づかいを抑制することも彼を尊重することになるのではないか、というようなことだった。そうした思考を空回りさせておいて、結局何もできない、そんな「参与観察」を続けていた。

落合と様々なところへ出かけた。彼を通して自立生活センター（ＣＩＬ）を知った。八王子や世田谷、町田のＣＩＬへ見学に行った。ＣＩＬの方法論を全面展開した『当事者主権』（中西・上野 2003）が出版されて間もない頃だったので、ＣＩＬの華々しい活躍を興味深く見ていた。新田については、落合がかかわりを持っていたＣＩＬに勤めている女性（Ｂさん）が、紹介してくれることになった。Ｂさんは新田と交流があり、私の希望を聞いて彼にアポイントメントをとってくれた。わざわざ家までの道のりを付き添って道順を教えてくれた。その日の別れ際、礼をいって帰ろうとすると、彼女は念を押すようにこういった。「私は新田さんと関係があるからいいけどね、ＣＩＬと新田さんの団体とはあんまり仲が良くないから、ＣＩＬのことは話さないほうがいいよ」。私はそれを聞いてわかったような、わからないような返事をした。「え？　はぁ」。不安がよぎった。そんなところへ行って大丈夫なのだろうか。

(2) 肉体を酷使せよ

東京都北区王子本町の都営住宅の一角に新田の住居はある。JR埼京線の十条駅を降りて王子駅方面に歩くと、数軒の住宅の先に区立中央公園が見えてくる。公園には野球場やテニス場があり、近所の人たちがスポーツに興じている。それを横目に見ながら公園を抜けると、新田の住む都営王子本町アパート一五号棟にたどり着く。

夏の暑い日だった。公園を歩くだけで汗がにじんだ。はじめて訪れた彼の家は玄関が開け放たれていた。外からできるだけ大きな声で挨拶をした。反応がなかった。少しして黒の半袖にハーフパンツ姿の男性が出てきた。私を見るなり「あ、どうぞ」といった。

なかは薄暗かった。犬がしっぽを振ってかけよってきた。無碍にもできないので愛想笑いをつくってなでた。そうしながら部屋を見渡した。誰もいない。もう数歩進んで右を見た。初老の男性が布団に横になっていた。新田だった。口元にタオルが敷かれ赤い汁がこぼれている。すぐそばに小さなテーブルがあり、料理が置かれていた。赤いものはトマトだとわかった。先ほどの男性が「食事中なんで、まあゆっくり」といった。彼は介護者だった。

新田はモノを食べながらこちらを見ていた。何か話さなければならない。そう思って自己紹介をした。大学の友人が自立生活をはじめたこと、彼の介護をしているわけではないが親しくしていること、また、自立生活運動について調べていることを話した。そして、新田がかかわってきた運動について話を聞きたいと伝えた。

介護者の男性が質問をしてくれたり、それにこちらが答えたりして、会話が進んだ。新田も途中でうなづいたり笑ったりしていた。ひと通り食事が終わったころだろうか、新田がゆっくり右足を動かしはじめた。彼は言語障害が重いため、足を筆のように動かしてコミュニケーションをとる。「これが足文字か」。そう思ったが何の記号だかわからず、一文字も読みとれなかった。介護者が一語一語読み上げてくれた。彼はこういった[1]。

新田：きみが介護をしたことがないというのが引っかかる。介護は肉体を酷使しないと絶対にわからない。興味半分のきみに話したくない。

私は絶句してしまい言葉が出なかった。しばらく沈黙が続いた。新田はさらにこういった。

新田：さっききみは筋ジスの友だちがいるといったけど、どうして介護をしないの？

＊＊：え、あぁ。ええっと……そうですね、どうしてでしょうか……。

私はうろたえた。何とか言葉を繕おうと努めた。

＊＊：介護者としてではなく友人としての関係を続けたいと思ったからだと思います。彼からも

「介護者になると関係性が変わってしまうから、介護はやらなくていい」といわれたんです。
新田：それはきみに対して不信感があったからだと思う。
＊＊：え、そうでしょうか……。
新田：障害者はその辺、すごく敏感だから。

私の答えは嘘ではなかった。介護者になってしまったら、見えなくなってしまうものがあるのではないか。「介護者」ではなく「友人」であることが大事なのだ。そんなことを本気で考えていた。だが、このときは新田のいった「不信感」の意味が引っかかった。というか、腹が立った。私は落合とそれなりに信頼関係を築いている。それなのに、なぜきょう会ったばかりのあなたにそんなことをいわれなければならないのか。新田は乾いた笑いをつくって、こう続けた。

新田：きみはこの世界で食っていく覚悟はあるの？
＊＊：ええっと……、覚悟？　あのぉ、そうですねぇ、この世界で食っていく覚悟？　うーん、まぁ、仕事として介護をするかはわかりませんけど、研究っていうか、介護の世界を言葉にする仕事をしたいっていう意味では、この世界で食っていくつもりかもしれません。
新田：きみはまだ興味半分でしょ。ぼくの話を聞きたいなら介護の現場に触れてからここに来なさい。
（以上はフィールドノーツ　二〇〇五年八月二七日）

話しながら自分でも驚いた。ほんとうは介護の世界でも研究の世界でも、そのどちらでも「食っていく覚悟」などなかった。それなのに「この世界で食っていくつもり」などといってしまった。このときとっさに考えたことはこうだ。もしこの世界で生きていくとすれば、新田にも届く言葉を獲得しなければならない。ならば、引くわけにはいかないだろう。すると、こんなことをいってしまった。「あのぉ、では、新田さんの介護をさせてもらうことはできますか?」。新田はニヤリとして「まあ、ぼくはかまわないけど」といった。そして、その日は辞した。そうしたら、次の日には電話がかかってきて「いつから介護に入れる?」と聞かれた。こうして、私はまんまと新田の介護者になってしまった。

(3) 新田勲のライフヒストリーと障害

九月に入って私は正式に介護者として迎えられた。「申し合わせ書」という書類が用意してあり、新田と介護者になる私とが署名・捺印をかわし、介護の契約を結んだ(図1)。他にここの介護の決まりが書かれた文書が添えられてあった(図2~図4)。この日の夜、彼と先輩介護者と私とでビールを飲んだ。新田が「これからよろしくお願いします」といった。これはまさに仁義の杯で、それからの私はこの世界に深くのめり込んでいくことになる(フィールドノーツ二〇〇五年九月一七日)。

では、ここからは新田のライフヒストリーを簡単に見ていくことにしよう。新田勲は

12h 契約用契約用

申し合わせ書

一、介護は人間を扱う仕事ですので、午前９時の出勤時間については厳守してください。何らかの理由で５分以上遅れる場合は、留守番電話に入れてください。

一、生活に関する雑用については、その日に入った介護者が代行することになっています

一、基本的な勤務時間は１２時間ですが、その日の福祉活動によっては１、２時間延長をお願いすることもあります。[redacted]

一、外泊や入院時の付き添いに当たった日は、なるべくその日の介護者が翌朝の９時まで延長してください、また、夜１２時より翌朝の９時まではボランティアとして入ってください。一応、行政から介護料は出ていますが、２４時間の保障はされていません。また、病院に入院しても、付き添いの介護料は認められていません。だけど、私のように言語障害で意思の疎通が難しい障害者は、慣れた介護者が付いていないと病状も伝えることができないのです。ですので、入院した時は、ここの専従介護者はボランティアとして入っていただくことになっています。

新田　勲　　印

深田耕一郎 印

24h 契約用契約用

申し合わせ書

一、介護は人間を扱う仕事ですので、午前９時の出勤時間については厳守してください。何らかの理由で５分以上遅れる場合は、留守番電話に入れてください。

一、生活に関する雑用については、その日に入った介護者が代行することになっています

新田　勲　　　　印

　　　　　　　　印

図１　申し合わせ書

ここにきている介護者の皆さんへ

介護というものをどのように考えているのか、その辺すごく聞いたいのです。一口に介護といっても、行政からくるヘルパー、企業からくるヘルパー、障害者の個人専従介護人と、いくつかの種類に分かれると思います。行政や、業者からくるヘルパーは、その時間内に目一杯仕事をすることが基本におかれて、終わって帰ります。時間以内でできない人や、そういう機械的に介護をこなすのがいやだというヘルパーさんは、自分の時間を使って無償で時間延長して、介護の対応をしてくれています。とにかく、時間にきて時間に帰るまで、動くことや気配りを基本としてこの仕事をすることが、基本とされています。そうとは限らない人もいますが、それがずれている人には、辞めて頂くこともありました。

さて、障害者の専従介護について、障害者と介護者の人間関係が基本ということはいうまでもありませんが、ここに入る介護者は、それぞれの体力や介護者のもってる能力によって、することや用事をその日の介護者の人によってあわせてきました。その辺すごく問題なのは、俺はこれが嫌いだからということで、勉強や努力もしないで済まされてきたことです。どういう職場においても、仕事という以上、苦手なことや自分に不向きなことは勉強して努力して職場に対応していくのがごく当たり前のことです。家事が苦手、ワープロが苦手、それぞれへ理屈をいって済ましていたと思います。俺は介護というのは障害者からいわれたことだけ、手足となってやればいい、いわれないことまでする必要はない、このような言葉によって障害者の意向を自分は尊重しているように思い上がった人が沢山いますが、こういう言葉をいう人ほど家事や介護のものぐさな人が多いのです。私から見れば、そういう人はずるくて逃げの言葉に使っているのです。掃除してくれといわれても、一応動くけど、何もどかさず一分くらい丸くサーっとすます、どうしてものをどかしたり、隅から隅まで丁寧にかけてくれないのかといっても、障害者から指図受けてないし、受けなければする必要もない、幾人かの介護者は万事これで済ませてきたと思います。掃除にも家事にも、ある程度基本があります。障害者の介護は家事、掃除、介護、そこを基本にして活動という動きがあるのです。その基本が欠乏して、どこにヘルパーや介護者としての資格があるのですか？

私の介護については、少なくても、私が毎日いちいち言うのは大変だし、家事、掃除、介護については、毎日の動作は同じだから、いわなくても介護者が進んで積極的にやるように、はっきりいってあるはずです。だけどこのところ、少しずつ怠慢な介護をする人がいます。夏は特に、台所の衛生に気をつけて、残ったものは冷蔵庫に入れて、流しを磨いてゴミはきちんと捨てて、拭いてしまうようにと、きつくいってあるはずです。これをしないで帰ってしまう人もいます。レンジやガス台や流しもベタベタ、ゴミ容器、ゴミは残されて、ご飯もおかまに残ってたり、たしかに他で仕事して疲れている人もいますが、これも仕事です。介護の時間に遅れたり、来ても一日無愛想でいたり、やはり今までのべてきた人は、障害者の介護人としては考えてしまいます。今の介護人は、来て帰るまでひっきりなしに動く人と、半分ぐらい休んでいる人といます。休んでいる人は、冷蔵庫がどんなに汚くても、トイレや風呂が汚くても自分からしません。一日動く人は、どんどん自分で探してやります。ヘルパーについても、時間が余れば台所を磨いたり、整理してくれたりします。これがこの仕事と思います。たしかに会議や、一日動くこともありますが、ない日は足文字を頼んでも、自分の夜更かしで疲れ切ってろくに書けなかったり、危険な居眠り運転をしたり、非常に

—1—

問題です。やはりそういうところでは、介護人の交替も考えてしまうのです。介護というのを長くする中でどうしても、俺は障害者の介護や障害者の気持ちを知り尽くしている、と、いろんなことに横暴な態度に出る人がいます。[redacted]その辺自覚してほしいなあという人もいます。

さて、ここの介護について、最初に皆さんが入るときに私が提起したことだけはきちんと守って、いわなくても自分で進んでやってください。あなたは障害者の自立の介護を仕事としてどのように位置付けてやっているのか？一人一人書いてください。

介護を仕事とする人、仕事としない人、それぞれの生き方や気持ちによって、いろんな職業につくということは確かです。その辺、介護という仕事は非常に難しいのです。介護イコール他者の手足や気持ちになるということなのです。確かに自分の生き方としてこの仕事に就いたとしても、仕事の時間内は、自分の生き方や気持ちを出してはいけないというのが、この手足という介護の仕事なのです。[redacted]はっきりいって、介護の中で介護者が納得するようだったら、障害者の意向がつぶされていくのです。そこは特に、介護者が自覚しないとならないことです。現在、障害者と介護者の関係は、介護にしても、いろんな会議の発言や行動の提起にしても、介護者ベースでやられようとしています。特に長年介護をしていると、障害者のことを何もかも知り尽くしているような強気な態度に出てくる人がいます。障害者は障害者にしかわからないのです。そこは自覚してください。

昔の介護者と障害者の関係は、介護というのは賃労働となっていない為に、介護に来る健全者に対して障害者の方が御気げんとりや、サービスを提供して来ましたが今は、そのような時代ではないと言っても、やはり介護をされる側より、する側の方が強いのです。そこはキチンとわきまえて下さい。

新田勲

—2—

図２　ここにきている介護者の皆さんへ

介護者のみなさんへ

一応、介護という人間を扱う世話をするという仕事についている以上、ある程度、介護者としての常識はあると思います。一つには健全者より、病気にかかりやすい。何事にも弱い体を持っているのです。その辺は特に清潔を基本として自覚してやって下さい。一つに家事や抱きかかえの世話をする以上、つめを切ってくることは最低の限則です。抱きかかえの時に相手を傷つけることもあります。服装にしても別に背広を着て来て下さいとは言わないけど、最低こまめに洗濯したものを着て来てほしいのです。また、別のそうじは一日一回、隅々まできれいにやって下さい。今は特にほこりやダニでアレルギーのおこるという体質の人が多くなってきています。また介護は日々の同じくり返しなので、いちいち言わなくても自主的に進んでやって下さい。以下よろしく。

※この介護という仕事は短気の人やものぐさな人は続きません。人間が好きという人でないとやれないしごとです。

図3　介護者のみなさんへ

介護

私はこのような介護はいやです－市場原理、市場原則の機構に組み込まれた介護者の姿勢、お金によって介護マシンがする介護（介護認定による高齢者の介護保険の寸刻みの介護においては、人との会話も触れ合う時間も一切ありません。

さて、今までの正規ヘルバーの派遣のなかでは、３０分から１時間はそのような時間を含めてヘルバーの派遣が行なわれていました。介護保険の介護のなかでは、一切そのような人間として交流する大切な時間など含まれていません。この正規ヘルバーというのは、家庭奉仕員として、すなわち高齢者や障害者のいる大変な家族に対して、介護の援助や、また、その家族のできないところをおぎなうために派遣されていました。

ところが私たちの関係筋の団体の中で、ある団体が介護派遣センターをつくったのはいいが、派遣される障害者の意向とは関わらず、障害者のために介護にいくので、障害者の世話しかしないというセンターの意向で派遣を行なっているところもあります。

はっきりいって、このことは障害者の自立の介護の派遣とは言えないのです。介護というのは、その障害者の意向に沿ってするものです。そのためにきてもらっているのです。

スウェーデンのラスカさんに、スウェーデンでも正規ヘルバーについては、障害者の介護しかしない、また、障害者の体調や意向に関わらず、最初に契約した介護の項目しかしない、そういうところで障害者の自立の介護は不適格というところで、自分の要請する介護者に切り替えて、そのような活動として自分の要請する介護者に切り替えて、自分の意向に沿った介護者を活用して、自立生活を維持していると言われます。

障害者も色々な生活をしている人がいます。単身で過ごす人、結婚して過ごす人、子供もいる人もいます。今の時代は障害者が、健全者と結婚したからといってその健全者が障害者をみていく時代は終わったのです。今の時代は結婚してもそうほうが自立したい関係でないとならないのです。そこでは家事分担、子育て分担、障害者だからといって頼ってあまえていくことは一切許されないのです。障害が重ければ重いほど、そこで甘えたら即破滅です。まして相手が外できつい仕事を持つと、家事も子育ても８割ぐらい障害者が背負うこともあります。
このような結婚を望んだのも、障害者の意向です。そこに入る介護者は大変だけど、その障害者の意向に沿って家庭のことや保育園の迎えや子供の世話もしなければならないのです。これが障害者の自立に沿った障害者の意向を認めていく介護です。このことは、健全者同士の結婚においても同じです。ただし、障害者は動けないから介護者に頼んでいるだけです。

さて、介護のマニュアル化、これについてもたしかにある程度は必要と思いますが、その辺自立障害者に介護に入る場合、すごく難しいと思います。それぞれの家庭のやり方や、障害者の意向があります。また、長時間介護、いろんな障害者の機能の種類もあります。まして、脳性マヒ者の介護となると、精神的な面が一番介護の面にすぐあらわれてきます。そういうところで、福祉学校の介護のマニュアルなんて通用しません。

私たち自立障害者にとって、介護の資格や、介護のマニュアルをもった人は、介護に入れても本当になんにつけても煩わしくて使うのが大変です。ある福祉学校の学生が家庭にヘルバーの研修にきて、一つひとつ介護の仕草をするたびに、耳元ででかい声を出したり、子供の食べさせ方をするような対応をする人がほとんどです。やはりそこは、学校の恐ろしさだと思います。

一概に介護といっても、たくさん岐れます。高齢者については、痴呆老人といっても徘徊多動、寝たきりとあります。年齢とともに動けなくなる特定疾病や、医療器具を付けないと生きていけない人や、脳溢血の障害や、ヘルバーの助けを少し借りれば一人で生活できる人もいます。

これらみんな介護の対応の仕方は違います。障害者もこれ以上の障害の種類によって、それぞれの障害者の当事者の意向に沿って、そこに自立というのが入った中で、介護をしないとならないのです。

ですので、私は介護の家事についてはある程度そういう学校の研修は必要ですが、介護についてはそれぞれの障害機能があり、特に重い人はそのそれまで生きてきたやり方があるので、余り介護のマニュアルは必要ないと思います。

たしかに、人間として常識の範囲の介護の仕方はあります。そこさえわきまえていれば従来どおりの資格を持たないヘルバーでもやれると思います。重症者の介護については、医療を含めた高度な介護者は必要です。

もう一つ、私は介護の項目を示したり、障害者以外に介護の仕事は一切しないという介護士さんの体系は絶対に反対です。そこでは障害者の自立の意向と同時に、人間としての生活に反しています。

アメリカは、一切介護者の資格を問わないから、いろんな人種を介護者として活用できるのです。ドイツは介護の資格をもった人を頼むと高くつくので、介護の時間が生活するのに足りないということで、資格を持たない人を介護に入れて、長く介護を頼んで生活している、ということです。

資格をもった人はどうしてもそこの業者の委託事務費のために、ヘルバーの時給が下がり、介護時間も短くなります。資格を持たない人を頼むと介護時間が二倍頼めるということです。その辺たしかに難しいところですが、私としては、今の健全者社会の方向に沿ったこの障害者の介護施策において、社会の効率のための意図で、失業対策の一環として示されていくことは絶対反対です。

図４　介護　私はこのような介護はいやです

一九四〇年、東京に生まれた。二歳のとき百日咳が原因で高熱が続き、その後遺症が残る。脳性麻痺と診断され、生涯、彼はその身体を生きることになる。戦後になっても障害者福祉制度は未整備であったため、家族が介護を担った。五九年、一九歳のとき結核を患い療養所に入った。四年間、結核療養所で生活を送る。その後、回復し自宅に戻るが、家族のなかに彼の居場所はなかった。きょうだいの結婚や家計の逼迫から民間施設へ入所する。六八年に当時日本一と謳われた東京都立府中療育センターに移る。しかし、施設の管理体制に批判の声をあげ、抗議行動を実践する。施設内の改善に限界を感じた彼は七三年、施設を退所する。そして、都で第一号という車椅子利用者用公営住宅に入居する。以後、この部屋に住み、介護の公的保障を求める運動を続けている。

身体の特徴を記そう。「障害」の等級は1級だ。脳の運動神経の障害からくる四肢関節麻痺、言語障害、体幹機能障害がある。四肢の自由がきかないため、手でモノをつかんだり持ち上げたりすることができない。介護者の補助なしに歩行するのは困難である。在宅中は布団に横になるか電動車椅子に座っている。

また、気管支や臓器が弱くいくつもの内疾患(ぜんそくなど)を併せ持っている。口腔内の唾液を調節する筋肉が麻痺しており、上体を起こしているときは唾液が流れ続けている。それを拾うために、首の前方にタオルをかけている。体幹機能障害と呼ばれる体温調節の障害があるため、汗を調整することができない。

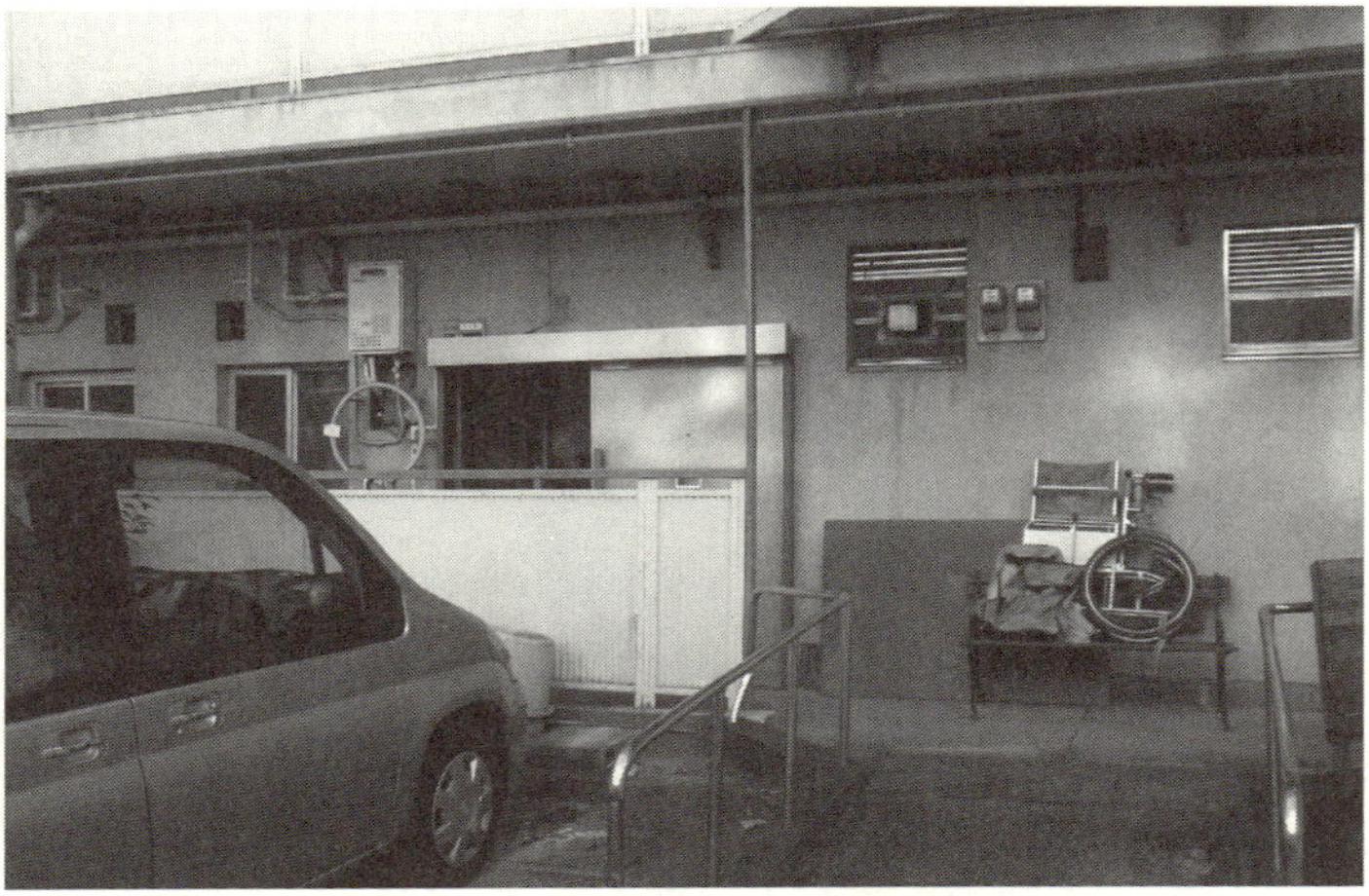

図５　都営王子本町アパート 15 号棟 103 号室外観

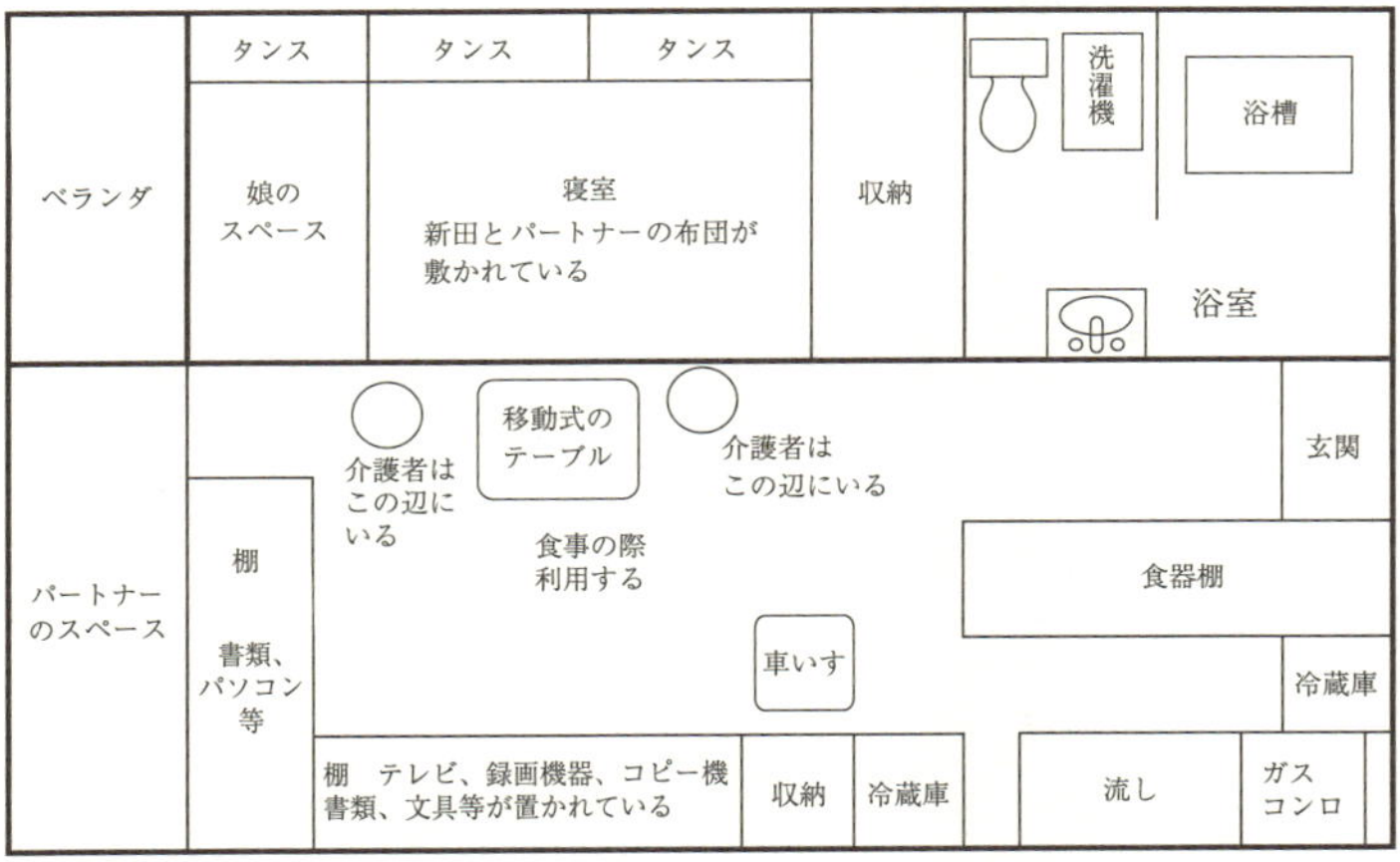

図６　新田宅の間取り

言語障害が重く、口での発話は難しい。そのため意思疎通は「足文字」と呼ばれる足の動作によっておこなう。本人によれば、二次障害が進み首と腰の痛みが激しい。それが全身に響き会話が容易でないという。痛みを抑える薬の服用が欠かせない。目は老眼が進んでいる。

(4) 生活の構成

先述のとおり、彼は都営住宅に入居している（図5）。一階は車椅子利用者向け住居棟になっており、一〇一から一〇六号室まで入居者がある。入り口にはスロープと手すりが設置されており、玄関のドアは開閉が手動と電動のどちらでも可能な設計になっている。

住宅の構造は、広さは一五〇㎡ほどで、間取りはリビング、台所、寝室、トイレ、風呂、ベランダからなる（図6）。リビングはフローリングにマットが敷かれてあり、寝室は畳である。リビングと寝室のあいだにドアはなく、部屋がつながっているように見える。

リビングの壁には床から天井まで棚が設置され、それぞれにモノがぎっしりと納められている。乱雑というのではなく、必要なものが最適の場所に置かれているといった感じだ。四二型のテレビがあり、その下にＶＨＳ、ＤＶＤ、ブルーレイなどの録画機器がある。すぐ脇にデスクトップ型のパソコンが一台ある。寝室には洋服タンスや押し入れがある。タンスには新田の下着類、洋服、ズボンがつめられてある。

浴室はトイレと風呂とに別れている。洋式便器の隣には洗濯機がある。その壁には棚が設置されてありバスタオルや洗剤などが多数置かれている。風呂はトイレの部屋から一段高くなっており、浴槽と洗い場がある。

台所には家庭用の流し台とコンロがある。食器棚には皿やコップが納められている。流し台の下に、米、油等々が置かれている。冷蔵庫は二つあり、一つには食品類が、もう一つには新田が服薬時に用いる白湯、茶、経口飲料、犬のエサなどが入っている。棚にはオーブン、炊飯器の他に、タオルが多数積まれている。このタオルは新田の唾液を拾うための前かけや、飲食時に敷く敷物として使われる。

服装については、下着は夏場は白地の半袖シャツ、冬場は長袖シャツを着用している。そのうえにワイシャツを着ている。服は長年、着続けているものが多い。ボロボロになったシャツの襟首を見ながら、新田は「生活保護はたいへんなんだよ」と笑っているので、可笑しい。体幹機能障害のため、体温があがると汗が出続ける。身体を冷やさないように、一日に何度も着替えをおこなう。夏場には一日に数十回着替えることがある。

車椅子は新田の身体の状態に配慮してつくられた電動式のものである。車椅子のあちこちに様々な器具が備えつけられている。側面には大きなバッグがあり、ちょうど新田の手が届く位置にある。そのなかに財布、携帯電話、判子、手帳、玄関のドアのリモコン、鍵、筆記具、連絡先を書いた掲示板等々が入っている。背面のバッグには雨具、着替え用衣服、タオルが大量に入れられてある。また、買い物をした際に荷物をかけるフックがたくさん下げられている。商店街で買い物をしたときは買い物袋をこのフックに山盛りになるほどぶらさげて帰る。また、後輪のあいだに折りたたみ式の荷台が設置されており、その荷台にはタイヤがついていて、取り出すと介護者が乗車できる構造になっている。この台に介護者を乗せて動きまわるのだ。

家計は次の通りである。自立生活運動の主張は「働けない者は生活保護を利用して生活してよく、それが権利であって恥じることは何もない」というものである。新田もそうした生活を実践しており、社会保障制度を最大限活用している。収入は生活保護が大部分を占める。他に、国の年金制度である障害年金、国の手当制度である特別障害者手当、東京都の手当制度である重度心身障害者手当がある。これらをすべてあわせると三〇万円を少しうわまわる金額になる。

彼の生活を支えている介護の体制は次の通りだ。介護は二四時間が基本単位の長時間滞在型である。五人の介護者がそれぞれの時間を担当している。公的制度によって介護報酬が支給されるため、現在、新田の介護に入っている介護者たちはすべて有給の職業的介護者だ。この介護体制は現行の制度と折り合いをつけながらも、直接給付（ダイレクトペイメント）に擬した形で維持されている。ダイレクトペイメントとは新田が要求する介護報酬の分配形式の一つで、事業所を経由せずに利用者に報酬が振り込まれ、利用者の裁量によって自分の介護者に報酬を分配する。この形式は現行制度では実施されていないが、新田はダイレクトペイメントこそが全身性障害者の自立生活を守ると考えており、その疑似的な体制をつくっている。介護者に対する感謝の意を込めて、毎月月末に「お疲れさまでした」といって報酬を手渡している。

2　エロスと負い目

(1) 生活のなかの介護

ここで生活の一日の流れを見てみよう。朝は七時から八時のあいだに起床する。まず衣服の着脱をし全身をほぐすための体操をする。朝食は経口飲料をとる。介護者は昼食の準備にとりかかることもあるが、朝の時間は運動関係の書類づくりに割かれることが多い。新田は言語障害のために、会議や交渉でメッセージを発するのに時間がかかる。もちろん、躊躇なく足文字で主張をおこなうが、事前の準備も怠らない。主張したいことをあらかじめ文書にまとめておき、それを会議や交渉の場面で介護者が読み上げるのである。そのため、会議や交渉が控えているときは、一日中、文章を書いていることがある。「書く」といっても、新田が足文字で言葉を示し、介護者が読みとって書き起こしていく。そうこうしていると、あっというまに午後の時間になる。

昼食は介護者の交代時間と重なるため、終了する介護者とこれから入る介護者とが一緒にとることが多い。食後は歯を磨き、必ず薬を服用する。在宅の生活においては服薬が欠かせないが、誤飲すると死亡する恐れがあるため、識別可能なように薬ごとに分類して保管してある。「ひとつ間違えたら、そくあの世逝きとなってしまうの。脳性麻痺というのは緊張とかアテトーゼがあるでしょ。ふだんでも緊張緩和剤を飲んでいる人はたくさんいるの。強いのは健全者でも一粒飲むと一日中腰が立たなくなる。ふらふら。ぼくはいちばん軽いのを飲んでる。それでも眠くなって全身に力が入らなくなるの」と話し薬の管理の重要性を説いていた。

排泄の際は介護者の補助でトイレまで歩き便座に座る。用を足し、済むとウォシュレットで洗浄する。濡れた肛門部を介護者がトイレットペーパーで拭く。食後は昼寝をする。この時間は介護者も新田の隣に布団を敷きともに眠る休憩の時間である。

買い物や通院、運動関係の会合などで外出することが多い。新田の電動車椅子の乗りっぷりは豪快である。自動車が通っている前をかまわずに車道を走る。歩道にあがる際に段差の衝撃が身体に響いて首や腰が痛むため、段差の激しい歩道には乗りあがらないようにしているという。スピード速く進むのだが、そうかと思うと急に止まる。「車椅子は恐いと思ってたら乗れない」といって笑っていた。

入浴は週に一回である。介護者も裸になってともに湯に浸かり、身体と髪を洗う。夕食は午後九時から一〇時頃に、昼食と同じ様式で終わるまで二時間以上かかる。日によっては、食後に新田が「書きものをする」といって、足文字で文章を綴り、介護者が読みとることになる。行政との交渉ごとが立てこんでいるときは、連日、文章書きが続く。終わるのはたいてい夜中の二時頃となり、就寝時間は三時をまわる。

新田の世帯構成について記そう。私がはじめて訪問してから二度目の日、彼の家に女性がいた。介護をするわけでもなく介護者とともに食事をとったり会話をしたりしていた。誰かと思った。その日の帰り際に先輩介護者の大滝史生が「三谷さんって、新田さんの奥さん」と教えてくれた。その女性は新田のパートナーだった。しかし、そういわれるまでこの人物が誰なのかよくわからなかった。

新田にはパートナーと娘がいた。私は、自立生活運動が、家族から離れて他人の介護を受けて暮らす、「脱家族」の考え方を実践していることを知っていたので、彼に家族のような存在がいたのは意外なことだった。しかし、後に知ることになるが、彼はパートナーと娘に介護をさせることはなかった。パートナーが介護をする場面はときおり目にしたが、娘が介護をしている姿は一度も見たことがない[2]。

それは特に自分の親やきょうだい（定位家族）に顕著だった。新田の父と母は他界している。きょうだいは健在で姉、兄と三人の妹がいる。きょうだいとはもちろん別の世帯を構えており、介護をさせることはない。姉や妹とは年に数回程度の交流はあるが、兄とは関係が途絶えている。五歳下の妹に三井絹子がいる。彼女は脳性麻痺の当事者であり、現在は国立市に在住し障害者運動に取り組んでいる。

新田は生涯に三度結婚しているのだが、現在は三度目の結婚の世帯だ。一九七三年に結婚、翌年に離婚、七五年に再婚、七九年に再離婚、八五年に再々婚している。絹子の夫の三井俊明は「おれは結婚相談所が開ける」といったそうだが、新田は「ぼくは離婚相談所」だそうだ。

新田とパートナーは籍を入れておらず事実婚である。だから、この空間には新田とそのパートナーと娘がいて他人である介護者がいる。

(2) 食事・排泄・入浴

具体的な介護場面に目を移そう。食事ケア、排泄ケア、入浴ケアは介護の「三大ケア」といわれ、きわめて重要なものである。私もその考えにまったく同意している。しかし、新田のところではケアというよりも、介護者もそれらをする。つまり、共同性が強い。さすがに排泄を共同でするわけにはいかないが、食事にしろ入浴にしろ介護者もともにおこなうことが多い。

食事は新田、パートナー、娘、介護者（数名いることもある）がそろって食卓を囲む（図7）。食事をする者は椅子とテーブルではなく、ちゃぶ台を囲むようにして、床に直接座る。新田は一段高くなった部屋の端に寝ており、その脇に高さ五〇センチほどの机を持って来ると、机と寝ている身体とが同じ高さになる。移動式の机を動かして横臥している新田のそばに寄せる。その机の上に料理を置き、全員で机を囲んで食べる。介護者は段になっているところに腰かけ、自分も食べながら食事介護をする（図8）。

新田は飲み込みの力が弱いため、布団の上に仰向きに臥して、食べ物を口のなかに流し入れるように飲み込む。歯は揃っており物をかみ砕くことはできる。口元にはタオルが添えてあって、こぼしたものを受けている。新田が手で軽く腹を叩いたら「食べる」の合図であり、それを見て食べ物を口に運ぶ。介護者が「魚にしますか？　ごはんですか？　おでんにしますか？」と何から食べるか聞くこともあるが、何度もその過程を繰り返すことも面倒だから、適宜食べ物を選び時機を見て口に運ぶことが多い。味噌汁などの液体はスプーンで口に運び入れることもあるが、量が多くなる場合はガラスのコップに移し口に流し入れる。

図７　食卓の様子（2011 年 1 月 1 日）

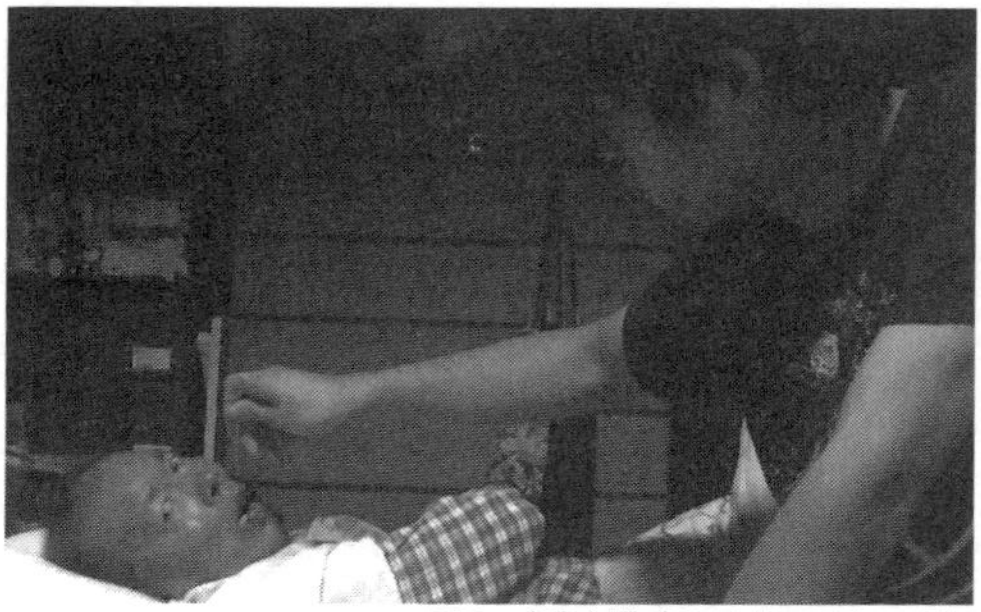

図８　食事介護（2012 年 10 月 13 日）

その日、家にいる成員すべてそろって同じメニューを食べる。机が小さいためもあって、個々人に取り皿はなく、机の中央に大きめの皿が置かれ、そのおかずを各人が自分のはしを伸ばして食べる。食事が終わったら全員でバナナを食べる。約二時間ほどで食事を終える。

ところで、現代社会における食事は、パシ・フォークが述べるように、かつて家族や友人との食卓がそうであったような共同意識を醸成する場ではなくなり、むしろ個々人が何をどのように食べるかということに関心が集まっているという（Falk 1994：24-5）。それに対し、新田家の食卓は正反対であり、必ず誰かと食事をとることが生活の基本になっている。

一般的な食事のマナーやエチケットはほとんど励行されていない。「ずずず」と汁をすする音や、「ガチャガチャ」と皿をよそう音が聞かれる。物を噛む音はそれなりに抑制されている気もするが、新田も介護者も平気でげっぷをしたりおならをしたりしている。誰もがぺちゃくちゃしゃべっているので、口から唾液や物が飛ぶこともある。新田がくしゃみをしたときは、彼の口から介護者のほうへ物が飛んでくる。そんなとき新田は片手をあげて「すまない」というジェスチャーを示すが、介護者の顔面に彼の飛ばしたごはん粒が「べちゃっ」とくっつく事実に変わりはない。もっとも、こうした「野蛮な」態度をとがめる者はおらず、おしゃべりをするのにも口を動かし、物を食べるのにも口を動かすのに忙しい、非文明的な食事の風景がある。これは「同じ釜の飯を食べる」ことによって集団の共同性を醸成する工夫だといえるだろう。

なお、「食べること」に共同性が見られるということは「出すこと」にも共同性が見られる。それぞれの身体のバイオリズム、具体的には排泄の時間も了解がだいたいとれている。新田はよく介護者の池野和司に「そろそろ時間だから、うんこしたら」といって排便を勧めていた。池野は「あ、そうすね。じゃ失礼して」といってトイレに入っていた。彼がトイレから出てきてその日は帰ると、今度は大滝が「私もうんこをします」といってトイレにしばらく籠っていた。そうしていたら私も便意を催してきて、大滝が出てきた後に、「ぼくもうんこしてきます」といってトイレに入った。こうした排便行動の連続性は昼食後に頻繁に見られた。

(3) 瀰漫するエロス——思いやりは指先から

社会学者の岡原正幸がそのすぐれた介護（介助）論のなかで指摘しているように、身体接触の緊張と身体のチューニングが先鋭的に現れる場面が入浴介護だ（岡原 1990b）。私は二〇〇五年に新田の介護に入って以来、毎週彼の身体を洗ってきた。これが奇妙な経験であったので、ここで少しこだわってみたい。入浴介護では、被介護者の身体がすべて露わになるため、われわれの身体規則は大幅に撹乱される。しかも、風呂場は足元が滑りやすく、事故の発生率が高い場所でもある。だから、身体の一つひとつの動作に緊張が走る空間である。とはいえ、入浴はわれわれの日常生活に欠かすことのできない営為でもあり、入浴介護を避けるわけにはいかない。そのため、ここでは、緊張の緩和と身体のチューニングが日々繰り返されている（入浴介護を扱ったものとして出口 2011, 伊藤 2011）。この入浴介護に「政治性」を読み取り、それを「パンツ一枚の攻防」と呼ぶ前田拓也の論考はきわめて秀逸だ（前田 2005）。

前田は自立生活センターに介護者として参与し、自身も介護を実践するかたわら、被介護者や介護者にインタビューをおこなってきた。彼の調査によると、身体距離をめぐる不快感は入浴介護においても見られた。しかし、前田は、否定的感情を指摘するだけでなく、それを回避し、場を安定化させるアイテムが存在することを発見している。それが「パンツ」だ。入浴介護における介護者のパンツには独特の効用があるという。

第一にパンツは当事者間の関係を規定してくれる。確かに、素っ裸の者同士が対面する様は心理的にも丸裸になったようで居心地が悪い。それに対して、パンツ一枚の介在は、裸のほうが風呂に入る側、パンツを履いたほうが風呂に入れる側ということを示してくれる。つまり、「利用者－介護者」という役割関係を設定することができるのだ。ある介護者は前田のインタビューに、入浴介護時には必ずパンツを着用していると語り、「オレはプロフェッショナルやと思てるから。介助のプロ。」とその理由を説明している（前田 2005：183）。

ところが、前田の神経はもっと繊細だった。第二に、片方で丸裸の人間がいて、片方でパンツを履いた人間がいると、そこに「見る－見られる」という「まなざしの非対称性」が生じてきて、後ろめたい気持ちになるというのだ。まなざしの非対称性は微視的な権力関係をつくり、介護者の心理を不安定にする。前田自身、相手は全裸であるのに自分はパンツを着用していることに、どこか居心地が悪く、「利用者に悪いような、複雑な気分にもなって」不公平さを感じるのだった。そうした声は他の介護者からも聞かれた。ある介護者にいたっては「終わってから利用者さんの前で、わざと見えるようにはきかえたり」して「罪滅ぼし」までしているらしい（前田 2005：192-193）。

なかには、その違和感に耐えかねて「風呂入るのにパンツはくなんておかしい、そんなヤッおれへん」といってパンツを履かない介護者もいる。だが、被介護者にその感想を聞くと、それは「気持ち悪い」らしい。丸裸の人間に目の前をうろうろして欲しくないということもあるが、一番の問題は「やっぱ抱える時に『当たる』ねん（笑）背中とか、ことあるごとに」という事態がある。介護者の股間が背中に当たる、それが「嫌や」。だから、被介護者からすれば介護者にはパンツを履いて欲しい。それに、被介護者は幼いころから他人に裸体を見られることに「慣れて」しまっている。そのため「見られて恥ずかしい」という感情はほとんどない者も少なくないのだという。一方的に見られる状況に不快さは小さく、むしろ、相手がパンツを履かないことのほうが不快なのだ。つまり、第三に「まなざしの非対称性」に不安を覚え、否定的な感情を抱いてしまうのは介護者の側だけだという（前田 2005 : 187-189）。

身体接触の激しい入浴介護では、身体のチューニングの問題が加熱する。身体が接近していく過程で、なかにはパンツを履くことに違和感を覚える者が現れる。だが、被介護者からすれば、パンツの脱衣は必ずしも望まれない。パンツを着用して「利用者－介護者」という役割を安定化させ、身体を区別することが求められる。介護者のパンツは「私とあなたの身体は違う」ことを示すシンボル＝象徴的記号なのである[3]。

ところが、新田のところでは違った。新田は風呂に入るのでパンツを脱ぐ。なぜか介護者もパンツを脱ぐ。そして、一緒に風呂に入る。これはいったい何だろうか。私は二〇〇五年九月から毎週土曜日に彼と入浴をともにしてきたのだが、このことを振り返ってみる。

はじめての入浴介護は驚きだった。フィールドノーツにはこう書きつけてある（図9、図10）。

この入浴介護が予想以上にたいへん、というか奇妙な体験だった。新田さんの服を脱がせる。「なるべく首に負担をかけないように」と教わる。ズボンは、新田さんに数歩歩いてもらい、左側の壁にもたれさせる。そうして尻が持ち上がったかたちで、ズボン、パンツを降ろす。足首まで降ろしておいて、再び便座に座ってもらう。そして、全部脱がせる。それから、浴室の段になっているところにバスタオルを敷き、そこまで歩いてもらい、座らせる。このとき、新田さんが「きみも」という。「えっ?!」となる。驚いた表情を出さないでおこうと思ったが、十分出ていたと思う。介護者であるぼくも脱げという。全裸になった。浴室に入って新田さんの背後にまわり、全身で持ち上げる。浴槽にこしかける体勢に。次に浴槽に入れる。渾身の力を振り絞るが、かがんで持ちあげるため思うように力が入らない。大滝さんに補助してもらい、なんとかできた。このとき後で考えてみれば、自分のナニが新田さんの背中に当たっていることになるのだが、それはいかがなものなのだろうか。

どういうわけか「入りな」といわれ、新田さんと向かいになって入浴。実に実に奇妙な感覚。「いやでいやで仕方がないのに無理にこんなことをしている」というわけでもないが、といって、望んで一緒に入っているというわけでもない。妙だなぁと思いながら、まぁ別にいいかといった感じ。

（フィールドノーツ　二〇〇五年九月一〇日）

図９　ともに風呂に入る

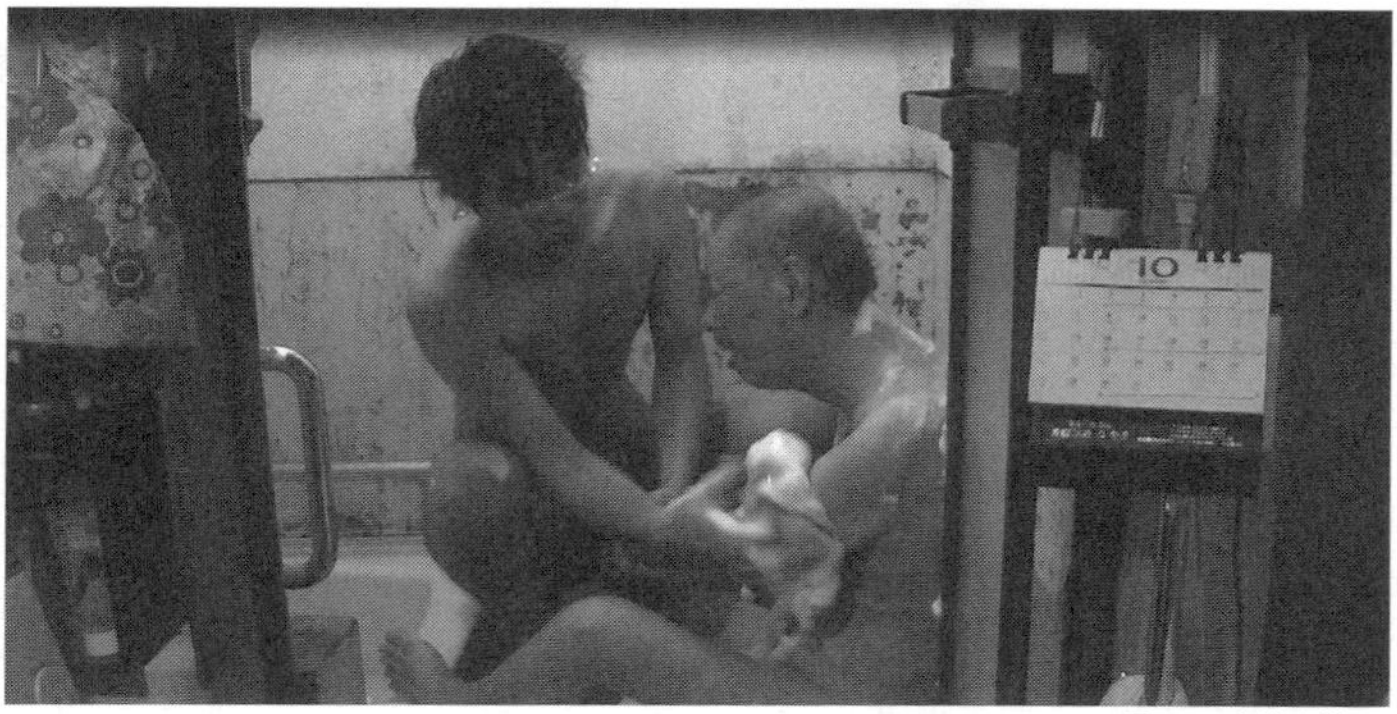

図 10　身体を洗う

どうして「入りな」といわれるのかわからなかった。相当、面食らった。風呂に入るのは新田であり、どうして介護者である私まで入る必要があるのか。身体規則を侵すこと、つまり、私が全身をさらして動きまわり、汗にまみれた身体を新田の身体に密着させること、それが彼にとって不快なのではないか。そう思えてならなかった。何よりも、前田がとりあげていた、背中に「当たる問題」が気になって仕方がなかった。

それで私はそのことを聞いてみた。「あのぉ、水着とか履きますんで。抱えるときに当たると思うんですけど、いいんでしょうか」。すると、新田は笑いながら「まあ」といった。「まあ、何だ？」と思った。が、別にかまわないという風情だった。近くにいた先輩介護者の大滝史生が「新田さんが深田くんのチンポを見て耐えがたい苦痛を感じているっていうのなら別だけど、新田さんがいいっていうんだったらいいんだよ」とアドバイスをくれた。それで三人で笑って、「当たる問題」はそれっきりになった（フィールドノーツ　二〇〇五年九月一七日）。

しかし、この問題は措いたとしても、私がともに入浴することは新田にとって不快なことではないか。別に一緒に入らなくてもよいのではないか。そうした思いが消えず、ある日もう一人の先輩介護者である池野和司に相談した[4]。すると、池野は「新田さんは『入りゃいいじゃないか』ってことなんだよ。それだけなんだよ。『外でいて寒いよりいいじゃないか、入れよ』って。入んなきゃいけないってことはないんだよ。断っている人もたぶん過去にはいたと思うし。でも、大丈夫なんじゃない？　違和感ありながら入れるんだから。どうしてもダメだったら、たぶん入んないと思うんだ。『おれいいです。こっちで待ってます』っていえばいいんだから」といった。そうなのか。確かに新田も「ここのお風呂はみんな入っていい。いままでそうしてきた。そのほうがお金がかからなくていい」と話していた。そんなことがあるのか。納得はできなかったが、気にしなくていいという結論になった。

考えてみれば、温泉や銭湯では大勢の人間が裸同士で風呂に入るのが普通だ。「裸のつきあい」という言葉にもあるように、それにはさして違和感はない。親子であれば親が子を風呂に入れるのは誰も疑わないだろう。私はそのように――精一杯、現実を受け止めようとして――考え直し、「風呂は一緒に入るのが当たり前」という世界に来てしまったのだと自分を納得させた。

それから、風呂に入った後に隣の浴室で休憩がてら、お互いに裸のまま語りあうことがあり、それを浴場会談と呼んでいる。特に夏場は汗がだらだらと流れ落ち、拭いても拭いても溢れ出てくるので、身体を冷ますためにもしばらく動かずに座っている。そこで新田と他愛ない会話をするのだが、たとえば、このようなものがある。

新田：深田くん。
＊＊：はい。
新田：最近、復縁したでしょ。
＊＊：え、あ、はぁ。

新田：ハハハハハ。
＊＊：様子でわかりますか？
新田：爪の長さでわかる。
＊＊：爪の長さ?!　あ、新田さんの頭を洗ってるときにですか？
新田：うん。別れてから爪が伸びてたけど、復縁してからまたきれいに切ってある。

（フィールドノーツ　二〇〇六年一一月二六日）

私が女性と交際をしていたときは爪がきれいに切ってあったが、別れてから爪が伸びはじめ、復縁したらまたきれいに切ってあるという。「切ってないと彼女に怒られるでしょ、ガハハ」と笑っていた。何をいっているんだこの人は……と思ったが、うなづけるところもあって、可笑しかった。そばにいた大滝が「介護は、介護者のふだんの生活が出ちゃうんだよね」とフォローしていたが、新田はセックスと介護は「指先がモノをいう」といいたいらしかった。私は笑うしかなかった。と同時に被介護者は介護者の指先や爪の長さを通して相手の身体を感受している。そう思うと妙に感動してしまった。

確かに、新田がいうように、指先にいかに力を入れ、気持ちを込めるかによって、介護の質がずいぶんと違ってくることがわかった。風呂の場面だけでなく、食事介護のときのスプーンの持ち方、口に対する角度、口からスプーンを抜き取るときのタイミング、また、着替え介護のときの衣服のつまみ方、ボタンと衣服の接触のさせ方、衣服に身体を通すときの指の運び方、どれをとっても、指先を丁寧に使うことが介護のポイントだった。反対に、身体に疲労がたまっていたり、心理的にストレスを抱えていたりすると、指先の動きが鈍くなった。そして、それが介護になって現れた。つまり、指先には表情があるのだった。私は「相手を思いやる」とは、指先の水準からでなければならないということを知った。このように介護においては、身体を媒介にしてエロスが瀰漫していく。

(4) 手紙の一撃

彼の介護に入りしばらくたってからのことだ。新田の足文字はまったく読めず、まだ先輩介護者に付き添って介護に入っていたが、少しずつ入浴介護を任されたりして、この世界になじんできていた。二〇〇六年一月初旬のことである。修士論文の提出を控えた三日前、「午後から休ませてもらえないか」という私の申し出に対して、新田は以下のような手紙をくれた。長いが全文を引用する。

　人間にはそれぞれの生き方やその職業の選択の意向があります。すなわち、この世に生まれてどういう生き方をしようとその個人の自由です。ただし、無人島という一人で生きて一人でゴミくずのように亡くなっていくのとは違います。人間社会のなかで、共同という社会のなかで生きているのです。人間という動物は長い歴史のなかで共同社会という輪をつくり、一人では生きていくことが絶対に不可能という動物になってしまったのです。そういう社会のなかでつながって息をして生きていく以上、その社会に責任を持ち、出会った人間、かかわった人間に対して、双方でその生命を大切に、責任を持つ意向で接しあっていくのが人間社会だと思います。

少しきついことをいうけど、私の生活や命は、深田くんの卒論を書くために生活や命を保持しているわけではないのです。人間の命は尊いもの、これ以上大切なものはないと思うからこそ、私の命を酷使して福祉活動をしているのです。命が一番大切で、そこが最優先という理解が及ばなかったら、福祉専攻、その論文も卒論として書く資格なんてないと思います。

確かに私と深田くんとはまったく立場が違います。深田くんは人の手を借りなくても生きていけます。私は人の手を借りないと生きていけないし、そこで命を落とします。やはり、深田くんにとって、障害者とのかかわりをあまりに軽く見ているからこそ、卒論の論文を書かないとならないので、介護の時間を短くしてくださいという言葉が吐けるのです。こういう言葉を吐けるということは、健全者の都合や意向によってしか障害者は生かされていかないし、その言葉の裏には、命が無くなって強い者が生きていくために、殺されていくことにつながっていくのです。私とのかかわりは、厳しいと思いますが、命を基本に置いたら、そこだけは絶対に曖昧にしてはならない問題なのです。ここに来て、私の介護、私とかかわりを持つ以上、ヘルパーも自薦介護者もボランティアも補助的介護者も、私の自立という、命、生活の介護をする以上、責任を持つ立場は同じです。まず、そこから入る以上、そこを理解していくことで、障害者の命が守られていくのです。やはり、深田くんが卒論の論文を書いて介護の時間を短縮しても、私の命の鼓動はその間、止めていくわけにはいかないのです。命の鼓動は打っているのです。その鼓動を健全者がかかわるなかで、約束は約束として、一人一人きちんと責任を持っていくなかで、障害者の自立、命、生活が保障されて社会のなかで生きていけるのです。

健全者と障害者のかかわりは九〇％の人が何かにつけて、介護より健全者は遊びや意向や生き方を最優先にされていきます。そこでは障害者の命、生活があまりに軽く見られているからこそ、そうできるのです。やはり、人間同士のかかわりはそんなに軽くないと思います。私の人間のかかわりは命を優先としたかかわりなのです。そういうところで、そういう意向のない人に、私にかんしての卒論なんて書いて欲しいなんて思いません。介護に入って休むときは、病気のとき、冠婚葬祭。これが障害者の命を守っていくということなのです。

時間のことは自分でつくるものです。介護時間を減らしてつくるものではないのです。今まで私の命を支えてきた介護者は、学生がたくさんいました。その学生のほとんどの人は、試験中や受験にあたっても、ほとんどの人が介護に入りながら、夜中に勉強して介護の約束はきちんとこなしてやり続けてくれたからこそ、私の今の命や生活が続いているのです。その中でも介護の日は結納や結婚式の日をずらす介護者や、ここに介護者がいないときは、受かっていた就職を棒にして介護に入る人や、学校が終わった人も地方に戻らずに東京に残って介護を続けた人もいました。弱者にかかわる、障害者にかかわるということは、それだけ厳しいのです。こういうみんなの命を基本に置いた協力のなかで、福祉の前進があるのです。

今回、深田くんが介護に入ってくれて非常に助かっています。このことはありがたく感謝しています。だけど、深田くんがここに来て何カ月になりますか。まだ私と一対一で会話できないし、食事介護も進んでやったことはないし、そういうところで、一人で介護に入ったこともないし、幾度か頼んだけど、論文を書くからと断られてしまうし、そういう関係がクリアされないと、論文を書く資格なんてないと思います。深田くんの卒論には協力していきたいけど、一、二年遅れても深田くんの命にはまったく影響ないと思います。私の命の鼓動は介護者がいなければそこで止まるのです。命というのはいましかないのです。そこを理解されないなら、障害者とのかかわりを一切、切ったほうがいいと思います。

深田くんが最初に来たとき、友だちに障害者がいて接しているけど、その障害者は深田くんに介護者として入れようと頼んでこない、といったけど、その障害者にとっては深田くんを介護に入れても自分の意向を優先にして入れてもすぐに辞めていく人だと不信感があったからだと思います。障害者はそこがすごく敏感です。

いろいろ厳しく書きましたが、やはりかかわった以上、あいまいな時間短縮や介護に来ればいいという気持ちには持って行きたくないのです。福祉にかかわる以上、命を最優先にして介護の約束は約束としてきちんと守りながら、卒論も書いていったほうがいいと思います。そこで卒論が書けなかったら、それはそれで仕方のないことです。命の鼓動を最優先とするか、卒論を最優先するか、そこは深田くんの人間性の生き方の問題です。私はこれ以上いいません。

深田くんへ

新田勲

（日付けはないが、二〇〇六年一月七日頃）

「これ以上いいません」も何も十分いっているじゃないか。「卒論」ではなく「修論」、「福祉専攻」ではなく「社会学専攻」だ、と便箋に向かってツッコミを入れた。「このエゴイスト！」と思った。だが、そう思ったそばから「修論を書きたいと希望する私のほうがエゴイストなのだろうか」と考えたりもした。

便箋四枚に文字がびっしりと書かれてあった。その四枚がとても重かった。独特の重さがあった。なぜならこれは新田が足文字を使い、それを介護者が読みとって書いたものだったからだ。夜中の遅くまで懸命に足を動かしている新田と眠い目をこすりながらペンを走らせている介護者の姿が想像された。「ああ、ここまでやってくれたんだなぁ」と思った。

この日の夜、先輩介護者の池野和司が電話をくれた。新田の足文字を読み取って文字を書き起こしたのは池野だったからだ。彼は司法試験の勉強をしている介護者だったので、「立場としてはぼくも似たようなものだからさぁ。まぁいろいろあるけど、もうちょっとやってみましょうよ」といった（フィールドノーツ　二〇〇六年一月七日）。

私は激しく動揺していた。しかし、修士論文を書き上げないわけにはいかず、動揺している場合でもなかった。その次の週、修士論文を提出した。提出したものの、新田に何と答えればよいのかわからなかった。ただ、不思議と「もう辞めてやろう」とは思わなかった。悩んだ末に、介護に行き、詫びることにした。

＊＊：先週はすみませんでした。
新田：ハハハハハ。いやぁ、ま、ここに来たのが運のツキだと思って。
＊＊：え、あ、そうですか。
新田：介護っていうのはお互いさまだから。

（フィールドノーツ　二〇〇六年一月一四日）

彼はそういってニコッと笑った。私は拍子抜けをした。「『ここに来たのが運のツキ』かよ……」。全身の力が抜けた。一週間、悩んだのは何だったのだ。そう思ったのと同時に、何か救われたような気がして、感極まって涙が出そうになった。それからの私は「なるようにしかならない」と思い、この世界に身を任せるようになった。

ところで、新田は言語障害が重いため、相手にメッセージを伝える際は、このようにあらかじめ手紙をしたためておいて、それを手渡すことが多い。後に知ることになるが、過去の介護者にも彼から手紙の一撃をくらった者は大勢いた。少しばかり紹介しよう。

一九九〇年代に新田の介護者だった永井真知子は介護を無断で休んだことがあり、そのとき新田から「赤い手紙をもらった」という[5]。永井は介護に入り二年がたった頃のことで、甘えが出てきていた。それで「介護を平気でさぼった」。すると、その召集令状のような赤い手紙がきて、「きみは何を考えているんだ。ひとの命をなんだと思っているんだ」と書かれてあった[6]。永井はすぐに手紙を握りしめて「すみませんでした」と謝りに行った。そのとき感じたのは「そういう気持ちの変化とか浮ついているのとか、新田さんなんか全部お見通し」ということだった。このエピソードを聞いて、私も同じように態度をただす手紙をもらったと話した。

＊＊：論文と人の命とどっちが大事なんだって。
永井：ハハハハハ。
＊＊：ハハハハハ。「きみは論文を書けなくたって生きていけるけど……」
永井：うん、そう、「ぼくは生きていけない」、おんなじこと！　ハハハハハ。
＊＊：そんなのありましたね。
永井：でもやっぱり、ハッとしますよね。なんか。「あ、そうなんだそうなんだ」って思って。
＊＊：慣れてきた頃ですよね、確かに。

永井：しっかり見てますよね。男が変わったなとか、そういうの全部わかってましたからね。「もう、やーだ」みたいな。すべてわかってた。気持ち悪い。でもやっぱりね、そうやって、「赤い手紙」っていまでもいってるけど、信頼してくれてるから、そういう手紙を書くんだっていってくれて、「ごめんなさい」っていいました。かなり、信頼関係というか、ありましたね。

こう語る永井は、新田に育ててもらったという感覚があり、彼のことを福祉の基本を教えてくれた師匠だと話していた。また、一九八〇年代に新田の介護者だった後藤陽子もインタビューのなかで手紙の話題を語った。

後藤：新田さんとケンカしたことある？
＊＊：ケンカ……その、激しくはないですね。
後藤：ああ、そう。
＊＊：ただ、「お前どう思ってんじゃ！」みたいなのは。
後藤：いわれるけどね。
＊＊：手紙が来たりします。フフフフフ。
後藤：ああ、ああ。確かにね、ふーん。まーた、きついんだよね、その手紙ってねぇ。
＊＊：そうですねぇ。ハハハハハ。

後藤：あのさ、私、思ってみるとさぁ。
＊＊：手紙っていうのがちょっとこたえます。
後藤：「漢字覚えたのが将棋だった」とかっていうのを聞いたときにさ、「そうだよなあ、学校のなかから排除されてきて、自分が何とか文字を獲得するためにいろんなことをやったんだろうな」って思って。で、私なんかはさ、「この気持ちを書くときにこういうふうなかたちがあるよ」とかっていうさ、ある種のフォーマットの世界のなかでさ、手紙もね、ある種のそういう、あの訓練っていうかさ、されてんじゃん？
＊＊：ええ、ええ。
後藤：（新田は）一切そういうの、経験ないんだもんなぁと思って。でも、読むと腹が立つ。ハハハハハ。
＊＊：ハハハハ。そうですよね。
後藤：「何よ！」みたいなさ。すぐ破いちゃってぐちゃぐちゃにして無視しちゃうみたいなさ。
＊＊：あ、ホントですか、置いてないですか、いま。
後藤：え？
＊＊：新田さんからの手紙。
後藤：置いてあるわけないじゃない。
＊＊：置いてない。

後藤：あの人にだからさ、私、手紙書いたことないもん。

＊＊：あ、そうですか。

後藤：いや、すっごいエネルギーだと思う。

＊＊：ですねぇ。

後藤：もうそれはね、掛け値なしのね、何か人へのね、何か、うん、エネルギー、ありますよね。

「手紙」はメッセージの「きつさ」だけでなく、新田が経験してきた社会的な排除を想起させ、介護者に反発と共鳴の両義的な感情を抱かせる。そのエネルギーは掛け値がないので、介護者の深部にまで届く。以下では、この手紙の一撃について解釈を加えよう。

(5) 贈与に賭ける

手紙のなかにも「福祉活動」という言葉が見られた。「命」「命」と何度も書かれてあって、「命」を守ることが福祉活動なのだと強調されていた。また、出会った人間同士、双方が双方の生命に責任を持つべきだと述べられていた。人間同士のかかわりは軽くない、厳しいかもしれないが、障害者の介護においては生命を優先にした関係をつくってほしい。それがあってこそ福祉活動の前進があると書かれてあった。

もう一つ、立場の非対称性が明示されていた。それは生の条件にかかわるもので、新田の立場は「人の手を借りないと生きていけない」という。これは端的にいって健常者（＝強い者）と障害者（＝弱い者）の非対称性であり、障害者の生は健常者の欲望に簡単に左右されてしまう。具体的には私が論文の執筆を優先して介護を休むということだ。このことは強い者の都合によって弱い者が殺されることにつながっていくという。

こう書かれた手紙を受け取って、私は一週間悩んだ。私の都合で介護を休んだのだから、彼の指摘は外れていない。もっともなことだと思われた。しかし、私は何も「殺す」とか「命を蔑ろにする」などとはいっていない。代わりの介護者がいるではないか。介護に穴を開けたわけではないのだ。私だって私の生活を生きている。

彼の論理と私の論理が綱引きをしてどちらも譲ろうとしなかった。だが、最終的に私は新田に反論せず、彼の考えに同意した。なぜか。立場の非対称性を突きつけられたことがこたえた。私は彼の生存を毀損する気などまるでないのに、自分の欲望に従っているかぎり、彼を毀損してしまうという。私は彼よりも圧倒的に優位な立場にある。その立場の優位性がどうしようもなく後ろめたかった。

後に触れる全国公的介護保障要求者組合の健常者スタッフだった西田寛が、こんなことをいっていた[7]。われわれは新田の物言いにゆらいでしまう。われわれがゆらぐのは「負い目感情をどこかで持ってしまうってことだよねぇ。負い目を持っている人は自己犠牲にはまりやすい」と。新田の一撃はわれわれに負い目感情を抱かせるというのだ。

このことは私にはよく理解できた。われわれは身体的、経済的、社会的な資源を彼よりも優越的に保有している。それらを新田から与えられたわけでもないのに、われわれは多くを借り受けているかのように感じてしまう。そのことが負債感＝負い目を抱かせる。西田にいわせれば、おそらく多くの人は新田の物言いを喰らっても、「何いってんですか？」くらいのもので、ゆらぐことのない人もいる。しかし、そのことに後ろめたさを覚える種類の人間がいる。西田は「新田さんは、原罪、痛みを突く。そういう痛みをよく知っているんだよね」と語っていた。

新田の一撃が興味深いのは、相手を叩きつけておいて、突如その同じ人を苦悩から解放するところだ。私には「ま、ここに来たのが運のツキ」といって笑った。緊張の緩和といってもいい。自分で悩ませておいて「そんなに悩むなよ」というように脱文脈化する。西田は「新田さんがイイのは、そう追い込んでおいて、最後で笑うじゃん。はずすでしょ。あれが救われるよね」と話していた。

そうなのだ。新田は相手に一撃をくらわすだけでなく、崩れ落ちた相手を救う。一撃と救済が時間差を伴って現れる。緊張がフッとほぐれるその刹那にわれわれはやられてしまう。追い込んだ後の新田のかわいらしい笑顔は「ずるい」。そう語る証言は他にも聞かれた。負い目感情にとらわれていた者はこれで完全に心をつかまれて、返礼としての介護に没頭していくだろう。

新田は自分が「命を酷使して福祉活動をしている」と書いていたが、それと同じことを「賭ける」と表現する。「人間に賭ける」や「社会に賭ける」という。何かわれわれのことを信じて全力でぶつかってくる。あの手紙の「重さ」は贈与を受け取るときの「重さ」ではないか。新田の一撃はこちらへの「贈与」である。その一撃にわれわれはまいってしまう。そしてあろうことか今度はこちらが贈与する欲望を駆り立てられていく。

ここには贈与と返礼の関係があるだろう。この贈与の環にはまり込んでしまったらもう「おしまい」であり、「はじまり」なのだ。われわれは彼の贈与を受け取って、その返礼としての介護を贈与する。先ほどの場面で新田は「介護はお互いさま」だといっていたが、彼のいう「お互いさま」とはこうした贈与と返礼の応酬関係を指しているのかもしれない。

しかし、考えてみれば、公的介護保障要求運動を担ってきた新田は、介護する側が振るう恩着せがましさや一方的に与えられることの不快さを拒絶してきたのではなかったか。それなのに、自分自身が贈与し、その返礼としての贈与を要求している。これは大きな疑問である。なぜ彼は贈与の力を捨てないのか。彼が獲得しようとしているものは何なのか。

本書は公的介護保障要求運動に見られる贈与とその返礼の関係に着目し、彼のいう「福祉活動」がいかなるものであるのかを明らかにする。なぜ彼らは福祉を贈与として立ち上げようとするのか。その意義はどこにあり、いかなる可能性があるのか。またどこに困難さがあり、これまでどのような解決が図られてきたのか。次の章では贈与概念の理論的な整理をおこない、公的介護保障要求運動を理解するための枠組みを準備する。

注

1……以下、トランスクリプトのなかで筆者の語りを示すさいは「＊＊」や「＊」を用いる。

2……新田は自身の配偶者を「妻」や「家内」とは呼ばない。第3章で詳述するが、彼は近代家族を相対化する視点を有しており、個人を基礎単位とした共同体を〈家族〉と考えている。そのため、ここでは扶養義務のニュアンスが弱い「パートナー」という言葉を用いている。配偶者を示す適当な呼び名が見あたらないようで、「新田さんのなかで一番しっくりくる呼び名はなんですか?」と私がたずねると、彼はしばらく考えてから大まじめな顔で「元カノ」といった。私はのけぞった（フィールドノーツ　二〇一一年一一月一二日）。

3……だから、入浴介護という、身体の接触が過度に集中する場面で、パンツを用いて距離を設定することには合理的な意味がある。そこに「パンツ一枚の攻防」が生じるのだが、前田はパンツを履く／履かないをめぐって四苦八苦する過程こそが、介護を全身で経験することであり、杓子定規に陥らず、状況にあわせて臨機応変に対応できる身体をかたちづくることが、介護の現場では求められていると述べている。

4……池野和司（いけの　かずし）は一九七〇（昭和四五）年、神奈川県に生まれる。大学生だったときに介護者募集のチラシを受けとったことがきっかけで障害者の介護をはじめる。新田の介護には二〇〇〇年から入り二〇一〇年に辞めた。二〇〇五年一〇月一六日に約三時間インタビューを実施した。

5……永井真知子（ながい　まちこ）は一九六七（昭和四二）年、愛知県に生まれる。大学の二年生だった八八年、所属していたワンダーフォーゲルサークルの先輩から新田の介護を紹介され、はじめる。大学卒業後は専従介護者として九四年まで続けた。現在は社会福祉法人が運営する授産施設の分室長を務めている。

6……新田によれば、ちょうどそのときタイプライターの黒のインクが切れており、仕方なく赤のインクでプリントしたらしい。

7……西田寛（にしだ　ひろし）は一九七二（昭和四七）年、東京都に生まれる。大学卒業後、多摩市にある「自立ステーション・つばさ」に参加し障害者の自立生活を支える介護者となる。「つばさ」は全国公的介護保障要求者組合の構成メンバーであったことから、西田は要求者組合の事務局スタッフを務めることになる。

第2章
全身性障害者の自立生活運動と介護の贈与論的理解

第1章では新田の自立生活をエスノグラフィックに記述し、彼の生活の水準から社会運動の水準にわたる、生き方まるごとが「福祉活動」であることを紹介した。そのなかで新田からの手紙を贈与の一撃として読み取り、彼が贈与の力に「賭けている」ことを強調した。贈与を受け取った者は何か得体の知れない「負い目」を感じ、彼に贈与を与え返す。このことから、彼のいう福祉活動とは贈与としての福祉を追求する運動ではないかという仮説を得た。では、福祉を贈与として立ち上げることは可能か。それが彼の実践的な問いであり、本書の理論的な問いでもある。この章では贈与としての福祉を理解するための枠組みを整理しよう。

1　福祉における財の移転原理

(1) 自立・交換・保険

福祉とは何か。本章ではまず、福祉を財の移転現象として理解することからはじめよう。福祉とは財の強制的な移転が承認される事態である。ある国家において福祉が実施されているということは、財の強制移転に正当な根拠があることを国民が了承しているということであり、そうした国家は一般に福祉国家と呼ばれる。この移転の正当性には当該社会の価値体系や経済原理が深く関係しており、一概に説明できるものではない。ただ、福祉国家における財の移転原理は大きく分けて、保険の原理と扶助の原理からなると考えることができる。こうした原理が正当性を持って福祉の制度体系に組み込まれるのはどうしてか。福祉という財の強制移転を正当化する根拠とはいかなるものだろうか。

はじめに福祉国家の成立過程に焦点を当てて福祉を正当化する論理を見よう。何をもって福祉国家の成立とするかは議論の分かれるところではあるが、一般にイギリスにおけるベヴァリッジ報告（一九四二年）とそれに基づく社会政策の実施が福祉国家生成のメルクマールに数えられる。ベヴァリッジ報告は完全雇用と社会保険による生活保障を掲げ、第二次大戦後の世界の福祉国家モデルを提示した。この報告の目的が示している通り、福祉国家とは何よりも完全雇用の実現を謳う。完全雇用とは端的に労働をめぐるリスクの最少化である。近代資本主義社会における個人は自己の身体以外に生産手段を持たない労働者である。彼らは自らの労働力を商品化することで生活に必要な費用を得ることとなり、個人の生は労働によって成り立つ。しかし、労働者は身体に生じる病や障害に遭遇する。そうなれば賃金を得ることができず収入が途絶する。労働の危機は生活の危機に直結したのである（武川 1999 : 76-77）。

福祉国家はこうした労働危機に対する保障を目的として誕生した。たとえば、病気や怪我などの生活危機に対しては医療制度の充実が図られた。それに伴う「失業」というリスクには失業保障の制度が設けられた。また、労働力身体としての機能が縮小する「加齢」と「退職」に対しては年金制度が創設された。

そのさい鍵となったのが「自立」という概念である。労働力の商品化を不足なく実現できる状態を「自立」としてとらえ、それを支えることが福祉の目的であるとされた。そのため福祉は労働者の自立に役立たないほど過少であってはならないが、自立を脅かすほど過剰であってもならない。行き過ぎた給付は労働者の労働意欲を削ぐことになりかねず、福祉への依存をもたらすことにもなる。福祉とはあくまでも自立を適正に支える制度として機能しなければならない。このように自立は人びとの行為を規則付ける規範として働いており、自立規範を基礎に置く社会では福祉は常に再点検され、自立と矛盾せずに自立を補完する役割を託されることになる（岩崎 2002）[1]。

この自立規範に抵触しない財の移転技術が保険である。保険とは利害を同じくする集団が、予期される生活危機に備えて保険料を拠出し、事故に備えるリスク管理の仕組みである。保険は医療保険や年金保険といった予防的なものから、労働災害や自動車事故などの補償を目的としたものまで様々な事故に適用されているが、拠出と給付に対応関係があり、いわば「自分の支払った分を自分が受け取る」という点で自立規範に適合的な「交換」の原理を有している。

以上のように福祉は労働者の自立を保障する制度体系として正当性を持っている。そのさい財の移転は保険の技術によって運用されている。保険技術は「交換」を基本とする市場の分配原理に適っており、市場において生じる労働危機を保障することができる。福祉国家と資本主義市場は相互に補完しあう関係にあり、自立・交換・保険という3つの契機がこの補完関係を下支えしている。

(2) 贈与の原理

福祉には保険と扶助の原理があることを述べた。保険が市場の交換に適合的な移転原理だったとすれば、扶助の原理はそれとは異なる移転原理である。イギリスの社会学者であるT. H. マーシャルは、福祉が基盤を置く価値は利他主義であり、資本主義経済が基盤を置く市場価値とは対立すると述べているが（Marshal 1981=1989：191）、福祉国家は資本主義の市場原理と一致しない移転原理を持っている[2]。

社会福祉学者の古川孝順は人間の生を支える制度体系を「生活保障システム」と呼び、それを社会原理によって営まれる「社会的生活保障システム」と市場原理によって営まれる「私的生活保障システム」に分類している（古川 1993：29-30）。社会的生活保障システムとは生活保障サービスが「社会的・公共的に組織化され、計画化されたかたちで、社会のなかの一定の成員から他の一定の成員にたいする扶養もしくは贈与として供給されるような状況」を指している（古川 1993：29）。他方、私的生活保障システムは生活保障サービスが「市場における等価交換を前提に、商品として供給され、私的に消費されている状況」をいう。資本主義社会にもっとも適合的なシステムは自助原理と交換原理にもとづく私的生活保障システムであり、もっともなじみにくいものは扶養もしくは贈与原理にもとづく社会的生活保障システムであると古川は述べている（古川 1993：31）。

また、イギリスの社会政策論を専門とする一圓光彌は、公的扶助や救貧事業などの生活保障は「リスクを共有する基盤のない人の間の援助の関係で、与え手と受け手に質的な差異があることが条件」にあり、「自分が私有しているものを、何ら見返りを期待せずに他者に与える行為であって、厳密な意味での贈与に該当する」と述べている（一圓 1993：38）[3]。福祉国家は「社会が扶養するしかない大量の社会的弱者層を、支払能力のある生産世代の負担において維持してゆくための機構として機能している」のであり、福祉国家の生活保障の一部分は「社会的贈与」のシステムによって運営されている（一圓 1982：221）。

近代福祉国家は資本主義市場との相互補完関係にあり、保険原理にもとづく制度体系を有していることを先に見たが、この制度体系のもとでは「労働による自立」が困難な層は制度の保障からこぼれ落ちてしまう。保険料の拠出が難しくその給付を受けることができないからだ。それに対して古川や一圓は、福祉国家には拠出困難な層に対する、拠出層からの一方向の財の移転が存在することを指摘している。彼らはこれを扶養あるいは贈与として説明しているのである[4]。

このことは後に見る、自立生活運動の理論的・実証的研究で知られる立岩真也の指摘と重なる（立岩 2000a）。立岩が論じている事例は障害者の介護（介助）に限られるけれども、介護が社会的な機構（国家など）を媒介にして分配されるとき、その様式は「贈与」としてなされるという。負担可能な層が財を拠出し介護を必要とする層に対してサービスが実施される点で、国家が供給する介護は贈与であり「義務としての贈与」である。そして、ここでいう介護は無償のサービスではなく、移転によって徴収された費用が支払われる有償の贈与である。誤解されがちだが、有償／無償の軸は交換／贈与の軸と同じではなく、「なされるべきは贈与である」と述べられている（立岩 2000a：316）。

(3) 負担の感覚

先ほど見たように、福祉は「交換」の原理にもとづいた「保険」の技術を用いることによって、市場に適合的な人びとの「自立」を支えた。交換・保険・自立に特徴づけられる体系は福祉において正当な位置を占める。では、贈与の原理はどうだろうか。贈与は福祉のなかでいかなる正当性を持って位置づけられているのだろうか。

近代資本主義社会において贈与は負担の感覚を伴う。立岩が述べる贈与とは「負担可能な成員に負担の義務を課して行なう社会的分配」をいった。「義務」という強い言葉に表れているように、贈与（ここでは介護）とは「肯定されるべきもの、肯定的なものである一方で、それは負担であり、否定的なもの、いやなことである」（立岩 2000a：234）。社会的分配とは拠出困難な層への財の強制移転を意味するが、この点が拠出層にとって「いやなこと」つまりは「負担」だと感覚されるというのである。人びとが自発的におこなうことであれば、強制力を背景とした社会的分配は必要なく、強制的に財を徴収し分配する福祉国家も存在しない。他方で、まったく誰も望まない否定されるべきことであれば、そもそもそれがおこなわれることもない。社会的分配が承認されるということは、「それを行なうことを肯定し、優先させ、いやだろうがなんだろうが、必要なものを集めて必要な人に渡そうという選択」なのである。この意味で福祉国家の成立には相反するふたつの契機がかかわっており、福祉国家は「本質的に不安定なものであり、本質的に中途半端なもの」である（立岩 2000a: 236）。

贈与の背景には負担の感覚がある。立岩は福祉国家に内在する、肯定的なものである一方で否定的なものである両義性を、私たちが「引き受けるしかない中途半端さ」だと述べているが、この負担の感覚によって贈与には特定の意味が付与されてきた。贈与を受ける層とは労働による「自立」が困難な層である。こうした層はどのような処遇がなされてきたか。社会福祉学者の岩崎晋也によれば、近代福祉国家はこのような「自立した個人」の対象とならない層をカテゴリー化し、市民として扱わないことと引き換えにして保護を提供した。ここでいう保護とは「『自立』社会の失敗コスト」であり、あくまでも「自立」社会の損失とならない程度のものに設定された。

「自立」社会の失敗コストとして援助が行われる以上、そのコストは少ないほうが望ましい。私的扶養を受けられる者は、まずそちらを優先し、社会的扶養は、最低限のコストにより運営される施設に隔離収容することが中心となる。そしてその施設においても「自立」に向けて授産活動を行うことが推奨される。障害というカテゴリーに入れられ施設に隔離収容されても、少しでも社会が求める「自立」する主体という人間像に近づき、「自立」社会の失敗コストを減らすために。（岩崎 2002：95）

「自立」社会の失敗コストとして岩崎が想定している層とは「障害者」とカテゴライズされる人びとである。岩崎によれば、障害者の扶養は福祉国家によっておこなわれたのではない。私的扶養、つまり家族による扶養が優先された。福祉国家は生活に生じるあらゆる困難を解決してきたわけではない。生活危機への対応はまず家族が担った。特に情緒的関係を基盤とする性別分業を範型とした近代家族においては、自立が困難な層を世話したのは女性である。家族は自助・自立の単位と見なされ、国家が救済の手をさしのべることはなかった（庄司 1994）。家族の自助機能が限界に瀕した場合にのみ救済の措置がとられた。もっとも、その救済も最低限のコストによって実施される「施設」への隔離収容が中心となったのである。ごく簡単に述べたに過ぎないが、ここからは近代資本主義社会における市場・家族・福祉国家という三つ組の相互補完関係を確認することができる。

このように福祉は、資本主義の市場原理と矛盾をきたさない制度体系である必要があり、(1)「自立」規範にもとづき、(2)市場の「交換」原理にかなう、(3)「保険」の技術が用いられることによって、社会に正当な位置を占めることができた。それに対していわゆる労働による「自立」が困難である層には、「贈与」の原理によって、社会的な「扶養」がなされた。しかし、市場の交換原理に適合しない、贈与による財の移転は「負担」として感覚され、福祉国家による救済より先に家族による扶養が優先された。家族の扶養が限界に達した場合にのみ福祉国家は最低限の救済を実施した。このように近代資本主義社会における福祉は、自立・保険・交換によって特徴づけられる体系と、負担による扶養を背景とした贈与の体系がせめぎ合うかたちで存立している。

では、次にいったん福祉の体系から離れて、贈与の原理そのものについて理解を深めよう。ここまでは集団的な移転の水準における贈与に着目してきたが、ここからは個人の水準においてなされる贈与に注意を向けつつ、贈与の特性を把握しよう。

2　贈与の特性

(1) 相互贈与と交換

M. モースの『贈与論』は贈与現象を扱ったもっとも古典的で原理的な研究の一つである。モースによれば、贈与とは法、経済、政治、宗教、芸術などの現象に還元できない「全体的社会的事実」であり「全体的給付体系」と呼ばれる（Mauss 1925=2008）。

一般に贈与とは見返りの期待がない一方向の財の移転であると考えられているだろう。しかし、ほとんどの贈与は、贈り物のお返し、つまり返礼の義務を伴った双方向の財の移転を意味している。したがって贈与は「外見上は任意の性格のものでありながら、実は拘束的な性格のもの」であり、自発的な行為ではなく、義務的な行為であるとモースはいう。さらに「全体的給付は、受け取った贈り物にお返しをする義務を含んでいるだけでなく、一方で贈り物を与える義務と他方で贈り物を受け取る義務」という二つの重要な義務を想定しているのである（Mauss 1925=2008：48）。このことから、贈与には贈り物をめぐる贈与の義務、受領の義務、返礼の義務という三つの義務が伴う（贈与の義務的三原則［贈与・受贈・返礼］）。贈り物は気前よく与えられ、よろこんで受けとられ、忘れることなくお返しがされなければならないのである。モースのいう贈与とは互酬的な贈与を指しており、『贈与論』の最大の関心は「受け取った贈り物のお返しを義務付けるメカニズム」の解明であった。

なお、こうしたモースの贈与理解を下敷きにして、本書は贈与と返礼が繰り返される贈与を「相互贈与」と呼ぶこととする[5]。「相互贈与」は「交換」とその特性を異にしている。両者は財の双方向の移転を意味する点で類似しているが、相違点は大きい。一つに「交換」には財の授受に先だって当事者間の合意がある。合意を結ぶことによって受け取る財の不確実性を減らし、等価の交換が目指される。それに対して「相互贈与」は贈り手が返礼を期待していても、その返礼に何が返ってくるかは不確かである（高木 1981：41）。つまり、交換が確実性と等価性に依拠した財の移転であるのに対して、相互贈与は不確実で不等価な財の移転現象である。

二つに「交換」はその場その場で取りかわされる財の移転である。貨幣と商品の交換がそうであるように、財と財の交換が終了すればそれで行為は完結し、そのあとに行為の連鎖が生まれることはない。この点で交換は当事者間の関係を合理化する。他方、相互贈与はその場その場の決済がない。その代わりに返礼は時間差を伴ってなされることがある。返礼には遅延があり、そのあいだ当事者は贈与を受け取ったという事実に拘束されている。ひとつの贈与が次の贈与をもたらし、行為の連鎖を生むのである。これが当事者間に「意味」の交流を促し「関係」を形成する契機となる。

贈与に対する返礼の義務を、モースはマナやハウという「贈与の霊」の存在に求めた。贈与に張り付いて浮遊する霊が受け手に返礼の義務を課すというのである。この指摘はいささか神秘主義的に映るけれども、決して私たちの日常的な感覚から離れたものではないだろう。モースによれば、モノには生命、人格、感情が宿る。贈与とはたんなるモノの贈与・受領・返礼ではなく、生命、人格、感情の贈与・受領・返礼だというのである。つまり、物質的な財の移転を超えて、贈与は目には見えない「何か」の交流を伴う。彼はこれを「贈与の霊」と呼んだわけだ。考えてみれば、日常生活においてなされるプレゼントに贈り手の感情が込められていることはわれわれのよく知る事実であり、それが返礼の感情を想起させるという指摘もまたわれわれのよく知るところだろう。

交換がモノと人格を徹底して分離させるのに対して、贈与はモノにその人固有の人格を帯びさせる。受け手は受け取ったモノに意味を読み取り贈り手への返礼をおこなう。この応酬が人間と人間の関係を形成し、規定していく。たとえば、マリノフスキーが明らかにしたトロブリアント諸島のクラ・システムは「貴重品の贈与の応酬によって、言語も慣習も異なる島々のあいだに社会・経済的連帯と共通の価値観を確立している」(竹沢 1997 : 208)。モノの相互の贈与によって、個人間、集団間の関係が樹立されているのである。また、モースによれば、アメリカ北西部のインディアンの贈与は「礼節や気前の良さに満ちた高貴なもの」であり、反対に「目の前の利益を求めて行われると軽蔑の的となる」。有名なポトラッチにおいて「賭けられているのは人格(ペルソナ)」であり、「気前のよさ」を示す者は人びとの尊敬を集める。他方、気前の良さを示すことのできない者が「失うのはまさしく『面子』である」(Mauss

1925=2008：128)。このように、贈与は贈り手の人格と結び付き、贈り手と受け手の関係を構築する契機となるのである[6]。

(2) 返礼なき贈与による支配――関係コントロールの技法

モノを贈ることで贈り手と受け手のあいだに人格や感情が交流し、関係が生まれるということは、贈与は贈り手と受け手の関係をコントロールする技法にもなりうる。贈与が権威や支配を正当化することによって、好ましくない社会関係を固定させることがあるのだ（竹沢 1997：210)。それはモノを「与える」という行為が生む権力である。贈り手の贈与に対して受け手は贈り物を返す義務が生じると先に述べた。モースによれば、モノを受け取るという事実それだけで受け手は「義務づけられた者、拘束された者、銅塊に縛られた者となり、精神的劣位、精神的不平等（主人に対する従者）という罪責感に似た不安定な状態におかれる」(Mauss 1925=2008)。この拘束された状態から解き放たれるためには、返礼をおこなう以外にない。そうやって力関係を対等に置きなおす。しかし、受け手が返礼の贈与ができない場合が存在する。この返礼の不履行は、返礼が期待されているかいないかにかかわらず、往々にして贈り手を優位に置き、受け手を劣位に置くことになる。このとき贈り手と受け手の関係は非対称なものとなり、一方が他方を支配する権力構造を持つことになる。

こうした原理を背景にして、贈り手は贈与によって権威や富を誇示し、地位を維持したり高めたりする。他方、受け手は受領し返礼することによって、贈り手の権威に対抗できる力を誇示し、自らの地位を維持する。しかし反対に、受領を拒むことや返礼ができないことは受け手が贈り手の権威に敗北し、地位を低めることを意味する。交換理論を手掛けたP．ブラウが指摘しているように、財の移転は所有者の権力関係を設定・維持・更新する契機ともなるのである（Blau 1964=1974）。つまり、「モノを与える」という行為は関係の優劣を形成し、支配の関係を生むことがある。贈与は人間が人間の関係をコントロールするテクニック＝技法ともなるのである。

以上から贈与の特性をまとめよう。(1)贈与には返礼が期待されない一方向の贈与だけでなく、返礼が期待された相互贈与がある。相互贈与は交換と区別されるものであり、交換が財の等価性や確実性、また交換の即時性を前提とするのに対して、相互贈与は不等価性、不確実性を前提とし、モノのやりとりは即時的でなく遅延を伴う場合がある。

(2)贈与は単なるモノの受け渡しではなく、モノが行き来することによって、贈り手の人格や感情が交流する。そのため、贈与は人間と人間を結び付け、関係性を規定したり共同体を形成する力になる。

(3)返礼のない一方向の贈与は贈り手と受け手のあいだに関係の優劣を生むことがある。その場合、優位者が劣位者を支配することがあり、贈与は関係をコントロールする技法となる。

こうした贈与の特性は、人間が何らかのモノを「与える」さいに生じる現象だろう。本書は、福祉また介護におけるコミュニケーションに贈与の特性が内在しているとする立場をとる。介護とは介護者と被介護者のあいだに物質的な財が行き来するだけでなく、特定の行為それ自体が「与える／与えられる」現象としてとらえることができる。一般に障害者の自立生活運動は介護が持つ贈与の性質を批判してきたと考えられているが、本書ではそのことを踏まえたうえで別の観点を提示することになる。では、次に全身性障害者の自立生活運動において介護がいかなる意味をもって理解されてきたか、贈与論の視座から確認しよう。

3　自立生活運動における介護の贈与論的理解

(1) 介護——エロスの交易

介護は加齢や障害の受傷によって身体の自己制御がままならなくなったときに生じる。自己の身体の維持のために、自分ではない誰かの手を借りなくてはならない。そして、その誰かにある行為を代行してもらう。それが介護である。介護はひとりでは成り立たず、人間と人間の対面的なコミュニケーションを土台とするところからしかはじまらない。このことを府中療育センターの職員であった内山美根子が次のように書いている[7]。

「食う飲む出す動く寝る」ことは生きる基本である。その身体の自然、生きる上で必要不可欠な身体のケアを他者に委ねざるを得ない時に「介護」という「関係」が成立する。介護とは、介護を必要とする人と介護する人とが、身体を媒介にして作る、ある意味で非常に密な、しかもお互いの立場を交換しえない非対称的な「人間関係」なのである。(内山ほか 1996：28)

「人間関係」という言葉が端的に示しているように、介護は特定の行為の提供があるだけでなく、介護者と被介護者のあいだに意味を流通させるコミュニケーションである。しかも介護という人間関係は「非常に密な」性格を有している。では、なぜ介護はこのような特性を有することになるのか。それは介護というコミュニケーションが持つそもそもの構造に由来している。

介護の構造とは何か。第一に介護は具体的な身体と身体の接触からはじまる。身体接触がなければ介護は成立しない。それどころかしばしば他者の私秘的な部分までを目にし触れることになる。第二に介護にはつねに相手の主観をのぞき込む契機が介在する。介護される者と介護する者は互いの主観をのぞきあうようにして、相手の意図を類推しながらひとつの行為をつくりあげる。身体の触れあいに加えて主観ののぞきあいという二つのレベルで介護は人間と人間を近づける。近づいたふたりはそれぞれのその人らしさ＝人格を相手の身体に触れることで伝え合い、感情を発露させながら関係を形成する。その結果、相手への愛着を深めたりすることがあり、反対に憎悪の感情を高ぶらせたりすることがある。介護とはまさに身体を媒介にした「人間関係」である。

介護は何かエロティックである。ルイス・ハイドは芸術が「手に入れたときに圧倒するほど魂に語りかけ、いやおうなくわれわれを感動させる贈り物」であることを論じ、贈り物＝贈与としての芸術を「愛（エロス）の交易」と呼んでいる。ここでいう「エロス」とは「ひかれあう結合の原則、互いを拘束しあう強い感情」を意味し、「理論と論理一般、特に区別の原則」としての「ロゴス」に対立する（Hyde 1979=2002：xiv-xv）。

前章で述べたとおり介護においては、食事、入浴、排泄など、人間の生理的な事柄にかかわる場面が活動の中心を占める。それは有用性や計算合理性とは結びつきにくい「無為」の時間であり、ロゴスには還元されないエロスを伝達し合う性格を持っている。つまり、介護は人間と人間を結びつけ拘束しあうエロスの力に開かれており、介護は「エロスの交易」と呼ぶことができる。

エロスの交易としての介護に注目が集まることは稀である。あるいは、モースが述べるような贈与の「気前のよさ」やハイドのいう「魂に語りかける」特性を介護関係に見出そうとするアプローチは少ない。とりわけ、自立生活運動は介護をエロスの交易として語ることには慎重である。むしろ、贈与としてとらえること自体に批判的である。なぜなら、自立生活運動は贈与が関係コントロールの技法として機能し、健常者が障害者を支配する関係を生んできたことを知悉しているからだ。そのために贈与が持つ抑圧性を常に問い直してきた。次にこのことを見る。

(2) パターナリズム批判としての自立生活運動――脱家族と脱施設

自立生活運動が問いを突き付けた対象がふたつある。家族と施設である。これまで自立生活にかんする研究が指摘してきたことを確認しよう。障害者を思うがゆえに障害者を抑圧してしまう、そのもっとも身近な存在が家族である。社会学者の岡原正幸は、家族、とりわけ母が障害児を囲い込んでしまう背景に「制度としての愛情」があることを指摘している（岡原 1990a＝1995＝2012〔第3版〕）。愛情は社会が求める暗黙の制度のなかに埋め込まれており、母は子どもを「愛さなければならない」。けれども内面に抱くだけでは愛情は目に見えない。そのため母は愛情を示そうと愛の表現とされる行為をとり続ける。愛情は「愛の証しとなる行為の規範化」とセットである。母の愛は「やさしい監視のまなざし」となり、子どもを囲い込むことが最善の幸せだと信じ続けられる。

しかし、母は「愛し足りる」という経験ができない。愛情の不足を自分に投げかけ、愛情規範をより強化させていく。それは子どもの生活全面にわたって介入することを促し、母は愛情ゆえに子どもを自らの管理下に置く。こうした母の行動を駆動させているのは社会であると岡原はいう。たとえ子どもに憎しみを抱いたとしても、そのような感情を発現する場がこの社会にはない。あるいは感情をわかちあい介護を分担する相手がいない。こうした母の愛情による囲い込みを基礎づけているのは性別分業体制であり、内閉した母子空間に対して「社会」は姿を現さない（岡原 1990a＝1995：96）。

それに対して自立生活運動は家族から離れる方途を見出す。この「脱家族」の主張は母と子どもそれぞれが生きていくための必然的な帰結だった。「脱家族」とは家族を全否定するものではなく、母子のあいだでつくられる内閉した関係を断ち切ることであり、それぞれが自由に生きられる地平を見出すための戦略だった（岡原 1990a=1995：96-97）。

自立生活運動が批判したもう一つの対象は施設である。社会学者の尾中文哉によれば、施設の根本的な問題は、施設が構造的に有する「管理」と「隔離」の機制にある。管理と隔離は施設の待遇の悪さや虐待のように目に見えるかたちで入所者を支配するのとは異なって、穏やかに入所者を囲い込んでいく（尾中 1990=1995：104）。施設は福祉の理念に基づいて設備が整えられ細やかな気づかいが行きわたっている。尾中はこれを「福祉的配慮」と呼び、「やさしい営み」それ自体に孕まれる抑圧性を指摘している。福祉的配慮は入所者を「弱者」として規定し、職員による一方的な管理を正当化する。職員は「望ましい状態」をあらかじめ知っているとされ、入所者の欲求がその方向で充たされるように管理する。しかも、福祉的配慮は「弱者」に「人間らしい満足」を味わわせてやりたいという、福祉への情熱に燃えた職員たちによって支えられているため、反省的なまなざしにさらされることがない（尾中 1990=1995：117）。

こうした先回りした援助が常態となった施設では、入所者は職員のなすがままにしか生活ができない。自己の主体性が奪われ、自らの欲求のもとに生活を組み立てることができない。福祉的配慮はその人を無力化してしまうのである。これに対して自立生活運動は施設の構造的な限界に見切りをつけ、施設から出る「脱施設」を志向したのである。

以上のように、彼らは家族の「制度としての愛情」や施設の「福祉的配慮」といった一方的な配慮＝パターナリズムに異議を唱えた。これは他者を顧みない「支配の贈与」を批判したものではなかったか。与えることにおいて生じる優劣の関係が解消されないまま、一方は支配する側に、他方は支配される側となって関係が固定される。この「支配の贈与」を断ち切るために彼らは家族と施設を脱して地域に出たのである。

地域においては介護者を自ら育てながら生活を形成する方法をとった。そこでは、これまでとは別様の介護を模索し新しい福祉を立ち上げていかなければならない。つまり、パターナリズムの抑圧性を一度認識した上で、福祉を肯定的に立ち上げる。それはいかにして可能か。障害者の自立生活運動が問うてきたのはこのことだ。彼らはこの問いに対する答えを介護の関係のあり方を模索するなかで探り当てようとしてきた。では、次に自立生活運動において介護関係がいかなるものとして位置づけられ、変容してきたかを確認しよう。

(3) 介護関係への問い──青い芝の会・公的介護保障要求運動・CIL

日本の障害者運動は一九六〇年代〜七〇年代に質的な転換を遂げたといわれる。この時期、運動は親睦を目的とした互助活動から、糾弾・告発型の社会運動へと変化する。そのなかで強い影響力を持ったのが脳性麻痺者の団体「青い芝の会」だ。一九七〇年、横浜で障害児を殺害した母親に対する減刑嘆願運動が地元住民から起こった。青い芝の会はこれに抗議し「われわれは殺されても仕方のない存在なのか」と訴え、厳正な裁判の実施を求めた。これを機に青い芝の会は生命の選別体系としての優生思想への対決を本格化させる。彼らの闘争は障害者に働く社会の否定の力を拒み、自らの存在を肯定するための闘争へと変容した（立岩 1990=1995a：178）。

では、青い芝の会は介護をどのように考えていたか。「健全者文明を否定する」ことを謳った彼らは、すべての健常者が無償で直接的に介護者となることを求めた。すべての健常者が「差別者としての存在を自覚し障害者の手足となって、同時に、友人として」介護することが望まれた（立岩 1990=1995a：184）。ここに介護の労働化や有償化という発想はなく、介護の有償化には彼らのなかで根強い反発があった。

これと異なる方向を示したのが府中療育センターの施設改善闘争から派生する、公的介護保障要求運動である。彼らは思想的には青い芝の会の影響を受けながらも、介護のあり方をめぐっては公的保障という方向に向かった。具体的には、介護に要する費用（介護料と呼ばれる）を行政に要求し、介護料を介護者に手渡すことで介護者の生活を保障する。介護者の生活保障は障害者の介護保障を支える土台となり、生活を安定化させると考えられた。特徴的なのは彼らが介護者（＝人材）ではなく、介護料（＝貨幣）を求めた点である。行政に対して、介護者を派遣せよと要求しているのではなく、介護者は自分たちで探し関係をつくる。その関係構築を支えるための費用を保障せよと行政に求めたのである。

青い芝の会の転換と府中療育センター闘争の生成は一九七〇年であり、日本における障害者の自立生活運動はこの時期にはじまったと考えることができる。自立生活運動は社会の否定の力に抗う実践であり、端的には健常者の差別性を告発するものだった。だが、彼らの生の困難さ（であり可能性）は、「敵」を糾弾するだけでは自己の存在を肯定したことにはならないことにある。肯定するためにはその同じ敵に対してともに生きる態度を要求し、彼らの協力を得なければならない。つまり、この闘争は「攻撃し、けれども同時に、連帯を求めていく」姿勢を持った（立岩 1990=1995a：178）。

これは先に見たように、パターナリズムを一度批判した上で、福祉をいかにして肯定的に立ち上げるかという問いと同じ問いである。彼らが主張した脱家族や脱施設というアイデア、介護の公的保障（介護の社会化）はその具体的な解法だ[8]。しかし、実際に介護者をどのように集め、いかなる関係を構築していくかという点にかんしては、自立生活運動のなかでも見解が分かれた。とりわけ、新田らの公的介護保障要求運動と一九八〇年代後半から登場する自立生活センター（ＣＩＬ）の方法論は異なるものだった。

要求運動もＣＩＬも行政から引き出した介護料を活用して介護者の生活を保障するスタイルを採用した。この点に相違はない。異なるのは、ＣＩＬが従来サービスの受け手だった障害者自身が介護派遣の事業体を立ち上げ、自らサービスを提供する主体になった点にある。それまでの当事者主体の組織が個々の関係性のなかでの助け合いであったのとは異なり、サービスを提供する事業体として社会運動を展開した（立岩 1990=1995b：269）。ここでは「サービス」という言葉が重要である。ＣＩＬ以前のグループにおいても、介護の提供や相談はおこなわれてきた。助言を求めて訪れた者はそのグループに属する障害者に魅力を感じ、見よう見まねで自らの生き方を見出してきた。だが、介護派遣や相談援助を「サービス」として打ち出したのはＣＩＬがはじめてである。サービスは場所、期間、料金が設定されパッケージ化される。利用者は自分の必要に応じたサービスを消費することが可能になり、介護サービスの「消費者」となった。その結果、「偶然に出来上がった人間関係やつてに頼って行われてきたものが、サービスの存在と内容が公開され可視化されることによって、それを必要とする全ての人に開かれたもの」になった（立岩 1990=1995b：272）。ＣＩＬは要求運動のように介護者とのあいだに「関係をつくる」のではなく、介護関係をお金で「割り切る」ことによって介護の分配可能性を高め、利用者の拡大をもたらしたのである。

(4) 無色の贈与——エロスを消去するＣＩＬ

ＣＩＬを贈与論的に考察しよう。ＣＩＬの方法は介護が持つ贈与の特性を脱色化するものだったといえる。先述のように介護は「エロスの交易」としての性格を持ち贈与の原理がしのびこんでいる。贈与がそうであったように、介護を通して人間「関係」が生じ、関係をコントロールする事態が生まれる。家族や施設における「支配の贈与」はその関係が固定化し顕在化したものだ。ＣＩＬはこうした事実を認識し、介護が持つ贈与の特性を抑え込もうとしてきた。

立岩真也の論文「遠離・遭遇——介助について」は自立生活運動の流れを跡づけＣＩＬの方法論を的確に表現している（立岩 2000a に所収）。そこで示される基本コンセプトは、介護は「無色」であったほうがよい、つまり行為に意味を充当するのは適切ではないというものだ。

単に「手段」であればよい。自分でできるということの快適さは、そういうところにあるのであるかもしれず、それを他人が行うのであれば、その行いは無色である方がよい場合がある。その場に顕在化する「やさしさ」や「近さ」、「交流」はいつも求められてはいない。やることをやってくれればよいという場合がある。

その意味が常に語られる必要はないのだし、個々の行為、関係においてもそれが表面に現れる必要はない。（立岩 2000a：245）

これは自立生活運動が批判してきた、健常者のパターナリズムや「愛情による囲い込み」を念頭においた主張であり、介護を受ける側からすれば、「やさしさ」や「近さ」「交流」は必要ないとされている。というのも、介護に意味を見出す作業は往々にして、介護する者の自尊心を膨張させ、介護に支配の関係を生じさせる[9]。そのためにあらかじめ行為に意味を付着させることは適切でないといわれる。

立岩によれば、介護に意味が付きまとう背景には介護の分配様式が関係している。先に見たように、介護が社会的な機構（国家など）を媒介にして分配されるとき、その様式は「贈与」としてなされる。贈与物が手渡されるとき、この社会は受け手を貶めておいて、贈与に「よいこと」という価値を貼りつける。贈り手は贈与の見返りに充実感や「よき人」という価値を受けとる。

この贈与の応酬がなされるとき、介護関係は権力関係へと変転する危うさを持ち、介護は適切に提供されない[10]。というのも、一つに介護する側の「善意」や「自発性」に依拠しなければならないとすれば、被介護者の生存は介護者の恣意によって脅かされる。二つに被介護者が介護者に対して何らかの「意味」を与え続けなければならず、介護を受けるために「人の心を満たすような存在」でいなければならない。これは介護を受ける側にとって「面倒なこと、負担なことでもあり、時には脅威、少なくとも潜在的な脅威でありうる」（立岩 2000a：248）。だから、介護は社会的な分配のレベルでは贈与の様式をとっても、関係のレベルでは無色であるべきだとされる[11]。

まとめるとＣＩＬあるいは立岩の主張では、第一に介護関係に貨幣を媒介させること、つまり介護の有償化は支持される。第二に有償というときの貨幣の移転経路は、社会的機構が当該集団の成員から徴収し介護者に分配する。それを受け取った介護者が被介護者にサービスを提供する。この移転の原理は贈与である。第三にここで提供される贈与に見返りとしての「よさ」や「充実感」を求めることはおかしい。必要なのは成員から義務的に徴収した財を分配する「義務としての贈与」であり、特別な意味を排した「無色の贈与」である。これが立岩＝CILの介護モデルだ。

ここでは先ほどまで見て来たような、介護に現れる贈与の特性が批判されていることがわかる。移転原理として贈与は肯定されても、そこに意味を介在させることは否定されている。ここには介護が発するエロスへの警戒があるだろう。「やさしさ」や「近さ」「交流」はいらない。なぜなら、それが贈与による支配に結びつくからだ。贈与が贈り手と受け手のあいだに優劣を生み、関係をコントロールする技法となることへの批判である。受け手からの返礼が抑え込まれた一方的な贈与は支配の構造を持ち、受け手は劣位に置かれる。この支配の構造を回避するために介護は集団的な分配レベルでは贈与であっても、個々の関係レベルにおいては無色でなければならない。このように立岩＝CILモデルは介護が「贈与＝エロスの交易」であることを消し去ろうとしている。

以上のCILモデルと新田の自立生活に見られた出来事を比較したとき、どのようなことがいえるだろうか。われわれは新田からの手紙を贈与の一撃として読み取り、彼が贈与に「賭けている」ことを強調した。贈与を受け取った者は何か得体の知れない「負い目」を感じ、彼に贈与を与え返すところがあった。この介護関係への理解はCILの介護論とはずいぶんと距離がある。新田の自立生活を理解するためにはこれまで見てきた議論では不十分だろう。ここでもう一つ別の贈与論を参照する。

4　自己を与える——負い目の社会性

(1) 与えられてある－負い目－自己贈与

社会哲学者の今村仁司は人間が根源的に刻み込まれる、存在の「負い目」を機軸にして社会の発生を描き出している（今村 2007）。今村の贈与論では、(1)人間の原初的な存在構造に内在する贈与の構成が描かれ、その派生態として、(2)社会的現象としての贈与が記述される。彼のいう原初的存在構造における贈与とはどのようなものか。

今村によれば、人間は原初的に自己の存在を「与えられたもの」、すなわち贈与を受けたものとして感じる。彼はこれを「存在感情」と呼び、人間は「与えられて－ある」存在感情を抱くとき、不在的で不可視な何ものかからの「与える働き」に負い目を抱くという（今村 2007：47）。負い目感情は必ず負い目を取り払うように人間を突き動かす。なぜなら、負い目は「存在の不完全性のしるし」であり、「マイナスの記号」であるため、それを解消するふるまいを人間は必ず取る。そして、この負い目を消去するのに匹敵する何かをなす義務を抱かせる。人間は負い目を帳消しにするために何かを返していくふるまいを取る。

もし生存することを自己保存とよぶなら、自己保存は負い目という欠如を埋め続けなくてはならない。生きるとは負い目を不断に返すことに等しい。（中略）個人においては、贈与が引き起こす負い目に駆動されて自己を贈与する。個人は負い目感情のなかで自己を負い目をもつものとして情感的に「知る」。人はおのれの自己の存在を「負い目のついた」存在としてのみ感じつつ知る。負い目なしには人は自己自身を「知る」ことはできない。人の自己は何よりまず「負い目のなかにある」自己である。負い目のなかで自己は与えられたものとして感じられる。（今村 2007：48）

上で述べられているように、このとき返される「もの」とは自己の存在である。それは何かに向けて与えられる個人の生命であり身体である。今村はこれを「自己贈与」と呼ぶ。負い目の解消は自己贈与の形式をとるのである。自己贈与は現実には自己犠牲と呼ばれるものとなり、しばしば自死のかたちをとる。「人は現世のなかに到来するとき」、「与えられて－ある」ことを根源的に感じとり、贈与－負い目－自己贈与を同時的に引き受けるという（今村 2007：48）[12]。

今村の贈与論にあっては、人間が与えられたものは自己であり、返されるべきものもまた自己である。自己が現実に存在することは「与える働きに負い目を感じることであり、自己を『与える』義務を感じること」と同義である。

この原初的存在構造に即していえば、人間にとって「自己保存的にあることが自己破壊的にあること」になる。人間は負い目を解消する（＝自己を保存する）ために自己破壊的贈与をおこなう。自己保存と自己破壊は矛盾する二要素ではなく、「自己保存がそのままで自己破壊」

であり、保存と破壊は「張り合わせ」になっている。この二つの相反的欲望をつなぎあわせているのが負い目だ。これは「論理的には」完全な「矛盾」に見えるが、生存の基本構造であり、「いわば生きられるパラドクス」である。

このパラドクスを人がともかく生き続けるのは、自己保存が自己破壊に優越するからだと今村は述べる。「生きる」ことが優位となり、自己破壊は抑制されるという[13]。また保存と破壊は歓喜と苦痛の二つの方向に人間を向ける。存在が与えられたことをよろこび、無限内包摂を歓喜する感情がある。それと反対に負い目ゆえに自己贈与（生命の贈与）を義務であり必然であると感じるときの苦しみがある。この歓喜と苦痛は存在感情のなかで分離しがたい。「ある」ことが負い目としてあるのだから、二つの感情は方向の違う同じものである（今村 2007：111）。

> 自己贈与は一見では苦痛であるかに見えるが、そうではない。むしろ喜びをともなうのが特徴である。喜びをもって自己の生命を相手に与え返すことが対抗贈与の本質であり、また喜びをともなうからこそおののきもある。率先して自己贈与するとき「ふるえるような」喜びがあり、生命の否定の形式をとりながら生命の充実と高揚が生まれる。人はつねにひそかにこのような「神秘的」とすらみえる自己贈与をしながら生きている。（今村 2007：374）

このように存命の歓喜が自己保存の原理として優越することで、自己破壊の契機は抑制される。

(2) 純粋贈与の変質――「心の傷のように」刻まれる負い目

では、実生活における贈与に目を転じよう。今村は社会生活に現れる贈与はすべて原初的存在構造からの派生態であるという（今村 2007：379）。贈与は、贈与の相手を選んだり認知したりする時点で、もはや純粋な「与える」行為ではなく、計算する交換に変質する。現実の生活における贈り物はこの贈与であり、返礼を期待する贈与になり変わっている。これはまだ商品交換ではないが、返礼を計算し期待する点で、経済的交換に傾いている。したがって、人間の社会生活において純粋贈与なるものは存在せず、「贈与はつねに交換とまぎれた不純な贈与でしかありえない」（今村 2007：45）。

今村によれば、純粋贈与は社会関係とその制度を生むものにはならない。しかしながら、純粋贈与の形式は「人間の存在の根源にあること」であるために完全には否定することができない。原初の人類が当面した課題は、純粋贈与を倫理的に保存しながら、それと反対の社会生活（利害の調停制度）を構築することであったという。

いま見たように、「人間の普通の生活風景のなかでは、返礼なき贈与は純粋にはありえず、かならずひそかに返礼を期待する自己欺瞞をともなう」のである。とはいえ、交換が「有用性と功利主義的欲望」に根差すものであるのに対して贈与は本来、功利的ではない。社会生活においては純粋贈与は存在しえず、互酬的な贈与に変質するとはいえ、贈与はもともと「返礼のない贈与」である。実生活には生じなくとも、純粋贈与は人間の一種の義務形式となっている。

これはなぜか。

人間的実存のなかに組み込まれている自己贈与のためである。人間は「誰」とか「何」とかいえない「X」に向けて、いわば「無意識的に」負い目を返す義務を感じとり、自己贈与のふるまいを起こすからである。日常的にいえば贈与者なき贈与を受け取ることで、今度は「返す人格的相手がないままに負い目を返すことが、人間的に存在すること」なのである。自己贈与が向かう相手は事実的には存在せず、人は語りえないものに向けて語りえないままに自己贈与するのである[14]。

実生活上において「返礼のない贈与」は存在せず、贈与は「返礼を期待する贈与」である。それはつまり、「与える」ものが「受け取る」側に負い目をもたらすからである。与えるふるまいは必ず受け取る側に負い目を「心の傷のように」刻む（今村 2007：46）。そして贈与の応酬がはじまる。

(3) 挑戦による劣位感情の乗り越え

今村によれば、この負い目は「第一次的には純粋存在または無形無限に対する負い目であり、現世の生活では他人に対する負い目として現れる」（今村 2007：82）。人間が社会で生きるとき、つねに負い目感情のなかで自己を理解しつつ、自己贈与は現実の他者に振り向けられる。これは人間の相互の存在の証明、他人に挑戦し承認を与えあう挑戦の相互応酬として展開することになる（今村 2007：380）。贈与のふるまいは、本来は同等である贈り手と受け手のあいだにくさびをいれて、受け手を劣位におく、あるいは劣位感情を「与える」。これが負い目の感情であり、受け手は負い目を解消しようと相手に対抗物を与え返す。なぜなら両者は本来同等であり優劣がないからである。劣位感情は原理的には「必ず」解消されなくてはならず、そのために劣位者は優越者に「挑戦」しなくてはならない。この「挑戦による劣位感情の乗り越えは、自己自身の変換の努力であり、この努力あるいは所与を否定的に変形する行為こそが、人間的自由の源泉でもある」と今村は述べる（今村 2007：418）。

たとえば、アルカイックな社会での贈与は「贈り物」の意味での贈与ではなく、「物と人を媒介にした挑戦行動の表現」として自覚されている。贈与とは基本的に「自己の贈与」であり、「自己の死を賭ける挑戦の意味」で理解されるべきなのである。この意味で、贈与体制とは「挑戦の応酬体制」であり、「闘争の互酬性」であることになる（今村 2007：406）。

5　〈与えること＝福祉〉の構造的矛盾をめぐって

(1) 自己贈与と他者――人が人を支えることの原的な困難

では、今村の議論を踏まえながら、新田による贈与の一撃について述べよう。今村によれば、贈与の根源的本質は自己が「与えられて－ある」純粋贈与に秘められている。しかし、社会生活において純粋贈与は現れることがない。現れないがわれわれは「返礼なき贈与」としての自己贈与を倫理的・形式的に実行しようとする。それは私たちが「与えられて－ある」ことに対する負い目を抱き、負い目感情を解消しようとするためである。「自己を与える」とは自己保存であり自己破壊である両者の「張り合わせ」であったが、社会生活において自己贈与は他者に振り向けられる。介護ではまさにこのことが現れる。

介護する者は介護される者を前にしたとき、自己が「与えられて－ある」ことに負い目を抱く。自己が他者よりも優位に与えられていることが疚しい。優位であることが劣位であるというような奇妙な感情に取り憑かれる。介護する者はこうして刻まれた負い目を解消するために、介護される者へ自己を与える。そして、劣位感情を乗り越えなければならない。ところが、介護する者にとって負い目の解消は自己保存のふるまいであるとともに、自己を破壊する贈与ともなる。介護する者は自己保存と自己破壊のあいだのせめぎあいで揺れ続ける。バタイユのいう蕩尽のように与えすぎていつのまにか自ら身を滅ぼしてしまう事態が生じうる。「贈与への純粋意志は、それ自体説明できない、不合理で、狂気としか思えないような側面を持っている」のである（荻野 2005：150）。

今村が述べたように、「与える」ということそれ自体のなかに構造的な矛盾がはらまれている。これは福祉についても同じことがいえる。われわれにとって他者へ「自己を与える」ことは自己を破壊することでもあり、自己を保存することでもある。自己贈与とは自己破壊であるから、破壊は抑制されなければならない。われわれは自己保存の優位のもとに自己贈与＝自己破壊を抑制する。自己の生存を優位に置くのであり、自己を投げ打ってまで他者に尽くすことはできない。他者に尽くすことは自己を破壊してしまうからである。究極のところで私たちは他者のために生きることができない。ここには人が人を支えるということの原的な矛盾がある。これを〈与えること＝福祉〉の構造的矛盾と呼ぶことができる。

近年の福祉、またCILは福祉の構造的矛盾に直面することを回避しているように思われる。自己を破壊してしまうような贈与は避けられなければならない。それとは異なる原理で福祉をつくろうとしている。本章の最後にそのことを検討する。

(2) CILモデルの再検討

CIL≒立岩モデルは介護が「いつでも、どこでも、誰でも」利用可能となる「普遍性」を見出そうとしている。そうした観点から見ると、CILの方法論は大きな成功を収め、地域に自立する障害者の支援に大きく寄与した。また、二〇〇〇年を前後する社会福祉基礎構造改革がつくりあげた介護の分配様式は、CILモデルに近似しており、運動と行政は一定の一致を見せている[15]。

そのことを考えあわせれば、CILモデルは普遍性を有しているといってよいだろう。だが、疑問も呈示できる。第一に人間の対面的なコミュニケーション、とりわけ介護において意味を伴わない「無色の贈与」を提供することは困難である。それは先に見た「全体的社会事象」としての贈与の特性を考えれば明らかだ。さらに仁平典宏の仕事はそれを伝えている（仁平 2011）。仁平は「他者のための行為」と表象される言説の一群を〈贈与〉と呼び、それがどれほど反対贈与や権力の生成といった〈贈与のパラドックス〉を生み、人びとはいかにしてそのパラドックスを解決するための意味論を生産してきたかという、ボランティアの知識社会学的研究をおこなっているが、人間は贈与というおこないを「意味」なしに、なすことなどできない。先に見たとおり、介護においては避けがたく意味が充満してくる。つまり、贈与やエロスの力を抜きにして介護あるいは福祉を立ち上げることが正当な方法だとは一概にはいえない。

第二に立岩が述べるように、介護を提供する側が介護に意味を仮託してはならないとすれば、介護者は彩りを欠いた、のっぺらぼうな存在になる。具体像を想定すれば、利用者本位をベースとした「感情労働」の徹底が奨励されることになるのだろうが、それがほんとうに適切な介護なのか。あるいは、こう述べることもできる。CIL＝立岩モデルから抜け落ちているのは介護者の経験だ。もちろん、介護する側が振るってきた抑圧の歴史を鑑みれば、「利用者本位」はいくら強調してもしすぎることはない。しかし、介護者の経験を語ることなしに介護あるいは福祉という営みを考えることはできない。

第三に関係を割り切るということは、私たちが与えられて－あることに抱くような「負い目」感情を抱く必要はそもそもない、という認識がある。今村にならえば、負い目は必ず自己贈与としての自己破壊を引き起こすからである。しかし、それでは、劣位感情を乗り越えるための「挑戦」をおこなうことが回避される。挑戦の応酬体制＝闘争の互酬性に身を投じることがなくなる。ＣＩＬは「回避」によって人間の出会いの可能性を広げようとするシステムである。これらのことをどう考えるか。

教育学者の矢野智司は教育や看護、福祉のように人間に直接にかかわる営為には、「等価交換を超えた出来事」が生起していると述べる。にもかかわらず、その実践を反省し言葉を与えるはずの理論は、「均衡を求める根深い交換の思考法」に規定されてしまっている（矢野2008：152）。そのような「交換の物語」に回収されているかぎり、私たちは「より打算的で厳格な『応報の相互性』に身をゆだねること」になるだろう。そのとき「他者に関わる法外な力を衰弱させることになり、そのような力の発動を感受する力もまた衰弱する」。矢野は「やはり私たちは贈与について語らねばならない」と述べている（矢野2008：170-1）。

この章では福祉と介護を贈与論的に理解し、贈与のポジティブな面とネガティブな面を見てきた。以下の章では贈与の正負両面に光を当て、矢野がいうような法外な力をとらえよう。特に贈与に付きまとう負担の感覚や負い目感情にいかなる意味が生じているのかを押さえていこう。

各章では次の手順を踏む。(1)新田の現在の生活をエスノグラフィックに記述することによって問いの所在を明確にする。(2)その問いに解を見出すために新田のライフストーリーを読み解く。(3)そうして提示された事実に対して贈与論的な考察を加える。では、公的介護保障要求運動は贈与としての福祉をいかにして立ち上げようとしてきたか。その展開史を記述しその可能性と困難を明らかにしよう。

注

1……たとえば、職業訓練や自立のためのリハビリなどがそれであり、目的の達成とともに支援の終了が予期されたものでなければならない。他に私的扶養を補完する福祉もそれに該当する。家族などの私的扶養を前提とし、それが破綻しないために私的扶養を支える福祉であり、各種の手当制度などがある。

2……なお、社会契約論の見方からすれば、近代国家とは市民との契約からなる契約国家である。近代国家における市民は、国家に対して暴力を行使する権利や人を裁く権利を譲渡し信託することによって、国家から人権を保障される。福祉もそのひとつであり、国家との契約によって保障される権利であると考えられる。その意味で近代国家の福祉の体系はすべて「保険」的な原理を有していることになる。近代福祉国家とは保険原理によって成り立つということだ。

もっとも、理念レベルではそうした理解が可能であってもわれわれの経験世界においては、国家による財の移転はもう少し複雑な「意味」を派生させている。本書の関心は経験世界における行為者のリアリティにあり、現実の把握に重点を置いている。

3……一圓は公的扶助を、「いまやこの制度は決して一部の特別な事情にある人だけの制度とはいえない」とし、「公的扶助は、それ自体が独立して存在する強制的な援助の手段であるというより、今日では社会保険などの他の公的制度と有機的に結びついた福祉システムの一部と考えられる」という見解を示している(一圓 1993:38)。

4……イギリス社会政策の実践家であり研究者でもあったティトマスは一九七〇年に『The Gift Relationship: from Human Blood to Social Policy』を著わし、見知らぬ人びとのあいだでおこなわれる「社会的贈与」の特性について論じている。彼は社会的贈与の事例として献血を取りあげ、自己の利益にならない行為の正当性を考察している（Titmuss 1970）。ここで論じられていることは、利己心と利他心は一見、対立するように映るが決してそうではなく、「本人の利益にならないと思われることが、本人の利益になっている」という事実である。ティトマスによれば、多くの人間が献血をおこなった場合、それによって「血液のプール」が広がり、結果的に自分自身がその恩恵を受ける可能性が高まる。利他的な行動は自分の利益となって返ってくるのであり、その意味で献血は利己的な行動でもある。「血液のプール」の拡大を願っておこなう人びとの献血は、システムの維持を目的とした贈与であるとティトマスは述べている。集団内の贈与は集団に属する人びとがシステムの維持に同意していることを意味しており、それを通して自己の存在の安定を図ることが目的とされている。このように集団的贈与の水準おいては利己心の現れが利他的な行動となるような、利己性と利他性の調停が見られるというのである。

ただし、このことには次のような疑問が浮かぶ。自らのリスクに備えて血液をプールするのであれば、それは贈与ではなく保険ではないか。拠出に対してそれと同価値の分配が期待されている点で保険の原理に近似している。あるいは、贈与の原理というよりもギブアンドテイクの形式を持った「交換」の原理である。

5……文化人類学では贈与交換という語が使われてきているが（伊藤 1995、上野 1996）、本書では不均衡な「与えあい」というニュアンスを残すために「相互贈与」を採用している。同じように社会学者の高木英至は贈与と交換を区別するために相互贈与を用いている。高木によれば、「相互贈与に類する語では『互恵・互酬』がよく用いられ、『贈答』や『贈与交換』ともいわれる。互恵や互酬は財の間の『バランス』がとれたものを連想させ、贈答は儀礼的形式が発達したものを指すような印象を与えるため」、相互贈与を使用するとしている（高木 1981：41）。

6……こうした気前のよい贈与によって与えあう社会の実現を企図したのがモースだった。今村仁司が「モースによる贈与現象の解釈は、現存社会への批判から出発していて、現存体制にとって代わる未来の『互酬的』体制を目指す倫理（道徳）的意味論である」と述べているように（今村 2007：368）、『贈与論』の主眼は「人間を『経済動物』にしてしまった」社会から、人間の気前のよさを取り戻すことであり、「物を与える喜び、鷹揚にして雅趣のある消費の楽しみ、客礼、公私の儀礼の楽しみを発見する」ことにあった（Mauss 1925=2008：233）。

モースはこの「可能性」をすでに、当時形成されはじめていた社会保障に見ている。社会保障とは「社会を代表する国家そのものが、雇用主や労働者の協力を得て、労働者の失業、疾病、老齢、死亡に対処して一定の生活保障をなす義務を負う」制度であるが、モースはこれを「自由のための義務」と呼び、それを支える原理が贈与であるとしている（Mauss 1925=2008：230-231）。

7……内山のエッセイは、新田の妹である三井絹子と彼女の介護者である根子友恵との共著であり、このくだりの後には三井や根子の介護観も紹介されている。

8……日本の高齢者福祉の分野で「介護の社会化」が謳われるようになったのは一九九〇年前後からだが、自立生活運動は一九七〇年代からこのことを訴えており、二〇一〇年代の現在、社会的な合意が得られるまでになっている。運動は確実に社会を変えてきたのである。

9……立岩真也はこう述べている。「人に関わるのもまた人間であるには違いなく、その人にとって、人の手段の役割に徹することは、人によってはそんなに簡単なことではないかもしれない。とすると、それに対して単に行うという以上の意味を見出そうとする。そしてここでは言われた通りのことをするというのではない分、介助する側の存在が入ってくる余地があり、『主体的に関わる』ことにおいて、時に関係の主導権を握ってしまうことにもなる」（立岩 2000a：246）。

10……立岩のエッセイ「贈り物の憂鬱」はそうした贈与の危うさをいいあてており、贈与を大仰に語ることには慎重である（立岩 2006）。いわく、贈り物はうれしくもあるのだが、「なにか贈り主の思いがこめられ気持ちがこもっていたりすると、まれにだけれども、気が重く、つらいこともないではない」。そうしたものが募金、ボランティア、国境を越えた援助にもある。「温かい心」や特別な「思い」が求められるのはわかるけれども、「人々の善意に頼らないと日常の生活そのものをやっていけない」ことや、「もらい物の背後にその人の（善意の）顔がいつも見えてしまう」ことも、「なかなかうっとうしいところがある」。立岩はこう述べて、生活の必要に善意をあてがうことは間違っており、特別な「思い」の有無にかかわらず、たとえば介護のように、たんたんと充たされるべき「必要」があると書いている。

11……立岩が見出している解は「徴収は義務化され贈与自体は機械的になされる」分配様式である（立岩2000a：247）。つまり、基本財としての介護が分配されるとき、その財源は当該集団の成員から租税を義務的に徴収し、その徴収物の再分配にさいしては、意味を充当せず機械的に提供するというものである。

12……何度も述べられるのだが、人間は自己の「与えられて－ある」という存在感情を自覚するとき負い目を感じ、負い目によって「自己を与える」という奇妙な行動をとる。今村はこの贈与循環全体を「無限内包摂」として説明する。この無限による包摂とは、すべてのものが「与えられて－ある」ことの別の表現であるとされる。「与えられた」自己は「与える」のなかに包まれていると感じる。そのため、負い目を通して生じる自己贈与とは無限による包摂への欲望であるという。今村は「原初的な人間的存在の構想は、存在感情－負い目－自己贈与－無限内包摂欲望という諸モーメントによって構成される」と述べている（今村2007：56）。

13……代理死の発生は生存していることの疚しさを生む。他者の犠牲の山の上に生存が続くことの疚しさは、鎮めることができない。もっとも、自己贈与の義務が自己保存によって阻止されるからこそ、人は生き延びる。とすれば、人間が「存在する」こと自体がすでに「生き延び」である。今村によれば、この自己贈与の非実現のなかに疚しさが宿る。「人は生きているかぎり自己保存のなかにあるのだから、生存自身が疚しいのである。原初の義務が実行できないからである。原初の自己贈与義務が不可能であるからこそ、代理死を求めるのであり、それがまた疚しさを累乗化する」（今村2007：105）。疚しさは比較の観点で生じる。すなわち、「死ななかった、あるいは生き延びたという事実のなかに自分の比較優位を感じることで現状に甘んじるとき、その現状甘受の優越のなかに疚しさが張り付いて離れない。生存の罪責感はそこに根を張る」というのである（今村2007：105）。

14……それを論理的に理解可能にしようと意識するとき、人は語りえない相手をひそかに超越的存在者に切り替えて、「世界創造の神格」にまで上昇させる。それは日常の贈与関係に定位しているため、もっともらしくみえるが、「イデオロギー的錯覚」にほかならない。今村は「超越的（人格）存在などありえない」、原初的にも日常経験的にもあるのは人間的存在のみであるとしている（今村2007：80）。

15……二〇〇三年の支援費制度、二〇〇六年の障害者自立支援法の施行は、事業所を経由した代理受領方式が採用され、サービスは一種の贈与として提供される。ただし、利用者負担の仕組みも取り入れられていることから、完全な贈与とはいえず、交換の原理が入りこんでいる。支援費制度の施行は、事業所としてのＣＩＬに強い追い風となって、この時期、ＣＩＬが飛躍的に拡大した（後の自立支援法はそのバックラッシュなのだが）。福祉国家における準市場の活用について北島健一は「ファイナンス／供給分離モデル」と呼んでいる（北島 2002）。これは、社会権は国家の責任で保障しつつ、実際の活動は非営利組織や民間組織が自律的かつ柔軟に担うモデルであり、財源は国家が保障し、サービスの供給はＮＰＯなどの組織が担う。ＮＰＯ等は国家から自律性を保ち、アドボカシー機能を持つことが望まれる。本書の文脈に引きつけると、新田らが編み出した財源と人材を区別して介護を供給するスタイルは、この流れの源流にあると考えることもでき、自立生活運動全体を見れば、公的介護保障要求運動とＣＩＬは同じ流れに位置づけられる。

第3章

支配の贈与を拒む

――家族と施設における抑圧

自立生活運動は家族や施設が構造的に生じさせるパターナリズムを拒む社会実践だった。拒んだその先にそれらとは異なる生活の様式を形成する。彼らが手探りのなかから作り上げた、その具体的な生活様式が「自立生活」となった。

新田勲のライフヒストリーをつぶさに見ると、自立生活が生成されてくるその必然性がはっきりとわかる。本章は彼の家族経験、施設入所経験を記述することを通して、何が自立生活を生む契機となったのかを明らかにしよう。と同時に本章では彼が作り上げた自立生活の現在を描き出す。第1章で見たように、新田の生活には彼のパートナーと娘がいる。脱家族を標榜しながら、まるで家族のような集団を作り上げている。このことは何を意味するのだろう。本章は現在の生活を記述することから出発して、新田が形成しようとしているものが何であるのかを考察する。

1　何を拒み、受け取るか

(1) 愛の空間――〈家族〉との関係

新田の住宅にはパートナーの三谷佐智子と娘の美保がいる。はじめに新田と彼女らの関係性を記そう。三谷は一九六三年生まれで、短大生だった八二年に新田と出会っている。彼女はここを訪れる以前から障害児と交流を持ったり、手話サークルに所属したりと、福祉の世界にかかわりを持っていた。新田の介護はサークルの先輩の紹介ではじめた。当初はボランティアだったが、後に専従介護者となる。新田との関係が深まり、八五年に結婚している。

新田と三谷との関係性は独特だ。知らない第三者が見れば、ケンカをしているのではないかと訝しく思える場面があったり、実際にケンカをしている場面に出くわすこともある。それでいてふたりの関係は決裂することがなく、ひと呼吸おけば先ほどまでの騒動が嘘のように消えて、もとの関係に戻っていたりする。それはどこか愛を確かめあっているようなところがある。

たとえば、こんなエピソードだ。かつて三谷は新田の肩に顔を傾けながら「どうして私と結婚したくなったの～?」と聞いたらしい。すると、新田は「ボランティアがしたくなった」と答えた。「どういうことよ⁈」と詰め寄ると、「おまえと結婚することは社会奉仕みたいなもんだ」といった。三谷はうなずけるところがあって噴き出してしまった。というのも、彼女は新田に「育ててもらった」感覚があるからだという。二〇代の彼女は他者とのコミュニケーションが苦手で、精神的に不安定になると自分をコントロールすることができず、ハチャメチャだったと語る。彼女にとって新田との出会いは自分が受け入れられていく過程であり、彼の三谷への献身ぶりを振り返るとボランティアという形容もあながち間違いではなかった。一方の新田は「ボランティアは大事なこと。ボランティアはしたほうがいい。でも、限界がある」と後段を強調して笑っていた。確かに、彼が「結婚は努力と忍耐」とこぼしている声を頻繁に聞くことからして、その「努力と忍耐」ぶりは想像に難くない（フィールドノーツ　二〇〇九年一月一〇日）。

この話が可笑しいのは、普通なら「なぜ私と結婚したくなったの？」と問われた側は、「きみを愛しているから」などと、あらかじめ決められた「答え」を示すのが「愛のゲーム」であるはずが、「ボランティアをしたくなった」などとまるで人格を批判するような言葉を投げつけておいて、それでいて、そういわれた本人は怒りもせずに「その通りだ」と受け入れて、うれしそうに語っているところだ。しかも、普通、重度障害者である新田がボランティアを受ける立場に置かれがちだが、ここでは完全に立場が逆転している。そのことが三谷にも新田にも痛快であるようだった。

こうした丁々発止のやりとりは枚挙にいとまがない[1]。しかし、彼らは決して相手に決定的な打撃を加えることはなく、「思いやりを含んだ思いやりのないこと」をいいあっている。たいていは、三谷がわざと新田に特定の話題を投げかけ、新田が決まりどおりの返答をし、三谷が批判する、というパターンが多い。いわば、フリとボケとツッコミが定式化しているのだ。驚くのは、これまで何度となく同じパターンが繰り返されているはずなのに、新田も三谷も相手のフリやボケを無視することなく相手にツッコミを入れているところだ。つまり、ふたりは「あなたなんて愛していない」というメッセージをかわしあえるほどに「愛しあっている」ことを確かめあうコミュニケーションをとっている[2]。

では、新田と娘との関係はどうだろうか。娘の美保は一九八六年に生まれた。美保が幼い頃は、三谷が会社勤めをしていたため、子育てのほとんどは新田が担った。美保は〇歳から六歳まで保育園へ通ったので、その送り迎えも新田の役割だった。ときには散歩を楽しみながら、ときには電動車椅子に乗せて、毎日、行き帰りをしたらしい（図11）。部屋には新田お手製のすべり台とブランコとサンドバックがあって、美保はよくそれで遊んだ。夜になると彼女は新田の耳たぶをつまんで寝た。また、七五三は近所のスポーツセンターの一室を借りて、親戚や仲間とともに、お祝いのパーティをした。学芸会、運動会、入学・卒業式にはビデオカメラをまわし、美保の成長を記録した。そのカセットテープはいまでも大切に保管されている。

新田の溺愛ぶりは現在も変わっていない[3]。ある冬の日、数日前から風邪気味だといって美保がおかゆを食べていた。けれど、十分堪能したのか「お母さん、このおかゆ飽きたんだけど」といった。三谷は「だから、昆布とか佃煮とかと一緒に食べればいいじゃない」といって、それらがテーブルに置かれてあることを示した。ふたりのやりとりを見ていた新田は、「いい

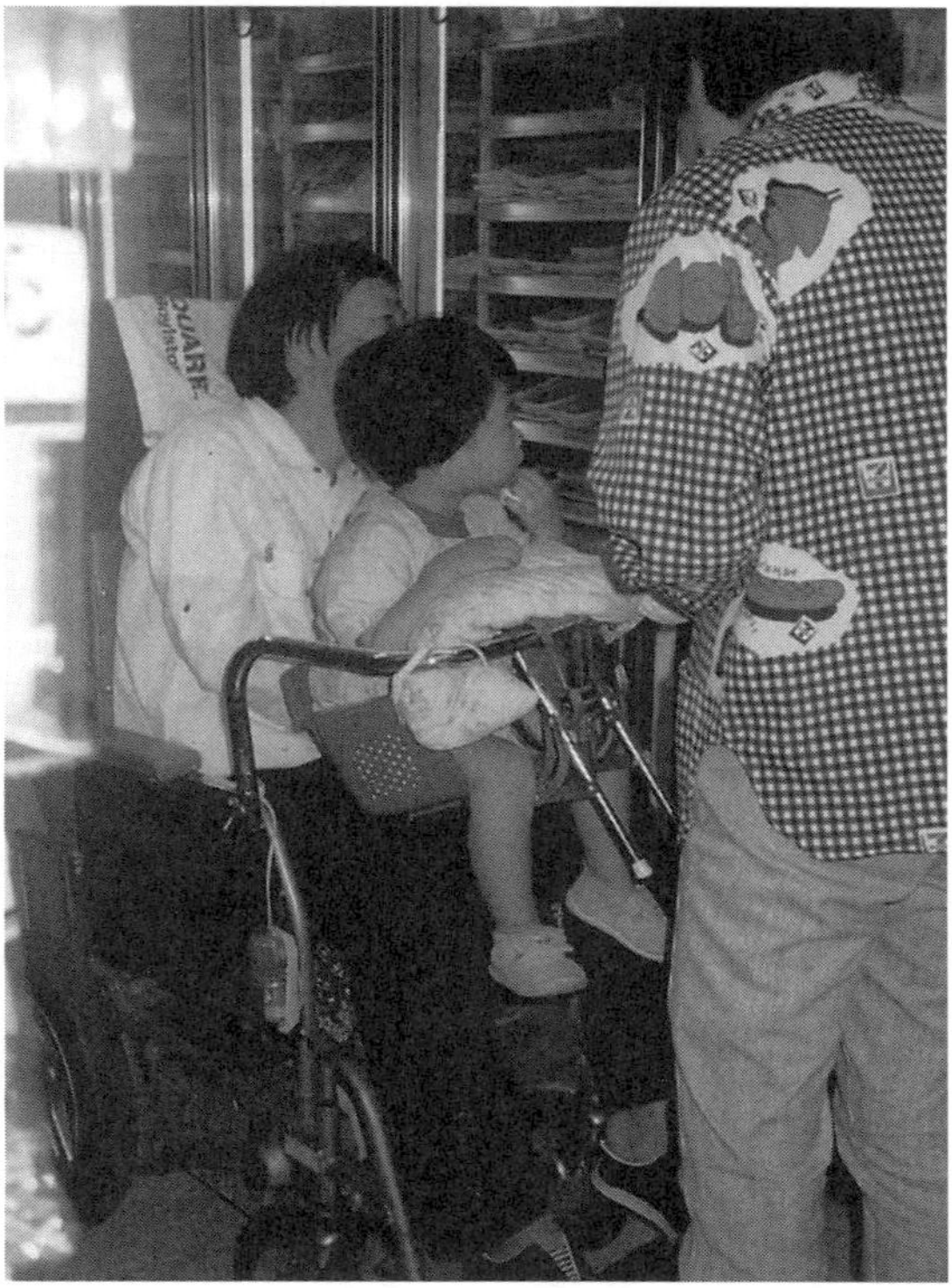

図 11　娘と買い物（1987 年頃）

よ、お父さんが食べてあげる」といい、さらに「弁当があるよ。食べな」といった。美保は「うん、そうするー」といって冷蔵庫に弁当を探しに行った（フィールドノーツ　二〇〇八年一月一四日）。こうした新田が美保を気遣う場面を何度となく見た。

ところで、新田は言語障害が重く、口で発する言葉は一度聞いただけでは何をいっているのかわからない。だから、足文字という表現手段によってコミュニケーションをとる。足文字はその名の通り、足を動かして、介護者がその記号を読み取る「言語」である。独特の字体と文法があるため読解には習練が必要になる。介護に入った者は一年ほどかけてこれを必死に覚える。

ところが、美保は新田の足文字を読まない。そもそも読む気がなさそうだ。では、どうしているのかというと、読まなくても新田のいわんとするところがわかるのだ。新田が口で発する嗚咽のような「おー」や「あぁ」といった声にならないような声、そのトーン、微妙な身振りで、彼の意思を理解している。たとえば、食事の準備ができたとき、新田は美保のほうに向かって「おー」というのだが、美保はそれを聞いて、「あー、食べる食べる。ちょっと待って」と返事をしている。もちろん、文脈から新田の意図するところを類推することはできるが、それでも、それは長い年月に及ぶ経験の共有がなければ可能にならないことで、私には驚きだった。

一方、介護者は必ず新田の足文字を読まなければならない。先読みや「はいはい、わかったわかった」と理解を急ぐことはご法度である。美保だけが唯一、新田と足文字ではなく、口述で会話することが許されている。足文字を読む／読まないが「他人介護者」と「家族」を画する境界線になっており、介護者は「社会的な」存在であり、美保は「個人的な」存在であることを意味していることがわかる。

新田の娘への態度は「愛」と呼ぶ以外にないだろう。パートナーとの関係もそうだったが、彼がつくりあげているこの場所は基本的に「愛の空間」なのである。するとどうだろう。自立生活運動は「脱家族」を主張して家族の愛を拒否してきたはずなのに、新田は自分のパートナーと娘に惜しみない愛を注いでいる。私は驚愕した。そして、大きな矛盾であるように思われた。しかも、この愛の空間には介護者という「他人」が常にいる。このことも私を混乱させた。次にこの空間における介護者のふるまいを記述しよう。

(2)〈家族〉と他人がいるところ

新田の介護を担っているのはすべて「他人」の介護者であり、パートナーや娘ではない。もちろん、三谷が料理や掃除、洗濯などのいわゆる家事労働をすることはある。ただし、それは状況に応じて「きょう晩ごはん私つくるわ」という程度のものであり、介護や家事を担っているのは基本的に介護者である。

これは私にはとても不思議なことだった。介護者がせっせと動いていても、三谷はテレビを見たり、本を読んだりしている。介護にはおかまいなしだ。食事が大人数だった日の食器洗いなどは介護者一人では時間がかかる。そんなとき、パソコンのゲームをしている三谷を見て、私は「少しくらい手伝ってくれればいいのに」と思った。

だが、こうした事態を指して先輩介護者の大滝史生はこう話していた。「奥さんがいるとなると、『あの家は奥さんがいるのに、奥さんがなんで介護をやんないんだ』ってなる。『なんであいつはコンピュータゲームやってんだ』っていってくる。世間じゃ、そういう人がほとんど。ぜんぜんわかってない」と。つまり、一般社会は脱家族、あるいは公的介護保障の考え方を少しも理解していない。公的介護保障とは、被介護者が家族の介護に囲い込まれることを防ぐために、介護を「他人」に預ける。そうすることによって、一つに被介護者の自由を確保し、二つに「家族」の自由を確保する。これが公的介護保障の思想だ。

私はこの考え方に完全に同意した。考えてみれば、三谷にとってここは生活の場である。彼女がテレビを見たり、本を読んだり、そのあたりに横になったり、だらしのない身体をさらけだすことは彼女の自由だ。いちいち新田や介護者の存在を気づかっていては窮屈でたまらないだろう。だから、この場所では新田の自由とともに三谷の自由が尊重されなければならない。そう思った。

けれど、この考えを実践することは意外に難しい。私自身、当初は三谷に対して「遊んでばかりいないで新田の介護をやったらどうか」と思った。家族が介護をするのは自然なことだと感じていた。また、「なぜ私が三谷のぶんまで家事をしなければならないのか。自分のことは自分でやってくれ」と思ったりもした。介護者が「家族の領域」にまで踏み込んで彼女らの世話をするのはおかしいと感じたのだ。

そうかと思うと、他方で、「家族の領域」に踏み込み過ぎる介護者も過去にはいたと三谷は話していた[4]。三谷は「その辺のバランスをわかってくれる介護者だといいんだけど、そうじゃない人もいるからね。困ったよね」と話していた。つまり、彼女たちの側には他人である介護者に踏み込まれることを拒む領域がある。介護者からすると、この微妙な境界線を測ることは難しい。難しいのだが、確かに彼女らが守ろうとしている領域の存在を感覚することはある。たとえば、夕食時、食卓を囲んで家族も介護者も何気なく会話しあっている。食後しばらくして、布団の上に横になって新田、三谷、美保が談笑している。そのような姿を見ると、「あぁ、ここには〈家族〉がいるんだな」と私などは思う。それは「接骨院の受付のバイトなんだけど、お父さんどう思う?」といった他愛のない主題が話される空間なのだが、介護者である私はここには踏み込むべきではない「家族の領域」があることを感じる。

つまり、「家族」と定義される人たちと「他人」と定義される人たちが同じ空間に生活しており、両者は互いに協力しあう共同関係をつくっている。その一方で、「家族」と「他人」のあいだには曖昧で目には見えない境界線があることも確かだった。激しい領土合戦があるわけではないが、それがときおり駆け引きを見せることがあった。このことを新田はどう考えているのだろうか。

(3) 愛の空間の拡張

他人介護者を入れることで、パートナーや娘に介護をさせない。そして、「愛の空間」を確保する。それは彼が三谷と美保を愛しているからだ。とすると裏を返せば、他人は愛していないから、他人に介護をさせるのだろうか。違う。奇妙なことに、新田は他人介護者も愛しているのだから、驚いてしまう。

新田は「家族の領域」と「他人の領域」を区別しようとしていない。極端にいえば、領域区分はむしろないほうがよく、すべて「愛の空間」であると考えているふしがある。介護者は「家族の領域」を侵害する恐れがあるので、機能的・手段的な役割に止め置くのではなく、新田はパートナーも娘も介護者も同じように愛そうとしている。

これは彼の生活スタイルを見ればよくわかる。たとえば、食卓では新田も三谷も介護者も誰もがぺちゃくちゃとしゃべりながら食べる。このスタイルの独特さは、一般的な在宅介護サービスと比較すると一目瞭然だ。普通、民間事業所が提供するサービスで介護者が利用者とともに、しかも家族もまじって、食事をとることはありえない。介護者は黙々とサービスを提供し、利用者と家族の生活を支援する。家族と他人の領域をはっきり区別することが求められる。

これに対して、新田は「自分たちだけ食べて、介護者が食べないなんておかしい」といって、「みんなで食べる」ことを志向する。そもそも、彼は〈家族〉と他人の区別それ自体を問題にしていないところがある。被介護者、〈家族〉、介護者の三角関係を、次のように聞いたことがある。

＊＊：家族と介護者がいると、たいてい衝突するというか、家族のほうは「私を大事にして欲しい」と思うし、介護者は介護者で「私を大事にして欲しい」とどこかで思っていると思うんです。「優先順位は私を一番に考えて欲しい！」みたいな。
新田：ぼくは両方大事。どっちが上で、どっちが下ってない。
（フィールドノーツ　二〇一〇年五月一日）

実際、新田はこの考え方を実践している。たとえば、三谷と介護者は衝突することが少なくない。程度の大小を問わなければわりと頻繁に生じるのだが、私などは「新田が守ってくれる」とどこかで思っているのであまり気にならない[5]。おそらく、これと同じことを三谷も感じている。だとすれば、新田はパートナーに対しても介護者に対しても、ある種の安心を与えているといえる。それだけ、〈家族〉か他人かどちらか一方だけを優遇せず、両者を同じように愛している。

すると、ますますわからない。自立生活運動とは脱家族の運動、つまり、愛で充たされる空間を拒否する運動ではなかったか。にもかかわらず、新田は他人介護を利用しながら、〈家族〉をつくり、〈家族〉も他人もともに生活する「愛の空間」をつくっている。これは奇妙なことだ。

このことからわかるのは、彼にとって愛によって結ばれる関係性は否定されるものではないということだ。ただし、愛があるからといって介護をするかどうかは別問題である。愛があっても、あるいは愛があるからこそ〈家族〉に介護をさせない。このあり方は彼の定位家族との関係が影響を与えている。彼が自らの経験のなかから導き出した知恵であり答えである。以下では、新田とその親、きょうだいとのかかわりを時間的に遡って記述していこう。家族経験がその後の生にいかなる意味を与えているだろうか。

2　家族から施設へ

(1) ふたりの障害児

新田勲は一九四〇（昭和一五）年、父・実《みのる》と母・美乃《みの》の三男として東京市豊島区に生まれた。きょうだいは兄が二人と姉がいたが、長男は幼少期に亡くなっている。後に三人の妹と弟ができた。父と母、長女・敏子、次男・隆、三男・勲、次女・満子、三女・絹子、四男・清、四女・由紀子の九人家族だった。父は寿司の職人で母とともに池袋で店を構えていた。

一九四二（昭和一七）年、東京で百日咳が流行した。新田の家の近所でも幼児がたくさん罹患したが、長女の敏子が罹った。それが新田に感染した。六歳だった姉はすぐに快復したが、新田はしばらく高熱が続いた。十分な医療を受けることができず危篤状態に陥った。母は彼を抱えて病院を駆けまわった。惜しみなく金を使い、効くといわれた薬はすべて飲ませた。その甲斐あって熱は数日で引いた。しかし、身体がぐったりしたままもとにもどらない。もう一度病院に行き医師に見せた。医師は「脳性麻痺だ」といった。

戦争がはじまっていた。一九四四（昭和一九）年、東京への空襲が激しさを増した。一家は父母の実家がある埼玉県に疎開することになったが、父だけは家に残り軍需工場で働きながら店を守った。だが、物資の不足で米が手に入らなくなる。商売は成り立たず、店をたたまざるをえなかった。さらに行政から立ち退き命令が出る。東京に残っていた父も疎開先に移った。その後、店は空襲で焼かれた。

一九四五（昭和二〇）年五月、疎開先で三女の絹子が生まれた。元気な赤ん坊だった。きょうだいたちは絹子をかわいがった。子守り役は上の姉たちだった。あるとき、彼女らが絹子を背中におぶって遊んでいたところ、絹子を水たまりに落としてしまった。びしょ濡れになった絹子を慌てて抱え帰った。母がすぐに着換えさせた。その夜、高い熱が出た。三日たって熱はひいた。けれど、絹子の身体はくたぁっとなったままで首が座らなかった。母が病院へ駆けこむと「脳性麻痺」と診断された。以後、この家族は勲と絹子の、ふたりの障害児を抱えることになる。

その年の八月、戦争が終わった。いつまでも疎開先の世話になることはできず、一家は東京に戻った。住居も店も焼失してしまったため練馬に一戸建ての家を借りた。借家は八畳、四畳半、三畳、台所に庭がついていた。家賃は月五〇〇円だった。店を焼かれ安定した収入が途絶えてからは貯金も底をついていた。しかも、子どもたちの生活費や医療費に出費がかさむ。家族には毎月の家賃を払うことも苦しかった。食べるものがなく、その日を生きるのに精一杯だった[6]。夜は二組の布団で大人と子どもが身を寄せ合って眠った。

(2) 母の両義性

父・実は酒が好きだった。酒を飲むというより酒に飲まれてしまう人だった[7]。戦後、買い出しのかたわら日雇いの職人として働きはじめた。自分の店で再起を図ろうと時間を見つけては知人を訪ね、資金を集めた。その甲斐あって再開を果たすことができた。しかし、それがうまくいかず、しばらくすると店をたたみ、仕方なく他人の店で働いた。だが、使われる身では自分の店のようにはいかない。主人とぶつかっては酒を飲んだ。給料日は必ず飲みに行き、その日のうちに半分を使ってしまった。そんなことだから実と美乃はいつもけんかをしていた。子どもの給食費や教科書代を納める余裕がなく、美乃が近所へ頭を下げて借りてまわった。

実は酒飲みではあったけれど人がよかった。仕事帰りによく犬や猫を拾って来た。おもちゃが買えない新田家では、それがおもちゃ代わりだった。子どもたちはよろこんだが、母は苦い顔をした。新田に父のことを尋ねると「お人よし」と表現していた。「『いや』といえない性格だった。道で出会ったホームレスを家につれて来て住まわせちゃう。そんなところにぼくは似たのかもしれない」といっていた。実は犬や猫だけでなく、人間もつれて来たのだ。自分の家族でさえ生活が精一杯なのに、見ず知らずの他人を連れて来て、そのまま住まわせた。

母・美乃について聞くと、新田は「すごく短気で、お人よしの江戸っ子の性格だった」と話していた。きょうだいたちが悪さをすると口よりも先に手が出た。しかし、身体の弱い勲と絹子には絶対に手を出さなかった。絹子がこう書いている。

私はきょうだいにいじめられた事は一度もない。それはかあちゃんがとりしきっていたからである。抵抗できないものに手をあげたらかあちゃんが許さない……それが浸透していた。だから、私はみじめな思いはしたことはない。（三井 2006：4）

また、新田は母を「やさしいというより人情の厚い」と説明し、自分の子どもは病弱であろうとなかろうと成人するまでは絶対に離さないという信条を持っていたと語る。

私のきょうだいは七人いて、その中で手の焼ける重い障害者が二人いて、父は飲んだくれで子供の世話は一切母親まかせです。その上、父は経済的にもズボラでした。でも、どんなに貧乏でも、また子供がたくさんいてどんなに疲れようと、子供から離れようとか、捨てようとか、別れようとか、そこから逃げようとか、そんな雰囲気や素振りは一度も感じたことはなかったし、そのような気持ちや言葉も聞いたことはありませんでした。（新田 2012b：215）

銭湯のエピソードがある。新田の家には風呂がなかったので家族は銭湯に通った。母は絹子を背負って出かけた。妹の由紀子がそばをついて歩いた。由紀子は絹子がうらやましいようで、泣いて「おりろおりろ」と足を引っ張った。母は「あなたは歩けるんでしょ。絹子は歩けないのよ。いやだったら、ついてこなくてもいい……」とかまわない。

銭湯に行けば行くで、戸をあけると同時に視線は一斉にこちらに向けられる。混んでいてもかあちゃんがかごをおくと、ほかの人のかごがすーっとひいていく。三つぐらいの子が私を見にくる。その頃の私は恥ずかしさがすごくあり、人前では下を向きっぱなしである。だから、よけい奇妙にうつるのかもしれない。親があわてて、つれにくる。「あ、××ちゃん、だめ、うつったらたいへん……」ということばを残し、さっとつれていく。くやしかった。くやしながら思ったことは、なんで、みんな、じろじろ見るんだ。私のなにがわるいんだ。みんな私のような体になればいいんだ…そうしたら私をみなくなる。子どもながらにもそんな意識をもった。しかし、かあちゃんは強い。そんなことで動揺などしない。見る人に「何か用ですか」といって相手があわてて眼をそむけるようにする。あとはにらみかえすだけ。そんななかで二時間、格闘するのであった。（三井 2006：7）

周囲の差別的な視線をものともせず、母は気丈にふるまった。銭湯から帰ると母はすぐに食事をつくり、子どもたちに食べさせ、片付けをした。夜中の一時二時まで洗濯をした。そのころ父が帰宅する。お茶を入れて少しつきあう。父がときどき寿司を持ち帰ったので、子どもたちを起こして食べさせた。絹子は「そんな楽しみもあった」と述懐している（三井 2006：9)。

このように新田も絹子も母の気丈さを語る。だが、彼らの母への感情は一面的なものではなかった。特に新田がそうだ。絹子を銭湯に連れて行き周囲を睨み返す母の姿に、私は感銘を受けたと話したことがあった。

＊＊：絹さんの自伝に書いてあったみたいに、つまり、お母さんは周りの差別に抵抗していたということですよね？

新田：そんな親いないよ。

＊＊：そんな親いない？　っていうのはどういう意味ですか？

新田：障害者を恥ずかしがらない親はいないよ。

＊＊：え、あぁ、うん？　障害者を恥ずかしがる？　恥ずかしがらない親はいない？

新田：たとえば、ぼくは唾液が出るでしょ。外に出て、それを親はすごく恥ずかしいものとして、出そうになると、少しつつかれていたし。

＊＊：つつかれていた？

新田：うん。こういったタオル（唾液受け）は子どもの時代かけたことはなかった。たぶん、

三五、六歳になってから。いまより（唾液の量が）少しだったから。恥ずかしがらない親はいない。

＊＊：あぁ。そのことに対して新田さんはどう思っていたんですか？

新田：あんまり気にしてたらいれないでしょ。差別そのものがわからない年頃でしょ。おふくろといる時間が一番長いし、そういうところでこだわっても仕方がない。

障害を持つ子どもを差別しない親はいない。どんな親でも障害を持つわが子を差別するといっている。新田は口腔の筋力が弱く、口から自然と唾液が流れ出してしまう。母はそれを外出先で見ると、彼を小突いて注意した。障害ゆえの現象としては受けとらず、「すごく恥ずかしいもの」として見ていたからだ。幼い新田にはそれが差別かどうかもわからなかったが、何か否定的なメッセージを受け取っていた。行き場のない感情は、気にしていては生きていけないと自分を説得することで消化していた。

絹子も似たものを感じ取っていた。十代のころ絹子は毎日、日記をつけた。書くことで自分の感情を整理していた。しかし、日記に書けないこともあった。母が見るかもしれないからだ。たとえば、いつも「なぜ生きねばならないのか。死にたい死にたい」と考えていたが、そう書いたものを母が見ればどれだけ嘆くかわからない。美乃は子どもの障害を自分の責任だと考えていた。医師がこういったからだ。「のんべえの亭主で奥さんが丈夫だと、どうしてもこういう弱い子ができるんですよね…。多いですよ、そういう例が…。まあ、しかたありませんね」（三井 2006：15）。美乃はこんな言葉を信じていた。ことあるごとに「こんな身体に産んでごめんね」と繰り返した。

母は新田と絹子の存在そのものを否定したわけではない。それどころか深い愛情を注いだ。だが、障害を有する事実を肯定的に受け入れることはなかった。周囲からの否定的なメッセージにさらされ続ければ無理もないことかもしれないが、このことを子どもは自分の存在を否定されたように感じた。障害と人格を分けることは難しく、障害を否定されることは人格を否定されることに感じられた。このように、親は肯定的なメッセージとともに否定的なメッセージを子どもに投げかけ、子どもらはその両義的なメッセージを受け取っていた。

(3) 家族内のポリティクス——母からの自由、兄との不和

新田も絹子も学校教育を受けていない。就学年齢になっても入学通知が届かなかった。美乃は「義務教育なんて国の姿勢でどうにでもなるものなのね」と憤った（三井 2006：6)。新田によれば、母は「こういう子どもは学校には行けないものなんだ」とあきらめるしかなかったという。

不就学について、彼らはどのように感じていたのだろうか。絹子は五つ下の妹が小学校に入学したとき、いつも一緒だった遊び相手を失って、急にさみしくなったと書いている。きょうだいが学校へ行くと家はしーんとなった。親が仕事に出れば新田と絹子のふたりきりだった。

新田は自分でトイレに行けたが絹子は行けなかった。家族がいないときは、彼が隣の家から人を呼んできて絹子の介護をしてもらった。一九五七（昭和三二）年ごろの日記に絹子はこう書いている。

私は学校へ行きたい、そして、みんなと遊んだり、勉強したりしたいと思った。でもこんな体では行きたくない、もう一度、生まれ変わってから行きたい。でも人間はそんなかってなことはできない。学校から音楽が流れてくるたびに悲しくなって泣き出す事も時々ある。（三井 2006：6）

また、新田も「子どもながら、どんなに皆のように学校へ行きたくて、影に隠れて泣いたか知れません」と書いている（新田 2012a：175）。だが、他方で学校に行かなかったぶん、家では自由な時間を持つことができた。特に新田は比較的、身体が動いた。不安定ながらも足で歩き、身のまわりのことを自分でやった。絹子はトイレや食事の介護が必要だったので母はその世話にかかりきりだった。だから、新田は「ぼくが物心ついてからは、あんまりおふくろに世話されたという記憶がなくて、ほとんどほっとかれて、自分のことは自分でやってたと思う」と語っていた。親からも学校的規則からも自由だったことが、その後の自分をかたちづくっているといると彼はいう。

新田：ぼくは放っておかれたことが大きいと思うよ。もし養護学校に通っていたら、規則にしたがう、親や教師に従順な人間にしかなっていなかったと思う。（養護学校は）自立する、反抗するっていう手段があることすらわからないまま、規則があたりまえと生かされる。（そうではなく家では）そうやって勝手気ままにやっていた。だから、センター（府中療育センター）のような規則にしたがう生活が耐えられなかったのよ。

学校に通うことはなかったが、家では自分の時間を持ち、規則に縛られない生活を送った[8]。こうした生活を可能にしたのは、新田が、思うように動かない身体ではあっても、時間をかければ身のまわりのことは自分でできたことと、母が絹子の介護と家事とで動きまわり、新田に手をかけることができなかったからだ。そして、そのぶん母との相互癒着的な関係形成からは自由だった。新田は「愛情は注ぐが、口は出さない」母子関係のなかで少年期を過ごしたといえる。

母以外の成員との関係はどうだったろうか。父の実は相変わらず仕事がおもしろくないといっては酒を飲んだ。飲酒量が増え、酒を手放せない人間になっていた。飲まないと手が震えて仕事ができない。飲めば震えがとれる。酒を切らすことができず飲み続ける。しまいには幻覚症状が出て家中を暴れまわるまでになった。医師に診せるとアルコール依存症と診断され精神科に強制入院させられた。酒は数日で抜けたが、退院してもアルコール依存は変わらない。

医師の指示で酒を断たせるまで二ヵ月間入院することになった。稼ぎ手の父が不在となったことで、一家の生計は一段と厳しくなった。美乃は内職をはじめ、兄の隆は新聞配達をした。二組しかなかった布団は一組を売り、一組の布団に八人が足を突っ込んで寝た[9]。

新田と隆の関係に目を向けよう。ふたりは幼いころから折り合いが悪く、口もきかない仲だった。新田によると、兄の意識のなかに「障害者の弟を背負わされたらたまらない」という負担感があったという。隆は勲や絹子に話しかけることもしなかった。食事のときは特に険悪で、新田と絹子は隆から「何もしないくせにメシだけは食う」という視線を感じとり、会うたびに負い目を感じていた[10]。

不安定な家計収入を補うために、母と子どもたちは総出で経済活動に従事した。子どもは学齢期にあり、就労と学業を両立させながら日々の暮らしを成り立たせていた。こうした状況にふたりの障害児がいた。母の強い意思によってこの共同体は結束を見せていたが、兄の不快感に見られたようにその結束はいつ亀裂が走ってもおかしくない状態にあった。

(4) ユートピアとしての結核療養所——他者との出会い

一九五九(昭和三四)年の正月のことだ。退院して以後、父は酒を控えるようになった。職業柄、三が日は忙しかったが、元旦は家族みんなでお膳を囲んだ。母の実家が届けてくれたもちで、雑煮をつくり食べた。ふだん父と子が顔を合わすことはめったになかったので、新しい年の食卓は家族にとって大切な時間だった。

この年、年末から新田が風邪をこじらせ、熱が引かなかった。薬を飲んでも快復せず、悪くなる一方だった。母は慌てて医師に往診を頼んだ。医師は診るなり「肺炎を起こしている。命が危ない。三日もつかどうか」といった。新田は急性肺結核を起こしていた。すぐにペニシリンが処方された。効果は大きく、数日投与したあとに熱は下がった。しかし、結核が完治したわけではなかった。そのため医師は入院を勧めた。母は逡巡したが、他の子どもへの感染の恐れを考えれば、入院以外の選択肢はなかった。病院を探しまわった後、新田は練馬区内の結核療養所へ入所する。一九歳のときのことだ。

療養所は静風荘といった。家族以外の人間と接したことがなかった彼にとって、はじめて触れる「他者」の世界だった。新田はここで「いやでも健全者との接し方が身についたと思う」と語っていた。療養所には様々な人間がいた。戦災孤児、会社員、チンピラ、ヤクザと「人生の酸いも甘いも知りつくした人」がほとんどだった。新田は以後、彼らと四年もの月日をともにすることになる。

結核は国民病といわれ人びとにとって身近な疾患のひとつだった。もっとも、結核療養所は社会的には患者の治療と隔離を目的とした施設だったが、実際にはそれほど頑強な収容が強いられたわけではない。これは結核が急性期を過ぎれば、あとは緩慢な症状が訪れることと関係している。患者は必要な治療と栄養を摂っていれば、これまでと変わらない日常生活を送ることができた[11]。だから、入院患者にはありあまるほどの時間があった。

新田は清風荘の患者仲間から麻雀や花札の手ほどきをうけた。ここで身につけた囲碁は後に「人の心の先を読むのにいい鍛錬になった」という。療養所を抜け出して近くの劇場へ映画を見に行くこともあった。夜はラジオを聞いた。毎晩聞いた朗読や落語は自身の教養を高めるのに役立ったという[12]。日本語の言葉使いや慣用句はラジオから学んだとよく話していた。

新田は「結核療養所は一種のユートピアだったのよ」と語っていた。療養所では患者の回復を図るために栄養価の高い食事が出された。もちろん、住居にも困らない。そういった生活保障面で療養所は「ユートピア」だった面もあるが、何よりも同じ痛みを共有する者たちの共同体だった。患者のなかで障害者は新田ひとりだったが、結核に罹患しているという一点でみな同じ仲間だった。風呂に入れてくれたのはチンピラで（クロちゃんといった）、部屋から新田を背負って浴場まで行き、身体を洗ってくれた。結核は治る病となりつつあったが、それでも突如悪化して死亡する患者も少なくなかった。昨日まで同じように話をしていた友人が「次の日にはあの世」ということがしばしばあった。新田には個室があてがわれていたが、危篤の者が出ると、そのあいだだけ彼は大部屋に移され、危篤患者が個室に入り最期のケアを受けた。その患者が死ぬと、何時間か後にはシーツが交換され、同じベッドの上に新田が戻った。彼らのあいだで死は日常化し、生のすぐそばにあった。新田によれば、同じ病気を病み、同じ立場を生きた患者たちは「人間とのやりとりを損得では考えなくなっているのよ」という。

医師や看護師とも親睦を深めた。療養所にはまるで無限のような時間があったので、看護師を個室に呼んでは他愛ない会話をした。看護師らとは療養所を退所してからも手紙のやりとりが続いた。そのときのハガキが多数残されており、ある看護師からのハガキには「新田君！新田君！」と繰り返され、「あなたが自由の利かない手でこれを書いてくれたと思うと感動せずにはおれない」とあった。続けて「あなたは本当に心の美しい人でしたね。身体が不自由でもあなたの心の美しさは誰にも負けない。何ごとにも意欲をもって取り組む姿勢。自信を持ってなんでもやってください」と記されていた。また、彼の母に言及されてあり「あなたのお母さんは本当に素晴らしい。私は足下にも及ばない」と書かれてあった。新田は彼女らに一体どんな手紙を送っていたのか。彼の「人たらし」（あるいは「女たらし」）的コミュニケーションはこのころからはじまっている。

新田は結核療養所への入所を振り返って「あそこで人間の温かさ、やさしさを知った」と語っていた。家族から離れ、はじめて出会った他者との経験から「人間は信じられる」と感じたのだという。一九〜二二歳という最も多感な時期に、彼は「福祉の原風景」と呼べるものを見たのかもしれない。

(5) 家族の崩壊と施設への入所

一九六一（昭和三六）年四月、父が肝臓ガンで他界する。新田の結核療養所への入所と父の死は、家族をかろうじて結びとめていた紐帯を引き裂いていくきっかけになった。以後、家では兄の権勢が強まり、障害を持つ子どもらの居場所が失われていく。

長女の敏子は結婚し、代わりに次女の満子が働いて生計を支えるようになっていた。父の死後、家計の中心者となったのは兄の隆だった。学校を出たのち、隆はテレビ局の照明技師をしていた。給料の三分の二を家に入れていた。そんな兄の日常のふるまいのなかに「なぜおれがみんなの面倒をみなければならないんだ」という意識が見てとれた。何度も「親父がしっかりしていればこんな苦労をしなくてすむのに」といった[13]。

一九六三（昭和三八）年、長期療養を終えた新田は家族のもとに戻った[14]。だが、すでに彼の居場所はなく、「無理に一人の席をあけるようだった」（三井 2006：22）。一般に、病いが治癒すれば、自分の戻るべき場所がある。大きなよろこびであるはずのそれが新田には苦痛だった。家では以前にも増して隆の態度が冷たくなっていた。新田も隆と顔を合わせることを嫌った。

隆の態度に母も気を使わなければならない生活になっていた。ある夜、ふたりがいさかいを起こした。隆は「俺が結婚するから、勲と絹子を施設へ入れてくれ」といった。母は「施設なんて絶対やらない。絹子と勲を絶対、離さない。かあちゃんがみなければ誰がみるの」と隆の要求を拒んだ。隆には結婚を考えている相手がいた。その女性に障害を持つきょうだいの存在を知られることなく結婚しようと考えていた。だから、ふたりの施設入所を切り出したのだった。しかし、母は受け入れなかった。その日から兄と母の口論が絶えなくなった。毎晩のように「施設に入れる、入れない」で泣いたり怒鳴ったりの日が続いた。

最初、ふたりは家族の前では何ごともないようにふるまっていたが、次第に口をきかなくなった。母はどうしようもなく疲れ果てているようだった。そして、子どもたちの前で施設入所について話すようになった。敏子は結婚していたため、母と絹子を引き取って住むといった。満子は「施設なんて絶対やらない。私が結婚しないでみる」といった。敏子には夫と子どもがいる。そこに介護を必要とする者が増えれば、いずれ関係がぎくしゃくする。きょうだいが、いがみあって放り出すことほど不幸なことはない。美乃はそういって首を縦に振らなかった。このとき、身体的にも経済的にも母と兄に依存しなければならなかった新田は、自分の意思を語ることがなかった。家族の会話を黙って聞いていた。「障害があるというだけで家族が崩壊していく。私たちにとってこんなにつらくいたたまれない日々はなかった」と述べている（新田 2012a：25）[15]。

こうした日々が二年ほど続いた。隆は次第に家に帰らなくなり給与を入れなくなった。美乃は内職をしていたが、子どもらの世話に追われ、十分な収入を得ていなかった。当然、家族の生活は行き詰る。困り果てた美乃は福祉事務所に相談に行った。ケースワーカーからはすぐに施設入所を勧められた。一九六四（昭和三九）年の秋のことだ。

日が経つにつれ施設入所が現実味を帯びるようになった。絹子は「いうにいえないほど施設に入るのを拒み、施設に入るぐらいなら乞食をしても一緒にいたい、死んでも母から離れるのは嫌だ」と泣いた（新田 2012a : 26）。美乃は死も考えた。しかし、他に幼いきょうだいがいた。子どもを見捨てることなどできない。美乃は何もかも自分が悪いといって泣いて謝った。絹子は何もいえなくなり、一緒に泣いた（三井 2006 : 24）。

それから半年間、施設に入所するための準備が進められた。障害等級の判定と障害者手帳の交付、福祉事務所や国立心身障害者センターでの検査があった。絹子は「施設に入れられる、捨てられる」という思いから、「精神的にまいって、検査を受けるにしても車に酔ったり痩せる一方」だった（新田 2012a : 27）。

ところで、このときまでこの家族は社会福祉の制度を利用していない。母も新田も障害者手帳の受け方さえ知らなかった。新田は学校に行けず、家庭にしか居場所がなかった。そのため社会福祉制度の情報を得ることができず、制度を何ひとつ利用しないまま生活を送っていた。

隆は帰ってきても新田とは口もきかず、彼らが「施設に入るのを待ちかねているよう」だった。彼は婚約者に新田と絹子の存在を伝えず、家族には「おれの結婚を壊さないでくれ、勲や絹子のいることはいってないからいわないでくれ」といった（三井 2006 : 25）。婚約者を家に連れて来ても、ふたりを他の部屋に隠した。彼らは婚約者が帰るまで息を殺した。母がそうっと見に来て「こんな思いをさせてごめんね、ごめんね」といった（三井 2006 : 25）。そして、隆は「とうとう私たちを化け物のように隠し通して」結婚した（新田 2012a : 27）。

一九六五（昭和四〇）年五月二一日、福祉事務所のケースワーカーと町田市に新しく建設された民間施設の所長がやって来て、入所までの日取りを話した。彼らが帰ったあと絹子は堰をきったように泣いた。すると美乃も泣いてしまい話ができなくなった。新田もこらえていた。せめて期限ぎりぎりまで長く家においてやりたい。美乃の思いから、ふたりは五月三一日に施設へ入所することが決まった。絹子の二〇歳の誕生日の翌日のことだった（三井 2006：28）。

3 施設への入所

(1) 町田荘への入所

入所の日の朝、空は曇っていた。頼んでおいた車が迎えに来た。家を出るとき、何かをいえば涙があふれ出てしまいそうで、家族はみんな無言だった。たんたんと荷物を車に積み、最後に新田と絹子が乗った。静かに走り出した。後部座席で母に抱えられていた絹子は、車に乗ったことがほとんどなかったので、車酔いを起こした。それに、もう家には戻れないと思うと、次から次に涙がこぼれた。美乃は自分の涙をぬぐいながら絹子の眼をふいた。車が揺れるたびに嘔吐したので、右側に座っていた満子がずっと介抱してくれた（三井 2006：30）。

気がつくと周囲は野原や畑ばかりになっていた。「どこにつれていかれるのだろう」。新田は「『もうどうにでもなれ』とやけくその気持ち」だった（新田 2012a：27）。車を走らせていると、山道を登ったところに白い立て札があった。「あっ、あれかね……」。その声に絹子は震えた。「そうかも」。車は近づいた。降りて確かめると「社会福祉法人身体障害者更生援護施設・町田荘」と書いてあった。その先に細長の白い建物が建っていた。このときのことを新田はこう書いている。

着いたところは山のデコボコ道を登った、低いとはいえ、山の頂上です。人家などなく林と崖だけ。施設が一般的にこのようなところに建てられていることも知らず、自分が隔離されていくこともわからなかったのです。ただ、ここだけしか自分を受け入れてくれるところはないのだ、生きる場所なのだ、と自分にいい聞かせ、それからの日々は、自分の意志を殺して、かわいがられる障害者として、不利益になる立場を避け、自分が正しいと思うことでも逆らうことのできない私になっていったのです。（新田 2012a：27-8）

町田荘では所長と男性職員が迎えてくれた。新田は男子棟、絹子は女子棟に案内され、決められた部屋に入った。美乃に抱えられて部屋の布団に横になった絹子は「抱かれていた腕をひかれた瞬間、サーッと血の気がひいて、縁の糸が切れたような思いだった」（三井 2006：31）。途端にしゃくりあげるようにして泣いた。家族が帰るとふたりだけになった。絹子は「捨てられたんじゃない」といい聞かせても、「捨てられた」という思いを消すことができなかった（三井 2006：33)。

新田も「自分のきょうだいからもこのように捨てられ、追い払われていく……。なんともいい表わすことのできない気持ち」で最初の夜を迎えた。同時に妹のことを思った。これから絹子にどんな態度で接していくのがよいだろう。おせっかいをしては本人のためによくない。「どんなことがあっても生きて行くんだ」という粘り強さを持たせたい。そのためには見て見ぬふりをするのがよいのではないか。そんなことを考えていたら、外は薄明るくなっていた（新田 2012a：44)。

この日からふたりの施設生活がはじまった。町田荘は設立まもないこともあって施設内の規則も何もなかった[16]。それに入所者も男性では新田がひとりめで、女性では絹子ともうひとり女性が入所したばかりだった。職員も少なく、七〇代の女性の看護師を除けば、他は学校を出たばかりの若者で男性は三人、女性は二人だった。

入所後しばらく絹子は毎日のように泣いた。新田は「なにかにつけ妹に泣かれることぐらいつらいことはなかった」と書いている。朝早く彼が運動がてら外に出ると、絹子は這って山の崖のうえに上っていることがあった。あわてて職員を呼んで、連れ戻した。そんなことが何度もあり、彼女から目の離せない日が続いた。絹子にとって施設ははじめて体験する、家族以外の者との生活だった。それだけに「自分は見捨てられたと思い、死ばかり見つめていた」という（新田 2012a：30)。

美乃は毎週のように山道を登り、町田荘に通った。手紙も頻繁に書いた。そのときの手紙が残っている。日付はないが、一九六五（昭和四〇）年六月のものだと思われる。

勲。一八日に行ったら絹子が「速達出したの届いたか」と聞いてましたが、一九日十時半頃着きました。いつも読むたびに泣いてしまいます。「母さんのそばに帰りたい、帰りたい、そばに置いてくれ、何につけても泣いてしまい食事、洗濯、空、色々見て泣いているの。おかずがまずい、空を見たら、羽があったら母さんの所へ飛んでいきたい、何もいらないから母さん帰らせて」と泣きながら毎朝五時に起きて五日かかって書いたといっています。

泣いて泣いて毎日勲のところに連れていかれて泣いている絹子を見ると、勲も心で泣いていると思います。勲が一生懸命こらえていることはよくわかります。勲といっしょで絹子はまだまだ幸せです。これが別々だったらどんなに泣いても行くところもありません。

自分だって何もかも承知しています。勲のところへ私が泣くので部屋へ連れていく。そうすると勲が悲しそうな顔をして、今まであんなに悲しい顔を私は見たことがないと書いてありました。絹子は自分でようくわかっています。勲を悲しませてかわいそうだと書いてあります。勲が一緒なので泣いても、私も、満子、清、敏子もまだまだ安心しています。本当にいっしょでよかったと私も涙がでます。だけど勲もどんなに絹子の泣いている顔を見て悲しいでしょう。こんな悲しい思いをさせて母さんは深く謝ります。許してください。私の胸が張り裂けるくらいつらい悲しい気持ち、わかってね。勲も泣く、絹子も泣く、私も毎日泣かない日はありません。週一回はかならず出かけますから許してください。このあいだ行ったとき、勲の目は赤く涙がたまっていました。本当にかわいそうで陰で泣いています。

私だって行くとき前の日からしたくをし、朝は早くから（五時に起きて）、お弁当も行く人数によって違います。その上、勲と絹子も含めてしたくします。満子たちも一週間に六日働いて日曜日は出かけるのでみなとても疲れます。だから朝二時間は遅く起きます。満子、由キ《ママ》、修ちゃん（満子の夫）と、私は、一人でしたくやら食べさせるやらで二日間は暇をとります。

まだ気持ちは一日中町田荘が頭にこびりついて一時として離れません。絹子みたいに一日五〜六回は泣きます。でも勲も絹子も家庭の事情をよくわかってくれていると思います。離れていても心はいつもいっしょです。絹子が泣くので勲はどんなにつらいでしょうが、勲よろしく頼むね。なかには一人ぼっちの人もいます。それぞれみな事情は違っても生きるための苦労は同じです。

家は隆が離れても一人修ちゃんができました。まったく心の優しい人です。他にはあのような若い人はめずらしいと思います。でも家は、勲の大好きな清、敏子もいます。満子、修には頭の下がる思いです。あのような気持ちが隆にないのが残念で泣いています。勲も、兄とは名ばかり、冷たい奴で悔しいと思うでしょう。勲もさみしい、悲しいでしょう。頑張ってください。絹子を頼みます。絹子は自分で反抗しているんだと書いてあります。母さんの来る日は気持ちが素直になると書いてあります。では二六日に行きます。元気に待ってくださいね。

勲様

母より

手紙からは美乃や絹子の心理状況や家族内の関係性がわかる。このときから施設という空間での、彼らの生活がはじまっていく。

(2) 家族共同体的施設から管理型施設へ

ふたりが町田荘に入所したのは開設から一か月後のことだ。町田荘には学校を卒業したばかりの職員がいた。彼らを見て新田は自己の態度を新たにしようと思ったという。

施設に着いて一番うれしい、というより勇気づけられたのは、若い職員がいたということでした。施設の中を案内されながら、心の中でこれからはこの人たちと心ひとつになりたい。それに、自分勝手な性質を直し、この人たちの歩んできた道を知り、ひとつでも自分のためになることを身につけたい。でも、決して人を頼る心を起こしてはいけないと思いました。(新田 2012a：44)

若い職員とは渡辺雄二と映子だ[17]。彼らふたりは町田荘の職員として出会い、その後結婚、現在でも新田らと親交がある。絹子と映子は年が同じだった。映子は朗らかな女性だった。絹子に対しても「そんな泣いてちゃだめよ。元気にいきましょう。これからよろしくね」と声をかけた。絹子から見ると、同い年の彼女がとてもしっかりとして、大人びて見えた。「負けていられない」。彼女の自立心に火を付けた（三井 2006：40）。また、雄二は物腰の柔らかな人物で、最初、恐る恐るだった絹子も、次第に彼に心を許していった。

渡辺雄二と映子に話を聞くと、ふたりとも「町田荘は私たちの原点」と語っていた。町田荘は一階が入所者の居住棟で二階は職員の寮になっていた。渡辺は一階と二階を往復し、一日のすべてを入所者とともに過ごした。事務職として入った渡辺だったが、事務仕事は午前中で終えてしまい、あとの時間は施設のなかを駆けまわった。「共同生活だったねぇ」と振り返っていた。

渡辺映子も同じように走りまわる日々だった。女性職員が彼女の他にもう一人しかいなかったので、女性入所者の介護をすべて任された。映子は「食事も風呂も着がえも。ぜんぶ二〇〇％の力でやりましたよ。『映子さーん』って呼ばれると『はーい！ 行かなきゃ』って」と語っていた。町田荘では、旅行やイベントが催され、入所者と職員が一緒になって楽しんだ。新田によると、映子は「町田荘のアイドル」だったらしく、入所者から人気だった。

社会福祉学者の岡田英己子は重度身体障害者の入所施設を論じるなかで、町田荘を「家族共同体的施設」と表現しているが（岡田 2002）、町田荘の職員は、専門的職業人というよりも、同じ居住空間に寝起きする仲間同士として、入所者と関係を形成していた[18]。そのためか、新田は町田荘での生活を否定的に語ることが少ない[19]。

だが、家族共同体的であった町田荘は施設運営の合理化のために次第に管理体制を強めていく。また、管理者は施設内就労を導入し、入所者に軽作業への従事を促した。紙袋の紐通しや水道のパッキング作業が主だった。ＡＤＬの自立度の高い入所者は、これらをすることもできた。新田も自分の収入が見込めるならと働いてみたが、手足の機能がほぼ全廃している彼には、月に五〇〇円程度しか稼ぐことができなかった。新田の場合、作業のために下を向いていると唾液が流れ続ける。それは抵抗力を弱め体調を崩しやすくした。まともな賃金も得られず、身体を衰弱させるばかりだった。新田は「いい加減馬鹿らしくなって」半年でやめた（新田 2012a：34）。

職員と入所者の共同体的な親密さは職員補充を抑制するために利用され、他方で収益増を見込んだ施設内の就労が実施された。このころから新田は施設が管理者の意思によって運営されていることを知る。管理者－職員－入所者を貫く権力があり、自分たちにとって施設がどのような場所であるかということを理解しはじめていた。

(3) 町田荘からの転所

町田荘での生活は新田に自立への欲望を喚起した。職員とのつきあいが深まれば深まるほど、自分も彼らと同じように「独立したい」という感情が湧いた。具体的な他者との出会いによって、いかに施設という場所が特殊な環境であるかということに気づいた。「社会のなかで暮らしたい。このまま施設のなかで寝起き、消灯、食事、行動、何もかも規制された枠のなかで生きたくない。自分の頭で考え、力いっぱい生きたい」（新田 2012a：47）。だが、自分は学校教育も受けておらず、ひらがなを読むこともやっとだ。家族と施設の世界しか知らない。「こんな私が社会のなかでどう暮らして、人と対処していくのだ」（新田 2012a：47）。独立の夢を抱いては自分ですぐに打ち消していた。

他方で、町田荘の規則が厳格になるにつれ新田は施設への反発を強めた。そして、少しずつ自己をつくり換える行動をはじめる。何よりも知識を身につけようと考えた。そのためにテレビの視聴を思いつき、部屋にテレビの設置を求めて施設側と折衝を続けた。置く置かないで数か月間話し合ったが、結局、個人を優遇することはできないという理由から、テレビの設置は許されなかった[20]。施設が集団の利益を優先し個人の意思を捨象する場所であることをつくづく思い知る。「私はこのときはっきりとわかったのです。施設のなかにいたのでは自分自身がダメにされていく」。施設のなかにいる自分が嫌で嫌でたまらなくなった。しかし、依然、何ひとつ人生の計画を描くことはできなかった。「まだまだ自分の未熟さ、管理者に低姿勢の私には社会に歯向かって生きていく自信はなかった」と振り返っている（新田 2012a：49）。

施設に入所する重度障害者にとって何よりの楽しみは外出である。Mという入所者も同様だった。ある日、職員が「他の施設を見学しにいこう」と誘うので、とてもよろこんで外に出た。ところが、それはたんなる見学ではなく、他の施設へMを移すための下見だった。すでに施設側で転所の契約がかわされており、向こうの施設に着いたMは着の身着のまま身体検査をさせられ、その場で承諾を求められた。期日までひと月もなかった。動転したMは「せめて一か月延期してほしい」と訴えたが、叶わなかった。

まさか同じことが自分たちに起こるとは思ってもいなかった。ある日、新田と絹子は町田荘の応接室によばれた。室内には都立心身障害者福祉センターの職員がおり、突然「府中療育センターに移ることを三日以内に了承してほしい」といった。施設管理者はその理由を、町田荘の事業内容を変更し、授産施設とするためだと話した。手作業の可能な入所者を残し、困難な重度者は他の施設へ移すという。詳しく聞くと、このことはふたりが町田荘に入所した当初から、福祉事務所、東京都、町田荘のあいだで、都内に医療福祉施設が新設されれば重度者を移すと約束されていたのだという。二年間ふたりはそのことを知らされておらず、まったくの寝耳に水だった。

翌日、母が来て管理者から説明を受けた。管理者は承諾するよう迫った。突然の通告に母と新田は顔を見合わせるしかなかった。彼らがいくら再考を求めても、施設間ではすでに合意済みだと繰り返し、用意された書類に判を押すより他なかった。絹子は泣き崩れた。部屋を出て日が暮れても、彼女は首を縦に振らない。仕方なく、母と新田とで本人の承諾なしに判を押した。このときの心情を新田はこう書いている。

私たちは口が不自由です。ということは、その施設の環境に慣れて人に接するまでに相当な月日がかかるものなのです。特に家庭にいて他人と接したことがなく社会に触れたことのない者にとって、激しいほど人に慣れにくいのです。その注意深さはいい知れません。他人が鬼のように見えてもそれは仕方のないことなのです。親のもとから離れて初めて知る、施設というひとつの小さな社会なのですから。妹はとくにそれが激しく、他人に体をさわられるのも嫌だと母が面会に来るたびに泣く始末でした。

でも、あなたがもし家庭の複雑さから急に親元から離れて施設に入れられ、嫌だといっても家に戻れず、施設を出たら死ぬよりほかにないとすると、すごい恐怖感で反抗的になるのも無理のないことではないでしょうか。障害者とはいっても、障害があるゆえに他人に決められた一本のレールしか歩けないとしたら。そんなときこそ規則にこだわらず、人間としての温かみのある接し方が必要なのです。重度者の心を生かすも殺すも他の人の接し方ひとつで決まります。

私はともかく、妹にとって生まれて初めて知る狭い世界です。町田荘に入って二年少しで、妹はようやくいまの施設を生活の場として安心感と愛情をもち、また職員に対しても好感をもつようになっていきました。でも、そんな気持ちをもってはいけないのかもしれません。私たちにとって裏切られたという気持ちが強く、今までの好感など一切吹き飛んでしまいました。

何ひとつ反抗のできぬ重度者をすべてこんな方法によって、人を物のように移していくとしたら我慢できないことです。やっとできた民間重度施設が職員の利益のために、授産という背景のなかに、重度者はとりのけられてしまいます。私たちは施設でさえ安心していられないのでしょうか。いったい、私たちは流れ者なのかといいたい。施設では一人ひとりの意志など聞いていられないというのです。意志も聞かず、意見も受けつけず、重度者だからといって何をしてもよいのか。本来福祉は何のためにあるのか。人間の権利を保有するためではないのか。それとも誰かの利益のためか。重度者の人間としての権利を保てる生活の場はないのか……。（新田 2012a：39）

収益を優先する民間施設にあっては重度障害者の意思はことごとく無視される。新田は施設でさえ自分を受け入れてくれないことを知る。絹子は施設のなかでようやく心を開き、職員と親密な関係をつくりはじめていた。だが、そんな事実などかまわずに施設からも放擲された。ところで、新田は町田荘の女性職員と恋愛関係にあった。渡辺映子が退職した後に入って来た新しい職員だった。制約された空間のなかで、ふたりは愛を育んだ。ふたりきりになれる場所は深夜の当直室だった。

だが、それも束の間のことで、新田は他施設へ移されることになる。彼は管理者を強く恨み、恋人と離れることに大きなショックを受けた。しかし、管理者に抵抗したところで、方針が変わることはなかった。新田は恋人と今後のふたりの生活について話しあったが、ふたりで同棲するにしても、そのような費用もなければ介護の体制も組めない。彼女も職員が不足する町田荘をすぐに退職するわけにはいかない。どうすることもできず、ふたりは二年後の結婚を約束する。彼女は二年のあいだに収入の安定した職業につき、結婚が可能な状況をつくる。そして、夫婦で入居できる障害者のコロニーに入ろうと決めた。新田は彼女の負担を少しでも軽くできるように、新しい施設ではリハビリに一生懸命取り組もうと考えた。聞けば、こんど転所させられることになった施設は「障害者の機能訓練を目的としている」という。だから、新田は機能回復のための転所だと自分を説得し、恋人から離れる決心をした。彼にとってひどく苦しい選択だった。恋人は「手足の障害は治っても治らなくてもいい、二年たったら絶対に迎えに行く。必ずいっしょに住めるようにする。だから一生懸命訓練して私を信じて待っていてほしい」といった。他施設へ移る当日まで、ふたりは当直室で愛しあった。

一九六八（昭和四三）年一〇月一三日、入所者に見送られ、新田と絹子は町田荘を出た。新田は「これが動けない私の宿命なんだ」と自分にいい聞かせながら、こぼれ落ちそうになる涙をこらえていた（新田 2012a：66）。

(4) 府中療育センターへの入所

車に揺られ府中療育センターに到着すると、看護師と看護助手が担架を用意して待っていた。入所の検査をするためだった。すぐに個室に運ばれセンターが支給する衣服に着替えさせられると、ベッドの上に寝かされた。それまで使用していた生活用具の持ち込みは禁止されていた。付き添っていた母が、担当者との面談をすませ部屋にもどってくると、言葉少なに「病院だね」といった。このとき母は子どもが死亡したさいの解剖承諾書を書かされたという。採血と採尿があり、検査結果が出るまでは個室に入室する旨が伝えられた。感染予防のためだといわれた。しばらくして夕食の時間となり、看護師が介護をしてくれた。二〇時ごろ、館内が騒々しくなった。看護師が入所者のもとをまわって排泄や服薬の介護をおこなっていた。気がつくと消灯の時間となった。二〇時三〇分だった。新田は眠れず一晩中、天井を見つめていた。自分の意思など一切かまわずに施設を移される。ベッドの上にただ寝かされたままの生活がはじまるのだろうか。そう思うと涙がこぼれた。

少し眠りにつきかけたころ、看護師が入ってきて「おはよう。起床よ。起きなさい」と電気をつけた。毛布を剥ぎカーテンを開け、尿器を置いて行った。時計を見ると五時だった。看護師は歯ブラシとタオルを持ってきて「洗面しなさい」といった。顔を洗ったものの、七時の朝食まで何もすることがなくベッドの上でぼうっとしていた。食事が運ばれてきても、看護師はすぐには来ず、出されたものが冷たくなったころにやってきた。看護師があわてて新田の口に食事を運んだ。早朝勤務の職員が少ないためだ。新田は「これもセンターのなかで暮らす以上、仕方のないことかな、とあきらめ、つらさより何をされても無抵抗で何もいえない自分が悲しかった」と回想している（新田 2012a：70）。

検査の日が続いた。心電図、脳波の測定、下着になり全身の写真が撮影された。検査が終わると大部屋に移された。カーテンの仕切りもないなかに一五台のベッドが並べられていた。部屋と廊下を区切る壁は上半分がガラス張りになっており、看護室から一望できる構造になっていた。

夜、ベッドをガタガタと揺する音がする。目を凝らして見ると真向かいのベッドの水頭症の男児が手を叩き歌をうたっていた。三時だった。看護師が飛んできてなだめたが、一晩中、騒いでいた。おかげで翌朝は睡眠不足で身体がだるく起きていられなかった。そのためベッドで眠ろうとすると、看護師が入って来て「昼間は睡眠をとってはいけない規則になっている。デイルームで過ごすように」といった。新田が「どうしてか」と聞くと、「昼間寝ると夜寝られなくなる。あなたひとりが寝れば他の者もまねして団体生活が乱れる。起きるときに起きて寝るときに寝る規則を守りなさい」と説明した。デイルームでレクリエーションに参加するよう促されたが、看護師や保育士との合唱、手遊びは、退屈な時間潰しとしか思えず、「ばかばかしくて」行く気になれなかった[21]。入所したばかりで看護師と意思疎通がうまくいかず、わがままと受けとられた。

夜は男児が騒ぐために眠れない。昼間の睡眠も禁止される。身体的、精神的に疲労がたまり、意識が朦朧とした。男児を責めようとしたが、考えた。男児が悪いのではない。施設の構造が間違っている。何百人という障害者を一度に収容し詰め込んでいることが問題なのだ。彼のなかで施設の管理体制に対する疑問が膨らんでいった。

4　施設という統治技法

(1) 戦後障害者福祉の施設中心主義と府中療育センターの設立

ここで日本の障害者福祉政策と府中療育センターの概要について触れておこう。戦後日本における障害者福祉は一九四九年制定の「身体障害者福祉法」を基礎にしている。この法律では、第一に経済的・身体的な自立を目的とした「更生」を理念とし、そのための治療・訓練が奨励された。第二に更生が望まれない者に対して十分とはいえない年金が支給された。これらの制度体系のもとで公的な介護サービスは存在しなかった。経済的・身体的自立が前提にあり、それが困難な場合は家族が日常的な介護を担った。家族による介護が困難であった場合にのみ、「保護」としての施設収容が認められた。ここに在宅における公的介護保障という発想は見られなかった。

東京都の障害者福祉についても同様の施策がとられたが、とりわけ、重度障害者の福祉は十分とはいえない状況だった。そのため、一九六三年、東京都社会福祉協議会が東京都に対して、重症心身障害児対策について陳情をおこなう。一九六四年には「重症心身障害児を守る会」が発足し、様々な嘆願・要求運動をおこなう。東京都はこれらの陳情を受けて一九六五年度予算に「重症心身障害児施設建設調査費」を計上する。一九六六年三月には「重症心身障害児施設基本設計」を発表、府中療育センターの設置はこのとき決定した。同年一一月にはセンター管理棟建設工事に着工している。なお、この年、厚生省は「心身障害者コロニー懇談会」を設け「重症者総合収容施設建設プラン」を具申している。府中療育センターはこうした障害者福祉の施設中心主義の一環として建てられたと考えられる。

一九六八年六月、府中療育センターは開設した。開設を報道する新聞記事に、重度障害者と施設についての社会的な意識を見ることができる。記事は「重症児たちに愛の基地」と見出しを掲げ、美濃部亮吉東京都知事が施設を視察する写真を掲載している。文面は次のようなものだ。

重い複雑な障害を持つ人たちを収容するわが国、初の大規模な重症重度心身障害児（者）施設「東京都立府中療育センター」が一日開所した。緑の木立にかこまれた武蔵野の一角で一日も早く、薄幸の人たちを復帰させるのが目的。最新の設備で治療訓練を進め、将来は研究所も併設し、心身障害者対策の基地にしようというのが都の考えだ。（『朝日新聞』一九六八［昭和四三］年六月一日）

「基地」と呼ぶにふさわしく、センターの収容定員は四〇〇人、スタッフは二〇〇名近くが配備され、重度障害者施設としては当時、最大規模を誇った[22]。収容者の内訳は重症心身障害者（児童一〇〇人、成人一〇〇人）、重度知的障害者（児童五〇人、成人五〇人）、重度身体障害者（児童五〇人、成人五〇人）であった。これら障害種別の異なる児童と成人を一堂に集めた収容形態も特長のひとつとされた。一九七〇年発行の府中療育センターのパンフレットにはこう書かれてある。

重症心身障害児・者、重度精神薄弱児・者、重度身体障害者を収容して、治療・保護・指導・訓練等を行ない、その人格形成を助長し、社会復帰・家庭復帰の可能性を引き出そうとするものであり、あわせて心身障害児（者）の発生の予防と療育の向上に寄与することを目ざしています。

（東京都 1970：2）

先に見た新聞は重度の障害者を「薄幸の人たち」と書き、彼らを「復帰」させることがセンターの目的だと述べている。また、センターのパンフレットには、今日では使われなくなった「精神薄弱」という言葉が見られ、他に「治療・保護・指導・訓練」といったパターナリスティックな療育方針と「発生の予防」という優生思想をにじませた設置目的が謳われている。

ここからは戦後日本の障害者福祉の性質が見てとれる。一つに更生が可能な者には治療・訓練を施し、社会復帰を促す。二つにそれが難しければ社会から排除し施設へと隔離する。「復帰」とは社会の負担物となることからの「更生」を意味するのであり、それが叶わなければ社会の負担を少しでも軽減するために施設へ「収容」する。施設とはこのように人間を「殺しもしないが生かしもしない」統治の技法である。

後に見る府中療育センター闘争（以下、府中闘争）が問題にしたのは、こうした事柄に対してだった。重度の障害者は「薄幸」だから、施設に収容され「治療」や「訓練」が必要なのか。障害者の「発生の予防」のための研究が望まれるのか[23]。生物的には生かされても社会的には死をもたらす人間統治の政治への抵抗が府中闘争であった。

(2) 市民的自己の無力化過程

府中療育センターはアーヴィング・ゴフマンが『アサイラム』で描いた精神病院の光景と酷似している。彼のエスノグラフィーを補助線にしながらセンターの統治構造を理解していこう。そうすることで府中闘争を生起させた契機が何であったかが見えてくる。

ゴフマンは病院や監獄などの大量の人間を一度に収容する営造物を「全制的施設」と呼んでいる。全制的施設とは「多数の類似の境遇にある個々人が、一緒に、相当期間にわたって包括社会から遮断されて、閉鎖的で形式的に管理された日常生活を送る居住と仕事の場所」である（Goffman 1961=1984 : v）。全制的施設はたいてい市街地から離れた山間地に建設され、周囲は外壁で覆われている。外部世界との接触を断ち、施設内で完結する世界をつくることで、被収容者の管理を容易にする。施設とは「隔離」と「管理」によって人間を統治する機構である。

ゴフマンは施設に収容されるという経験を、個人の市民的自己が汚されていく過程としてとらえている。被収容者はこれまで自らの家郷世界において固有の生活様式や慣習を身体化し、また、市民社会では他者とのあいだに適切な距離を保ち「自己の領域」を確保していた。被収容者はこうした自己像を携えて施設に入る。だが、施設は彼がつくりあげた自己の領域を組織的に侵食していく。被収容者が親しんできた家郷世界からは断絶され、市民社会で備えた態度は剥奪されてしまう。ゴフマンはこうした事態を「無力化の過程」と呼ぶ（Goffman 1961=1984：15-6）。

入所するとはじめに前歴聴取と身体検査が実施され、被収容者は文字どおり丸裸にされる[24]。個人情報が調べあげられプライバシーはなくなる。私物は没収され代替品が施設から配られる。これは個人のアイデンティティを「消毒するかのよう」なもので、被収容者は自己の外面を保つアイデンティティ・キットを喪失し、自分の通常の姿を他者に呈示することができなくなる。施設側からすれば身体ひとつ以外何もない状態は作業の効率性を高め、施設の円滑な運営に役立つ。たとえば、洗髪を簡便にするために頭を丸坊主にされることがある。被収容者は「規格的操作を円滑にすすめるために営造物の管理機構に組み込まれる一個の物（オブジェクト）に仕上げられ、符号化される」のである（Goffman 1961=1984：18）。

施設収容が長引くと、被収容者は〈文化剥奪〉や〈学習阻害〉と呼ばれるような、外部世界における生活様式や価値規範に適応できない事態にさらされる。また、外出の禁止や訪問者の選別によって、過去の様々な役割の剥奪は確実なものになる。このように施設という統治機構は効率的・合理的な管理のために、被収容者の自己アイデンティティを次々に奪い去っていく。

これが市民的自己の無力化過程である。そして、これと同じことが府中療育センターにおいても観察された。新田の入所経験を事例に施設の統治技法を見よう。

(3) 全制的施設としての府中療育センター

施設運営を円滑にするために府中療育センターはいくつもの「規則」を配備していた。一つは面会の制限である。面会できるのは親ときょうだいに限られ、一か月に一度、午後一時三〇分から三時三〇分までとされた(のちに家族による食事介護を促すかたちで四時三〇分まで延長された)。感染予防の観点から近親者であっても病室への入室は禁じられ、面会は病棟内の廊下でおこなった。その進入禁止を示す赤い線が看護室のとなりの通路に引かれていた。

二つは外出、外泊に制限があった[25]。外出は三か月に一度許されていたが、親が許可証に署名し提出する必要があった。外出の時間は午前九時から午後四時までとされた。安全を優先するためと説明されたが、無用な知識を獲得されると管理が困難になるからでもあった。

三つは私物の所有が禁止された。個人の夜服、下着の持ち込みも認められていなかった。本やラジオを持つことはできず、許されるのは便箋と鉛筆ぐらいだった。もっとも、それを保管する場所もなかった。仕方なくベッドの脇に置いていると看護師がシーツ交換のさいに「面倒くさい」といった。面会時に食事を提供することも、細菌の侵入を防ぐという名目で禁止されていた[26]。

四つは日常生活の規格化だ。センターの生活はあらかじめ決められたスケジュールに従って進む。ここでセンターの一日の流れを見ておこう。起床は午前五時三〇分。看護師が病棟の電気をつけてまわり入所者の起床を促す。冬であればまだ外が暗い。カーテンと窓が開けられる。起きなければ布団をとられる。排泄の処理がある。自分でできる者は自分でやり、難しい者は看護師がオムツ交換をする。それから、歯磨き、洗顔。自立機能がある者は四、五名で、残りの者は介護が必要だった。夜勤の看護師三名が介護にあたる。午前六時三〇分に早番の看護助手が出勤し、在所生をベッドから車椅子に移す。デイルームに移動。座位を保てない者はベッドごと移される。ひとりのテーブルにお茶とタオルが運ばれ、食事の時間（七時）まで待たされる。五名ばかりの看護師と看護助手で食事の介護がある。在所生は円になり看護師が中央に入って、親鳥が雛鳥に餌を与えるように食べさせる。時間いっぱい介助をしてくれる看護師もいれば、自分の休憩がなくなるとばかりに大急ぎで口に放り込む者もいる。終わると再び排泄が促される。午前八時三〇分に日勤の看護師が出勤し夜勤者と交代、申し送りがある。在所生には片づけやリハビリに行く者もいるが、それはほんのわずかで、多くはベッドの上で何をするでもなくテレビを見たりする。

入浴は週に二回あった。入浴といっても機械浴で通路からの仕切りもない。横になったまま湯に浸かる構造になっている。ベルトコンベアーの上で洗われるように、ひとり一〇分ほどだった。昼食は一一時二〇分。早番と日勤の看護師がいるのでいくらか余裕はあったが、それでもひとりの看護師が二、三名の在所生の介護をする。

　食事が終わると一二時にはデイルームを離れる。在所生は病室に戻り安静時間とされる。看護師は二名を残して休憩をとる。午後一時三〇分、リハビリやレクリエーションの時間となり、福祉指導員が講義に来たりする。三時三〇分に夕食の準備がはじまる。タオル、コップが運ばれ在所生はテーブルの前で待たされる。午後四時二〇分から夕食。慌ただしく四時四〇分頃には終わる。片づけと排泄の時間がとられ、そのあと在所生はすることもなく、テレビを見たり、車椅子で移動できる者は「檻に入れられた動物のように病棟内をうろちょろ」したりする（新田 2012a：80）。午後七時にお菓子と飲料が支給される。八時三〇分に就寝の準備と排泄が促され、その後ベッドへ移される。九時、消灯。灯りは非常口の電球と看護室の照明だけになる。在所生は何もできないので眠るしかない。一二時に見まわりがある。午前五時三〇分、病棟の電気が一斉につき、起床。再び同じ一日がはじまる。

　府中療育センターはゴフマンがいう全制的施設であったことがわかる。在所生は入所するとすぐに検査と私物の没収があり、自己のアイデンティティを構成する事物が奪われる。規則によって規律化された生活を強いられ、「一個の物」に仕立てあげられる。新田によれば、在所生は入所後、施設の生活を非常に抑圧的なものに感じる。しかし、他のどこへも行き場のない在所生にとって、施設への順応は生き延びるための絶対条件となる。不満を持ったとしても感情のやり場がなく、ひたすら抑制するしかない。するとその態度が固定化する。「がまんしている」という感覚すら鈍磨する（新田 2012a：210）。自ら統治へと従属していくのである。

(4) 職員と被収容者の根源的裂け目

施設における統治の執行者が職員だ。全制的施設は、少数の監督する側（＝職員）と多数の監督される側（＝被収容者）からなる。ゴフマンがもっとも注目しているのは、この職員と被収容者の関係性である。両者には次のような特徴がある。被収容者の生活は塀の外の世界から断絶されているが、職員は交代制で働き、外の世界と統合されている。双方は双方を「偏狭な敵意のこもった紋切り型」でとらえる傾向があり、たとえば、職員は被収容者を「こすからく・隠し立てをする・信用ならない連中」と見なし、被収容者は職員を「追従屋で・頭が高く・卑劣な奴ら」だと見ている。自己規定も異なっており、職員は自分たちを「優位にあり、正義の味方」だと自認する一方、被収容者は「劣位にあり、卑小で・非難に値し・負い目がある」と感じている。両者のあいだには深く埋め難い「根源的裂け目」が存在している（Goffman 1961＝1984：7-8）。

職員が準拠する行動体系は官僚制だ。官僚制とは合理性・効率性に価値をおく組織運用のあり方だが、官僚制は大量の人間を一度に統治するのに適している。職員は施設が示す公式の目的を内面化し、被収容者にはこの処遇が適切であり、明白な理由があると解釈している。権威者の指示どおりに毎日同じ行為を反復するのである[27]。

一方、被収容者は外部世界では支障なくおこなえた諸々の行為に対して、職員の許可を求めなければならなくなる。喫煙、ひげ剃り、用便、電話、金銭の使用、手紙を出すことなど、いちいち職員の裁定を待たなければならない。これには被収容者を従属的、懇願的役割に向けさせる効果があり、被収容者の日常世界は職員の圧力に常にさらされている。職員という統治のエージェントを通して支配の構造は生活の全域にいきわたるのである（Goffman 1961＝1984：42-3）。

統治構造のなかに浸かっていると被収容者は職員の指示を仰がなければ何もできない存在へと変容してしまう。一般に市民社会において人びとが共有している自己の制御可能性、すなわち「〈一人前の人間として〉自己決定・自律性・行為の自由をもつ人間である」ことを示す行為はことごとく撹乱される。その結果、被収容者は自己のアイデンティティを「根こそぎにされているという戦慄」を抱くだろう（Goffman 1961＝1984：45）。これがゴフマンの描いた全制的施設の統治構造である。

(5) ふたつの職員像——府中療育センターにおける職員と在所生

ゴフマンの議論を受けて、ここでは府中療育センターの職員にふたつの像があったことを述べる。第一に府中療育センターにおいても職員と在所生のあいだに根源的裂け目が見られた。在所生の手記を引こう。ある女性の在所生は「職員が労働過重になる」という理由で髪を短く切られたという。拒絶するとトイレで小突かれ「自分の尻の始末もできないくせに、一人前にお洒落なんて生意気だよ。面倒臭い。きっちまえ」といわれた。絹子が当時の日記にこう書いている。

社会復帰（六月二〇日）

六時すぎ、刺繍をやってたら指導員が見学者とともにきて私たちの目の前で説明している。「設備がよく整っていまして……。結局、社会復帰が考えられない人で……」。聞いていて腹が立った。でたらめばかり……第一、社会復帰という言葉の意味すら知っているのか。ここは社会ではないのか！（新田絹子 1969：7）

職員は在所生を社会性を持った人間として見ていないことがわかる。また、職員の労働軽減のために、排泄時のベッドからトイレへの移動をやめ、ベッド上で手差し便器を使用した排便が実施されたことがある。絹子はベッドの上で排泄することに抵抗があったが、職員に抗議することもできず、仕方なく我慢していた。すると調子を悪くすることが多かった。

世話する者とされる者と（九月二三日）

くやしい。本当にくやしい。どうしてこんな扱い方をされなきゃならないの。この世で一番不潔なものをいじるような顔、態度をとる。

おなじ人間なのに、せわするものと、される者と、なぜこんなにちがうの！（生理の始末をした後）手を洗いながら二人は「きたない。いやーね。まったく。どこかへいこうかな。つらくないとこはゼイキンは高いし、安いと思えばこんなへんな……」と話していた。まるっきり金だけがめあてだ。こういう人に世話してもらっているんだから私はつらい。つい涙を落してしまった。こんなこといちいち母には言えない。知らないのだ。知らなくていいんだ。私さえ我慢すればいいんだから……。お昼のときも、食い方が遅いと文句いわれ、半分にされてしまった……。（新田絹子 1969：8）

職員が準拠する行動原理は合理性・効率性である。そのため労働に負荷がかかることを嫌う。先に見た無力化の過程、すなわち統治機構の権力は看護師や看護助手といった医療ヒエラルキーの「下の」職員によって下されている。つまり、在所生は目の前の具体的な人間から、存在を否定するメッセージを浴びせかけられるということだ。ここからは、在所生の生活が物理的な制約を被っているというだけでなく、彼らの自己アイデンティティが「根こそぎに」され、人間としての「尊厳」が奪われていることがわかる。

だが、第二に必ずしも「根源的裂け目」だけで語ることができない側面があった。先に見たように新田は施設職員と恋愛をしている（町田荘の職員ではあったが）。また、彼は施設職員との恋愛を別の施設職員に助けてもらっている。職員には抑圧の執行者とは別の像がある。このことを少し詳しく見ておこう。

新田にとってセンターへの入所は自分の生きる道筋を見失わせた。町田荘の恋人と隔たったことがもっともこたえた。入所後しばらくは嘆息の日々だった。だが、失望してばかりもいられない。恋人との同居生活を実現したい。そのためには、センターへの入所を無為に終わらせたくない。センターでの暮らしは将来、恋人との生活を実現するための準備期間にしよう。そのためには機能訓練を積み重ね、少しでも自分のことは自分でやれるようにする。栄養管理と日常の運動を続けて丈夫な身体にしよう。そう思った。指先の機能訓練をしたのも恋人に手紙を書くためだ。麻痺した手で何通も書いた。自由に面会ができないふたりには手紙のやり取りが唯一のコミュニケーション手段だった。

新田は手紙を書くにしても、それを投函するにしても誰かの手助けがいる。偶然にも、それを媒介してくれる人間が近くにいた。センターの福祉指導員だ。若林幸子といった。彼女は指導員の立場からではなく、何か個人的な感覚から在所生を理解してくれるところがあった。

若林は障害を持つ男性と結婚していた[28]。大学在籍中から交際し、センターに就職するころ籍を入れたという。それを聞いた新田は「何だか救われたような思い」がして、自分の過去や個人的な事柄を話した（新田 2012a：84)。若林は要望を一つひとつ聞いてくれた。禁止されていた外部への電話も、恋人へのものならと、黙ってとりついでくれた[29]。新田は言語障害が重く電話では言葉を伝えることができない。それでも、彼女の声を聞けただけでもうれしかった。

あるとき、新田があまりにも彼女に会えない日々の不安を口にするものだから、若林が形式的な婚約をしてはどうかと提案した。話がすすみ、センターの食堂で婚約式を開くことになった。お茶を飲むくらいの簡単なものだったが、結婚の約束をかわすために恋人をセンターに呼んだ。

式には母と妹が来た。しかし、母は新田に恋人がいることなど想像もしていなかったので戸惑っていた。というよりも、強く反対した。障害者と結婚をすれば介護や仕事の面でたいへんな苦労が待っている。母は「若い女性を犠牲にできない、彼女の親に申し訳ない」といった。それに施設を退所し結婚したのちに、もしふたりの関係が破綻するようなことがあれば、新田は行き場を失って再び母のもとに戻ってくる。口にはしなかったが「もうあんな苦労はしたくない。施設にいれば親、きょうだいは安心して生活できる。施設にとどまっていてほしい」という素振りを見せた[30]。

その日、婚約式は終わった。だが、母は納得しなかった。恋人が帰ったあと話した。母は「もし自分の妹が何もできない障害者と結婚するとしたらどう思うか考えろ。だいいち若い娘をおまえの犠牲にするなんて考えられない。かわいそうだからやめろ」といった。新田は、自分たちの状況を理解した上で一緒になるといっている、反対される筋合いはない、と反論した。母は聞かず、怒鳴りあいになった。勢いあまった新田が母の足を蹴飛ばした。母は少しよろけたふうになり、涙ぐんで「そこまでいうのなら仕方がない。縁を切る。これから面会も来ない。

自分で何もかもしていけ」といって帰った。

これが現実だった。障害者は幼いころから「あなたは結婚できない」と親から植えつけられる。そして、人を愛する感情を抑えることを覚える。だが、それでよいはずがない。新田は自分の感情を抑制して生きることがいいかげん嫌になった。重度障害者だって「人を愛する心」を持っている。親、社会の意識を変えていかなければならない。そのためには何が何でも結婚を成功させてやる。そんな思いを強めた（新田 2012a：141-2）。

リハビリの訓練と運動を続けよう。けれど、病院機能の強いセンターではベッドに寝かされている時間が圧倒的に長い。身体の機能は落ちていくばかりだ。運動のために歩こうと考えた。だが、歩くにしてもセンターの外に出ることは禁止されている。医師、看護師とかけあっても、センターの外での歩行は危険だから病棟内に限ると突き返されるだけだった。「檻のなかの犬畜生でもあるまいし、檻のなかでうろちょろできるか」。新田は交渉を続ける。要望する手紙を何度も書いた。しかし、らちがあかなった。それならばと、朝の早いうちに看護師、守衛の目を盗んでセンターの外に出た。その日は守衛に見つかってすぐに連れ戻され、看護師にこっぴどく説教を受けたが、意に介さず毎日続けた。すると施設の解錠時間や守衛の行動パターンがわかってきて、機を見計らい外に出ることができるようになった。門を出ると何かほっとして、飛ぶように駆けまわった。ひととおり運動を終えてセンターに戻ると、ふとわれに返った。なぜ、こんな生活をしているのだろう。深い虚しさに襲われた（新田 2012a：253-4）。

一九六八（昭和四三）年の暮れ、新田は恋人と年が明けたら会おうと約束していた。六九年一月、恋人がセンターにやってきた。いつもはひとりで来るのに、この日は仲間を連れて来ていた。新田は「へんだな」と思ったが、恋人は車があったほうが便利だから運転できる人を誘ったといった。その車で新宿、渋谷へ出かけた。日が暮れ、センターには戻らず新宿に宿泊した。寝ようとしたときに恋人が「話があるの」とささやいた。「別れたい」といった。突然のことだった。新田は耳を疑った。恋人は町田荘の職員から彼の父のことを聞いたといった。精神病院に入院歴のある父の疾患が遺伝して新田は障害を負ったのだろうと話した。「あなたの血が恐い」といった。新田は激しく動揺した。「おまえは人間ではない」といわれたような気がして言葉が出なくなってしまった。その夜は眠れず、日が射してくるのを待った。外は雪が降っていた。朝、別れを告げられた恋人に車椅子を押してもらった。積もった雪がタイヤを埋めて困った（新田 2012a：163）。

センターに戻ると何をする気も起こらなくなった。夢見ていた恋人との生活は消えた。機能訓練や歩行運動は何だったんだ。自暴自棄になって自死を考えた。彼女の差別的な言葉に怒りが募った。夜中にセンターを抜け出して、恋人のもとへ押しかけたこともあった。若林が「そんなことをしても何もならない、ほんとうに憎くて仕方がないのなら、徹底的に生きてから恨みを晴らしなさい」といった。新田はハッとした。強者が弱者を排除してきた社会のあり方が問題なのだ。センターにしても強者が弱者を飼いならしている。闘うべき相手は強者であり、この社会だ。

失恋は「自分はどうあがいても障害者なんだ」という事実を突きつけたという。であれば、障害者である自分が徹底的に生きてやろうと誓った。生きていくためにはどうすればよいか。新田はセンターを退所する糸口を探り、自分で暮らしていける体制の準備をはじめる。若林を通して青い芝の会を知った。使える制度は使おうと考え、福祉事務所へ出かけ交渉する機会が増えた。一九六九年のことだ。

新田の府中闘争がはじまった。

5　闘争の生成

(1) 抵抗としての告発

一九六九（昭和四四）年、新田は異議申し立て行動を開始する。まず「告発」がはじまる。脳性マヒ者の当事者団体である青い芝の会に入会した。また、久保田龍三という身体障害者が代表をしていた「身障者の医療と生活を守る会」（以下、守る会）に加わり交流を深めていく[31]。四月一一日、新田は都営住宅への申し込みを考え、申請書類の作成を試みる。身分証が必要であることがわかり、センターの事務所へ預けていた米穀通帳を取りに行った[32]。しかし、職員は医師からの許可がないと渡せないといって返してくれなかった。新田は納得がいかず、事務所の前にしばらくのあいだ座り込んだ。すると、医師とケースワーカーが飛んできて面談になった。ケースワーカーは「いまセンターから飛び出したら、医師の力で精神病院に入れる」といった（新田 1969）。

四月一四日、青い芝の会の若林克彦と寺田純一が新田のもとを訪ねてきた。センターには面会室がないので廊下で話していると、指導員がやってきて「ここは面会する場所ではない」といった。抵抗すると「規則に従え」と大声で怒鳴りつけた。果ては新田を抱えあげ若林らから引き離して、病室に連れもどした。新田はこの出来事を批判した文章を書き、守る会の『会報』と青い芝の会の機関誌に載せる。

これらの事実（精神病院へ入院させるという発言や面会阻止など――引用者注）は、府中療育センターのあり方が、障害者を病人として扱い、療育とか医療の可能性とかいった概念を隠れ蓑にして、人間としての自由、権利、主体性を奪い去り、ささやかなプライバシーの要求すら踏みにじろうとしていることを端的に物語っています。美濃部都知事は、「すべての障害者を福祉の対象にしたい」と述べていますが、障害者を人間として扱うならば「対象」という言葉はあまり適切ではありません。「対象」という概念を用いる限り、主体性は医者や福祉専門職員の手にあり、障害者はこれに支配、束縛される立場に立たされるのです。

重度障害者の問題は、障害によって、物理的、社会的に失われた主体性を、社会的な手段を用いて、いかに補い、回復させ、人間としての諸権利を確立させるかという問題だと規定しても、過言ではありません。全ての障害者施設は、この様な方向で運営されるべきであり、各種専門家の知識や技術は、この様な障害者の主体的な権利の行使を助けるために用いられる場合にのみ意味があるのです。

施設に働く各種の専門職員と言われる人たちが、その専門知識を振りかざして、障害者のささやかな要求を抑えつけることは、国家権力に奉仕し、働く人たちの力を相対的に弱める結果となるでしょう。（新田 1969）

ここにはゴフマンのいう全制的施設の特徴と「無力化の過程」がそのまま言語化されている。また、重度障害者の問題とは、物理的・社会的な要因に起因するものであり、社会的な手段によって補っていくべきだと述べられている。施設や専門家の知識・技術は障害者の主体的権利の行使を助ける手段として意味があるに過ぎないと指摘されており、「社会モデル」の考え方がすでに見られる。

守る会の『会報』はこれまでも若林克彦の就労闘争などを扱っており、当事者による社会批判を多く載せているが、新田の文章はその7号に「これが重度障害者の生きる場所か」と題して掲載された。以下、同じ文章の一部である。

私は昨年の一〇月、A施設より府中療育センターに移りました。外部はすごく立派でしたが、中に入って絶望しました。まるで自由のないところは、障害者の刑務所にすぎません。規模ばかり立派で障害者をだめにしてしまう所です。

親たちは何も知らない。重度障害者をもった親は、何を考えて入れるのか。センターの外部だけを見て、その子の将来も考えずに入れるとしたら、障害者にとってこんな残酷なことはありません。

入って三日間、個室に入れられ、色々検査をし、三日間は一歩も出る事が出来ません。三日目にようやく個室から大室へ行きます。それも一つの大室に、野犬のように大勢の人を閉じ込め、病室から離れると、直ぐに連れ戻され、一人で居ることも、静かに手紙を書くことも、読書をすることも出来ず、プライバシーに関したことは一切出来ません。

また、センターに入る途端、ベラベラのパジャマに着替えさせられ、昼も夜もセンターに居る限り一生それ一枚で過ごす規則です。

日本一という触れ込みですが、それは外面と医学機械だけです。

夜は九時から無理矢理寝かされ、本を読むことも出来ず夜中に起こされ、起床は六時としてあるが、四~五時に騒ぐ人もいて、どうしても起こされます。

ある職員が一夜、私達と同じベッドに寝ました。その明くる朝、その人は笑って〝こんなところに三日寝たら俺まで障害者になってしまうよ〟といった。

障害者だからこれでいいのか。

また外部の人との接触は一切禁止され、ボランティアやその他の面会も月一回。それも面会室はなく、廊下の隅っこです。そこには〝センターで出す以外、一切食べ物を与えないで下さい〟と書いてあり、さすがに美濃部さんが来た時ははずしました。

現在、センターに入っている子供は、まるで実験材料です。ろくに訓練もされず、一日中一つの檻に閉じ込められ、暖房が利くからとはいえ、寒いと風邪を引くからといって医者、看護婦が秋から春にかけて一度も外には出さず、陽にも当てず、これではますます微弱者を造るばかりである。

食べさせて、寝かせておくだけでいいのか。

都は私たちに生活の保障をしてくれる代わりに、人間としての権利、自由を奪っています。

これでは動物園の檻に入っているのと同じです。

これが重度障害者の生きる場所か。

私たちはモルモットではない。（略）

私は人間として生き、人間としての生活がしたいんだ。

私は働けない。私が生きるっていうことは自分の好きな形をとった自由である。それによって破滅して死んでもいいではないか。

私は体全身を打ち投げて自分一人で生活がしたい。それを重点におき、何かを生み出したい

……。（新田 1969）

これは守る会の会員、青い芝の会の会員など、障害者運動に関与している人たちに読まれた[33]。新田は一九六九年五月二五日に開催された青い芝の会の総会に絹子とともに参加し、同じものを読みあげる。代読されると、会場はしんと静まり返り、聴衆は手記のなかへ吸い込まれていった。会員の磯部真教は、総会を報告する原稿で「無権利の状態にある人たちを、このような状況に医療、福祉の名によって追い込んでいるとしたら、それは人間に対する冒涜であり、その責任は社会的に問われなければならない」と記し、今後、青い芝の会として府中療育センターの問題に取り組むことを報告している（磯部 1969：7）。

一九六九（昭和四四）年七月、新田と青い芝の会はセンターの副院長・大島一良との面談の機会をえる。この場で施設の管理体制について抗議する。大島副院長は次のように回答する。第一に府中療育センターは東京都衛生局が管理する医療施設であること。当初は、衛生局が重症心身障害者・児施設を設置し、民生局が重度身体障害者施設と重度知的障害者施設を設置する予定だった。だが、土地の問題等から両機能をもつ施設を建設することになり、衛生局管理となった。したがって、センターは医療の提供を重視する「病院」である。第二にこうした観点や建物の構造を考えあわせると、在所生のプライバシーを守ることはできない。生活の場としての「ライフセンター」の機能は果たせず、医療的な制約は不可避だ。そのため食事の調整や外出の適否にも留意する必要がある。第三にセンターは重症児・者の発生予防と療育向上のパイオニアとしての役割を担っており、発生原因の追究が社会的要請としてある。脳性麻痺の原因追究も放棄してはならないと考えている[34]。大島は以上のような話をした。

新田らはすぐ反論する。「重障者だからといって人間としての権利を奪い、人との接しあい、面会、外泊、好きな食物さえ禁止する。いくらライフセンターではないからといっても、そんな馬鹿なことがあるか。重度障害者だからといって、一つの箱に閉じこめ、苦しむだけ苦しんで医学の実験材料となれというのか」。障害者は施設を建ててそこに収容しておけばよいというう日本の社会福祉のあり方は、「邪魔者は消えろ、目障りなものは隠せ」といっているようにしか聞こえない。そう抗議した[35]。

(2) 抵抗としての要求

「告発」はしだいに処遇の改善を「要求」するものへとなっていく。一九七〇年六月二六日、新田らと青い芝の会は「府中療育センター在所生の外出・外泊について」と記した要望書を白木博次センター院長に提出し、同日、大島副院長ら管理者との交渉を実施する[36]。青い芝は府中問題を主要課題とした討論集会を開催したり、機関誌『青い芝』に新田や絹子の文章を数回にわたって掲載、また同誌に施設問題特集号を組むなど、府中闘争を脳性麻痺者、障害者全体の問題としてとらえ協力を続けた[37]。

具体的な処遇の変更が求められていく。一つにプライバシーのない病室の改善、二つに外出・外泊の許可制の廃止、三つに面会時間と面会者の自由化、四つに私物・食物の持ち込みの許可、こうしたことが要求された。この頃から「医療の場から生活の場へ」という主張が明確に打ち出されはじめた。

こうした「告発」と「要求」は日常的な「抵抗」の実践によって表現された。要求をあげたところで変化が現れないと見るや、新田はセンターの規則を次々に破っていく。センター内の衣服は、昼夜問わず支給された標準服に決まっていたが、新田は「自分の着たい服を着る。一日中、囚人服のようなものを着てられるか」といって、自分で持ちこんだ服を着た。すると、他の在所生のなかからも一人二人と「自分の服を着たい」といい出す者が現れた。次第に個人服を着る在所生が増えた。以前からおこなっていた街路の歩行も続けた。外出禁止だろうが何だろうが、そんなことにはかまわなかった。

外泊は月に一度と決められていたが、仲間の集会や会合に参加するうちに新たな問題が見えて来て、月に一度の外泊では足りなくなった。外泊を二回、三回と増やし規則をなし崩し的に破っていった。すると、新田だけ認めて他の者が認められないのはおかしいと他の在所生がいう。彼らのなかでも外泊を繰り返す者が出て来た。制約が強かった面会、外出、外泊等が数人の在所生に特例的に認められるようになった。規則を突破し、既存の秩序とは別様の事実をつくることによって、「要求」を要求で終わらせず、新しい現実を生成することに成功した[38]。

だが、外泊の回数が増えたといっても、依然、外泊許可証に親の署名と押印が必要だった。外泊するたびに親を呼んで書類を書かせる。こうした制約のなかではせいぜい月に二、三度しか外に出ることができない。新田は何かすべてが行き詰まってしまったように感じられ、何も意欲がわきあがってこないことがあった。夜も眠れず、朝の運動から帰って病棟に入ると吐き気を催す。抑圧された生活から来る「施設病だ」と思った。しかし、自分でわかっていても、「憂欝になる気持ちを自分でもどうにも抑えがきかない」のだった。「もうセンターのなかにじっとしていられない。今すぐにでも隙さえあれば飛び出したい」。そうした欲求ばかりが募った（新田 2012a：253）[39]。

(3) 抵抗への圧力

一方、こうした抵抗実践に対してセンターの圧力が強まる。まず新田らに協力的な職員が異動になった。福祉指導員である若林が在所生を扇動していると考えられ、知的障害者の病棟に移された。確かに、新田は若林らと親しくしていた。青い芝の会の総会にタクシーで連れ出してくれたのも若林だった。だが、抗議の文章や発言は新田自身によるものであり、職員の誘導でおこなったのではない。管理者の横暴なやり方に新田はいよいよ我慢がならなくなる。

次に新田自身を他の施設へ移そうとする動きがあった。医師とケースワーカーが、新田に対して町田荘か他施設へ移るよう提案した。新田は自分を放り出した町田荘へ戻る気にはならず拒否したが、ケースワーカーは強権的に進めた。外部の学生を呼び集めて抵抗し、ひと悶着あった。

さらに日常的な場面において職員からの風当たりが強まる。新田が日常的な抵抗を示すたびに彼を抑えようとする力が働いた。個人服の着用に対しても、半数近くの看護師や看護助手は共感的態度を示してくれたが、そうでない職員もいた。「洗濯の後に選りわけるのが面倒だ」とか「他人に手伝ってもらわないと着られないくせに余計な世話を焼かせるな」と何度も注意された。「税金で生きているくせに要求など出すな、やってあげているのだから文句をいうな」といわんばかりだった。要求を一つ出せばそれに対する圧力が何倍にもなって返ってきた。

新田はゴフマンのいう「第二次的調整」を実践していたといえる。第二次的調整とは、被収容者が仲間うちで共同体をつくったり（身内化過程）、対抗習俗を発展させたり、施設に反抗することによって自己を保つ方法である。しかし、ゴフマンによれば、そのような敵意や不適切な行為は「管理者側がこの種の人物には隔離が正当と判断」させる材料を提供し、より強い拘束を招いてしまうことがある（Goffman 1961=1984：300）。確かに、新田の抵抗実践は職員の圧力を強め、統治を強化するほうに働いただろう。

だが、新田はかまわず続ける。第二次的調整という「施設内で許容されている範囲の抵抗」によって自己を保つのではなく、ほとんど自己を省みない、完全なる抵抗を敢行する。朝起きてから外に出て歩くことも続けた。センター内の歩行は認められていても、歩道を行き来することは禁止されている。ある日、それを目にした医師と看護主任が「苦虫を噛みつぶしたような顔」で病室に入ってきて、ベッドに座っている新田を睨みつけて、こういった。

主任：あなたは今朝バス停の通りを歩いていたでしょう。他の階の看護婦さんが出勤でバス停を降りたとき、あなたを見たと連絡が入っているのよ。勲さんだけに朝の一時間、センターの敷地内だけなら運動してもいいと許可してありますが、バス停の通りに出てもいいとは許可してないのよ。あなたはそのぐらいの言葉はわかる人でしょう。大目に見てやれば図にのってセンターの規則を次々に破る態度しか示してこない。どこまで私たちのいうことに逆らったら気がすむの！

新田は視線をずらし黙って聞いていた。内心こう思った。

新田：なにいってやがんだ。勝手に規則とかセンターの敷地内とか規制をつくりながら、大目に見てあげるもクソもあるか。だいいち、障害というハンディキャップを背負っているだけなのに、なぜ人がつくった規則のなかだけしか動いていけないのか。おれだって心ある人間、意志をもった人間だぞ。おれにだって人を好きになったり、生きているかぎり心に変化や動揺はつきものだ。それに対して自分の意志と判断で行動することがなぜ悪いのか。

人からとやかく叱られるものでも規制されるものでもない。施設をつくり、規則をつくり、そこだけに縛りつけておくことじたいおかしいとは思わないのか。それもわからずぐだぐだ寝言のような言葉を吐くな！

おれにいくら説教しても無駄だよ。おれはただ行くところがないから、生きる補助的なものとしてセンターに入っているんだから、あとは自分の好き勝手にさせてもらいますよ。

医師らはこっぴどく説教して部屋を出て行った。新田は聞く耳をもたなかったが、彼らが帰ってからも苛立ちが消えなかった。「おれは何度でもしてやる。向こうが『勝手にしろ、放っておく』というまでしてやる。これがおれの社会に出る足がかりをつくる前進となるんだ」（新田 2012a：285）。沈みそうになる自分にこういい聞かせた。

6　支配の贈与を拒む

(1) 家族と施設の経験――抑圧する他者

本章の目的は、第一に新田の家族経験を記述すること、第二に家族から離れ施設に入所してからの経験を記述すること、第三にそこで彼らが拒んできたものは何だったかを明らかにすることだった。

先行研究の指摘と重なる部分と異なる部分とがあった。ふたりの依存的存在を抱えた家族は家計経済の面、人的な介護提供の面で相当な調整を必要とした。しかし、成員間での相互調整は進まなかった。最終的に子どもを施設へ入所させる選択がとられたが、これは母が築こうとした共同体の崩壊を意味していた。その背景にあった要因はどのようなものか。

第一にこの家族には性別分業が浸透していた。家計を担ったのは父であり、家事や育児・介護を担ったのは母だった。公的領域における経済活動は男性の役割とされ、私的領域における家事・育児・介護は女性の役割として分化されていた。また、父の収入が不安定であり、家族は家計の維持に苦しんだ。姉や妹は障害を持つきょうだいの介護にかかわったが、兄は関心を示さなかった。兄は後に収入の中心を担う稼ぎ手となり、家族内の権力を握った。障害を持つ子どもは必然的依存の状態に置かれるとともに、介護を担う母も二次的依存を強いられ、稼ぎ手である兄の意向に従わざるを得なかった。

第二に分業体制のなかで母と子どもの関係は濃密なものとなった。母はふたりの障害を持つ子どもを介護することに対して否定的感情を抱くことがなく、介護役割を一身に引き受けた。母は子どもたちに愛情を注ぎ、子どもはその愛情を受け取った。それは新田や絹子の記述からも、また、母の手紙からも知ることができた。この母の愛情が、いつ破綻が生じてもおかしくなかった家族の関係をつなぎとめていた。

だが、第三に家族は経済的、人的資源の絶対的不足に直面する。兄が結婚を契機にして子どもらの施設入所を要望する。母の愛情はそのときも変わらなかったが、兄は次第に収入を家計に納めなくなる。家族は子どもらを施設に入れる以外に選択肢が無くなり、施設入所が選ばれる。ここではじめて、私的領域に内閉していた問題が社会福祉という公的な制度と接続された。

では、施設への入所は彼らにとってどのような経験だったか。町田荘という民間の入所施設は、家族共同体的な性格を有し、不安に怯えていた新田と絹子らを好意的な姿勢で迎えた。彼らはここで「他者」と出会い、自分が何者であるかという自己のアイデンティティを見つめ直したといえる。だが、施設の管理化と収益の拡大を見込んだ事業化が進み、入所者に対する抑圧が強まった。最終的に施設の転所が通告され、ふたりは町田荘を去ることになる。彼らは「家族から施設へ」移ったが、実際はその施設も彼らを放り出した。そのアイデンティティは強烈な否定のメッセージにさらされ続けたといえる。

次に府中療育センターの統治構造を見た。このセンターはゴフマンが描いたような全制的施設の特徴を有しており、職員は統治のエージェントとしてふるまっていた。在所生は職員との具体的なコミュニケーションをとおして無力化の過程にさらされることになる。それは自己のアイデンティティを撹乱させ、人間としての尊厳を奪った。

このセンターの抑圧に対して、在所生の異議申し立て実践がはじまる。メディアをとおした現状の「告発」から、外部者とのつながりを得て管理者の態度変更を求める「要求」へと進展する。また、異議申し立ては日常的な抵抗によって続けられ、既存の規則を無効化し、別様の現実を構成することに成功する。

このとき提起された呼びかけは、センターを「医療の場から生活の場へ」というメッセージだった。管理者側はセンターを医療の場と考え、治療、療育、訓練を重視する。他方、在所生の側は生活の場であることを求めた。同時にこの要求は在所生の人間的な尊厳の回復を求めるものであり、在所生の自己自身を取り戻す闘争としてはじまった。

ところで、一九歳のときに入所した新田は結核療養所での経験を「ユートピア」だったと述べており、このことを肯定的に語っていた。また、町田荘が「家族共同体的施設」であったころは、職員たちと気の置けない関係を形成していた。したがって、家族であるから、施設であるからと、その空間だけを一概に問題視することは適切でない。彼はその間柄の関係性から何かを受け取ろうとしており、そこには決して家族ではなく、家族に近似した、家族のような何か、という漠然としたイメージがある。ここから、人たらし的な「エロスの交易」としての贈与が芽を出す過程を確認することができる。

(2) 社会的な・家族、個人的な・他人

では、以上のような家族・施設経験を振り返ったうえで、もう一度現在の新田の生活に戻ろう。愛の空間に他人の介護者がいるということこそが、公的介護保障の本義である。介護を家族にではなく、公的な性格を持った介護者に依頼するのだから、そうした状況は必然だ。家族

について新田と三谷は次のように語る。

新田：家族というものに固執するのではなく、社会的に協力しあっていく「社会的な家族」というものがあってこそ、障害者は社会で生きていけるものでしょ。だから、そういうのは生きてきたなかで家族というものに固執すれば殺されたり心中ということになるし、後は施設でしょ。そこはぼくが生きてきたなかではっきりしていること。そういうところでこういう生き方しているの。

三谷：私のほうが最初は抵抗あったからね。自分がいままで生活してきたパターンとぜんぜん違うから。他人が毎日のようにいるわけじゃん。だけど、私だってふたりだけの時間が欲しいわけ。で、そういったら「そんなことするくらいなら別れる」っていわれたからね。

新田：家族は個人の集まり。その個人でも責任をもつような社会的な関係。だけど自分の気持ちのなかでは絶対に依存するという気持ちは持ってはいけない。ついていくとか問題じゃないのよ。それが障害者の生き方でないと。

三谷：私のほうはすごく揺らぐけど新田さんは揺らがないのよ。依存する関係になってしまうと別れるケースのほうが多いからね。それか、強烈なＤＶに耐えるしかない。

大滝：障害者のほうは理念とかじゃない。

新田：経過のなかでそういう生き方しかできないという現実。

三谷：でも、いざ家庭を持つと揺らいでしまうわけじゃん。障害者の場合。それで家庭がぐちゃぐちゃになっていっちゃうのがよくあるのよ。でも健常者のほうもよくわからないからね。美徳としてあって、「夫の世話をできる妻」とかあるから。他人が家庭のなかに常駐していることの苛立ちがすごく大きかった。自分の居場所がないわけでしょ。

「社会的な家族」や個人が責任を持ち合う「社会的な関係」など、一見、語義矛盾に思える表現が見られる。一般に家族はプライベートな領域であるから、「社会的な」という形容詞は不適切ではないか。もちろん、家族は当該社会の価値や構造から自由でないため、その意味で「社会的」な側面はあるが、家族内の成員の関係性を「社会的」と表現することはあまりない。これはどういうことか。

パートナーの三谷は、他人がいることにはじめ「抵抗があった」と語っている。これまでの自身の生活様式が激変するわけだから無理もない。他人介護者を入れずに「ふたりだけの時間が欲しい」という欲求ももっともなものだろう。しかし、介護者を入れないということは、三谷が介護を担うことを意味する。介護がパートナーに集中すると、必ずといっていいほど、「別れる」か「強烈なＤＶ」に耐えるしかない。だから、新田はあらかじめ「そんなことするくらいなら別れる」といった。

また、ここでは語られていないが、家族について語るとき、新田は「自分の食いぶちは自分で稼ぐ」、その上で「家事や家計を協力し合っていくのが基本」と話す。「絶対に依存するという気持ちは持ってはいけない」という語りにあるが、彼は、自分の介護と生活費は自分で管理する、だからパートナーの介護を受けないと考えている。反対に、パートナーも自分の生活費を自分で稼ぐべきだと考えており、その意味で専業主婦を認めていない。つまり、家族であっても、生活の基礎単位が個人単位で捉えられており、その個人同士による家事と家計の共同が〈家族〉だと考えられている。新田個人の介護の必要については、社会的な制度を活用するとしている。これが彼のいう、個人で責任を持ち合う社会的な関係としての〈家族〉である。

ここまで「愛の空間」と呼んできたものは、「個人的なものの領域」といい換えることができる。社会学者の吉澤夏子によれば、個人的なものの領域とは「ある人を特別な人として選びとり、その人と親密な関係を切り結びたいという『欲望』を基盤にして、一つ一つの個人的・私秘的な関係性を積み上げていく場」をいう。それは異性間、同性間、師弟間、友人間などどのような関係性にも生じうるが、特定の誰かと特別な意味を有する他者として関係をつくるという点で、それ以外の領域と性格を異にしている（吉澤 2004：126）。

ところで、吉澤は「個人的なものを個人的なまま止めておく」という興味深い主張をおこなっている。彼女はラディカル・フェミニズムの「個人的なことは政治的である」という標語を一度受けとめた上で、なお個人的なものの領域を「個人的なまま」確保するべきだと述べる。つまり、私的領域における家父長的な支配－被支配の関係は差別の関係であり、その意味で不平等は是正されなければならない。だが、だからといって、かけがえのない誰かとの関係性である個人的なものの領域までを、自立や平等といった政治的な概念によって平板化してはならない。個人的なもののゆたかさは個人的なまま止められることで保持されると述べる。

個人的なものの領域は「内側からの家父長的な抑圧の力」と「外側からの社会的な平等化の力」の二つの力に抗している。とりわけ、同一空間に集う人びとをすべて平等に統制する「社会的なものの力」に注意深くなければならない。社会的なものの力は一人ひとりの差異に根ざした「異なるものの平等」ではなく、各人を同一性（匿名性、代替可能性）において捉える、「同じものの平等」を強制する力だからだ（吉澤 2004：117）。

個人的なものの領域において、われわれは特定の誰かを特別な他者として選びとり、緊密に結びつく。そこでの一人ひとりの関係性はシーソーが右へ左へとかしぐように、そのつど力の傾きを変える。もしそうした事実を不平等だと退け、関係を均一化する「平等」が貫徹されれば、この領域はもはや「他者を欠いた平板な、のっぺらぼうな空間」へと変質してしまうだろう。だから、われわれは社会的なものの力が個人的なものの領域を覆い尽くすのに抗し、個人的なものの固有性を確保しなければならない（吉澤 2004：120-121）。

そうすると、新田の実践はどのように理解できるだろうか。社会的なものと個人的なものが混在しており、もはや特定の領域として規定することが困難になっている。愛の空間を個人的なものの領域と捉え、他人介護を社会的なものの力と捉えると、個人的なものを個人的なまま止めるよう要求する〈家族〉と、社会的な立場から個人的なものの領域にかかわらざるをえない介護者とのあいだに葛藤が見られた。領域の境界線をめぐってバランスをとることの難しさが語られていた。その点で、吉澤が述べるように、「個人的なものを個人的なまま止める」というあり方が、望まれる側面はある。

だが、被介護者である新田はそもそも個人的なものと社会的なものという区別を採用しておらず、いってみれば、家族とも介護者とも個人的なものの領域を形成しようとしていた。もちろん、介護者は吉澤がいうように、「家父長的な抑圧の力」に抵抗するためにこの場所に訪れており、「平等」という使命を背負った社会的な存在である。だが、ここでは、個人的なものとも社会的なものとも決定できない者として位置づけられている[40]。

彼らは〈家族〉という私的領域に社会的なものの力を呼び込む。反対に、他人という公的領域からの訪問者に個人的なものを再び見出す。「社会的な・家族」という語義矛盾を戦略的に立ち上げているのである。先に見た「家族のような何か」とは「個人的なものの領域」と考えることができるだろう。吉澤は別の論文で「他者を尊重するということは他者の『個人的なものの領域』を尊重するということである」と述べているが（吉澤 2007：759）、彼らが自分たちの家族経験、施設経験から受け取ろうとしたのも、この「個人的なものの領域」を他者とのあいだに切り結ぶ可能性だっただろう。

(3) 支配の贈与——負い目感情の作動

では、贈与論の枠組みから家族と施設の経験を考察しよう。母の行為を発動させているのはいうまでもなく、障害児を生んでしまったという「負い目」である。岡原正幸が指摘しているように、母の罪責感はいくら子どもに愛情を注いでも消えることがなく、愛情を示す行為を反復させる（岡原 1990a=1995=2012〔第3版〕）。それが介護となって現れる。負い目感情はその負債を返済するかのように「自己を与える」ことを繰り返させる。これは母から子どもへの一方向の贈与である。

母の「自己を与える」という契機は、母のアイデンティティを支える行為ともなり、その反復から抜け出せない。子どもにとってはこの母の無償の贈与がかけがえのない支えとなり、すると相互の愛着関係が生まれる。だから、ここで贈与は惜しみないものとなり無限の贈与となる。無限贈与は自己がいなければ生きられない状況に他者を囲い込み、結果的にその人間を支配する、支配の贈与となった。

他方、子どもたちは、「与えられる」という負い目、あるいは劣位感情を持っていた。それを乗り越えようとする手段・発想はなかった。返すことのできない贈与に負い目があり、そのことに苦しさを抱いていた。この劣位の負い目感情を解消しようとする自己贈与は、未だ現れなかった。

この家族の場合、崩壊の寸前で社会福祉の利用が選択される。母と子どもは意識的に贈与関係の切断を意図したのではなく、破局が目に見えているなかで、半ば外部からの力によって断ち切られた。この事実が伝えているのは、一方向の無限贈与は私的な空間において生起する傾向を持つということだ。そしてこの種類の贈与を介護に適用することは妥当でない。

他方、施設においてはどうだったか。施設とは様々な背景をもつ人間を一か所に収容する集合空間であり、全体の統制のために入所者は設置者の一元的な管理を受ける。施設は私的な領域が制限された、いわばガラス張りの公的空間となる。この点で、家族がその私秘性によって返礼なき贈与を振るったのとは反対に、施設では、明示的な空間で返礼なき贈与を見せつける。それは、「してあげているんだから、おとなしくしていろ」というような支配の贈与となって、受け手に負い目感情を抱かせる。しかも、施設では負い目を起点にした受け手側の自己贈与を許容しない。返礼なき贈与とは、返礼できない状況に受け手を囲い込んでしまうことによって生じるのである。施設収容とは一方向の管理を志向し、支配の贈与の構造を持った。これに対して、新田らは施設では自らの生きる領域は確保できないとして抵抗を開始する。そこでは、公的なものの侵入を取り除き、私的な領域を確保することに主眼が置かれた。与え返す贈与を少しずつ見出していくことになる。それを次の章で見る。

注

1……新田は過去、女性と「同棲三回、結婚三回」（本人談）の遍歴を持ち、その性向はいまも変わっておらず、女性に目がないので、三谷は新田がいつ浮気をするかわからないと気が気でなかったという。あるとき三谷が「わたし心配なのよ、この人どこかで浮気してんじゃないかって」とつぶやいた。すかさず、新田は「何いってんだ、浮気じゃない。本気だ。いつも本気」といった（フィールドノーツ　二〇〇八年一月一九日）。

また、ある日の昼食時に、三谷の両親は銀婚式で海外旅行に行ったと話題にしていた。私が「新田さんと三谷さんももうすぐじゃないですか、銀婚式。やったらどうですか、式とか披露宴」といった。ふたりは一九八五年の結婚時、式も披露宴も挙げていないというので、この際やってみたらどうかと勧めたのだ。三谷はまんざらでもない様子だったが、新田はニヤニヤしながら「やるんなら別のギャルと」といった。三谷は「何いってんのよ、このすけべおやじ！」と罵っていた（フィールドノーツ　二〇〇八年一月一四日）。

2……特に三谷は新田が好きでたまらないらしい。「これまで離婚の危機はなかったんですか？」と私が尋ねると、三谷は「そうだねぇ、ないねぇ。別れたときのデメリットのほうが大きいと思ったから。家事も、子育ても、仕事も全部きっちりやってくれる人を探すほうが難しいと思う。こんな人はそうそういない。そう考えると別れる気にはならない」と語っていた。要するに、新田と三谷は愛しあっているのだ。ふたりを古くから知るある男性が、「あの夫婦がすごいのは、奥さんがだんなを本気で尊敬しているところ」といっていたが、その通りだと思った。

3……誕生日やひな祭りになると、食卓には凝った料理が並び、デザートにはケーキが出る。こうしたとき、美保は食卓のヒエラルキーの最高位につく。たとえば、その日のメニューがステーキであったら、新田は「一番大きいのを美保に」と介護者に指示して、皿を彼女の前に置いている。ケーキであれば、モンブランやチョコレートケーキなど、様々な種類のものを箱に詰めて買って来て、「美保、どれがいい？」とまず彼女に声をかけて選ばせている。ケーキの選択権は美保（娘）が最優先に与えられ、その後、三谷（妻）→介護者→新田の順番で移動する。三谷、介護者、新田の順番は状況によって変わることもあるが、美保の順位だけは不動である。

4……子育てをしていたときの出来事を三谷が回顧していた。美保が幼い頃、彼女が何かをしでかして三谷が叱ることがあった。すると、同じ場所にいた介護者が一緒になって「そんなことしちゃいけないよ」と美保を叱った。三谷は何か違和感を抱いて「あんたがいうなよ」と思ったらしい。母である自分が娘を叱るのはよいとしても、介護者である他人に叱ってほしいとは思わない。母と娘の関係に介入してもらいたくないと感じたということだ。当時、美保も介護者に叱責されるのは「嫌だ」といった。そうすると三谷からすると、介護者の存在にも気を使いながら子どもと接することになる。しかしそれは家のなかで子どもと自由にかかわることができなくなることを意味し、三谷は何かおかしいと感じた。そのため、この介護者と子どもとのかかわりについて何度か話しあいの機会を持つことがあった。

5……ある日の昼、新田が花壇の草刈りをして欲しいと私にいったので、生い茂っていた草を刈った。夕方、帰ってきた三谷が花壇を見て、「あー、ひまわりの苗も切られちゃってるー、もう、ちゃんと見てよ！」と怒った。ここで草刈りは介護者である私が実施したわけだが、状況定義的には新田がおこなった行為と解釈されている。だから、三谷は新田に対して不平をいったのだと思われる。とはいっても、実際に刈ったのは私なので、私は罪責感を抱き「あー、すみません」と詫びた。そんなとき新田は「そんなもの、先に（ひまわりの苗があると）いってないほうが悪い」といって、聞く耳を持たない。一応、申し訳なさそうにしている私に対して、新田は「いいよ、いいよ」と言葉をかけていた（フィールドノーツ　二〇〇七年六月二八日）。

6……父と母は毎日買出しに出かけた。電車に乗って地方へ行くことも多かった。家に残った子どもたちは自分で食事をつくった。いもや麦、すいとんが食べられればよいほうで、両親の帰りが遅い日は赤砂糖をなめて待つこともあった。食べざかりの子どもばかりで、買出しした品はすぐに無くなった。たいてい母は口にせず、子どもたちが残したものを食べた。

7……実が酒を覚えたのは奉公に出ていたころ、いたずらで口にしたのがきっかけだったという。以来、人生のよろこびのときも悲しみのときも酒がそばにあった。飲んで暴力を振るうことはなかったが、その代わり、気が大きくなった。財布の中身を他人にばらまいたり服をすぐにあげてしまったりした。店を持っていたころは仕入れの途中で酒を飲みに行き、そのまま帰らず、店を開けられないこともあった。

8……学校に通うことができず、その代わりに家でやっていたことは、一つに家事の手伝いだ。「ぼくはおふくろの手助けをしてたのよ」と新田はいう。戦後すぐの時期はまだ家事労働が機械化されていない。井戸の水汲み、手洗いによる洗濯、薪の準備、ごはん炊き、部屋の掃除などすべてが手作業だった。家族全員分の膨大な作業を美乃ひとりが担うことは困難で新田も家事を担う一員だった。

二つに鶏を育てていた。彼は小屋を自分でつくって一〇～二〇羽の鶏を飼っていたらしい。毎朝、早くに起きて餌をやった。餌になるハコベを取りに行くのは絹子の係だった。夜は鶏が眠りに着くのを見守った。鶏のことを新田に聞くと、両腕を広げて「こーんなに大きくなる」と笑っていた。同じことを新田の他のきょうだいも「いさちゃんが上手に育てるのよねぇ。まるまるとした鶏になるのよ」と回想していた。鶏はきょうだいの入学時期になると、鶏屋が来て買っていった。その収入で入学品がまかなえた。子どもたちは「ランドセルに化けた」とよろこんだ。

三つに日曜大工をやっていた。家のなかに置く棚やちょっとした器具は新田が製作した。また、花壇をつくりたくさんの花を育てた。手を伸ばして「花壇にバアッといっぱい」と語っていた。「そのころ自分でやっていたことがいまに活きている」といっていたが、確かに、現在でも新田は介護者に指示を出して、料理から大工仕事、電気機器の修理まで、様々なものをオリジナルでつくらせるなど、生活の知恵に溢れている。

四つにメディアを通して文化に接した。海外のラジオ放送が入ってきていたので、ジャズやブルースなどの黒人音楽をよく聴いた。ナット・キング・コールやサッチモが好きだった。昼間に美乃が家にいると彼女は「何、このうるさいの！」といってよくチャンネル権を争ったらしい。江古田に映画館があってひとりで通った。映画は身近な大衆文化でポルノもよく見た。

9……知人・親戚から、子どもを養子にもらいたいという話もあったが、美乃は「手放したらおしまいだ。私がくじけたら子どもがバラバラになってしまう。しっかりしなきゃ……」と自分にいい聞かせ、子育てを放棄することはなかった。姉の敏子は中学を出てすぐに働いていた。高校に行きたいといったが、他のきょうだいの生活費や教育費が不足するなかで、就職以外に選択肢はなかった。鉛筆の一本が買えなくて、よくきょうだいでけんかをしたという。隆は高校へ進学し、奨学金とアルバイトで学費を払った。満子は中学を卒業してから、昼間は働き、夜は定時制の高校に通った。

10……絹子の記述にあったように、他のきょうだいは新田に対しても絹子に対しても、否定的な素振りを見せなかった。隆だけが障害を持つふたりを嫌った。どうしてそうした態度になったのかと新田に聞くと、「あにきは二歳のとき、親が寿司屋が忙しくておばあさんのところに二年くらい預けられたの。そのことをだいぶ先まで根に持って、親とあまりうまくいかなかった」と話していた。もちろん、これは成人してからの新田の解釈であり、ほんとうのところはわからない。現在でも新田は、他のきょうだいとは親交はあるが、兄とは断絶している。なお、新田の兄・隆は椎名誠のエッセイ『ロシアにおけるニタリノフの便座について』に登場するニタリノフである（椎名 1987）。

11……これはエルズリッシュらが述べる結核患者の病態とその処遇についての指摘と重なる。「結核は、とりわけその罹病期間が長いので、死の一形式であるよりも生の一形式になる。（中略）癩病患者やペスト患者の場合と同じく、（結核療養所は）古くからある排除の一形態にすぎない、というひともいるだろうし、おそらくその延長線上にあるだろう。しかし、古くからある排除とはやはり違う。結核患者の病状は、社会からまったく分離しているわけではないし、病いとその犠牲者を人の目から隠そうとする隔離に還元されてしまうわけでもない」（Herzlich and Pierret 1991=1992：58）。

12……ラジオではＮＨＫの「私の本棚」をよく聴いた。これは俳優やアナウンサーが文芸作品を朗読する番組だった。彼は吉川英治が好きで、なかでも『宮本武蔵』には影響を受けたらしい。武蔵の生き方を聞いて、こう生きたいと思った。ものごとの先を読んで、自分から前に出ていく。それは療養所生活からの脱出を願ってのことだった。患者の多くは積極的に結核を治そうとせず、衣食住が完備された療養所に居座ることを望んだ。生活保護受給者は医療費もかからない。完治しても出ようとしない者がほとんどだった。新田は率直に、「このような人たちみたいにはなりたくなかった」と話し、小説の主人公に憧憬を抱いたと語っていた。

13……絹子が書いている。母にとって子どもに世話になることがどれだけ肩身が狭かったか知れない。そのことが絹子にとってもつらく、彼女は隆に余計に負い目を感じるようになった。兄と一緒だと、ごはんがのどを通らなくなり、兄との食事を避けるようになった。

14……新田は三年ほど前から快復し、すでに退院の許可が出ていた。しかし、再発やきょうだいへの感染を恐れて、退院を延ばしてもらっていた。何よりも、家では新田を介護できる状況になかった。母が医師に事情を話し、もう半年、もう一年と療養所においてもらっていたのだ。療養所での生活は四年を過ぎていた。そのため医師から、これ以上入院させておくことはできないといわれた。

15……絹子も同様だった。施設には暗いイメージがあった。テレビで障害者が映されることはまれだったが、偶然、目にすると「自分を鏡で映しているようで哀れで情けなくて直視できなかった」という（三井 2006：23）。ときおり、「施設へ○○が贈物をした」というニュースも流れていたが、「ふん、さも幸せのようにいってさ……」と嫌悪感を抱くばかりだった。だから、施設には「絶対に入りたくない」と思っていた。

16……町田荘は社会福祉法人東京援護会が運営する、身体障害者の入所施設だった。東京援護協会とは事業家の山口栄次郎が一九四九（昭和二四）年に設立した財団法人である。山口は敗戦まもない一九四五（昭和二〇）年一〇月、東京都下谷区神吉町（現在の台東区東上野）で生活困窮者に対する給食活動をはじめた。生活保護法が施行されてからは、制度を利用した生活困窮家庭支援を実施した。東京援護協会は一九五二（昭和二七）年に社会福祉法人に改組し、翌五三（昭和二八）年に更生施設「上野宿泊所・神吉寮（かんきりょう）」を開設する。六六年（昭和四一）年五月には町田市図師町に重度身体障害者授産施設「町田荘」を創設する。当会は、その後も東京都の授産施設の運営を受託するなど、社会福祉事業を継続している。神吉寮については雫石［1997］に記述があり、そこは「さながら人間の集散地。北海道から沖縄までの、あらゆる人間のルツボ」であったという。一時保護施設であったため宿泊は一週間が限度だったが、従業員の姿勢は柔軟でいばったところがなかった。命拾いをした宿泊者はみなほっとした表情だったという。神吉寮は一九七三年に老朽化のため廃止されている。

17……渡辺雄二（わたなべ　ゆうじ）は、大学卒業後、警察官となったが転職。社会福祉法人東京援護会が町田荘を創設するというニュースを聞き、応募する。採用され、町田荘第一号の職員となる。二年勤務したのち退職。以後は民間の会社で働く。

渡辺映子（わたなべ　えいこ）は短大卒業後、設立されたばかりの町田荘に就職。退職後、雄二と結婚する。ふたりと新田との交流は彼らが町田荘を離れてからも続いた。

18……もっとも、町田荘の家族共同体的な性格は、開設まもないために経験的知識が蓄積されていなかったことにもよる。渡辺映子は、職員同士でも勝手をつかめておらず、だから、一生懸命に仕事を続けるしかなかったと話していた。だが、彼女は次第に腰痛に悩まされることになる。腰が痛くても精神的に苦しくても介護を続けた。しかも、それを誰にも相談できず、雄二にも話せなかったという。職場には介護のつらさをいい出すことが難しい雰囲気があった。腰痛は寝込むほど悪化し、彼女は退職を余儀なくされる。

腰痛は、職員の不足という構造的な問題に起因していた。町田荘の入所者数は、設立後から増え続け、三二名に達していた。しかし、職員数は一〇名に満たず、そのなかで直接介護を担う職員は相変わらず三〜四名だった。雄二によると町田荘は「社会福祉というより、お金もうけが優先で『事業』に近かった」という。給与は低く当時の金額で雄二は月二万円、映子は一万八〇〇〇円だった。そのことから、管理者は、職員不足を認識していても、なかなか増員には踏み切らなかった。代わりに、ADLの自立度の高い障害者を選別して、入所させる傾向が強まった。だから、〝重度〟身体障害者施設を謳いながらも、実際はそうではなかったという。また、入所者に対しては、「お互いの助け合い」という標語が掲げられ、障害の軽い入所者が職員の仕事を分担することが奨励されたりもした。これは、管理者が職員増を抑えるために、入所者の労働力を利用したということらしい。のちに新田はこのことを「お互いの助け合い――これほどいいかげんで施設にとって都合のいい言葉はありません。障害の軽い者に手伝わせることにより、本来の生きていく保障をなくしていくのです。手伝うことをよいことにして、施設側ではいくら職員の労働がきつくても『これでやれるもの』と思って職員数を増やさず、それによって重い障害の人は介護人不足から厳しい日々の生活に落とされていくのです」と施設の姿勢を批判している（新田 2012a：32）。

19……新田に、施設での生活を尋ねると、府中療育センターのそれが「闘争」のイメージに彩られているのに対して、町田荘は朗らかなイメージとともに語られることが多い。それは町田荘の職員であった渡辺夫妻との交流が退所後も続いたことや、新田の家のアルバムに町田荘で撮影された写真が（府中療育センター入所時の写真の少なさに比べれば）多く残されていることからもいえる。もちろん、町田荘の問題点を語ることもある。たとえば、町田荘に医師は設置されておらず、病気に罹ると施設の乗用車に乗せられて、市街の医療機関に搬送された。凹凸の激しい山道を長時間かけて移動することは入所者にとってたいへんな苦痛だったという。

20……職員会議で話しあわれた結果、個屋ではなく作業室への設置は認められた。新田は「視聴できないよりはましだ」としぶしぶ同意した。もっとも、入所者が作業をしているそばで、いくら自分の学習のためとはいえテレビを見ることはできないし、作業が終わった夕食後に見るとなると、その時間は娯楽番組しか放映していない。他の入所者も当然テレビのまわりに集まってくる。そこでは自分の思いのままにチャンネルをまわすことはできなかった。

21……ゴフマンは、被収容者にとって、施設内の淀んだ空気をいくらかでも浄化してくれるものが気分転換であると述べ、持てあましている時間を慈悲深く殺してくれるのは娯楽の追求であるという。野球やダンス、バンド演奏や読書、テレビ視聴などがそれであり、無力化の過程を耐えさせる一助となる。もっとも、娯楽は過度に没頭しないように職員から監視を受けることが多い。施設こそが被収容者を支配すべきであり、他の社会的事物が被収容者を支配することがあってはならないと考えられるためだ。いわく、全制的施設は「生き生きとして人の心を捉える活動という小さな島が散在する一つの死の海」でしかない（Goffman 1961=1984：70-2)。

府中療育センターでもレクリエーションや季節のイベントがおこなわれた。一九六九年のひな祭りでは在所生も職員も無礼講で、看護師による琴の演奏や舞踊、職員全員による東京音頭があり、在所生と職員が一緒になってジェンカを踊った。文集に寄せられた、絹子の軽快な文章からはこの日の様子が伝わってくる。「私たちは皆私服を着たから、やはり看護婦さんたちも、この日こそ白衣を脱いでほしかったと思った。そして、今日のこの日のようにわきあいあいとした心をいつまでもいつまでも、もっていてもらいたい」（府中療育センター1病棟 1969：5)。

22……センターの着工は一九六六（昭和四一）年一一月に開始される。工費七億四〇〇〇万円、鉄筋コンクリート五階建ての設備で当時最高を誇った。敷地面積は一万二〇〇〇㎡。医師、看護師の宿舎も併設された。スタッフは設立時、医師二一名、看護師・保育士一八九名の八科体制だった。また、都は同じ一九六八年四月に新宿区戸山に「心身障害者福祉センター」を設置しており、この二つの組織を都の障害者福祉の中心施設に位置づけていた。

23……現在の視点から見れば人権侵害とさえ映るセンターの方針や目的も、一九六〇年代・七〇年代においてはごくふつうの認識だった。行政官も医療者も自分たちの仕事に一点の曇りもなかっただろう。新田らの問いかけに直面し少しずつ認識を変えていったのだと思われる。本章の記述は現在の視点から当時の限界性を批判するのではなく、六〇・七〇年代のリアリティに沿いながら、この闘争が紡ぎだした言葉を掘り起こしていく。

24……全制的施設では、入所にあたっての「生活史の聴取・写真撮影・体重測定・指紋採取・番号賦与・身体検査・保管のための所持品申告・脱衣・入浴・消毒・髪を丸刈りにすること・制服貸与・規則説明・部屋の割当など」はごく普通のことであるという（Goffman 1961=1984：16）。府中療育センターにおいても、まったくといっていいくらいに、同様のことがおこなわれた。

25……長時間の外出には、希望する十日前までに外出証を提出しなければならなかった。外出証には保護者の署名と捺印が求められ、そのために親はわざわざセンターに来所した。外出のさいの付き添いは親と決められていた。新田はあるとき、急ぎの用ができたので外出証を看護師に代筆してもらった。署名は外出証を親のもとに郵送し、署名・捺印済みのものを返送してもらった。それを見た医師は「この字は親の字ではない、もう一度親が来て書き直さないと外出させない」といって母を呼び出した。医師、管理者は在所生本人の意思ではなく、保護者の責任を明確にすることを優先に考えていた。

26……ゴフマンによれば、施設はこうした事態を正当化する語彙を用意している。たとえば、「衛生」、「生命に対する責任」、「安全性」といった言葉が規則の根拠として語られる。だが、公式見解がこうであっても実際は「非常に多数の人びとの日常行動を、限られた空間でわずかの［人的・物的］資源を使用して管理しようとする努力に由来する、単なる合理化［の結果］にすぎない」場合がほとんどである（Goffman 1961=1984：49）。

27……職員は立場上、被収容者の要望を聞く責任もあるが、合理性に適わない要望は聞き捨てられる。その理由を説明するために施設が用いる意味の体系は「医学的準拠枠」であり、あらゆる事柄に「医学的に見て」という説明が付される（病院であれば食事の時間からリネン類のたたみ方まで！）（Goffman 1961=1984：88）。

28……若林の夫は脳性麻痺者で「東京青い芝」の代表を務めた若林克彦（1943-2000）である。克彦は日本社会事業大学で学び、自身の公務員採用を訴える運動をおこなっていた（若林 2001）。克彦と幸子は在学中に知りあい、結婚を考える。しかし、幸子の親は強く反対し彼女を監禁し暴力を振るうほどだった。幸子は親元を逃れ克彦と同棲、結婚する。新田によれば、障害者との結婚を認める健常者の親はいないと若林から教えられたという。

29……こうした個人的な行動が管理者に見つかると、新田が指導を受けるのはもちろんのこと、若林へも厳しい注意が飛んだ。

30……重度障害者を持つ親に自分の子どもの結婚は考えられないと新田はいう。そもそも恋愛などしてはいけないと育てられる。このことは新田には「親という強い者が障害者のささやかな願い、生きるという信念、当然の生き方を手のひらで握りつぶしていく」ようにしか受けとれなかった（新田 2012a：141）。

31……守る会の機関誌には、一九六九年二月に会員の宮越忍が「府中療育センターについて」という記事を寄せている（宮越 1969）。記事には「収容者は皆、じゅうたんかベットに寝かされており、そこには部屋割りというものが全く無く、しかも収容者は全々何もしていないのである」といった記述があり、センターの処遇が報告されている。

32……米穀通帳は一九四二年から一九八一年まで日本で発行されていた米の配給を受けるための通帳である。正式名称は「米穀配給通帳」といい、通称「米の通帳」と呼ばれた。市区町村長の公印が押され、本人の住所等が記載されていたため身分証としても使われた。

33……これは若林克彦が編集した『肉と心の怒り——障害者が訴える社会福祉の現実』と題された文集にも掲載される。この文集には他に、青い芝の会の会員であった金沢恂の詩、新田絹子がセンター生活の窮状をつづった日記（新田絹子 1969）、同じく青い芝の寺田純一による救護施設批判、荒木義昭の運転免許承認要求のアピール、若林克彦の労働保障要求の文章が寄せられている。

なお、寺田純一は青い芝の会の中心メンバーで、特に「東京青い芝」で活躍した。新田の自伝にも府中療育センター入所時に、寺田の家で一晩を過ごしたときのことが回想されている（新田 2012a：170-171）。寺田による府中闘争に関する記述として寺田（2001：200）がある。

34……大島副院長は問題となっていた、入所時の解剖承諾書についても強制はしていないと語った。先日亡くなった筋ジストロフィーの患者は「私が死んだらぜひここで解剖してください」といったほどで、センターは人類全体が立ち向かっている「不治」との闘いをしていると述べた。

35……面談には新田の他に青い芝の会から磯部が参加しており、彼自身は在所生ではないが「私たちが望むのは医療の前に生活の場だ。何も非常識なことをいっているのではない、一人一人をみて、その人に合った処遇をしてくれと要求している」と話している（一九六九年七月二一日の記事）。

36……青い芝の会からは吉田道子、平田浩二、寺田純一、横塚晃一、若林克彦の参加があり、他に日本社会事業大学の学生が出席した（日本脳性マヒ者協会青い芝の会 1970b）。

37……青い芝の会は府中闘争の初期には積極的にかかわり、支援をおこなっている（吉田 1969、日本脳性マヒ者協会青い芝の会 1970a, 1970b, 1970c, 1971; 横塚 1970a, 1970b; 若林 1970a, 1970b）。府中で起こっている問題が、日本の社会福祉体制の問題であり、また発生予防、脳研究などを目的とする医療のあり方が、脳性麻痺者すべてに関係する問題だと考えられたためだ。だが、移転阻止闘争が本格化し在所生有志によるテント座り込みが実施される七二年頃になると、会としての組織的な関与は控えるようになる。座り込みが、健常者の強力な支援というかたちでおこなわれ、障害者の主体性と自らの体験に根差した思想がないままに、健常者への依存度が高まることの危険性が危惧されたためだといわれる（青い芝の会本部役員会 1973）。

38……府中療育センターの作業療法助手であった小沢義文によれば、在所生の要求を受けて改善が進んだ部分もある。大部屋のベッドをカーテンで区切り、ベッドに対応したテーブルを付属させた。面会時間も緩和された。小沢自身は在所生の訴えは「正しい。当たり前の要求だ」と思ったという。だが、センターは開設されたばかりの巨大組織で「試行錯誤でやっている部分がいっぱいあった」と語る。重度障害者の看護・介護がまだ「よくわからない」時代で、十分な知識や経験がなく「やっていくなかでだんだん」わかっていったという。また、専門職の養成課程を修了した職員ばかりでなく、とくに日常的な介護を担う職員は様々なルートから就職していた。その点で、療育方針が浸透しておらず「個々いろんなレベルの人がいた」と話している。以上は、小沢へのインタビューによるものである（二〇一〇年八月六日実施）。

39……このころ、新田は施設を退所することを考えはじめ、退所後の生活のあり方を思案している。制度、とりわけ生活保護についての学習や「よろこびいこいの家」という自立生活体験室に一週間滞在して自分の生活力を試している。学校に通うことができず不就学であった新田にとって生活保護手帳の読みこなしや保護費の算定はたいへんな苦労をともなったが、これを学ぶことは避けて通れないと思った。よろこびいこいの家は「守る会」の事務所の一室だった。滞在中にボランティアによる介護の体制を組み、予想以上にボランティアとの関係がうまくいったため「これなら自立できるというような思いが強い確信となって心に湧いてきた」という（新田 2012a：262）。

40……たとえば、それは吉澤が次のように述べている事態と通底するかもしれない。公的領域においては差異ではなく平等の原理が支持され、人びとは「すべてを見られ聞かれる価値のある存在として」世界にかかわる。他方、個人的なものの領域は内面に根拠をもつがゆえに、外側から「見える」ことはない。その内側において、個人的なものの領域が公的領域における関係性を抱え込むようなかたちで営まれるとき「異なるものの平等」という絶妙な関係がなりたつという（吉澤 2004：132-133）。

第4章

贈与を与え返す
——府中療育センター闘争をめぐって

前章では新田勲の家族経験を振り返り、府中療育センターのなかから在所生の異議申し立て実践が生成してくる過程を見た。彼らは「人に与える」という関係が持つ抑圧に苦しめられ、それに対する抵抗をはじめた。本章では引き続き府中療育センターにおける「支配の贈与」への闘争を記述する。府中療育センター闘争と呼ばれるこの社会実践の過程を具体的に追いかけていくことによって、新田らがいかなるかたちの「福祉」を形成しようとしたのかを明らかにする。本章でも現在の新田の「闘争」形式を観察することからはじめて、そのルーツを掘り起こしていくプロセスを経る。

1　いかにして贈与を与え返すか

(1) 府中闘争が投げかけたもの——「分離」から「結合」へ

府中療育センターは一九六八年四月に設置され、六月に開所した。日本ではじめての重度の障害児・者を収容する大規模な療護施設として世間の注目を浴びた（『朝日新聞』一九六八年三月六日、四月三日、六月一日、六月五日の記事）。だが、一九七〇年を前後してセンターの非人間的な管理体制に対する異議申し立てが在所生から起こる[1]。特に一九七一年に在所生を障害の種別によって分類し、山間部の新施設に移転させる計画が明らかになってからは、在所生の意思を無視し強制隔離を進める行政・施設に対する抗議行動が激しさを増した。在所生の有志グループが移転の撤回を求めて東京都庁舎前にテントを張って座り込み、一年九か月におよぶ直接行動を展開した。この一連の過程が府中闘争である。

彼らが府中闘争のなかから明らかにしたことは、「特定の場所に分けられ、不足していると同時に余計な『処遇』を受ける必要がないこと、基本的に生活するのは施設の外であること」だった（立岩 1990=1995：181-182）。この発見は後に施設ではない別の場所での生活、つまりは公的な介護保障に支えられた自立生活という暮らし方を生んでいく。

一般にこれは「脱施設化」の主張として理解されるが、よりシンプルには障害者と健常者を社会の都合によって「分ける」のではなく、同じ空間で「共に」生きようとする思想と実践であった。この分離と統合をめぐる問いは障害者福祉・教育の根本的なイシューであり、一九六〇〜七〇年代においてはもっとも先鋭的に問われた[2]。そして、府中闘争は「分離」政策への抵抗運動であるに止まらず、障害者と健常者の直接の出会い（＝結合）のなかから生まれる共同関係のあり方を模索する闘いだった。この闘争を中心でリードした新田は施設職員の姿勢を批判して、こんなことを書いている。

人間を管理・指導する気持ちになってはいけないし、健康な者、資格をもった者が上に立つという立場になってはならないと思います。身障者は置かれた家庭環境や社会状況から、たしかに遅れた人もいます。でも、同じ屋根の下に日常的に接している以上、職員だから上に立つとか教えるという意識を持ってはならないと思います。そうした意識をなくした関係でない限り、ともに成長する関係、身障者が自立することに協力してともに生きる、ともに考えていくような関係はできません。

私は自分の行動を押さえつけるものに対して、それが普段どんなにやさしく、気持ちを理解する善良な人でも、私の行動を押さえ付けていく敵として、敵対行動を示さざるをえません。身障者は、私もですが、ことさらとくに人のやさしさ温かさにはすごく弱い人間ですが、いままで私たちは人のやさしさ温かさの言葉や接触によって、自分が生きるという気持ちを出すことのできない弱い人間として扱いをされ、そういう気持ちにされてきました。私たちはやはり人のやさしい言葉に甘んじて生きてはいけない人間だと思うのです。

健康な人は自分の生活を守ろうとするために、身障者をやさしい言葉で施設へと封じて外に出すまいとします。動ける者のやさしい言葉のなかには、常に自分たちが生きていくことを邪魔されないような予防線を引く、裏があるのです。私自身、それに気づくのが遅かったと思います。「人間平等」という。だから、なおさら身障者だから何もできないということで建前の箱のなかで管理され、動く手足を縛り、外にも出られない。そんな上からの規則じたいあってはならない問題です。（新田 2012a：288）

この文章には、一つに施設の管理体制批判、あるいは専門職批判を見ることができる。二つに職員－在所生の支配関係を壊し、ともに生きる関係の必要が訴えられている。三つに「どんなにやさしく、気持ちを理解する善良な人」であっても、自分の行動を抑圧する者に対しては敵対行動をとらざるをえない。なぜなら、障害者は健康な者の「やさしさ」に弱いが、それに甘んじているかぎり「弱い人間」として処遇されるからだとある。というのも、四つに健康な者が見せる「やさしさ」には必ず裏があり、障害者を施設に封じこめておいて自分たちの生活を固守するからだ。

これは彼らの闘争宣言だといえるだろう。施設職員あるいは健常な者の内面を内側からえぐる言明である。自己の内で隠し持っていた部分を追及され、それを受け取った者に痛みをもたらすメッセージだろう。見えているはずのものを見ないふりをして隠蔽していた「負い目」が露わになる。「支配の贈与」の虚偽を明るみにだし一撃を与え返す。府中闘争はこのような性質の闘争だった。そして、その上で「統合」のあり方、もっといえば出会った者同士が「結合」する関係のあり方が模索されていく。

(2) 闘争の言語としての足文字——ふたつの権力への抵抗と馴致

ここで新田固有のコミュニケーション手段を見ておこう。「足文字」だ。足文字は「闘争」し「結合」するふたつの契機が同時に埋め込まれた言語である。新田は言語障害が重く、自分の口から発して言葉を話すことができない。そのため右足を筆のように動かして地面に文字を書く。書くといってもペンや筆を使うのではなく、素足を床になぞって文字らしき形象を示す。太腿の付け根を基点にして足を動かす全身運動である。その動作を介護者が声に出して読む。新田が横棒を一線書いただけで四通りほどの文字を瞬時に想定し、次の一書きでその文字を判別する。一文字一文字が文のまとまりとなり、会話が成り立つ[3]。

足文字のルーツは新田が府中療育センターに入所していたころに求めることができる。もっとも、誰がどのように考案したか、本人も覚えていないらしい。しかし、それが府中闘争のはじまりとともに発明されたことは疑いえない。というのも、足文字は彼が運動を展開していくために不可欠とした「闘争の言語」だからだ。この闘争の言語の構造を読み込み、府中闘争を理解する補助線としよう。

私ははじめて足文字を見たとき、「なんて遅いんだろう！」と思った（図12、図13、図14）。ひらがなを書いているというが、傍目には何を書いているのかまったくわからない。介護者はそれをすらすらと読みあげている。どうしてあれが読めるのだろうと思った。足文字に使われている言語は日本語だ。けれども、独特の字体や文法があり、慣用的な語句は省略されることが多い。そのため、はじめて目にする者には読解ができない。それを読むためには数か月から一年の訓練を要する。私自身、足文字が読めるようになったのは介護に入ってから一年以上、経過したころのことだ。

ところで、府中闘争は彼らを抑圧する二つの権力に対峙した。ここでいう権力とは、一つに障害者を社会の負担としてとらえ施設へと隔離する「大文字」の権力であり、二つに目の前の障害者を侮蔑し支配する職員たちの「小文字」の権力である。一つめの権力が強権的な支配の力を振るうのに対して、二つめの権力は障害者を温かく保護する姿を装いながら隠微に管理・無力化していく権力である。

府中闘争はこの二つの権力に抵抗したのみではない。大文字の権力を告発するものであると同時に、施設職員たちの自己の善意を信じて疑わない福祉的配慮を問い直していくものだった。なぜなら、在所生は職員の手を借りなければ施設のなかで生きていくことができない。拒否す

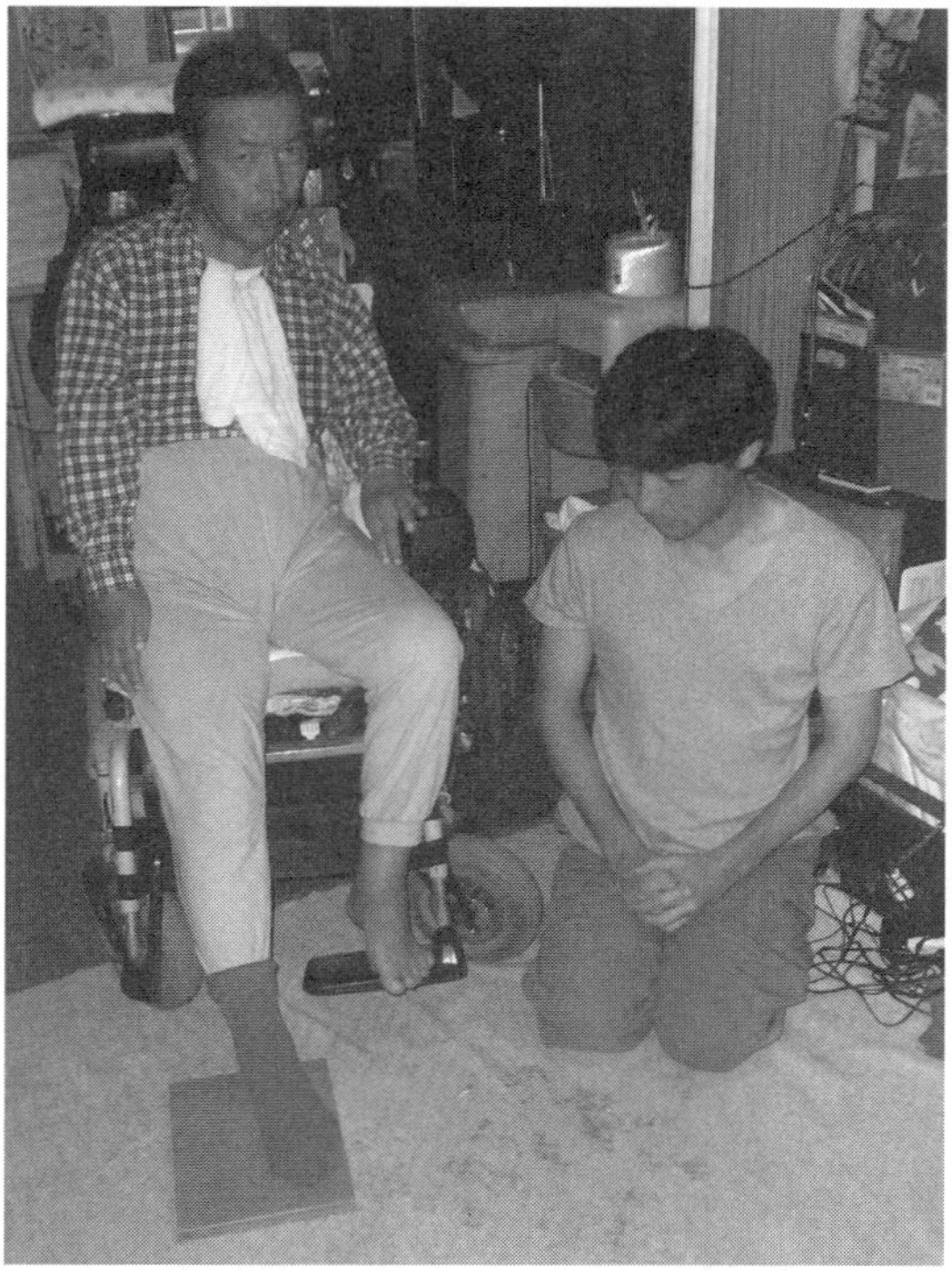

図12　足文字を書く新田、読む介護者

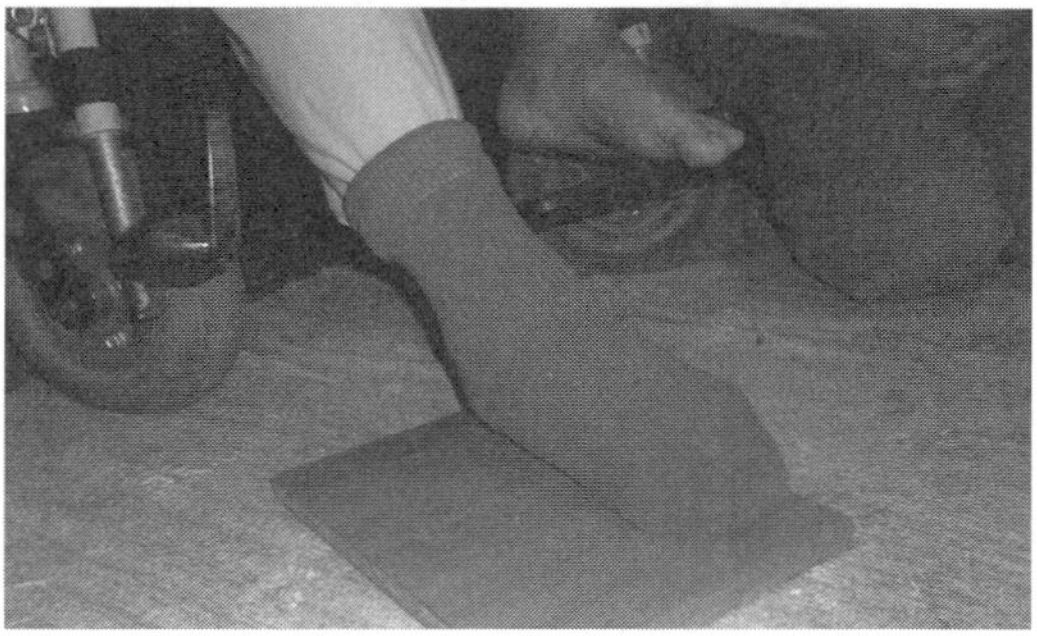

図13　足文字

るだけでなく、それといかにして和解するかが問われた。つまり、府中闘争は施設や職員に対する改善要求の突きつけであるとともに、「敵」を「味方」へと訓育していく実践であった。権力に抵抗するだけでなく、権力をどう飼いならすかが闘争の主題だった。

(3) 弱者であるままに優位に立つ

府中闘争の「武器」となったのが足文字である。もう少し足文字の構造を見よう。行政交渉における足文字はまさに「叫ぶ」(新田 2009)。いくつかの証言を引こう。ALS(筋委縮性側索硬化症)の当事者である橋本操は足文字をはじめて目にしたときのことを、新田の足と介護者のしぼりだす声に異様な迫力を感じて、「驚きました。思わず、同行の介護者に『見てっ!』と伝え沈黙したものです」と回想している(橋本 2009 : 3)。また、新田の盟友である益留俊樹は、行政交渉における足文字の比類なさをこう表現している。

> 足で、一文字一文字床に書き、それを介護者が代わりにしゃべるのです。彼がしゃべりはじめると他の人びとは黙って聞きます。少しでも口を挟むと「いま、話しているから!」といわんばかりに「ドン! ドン!」と床を踏み鳴らして発言を制止します。とくに厚生労働省や東京都の障害福祉課との交渉のときは、役人への追及も足文字、介護者もその場の雰囲気で語気を強めて読みあげます。その迫力は鬼気迫るものがあります。(益留 2008)

図 14　講演会における足文字（新田勲×中西正司対談　2008 年 5 月 26 日）

私もこうした場面に何度も遭遇した。全身のエネルギーを足文字にこめて発する姿は確かに強烈だ。そばにいる介護者も緊張が高まり、ともに闘争を志向する身体になってゆく。そもそも足文字は構造そのものが闘争の武器になっているところがある。ここで紹介するのは、その日の交渉ではじめて顔をあわせた行政官とのワンシーンだ。この日は、介護保険制度下の介護と障害者の介護は性格が大きく異なるという議論をしていた。重度の身体障害者は二四時間の介護を欠かすことができず、短時間のスポット型介護では成り立たない。だから、その人の生活になじんだ介護者による長時間介護が絶対的に必要、と訴えていた。このとき、新田が突然、行政官を指さしてこういった（フィールドノーツ　二〇〇七年九月二八日）[4]。

新田＋介護者：そ　そこ　の　さん　さんにん、い　き　いま、ひ　と　り　す　ず　つ
　ひとりずつ、ここに　さ　き　きて、ば　ぼ　ぼくの　な　あし　あしもじ　を、よ
　んでください。
　（そこの三人、いまひとりずつここに来てぼくの足文字を読んでください。）

三人の行政官はきょとんとした表情をつくったあと、席を立って新田の周りに集まった。新田が足を動かして床に文字をなぞる。対面から足を凝視する行政官。新田と同じ身体の向きか

ら読もうとする行政官。介護者は素知らぬ顔で隣に座っている。しばらく沈黙があって――。

行政官A：今日はじめてお会いするので、読むことはできません。いつも近くにいる方でないとわからないと思います。

――新田がもう一方の行政官を指さす。

行政官B：わからないです。

――新田がもう片方の行政官を指さす。

行政官C：読めません。

新田＋介護者：ま　まず、いしと　そ　いしそつうが、　まつたく　できないでしょ。き　こ　これが、よ　め　よめないと、か　かいご　そ　そのものが、　できないのです。

（まず意思疎通がまったくできないでしょ。これが読めないと介護そのものができないのです。）

行政官はばつの悪そうな顔をして席に戻る。「どうだわかったたか」といった風情の新田と介護者。彼がいっていることはこうだ。仮に介護に訪れた者が足文字を読めずにいれば、意思疎通ができない。そのため生活も成り立たない。成り立たせるためには、その人の生活に十分なじんだ者が介護に入らなければならない。だから、長時間にわたる介護の保障が絶対的に必要、ということだ。

これは圧倒的な説得力を持っている。なぜなら、行政官は足文字をまったく読むことができないのだから。足文字を読めなければ新田のメッセージを受け取ることができず、介護をはじめることができない。行政官のなかには思わず「すみません」と謝る者が出てきたり、新田と活動をともにしてきた横山晃久が「あれにはほんとにびっくりしました」と述べているように、いつごろからか足文字を「職員が自分から近づいてきて読む」ようになる（横山 2001：266）。そうすればもう新田の勝利である。相手は闘争的対話に引きずり込まれ新田が折衝の主導権を握ることになる。

足文字は強者／弱者の力関係を転倒させる。一般的な見方からすれば、行政官は政治的権力を有する強者であり、陳情者である新田は弱者だ。しかし、ここでは違う。立場が逆転している。「足文字を話すことのできる新田」が強者であり、「足文字を話すことも読むこともできない行政官」は弱者という構図ができあがっている。行政官はあっというまに劣位に突き落とされ、新田が優位な立場にのしあがっている。口の達者な者より、口で言葉を発することのできない者のほうが強いのだ。

このように足文字は不思議な関係構造をつくる。足文字を常に既に知っているのは新田であり、他の者は最初誰も知らない。足文字話者は新田だけで、われわれは非足文字話者である。するとわれわれは新田から足文字を習う状況に置かれる。足文字を教える師匠と弟子にも似た関係になってくるのだ。言語障害の重い新田は口でしゃべろうとすると健常者に太刀打ちできないだろう。効率性に重きが置かれるかぎり、話す速度が圧倒的に異なり、新田は負けてしまう。しかし、足文字だと負けない。興味深いことに彼は健常者の効率性に追いつき追い越すことで相手に勝とうとしていない。口で言葉を発せられないこと、遅いこと、わかりにくいことによって関係を優位にしている。つまり、強者になることで相手を打ち負かすのではなく、弱者であるままで強者より優位に立とうとしている[5]。このように足文字は力関係を逆転させる闘争の言語としての機能を持つ[6]。

この「弱者であるままに優位に立つ」スタイルは府中闘争のなかから現われ、贈与の力を飼いならすものとなった。では、このスタイルはいかなる過程から生まれて来たのか。府中闘争の具体的経過を見よう（なお、府中闘争における各主体の動向を記した年表を巻末に付した）。

2　施設労働者への呼びかけ

(1) ふたつの親密な関係

職員と被収容者の関係性を捉え直すために、もう一度ゴフマンのエスノグラフィーを参照しよう。被収容者にとって施設入所は市民的自己の無力化を意味したが、その過程とパラドキシカルに被収容者は職員から「特権体系」を教え込まれるという。特権体系とは、施設への従順さと引き換えに与えられる特権で、被収容者の崩壊しかかった自己を再編成する働きを持つ。たとえば、施設への同調に協力する者に対して、その報酬として施設では決して得ることのできないタバコ、キャンディ、新聞などが与えられることがある。こうした特権の授受を通じて被収容者は失われた自己アイデンティティを再統合したかのように感じられることがあるという（反面、規則に違反した場合などは激しい罰が与えられる）。

社会学者の天田城介が論じているタバコの授受の例を引こう。普通、タバコは一般社会では簡単に入手できるが、施設の「表舞台」では職員に没収される。しかし、「裏舞台」ではそうとは限らない。職員は被収容者に対して「今夜、俺、夜勤やから、静かにしてな！」などといって密かにタバコを供与することがある。被収容者はタバコの取得と引き換えに従順さを選び取る。ときに両者は「お互いに煙をたゆらせながら『談笑』したりして、『裏舞台』での〈親密な関係〉さえも作り出されていくことになる」（天田 2008：178-9）。こうした「巧妙な仕掛け」によって被収容者は自発的に職員に従属していく。特権体系は飼育員が動物を手なづけるような「条件づけの行動主義モデル」と同型であるという（Goffman 1961=1984：54）。

もっとも、ゴフマンが描く職員と被収容者の相互作用はこれだけではない。ゴフマンによれば、施設職員の仕事の最大の特徴は、対象が人間であるということだ。そして、職員が遭遇する根本的な問題もこのことに由来している。職員は被収容者から遠ざかろうとしても「仲間であるという感情を、ときには愛情をすら覚える」のである。特に職員になりたての新人は最初、被収容者と距離をとったとしても、彼らの置かれている「圧倒的な剥奪と施設の苦しさ」を見るにつけ、「被収容者のうちの何人かと温かい包絡関係を作り上げてはならない理由は何もないことに気づく」。そうするうちに同情的な職員は被収容者と「包絡関係 involvement」をつくり、自分も同じ痛みを覚える立場に立つ。これは職員にとって被収容者が「モノ」ではなく、「人間に見えて来るという危険」だ。しかし、同情は施設内の秩序を危うくしかねないために他の職員からは忌避される。結果、同情的な職員は「文書事務とか委員会の仕事とかあるいは他の主務日常業務に閉じ籠って」被収容者と疎遠になろうとする（Goffman 1961=1984：85-86）。

職員は「巧妙な仕掛け」としての〈親密な関係〉に被収容者を囲い込むだけでなく、言葉の純粋な意味で「親密な関係」をつくろうとして挫折してしまうのである。職員は「親密な関係」をつかみとろうとしながら、統治の完遂を優先するあまり自己の内面に芽生えた感情を押し殺してしまう。これは「人間を統治する人びとが不可避的に直面する古典的なディレンマ」である（Goffman 1961=1984：81）。ここに、被収容者を無力化する〈親密な関係〉はあっても、被収容者と生き生きと結びつくような「親密な関係」は形成されない。

他方で、ゴフマンが描く「統治のディレンマ」は被収容者の行動にもあてはまる。被収容者は統治の圧力に抵抗を示そうとしながら、自己の生存を守るために否応なく無力化の過程に飲みこまれていく。職員と被収容者は、自らが描いた望ましい自己の姿をつかみとる寸前のところで、互いに自己を疎外してしまうのである。

府中療育センターにおいて生じたこともこの職員と被収容者の相互疎外だった。だが、この施設ではこれに収まらない展開が見られた。相互疎外を克服しほんとうの「親密な関係」を切り結ぼうとする挑戦が起こる。センターにおいて職員と在所生は相互疎外を超えることができたか。

(2) 労働組合の勤務異動反対闘争

彼らの実践は施設の統治体系の変更要求であるとともに、具体的には統治のエージェントとしての施設職員に向けられた自己変革の要求だった。在所生が向ける批判の矛先の一つは医療の階級制だ。センターでは医師の権威が絶対的であり、その指示系統のもとに「下の」職員らが業務をこなす。日ごろは新田らに理解を示す看護師や看護助手も、組織の論理、とりわけ医師の指示を前にすると、在所生の利益よりも医師・組織に従う。日常的には在所生にもっとも近い位置にいるにもかかわらず、彼らに決定権はなく、遠い距離にある医師が在所生の生活を統制する権限を持っている。彼らは保身のための管理に躍起になり、在所生の個別性を見ない。

二つに医療の階級制に何の疑問も持たず、組織の論理を優先する職員の態度への批判がある。日常的に在所生とコミュニケーションをとるのは看護師や看護助手、組織階梯の「下の」者たちだと述べたが、彼らの意識と態度を変えないことにはセンターの処遇改善は進まない。職員に組織の論理ではなく「障害者を個人として認める勇気」を持たせなければならない。在所生は職員の態度変更を求める闘争を開始しようとしていた。

この要求に対してセンターの職員はどのような反応を見せたか。職員個人の動向とともに職員の労働組合である「都職労衛生局支部府中療育センター分会」（以下、センター分会）の動きに注目しよう。センター分会は東京都職員の労組である「都職労」を母体としており、府中療育センターに勤務する職員全員が参加していた。各病棟の「職場」ごとにグループ化され、職場の要望は「職場代表委員会」（以下、職代）にあげられ、「執行部」がそれを集約した。執行部は執行委員会において活動方針を示し、最終的な意思決定は組合の年次大会で下された。

センター分会は理事者に対して相対的に独立した力を持っていた[7]。たとえば、府中療育センターは、「重い複雑な障害を持った児童も成人も収容する大規模な施設として、わが国で初めての試み」（東京都 1970 : 1）であったために、設立当初、予定した通りの入所が進んでいない。収容定員四〇〇名に対し入所者が二四三名にしか達しておらず、利用されずに放置されたままの病床の問題が報道されている（『朝日新聞』一九六九［昭和四四］年四月一七日）。にもかかわらず、八〇〇名の入所希望者が待機状態にあると伝えられている。病床が埋まらぬ原因の一つは設備の問題だったが[8]、もう一つは組合側がオーバーワークを理由に「いちどに入所者をふやすのではなく看護師の増員に見合って入所者をふやすべきだ」と主張し、理事者側がこれに押し切られていたためだという。日常業務にあたる職員は看護師五九名、准看護師二〇名、看護助手七八名、保育士二八名の計一八五名が勤務していたが、組合は当初から人員補充を要求し、理事者にこれを認めさせていた。

センター分会が人員補充要求とともに取り組んだ課題は職員の腰痛問題だ。分会は一九七〇年八月の大会で「公務災害対策委員会」(以下、公災委)の設置を決める。「公務災害」とは勤務上の傷害、具体的には「腰痛」を指し、公災委は腰痛予防の啓蒙と労災認定の促進を目的にして設けられた。というのも、センターの設立から二年が経過した七〇年に入り、腰痛症を発症する職員が激増していたからだ[9]。公災委は腰痛者に対する治療・保障の整備、予防対策としての労働過重の軽減と人員の補充を、組合執行部ならびに理事者側に求めている[10]。

こうした腰痛問題への関心が高まりを見せていた一九七〇(昭和四五)年一一月二一日、管理者から職員の異動が発表される。一二月一日付での看護科職員三六名の異動が告示された。センターは年三回、職員の配置転換をおこなっており、これも定期的な病棟間異動のひとつだった。

だが、この辞令に対して職員から疑問の声が起こった。病棟内は腰痛者の急増による病欠・退職が相次ぎ、「慢性的な疲労状態」に陥っていた(組合員有志 1971f)。にもかかわらず、理事者は欠員補充も腰痛対策もとらず、通常よりも多い三六名の異動を通知した。こうした現場を無視した機械的・一方的な業務命令に反対するため、センター分会が動き出す。一一月二六、二七、二八、二九日と連日にわたって職代、執行委員会の場で検討会議が持たれた。異動基準の不明確さ[11]、腰痛者・妊娠者の配置転換への疑問、組合への事前協議がないことへの不満、病棟の勤務体制を考慮しない大量異動への疑問が出され、組合方針として異動の白紙撤回要求が確認される（なお、このころの府中療育センターの人員数と組織体制を表1と図15に示した）。

(3) ハンガーストライキの実践

組合の動きと並行するように異動を批判する声が在所生からも上がった。前章で見たように、センターの職員は二つの像を持っていた。「根源的裂け目」に枠付けられた、権力のエージェントとしてふるまう職員像と、もう一つは福祉指導員の若林幸子のように在所生と同じ位置に立とうとし、彼らの行動を助ける職員像である。今回の勤務異動は後者の職員を在所生に近い場所から配置転換するために実施されようとしていた。

在所生にとって職員は彼らの生活を支える最も身近な存在であり、職員との関係が生活の質を規定していた。とりわけ言語障害が重く意思疎通の難しい在所生は、職員と息のあう関係になるまでに相当の時間がかかる。だが、相互理解を深めるまもなく職員は他の病棟へ異動してしまう。それはまるで「手足をもぎとられるようだった」（新田 2012a：200）。

職員の異動は日常の人間関係までを管理化する権力の象徴に思われた。ここで問われたのは、在所生と職員のあいだに横たわる「根源的裂け目」にどのように向き合い、互いを抑圧してしまう「相互疎外」をいかにして乗り超えるかという問題である。異動問題はセンターの権力構造に疑問を投げかけ、後に続く府中闘争の発火点となっていく。

表１　看護科　病棟別　在所生および職員数（1971 年７月）

病棟	障害種別	性別	在所生数	職員数				
				看護師	准看護師	保育士	助手（）内はポーター	計
1 階 1-1	重度身体障害者	男子	33	5	0	1	16（6）	22
1 階 1-2	重度身体障害者	女子	27	7	0	1	14（2）	22
2 階 2-1	重度知的障害者	男子	26	12	0	8	18（3）	38
2 階 2-2	重度知的障害者	女子	26					
3 階 3-1	重症心身障害者	男子	31	11	2	5	8（2）	26
3 階 3-2	重症心身障害者	女子	33	9	2	5	8（2）	24
4 階 4-1	重症心身障害児	男女	30	10	3	5	7（1）	25
4 階 4-2	重度知的障害児	男女	33	9	0	6	8（1）	23
5 階 5-1	重症心身障害児	男子	32	11	5	5	5	26
5 階 5-2	重症心身障害児	女子	33	9	5	6	9	29
		合計	304	83	17	42	93	235

注：なお、言葉使いに、現代の使用状況からかんがみて不適切と思われるものがあり、一部修正している。オリジナルの表では「知的障害」は「精薄」、「看護師」は「看護婦」、「保育士」は「保母」となっていたが、それぞれ改めた。

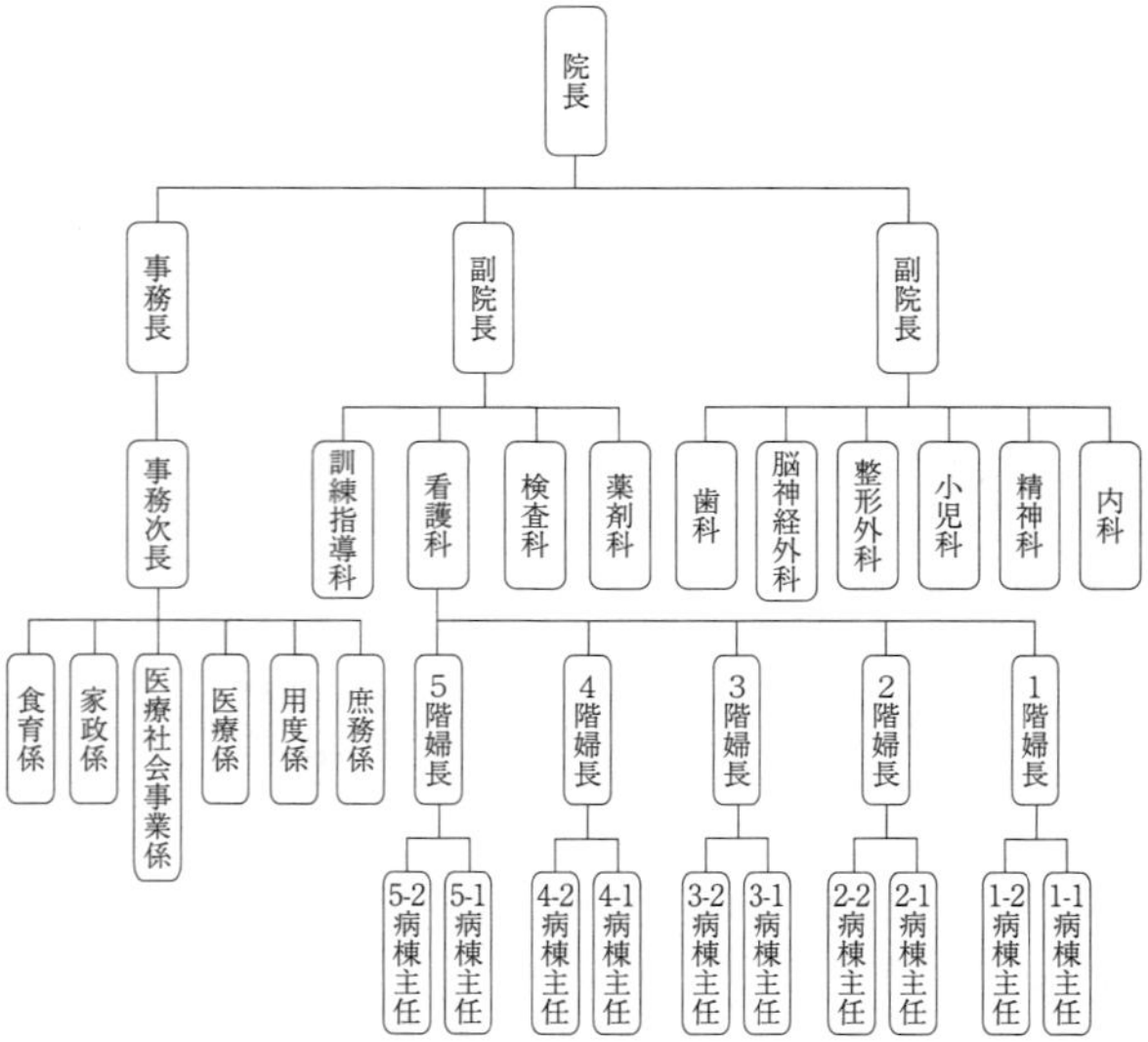

図 15　府中療育センター組織図（1971 年７月）

在所生の行動を見よう。新田は親密な職員を引き離そうとする管理者の方針にいよいよ我慢ができなくなった。他の在所生に呼びかけ何らかの抗議行動を起こそうと決心する。そのために青い芝の会や外部の学生と連絡をとった。彼らと短期間のうちに議論を重ね、どのような方法を取るか話しあった。その結果、手足のきかない自分たちにはハンガーストライキしかないと意見がまとまった[12]。

一九七〇年一一月二八日、新田らは勤務異動反対のポスターや抗議の文章をつくり施設内に貼った。そして、翌一一月二九日、職員の出勤前にセンターの玄関前に在所生四名が座りこんだ。敷地内では三〇名ほどの支援者がテントを張り、出勤する職員にビラを配りながら、ハンストを見守った（高杉 1971）。青い芝の会が職員への連帯を呼びかけ、学生の有志である府中問題連絡会議がビラを配布した。学生のボランティア団体である東京青い鳥十字の会も支援を求めるビラを配った（日本脳性マヒ者協会青い芝の会 1970c，府中問題連絡会議 1970a，東京青い鳥十字の会福祉闘争委員会 1970）。多くの外部支援者をまきこみながら在所生のハンストがはじまる。彼らの「ハンスト宣言」を引こう（大山・小野・名古屋・新田 1970）。

今回の不当勤務異動に対する抗議ハンスト宣言

今回、一二月一日付で一階においては七名の職員がその対象となっておこなわれようとしています。しかし、この勤務異動に対して私たちは大きな疑問を抱かざるをえません。

つまり、七名の内二名は一階を出る意思をもっておらず、他の人たちの多くも半強制的に希望を書かされて出ることになっているのです。そもそも、日頃、職員は患者と親密にかかわらなければならないと強調しているにもかかわらず、年に三回もの勤務異動をすること自体問題に感じているのです。このことだけでも、大きな問題であるのに「一階で勤務をしたい」意思を表明している職員たちを、それも強権的に異動対象に加えることは、彼女たちが、私たち在所生のことを、よく理解してくださる人たちであることともあわせて、私たちは許すことはできません。

以前にも、今回のような不当な勤務異動がなされたことがあり、私たちは個人的に管理者に抗議をおこなったことがあったのですが、「あなたがたが口を出すような問題ではない」と簡単に切られたことを忘れはしません。なんと私たちを侮辱した言葉でしょうか。いったい、職員あっての私たちなのでしょうか。職員の勤務異動は、決して私たちと無関係なことではありません。

ともかく、今回の異動対象に「一階で勤務したい」と言う人たち、それも私たちにとって離れて欲しくない貴重な人たちが含まれていることに対して、怒りの表現としてのハンストを今日から実行いたします。このハンストは次の点について、管理者側から納得の行く回答がなされるまで続行することを宣言します。

今回の勤務異動にかんして、「希望」していない職員の通告撤回ならびに、一階の職員の有志によって勤務異動についての問題提起ならびに、討論をなさっていることに対して、心から敬意を示すと同時に、一階の多くの職員、そして、在所生の多くが賛同の意思を示してくださることを期待しています。

一九七〇年一一月二九日

一階在所生有志
大山文義
小野広司
名古屋足躬
新田勲

ハンスト宣言にはゴフマンが描いた職員の姿とは別の職員像が現れている。一つに在所生に理解を示す職員がおり、在所生は彼らと「親密な関係」を形成しており「離れて欲しくない」と感じている。二つに在所生の抗議行動に同調する職員がおり、彼らへの連帯が呼びかけられていることだ。

一一月三〇日、センター分会執行部は科長交渉、院長交渉を持つ。組合からの突き上げを受け、理事者は一二月一日の勤務異動の実施をひとまず「保留」にすると回答を示す。センター分会執行部はすぐに職代に持ちかえり、再度意見を集約したのち、翌一二月一日に交渉を持つ。「保留」ではなく完全な白紙撤回を求めた。また、同日、組合執行部とハンストを敢行している在所生との対話が持たれる。執行部はハンストという抗議手段を支持すべきかどうか判断できないが、勤務異動反対という要求については一致できるとして在所生との共闘を確認する。

ハンストのあいだ新田らは何も食べないのだから、当然、身体が衰弱した。障害者であればなおのことだ。車椅子に座っていることが困難になり仕方なくベッドに移った。午後九時の消灯以降、支援者から菓子パンを運び入れてもらい食べた。新田はひとりで食事できたが、食べることができない仲間には食事の介護をした。看護師には「関係ない」、「どうでもいい」、「手をかすのも御免だ」という態度の者もいたが、なかには当直の日に「何日も食べないと体に毒素がたまり危険。水だけは飲んで身体の毒素を流すものよ」と水を飲ませてくれた者もいた（新田 2012a：220）。

（4）相互疎外は超えられるか

在所生のハンストはセンターの内外に小さくない衝撃を与えた。福祉指導員であった若林幸子は「職員の勤務異動に関する問題での一階障害者のハンストをどのように受けとめるか？」と題したビラを作成して職員に配布している。概略は次のようなものだ。

冒頭に「ハンストに大きなショックを受けた」と書かれている。自分はセンターの設立以来、組合にかかわってきたが、「どうせ何をやっても変わらない」とあきらめていた。要求を拒む理事者や組合幹部への不信があったからだ。だが、恐ろしいことに「センターという特殊な場で働いている仲間に対する不信」を持つ自分がいることに気づいた。自分たちは同じ職場に働く仲間のようでいて、実際は職種、病棟、勤務時間によって分断されている。設立後二年半たって腰痛者が増えた。しかし、「腰が痛い」という仲間に「ほんとうにそうだ」といって援助したり理事者に交渉を持ちかける雰囲気があるだろうか。「どんな小さなひとりの個人のつぶやきをも受けとめて、ともにどうしたらよいのか悩み考え、お互いの解決の方向で組織的に闘うのがほんとうの組合運動」ではないのか。

ハンストをやっている障害者たちだって、私たちと同じ気持ちでいるのではないでしょうか。でも彼らと私たちとは同じ管理抑圧機構の中で、お互い別々の人間としてわけられて存在させられていると私は思います。

彼らは常に私たちより劣っている人間であるということを前提として私たちは仕事をしてはいないでしょうか。そんなことは彼らにはできるはずがないと頭の先でまず考えて毎日働いている私たちではないでしょうか。もし私たちがそういう気持ちで他人から見られているとしたら、私たちはその人を信じられるでしょうか。私は信じられません。どんなバカげた失敗をしても、それから自分の力で立ち上がるのを暖かい目で、ゆとりのある態度で見てくれる人を私は信じます。そんなゆとりのある気持ちになれるような私たちの職場でしょうか。人数も絞られ、トイレにいくのも気にしながらやっているような状況では、そんな態度はとれません。そうさせているのは何なのでしょうか。誰なのでしょうか。このビラを読まれるあなたとともに考えていきましょう。今回の勤務異動反対の運動は、基本的には私たちがやらなければならない問題です。彼らがハンストという行動に出たことをまったくバカげていると私たちはいえないはずです。なぜなら私たちのやるべきことを彼らは生命をかけて守ってくれているのです。私たちは彼らがそうした直接行動に出たことを表面的な姿とともとらえてゆくのではなくて、なぜ彼らがそういう行動をせざるをえなかったかをここで彼らと話し合い、彼らに感謝しつつ私たちの反対運動をやってゆこうではありませんか！（若林 1970）

これは在所生の呼びかけに対する職員の応答だといえる。一つに職場環境と労働運動への問い直しがあり、管理体制に抑圧されているという意味で在所生と職員は同じ立場にあることが指摘されている。二つに抑圧された労働が在所生を劣った存在として扱う事態を生んでおり、そのことが批判されている。三つに在所生の行動を真摯に受け取り、彼らに感謝しつつ、在所生と連帯した労働運動を展開する必要が述べられている。若林は以前から新田らの理解者であったが、ここには「根源的裂け目」を超えようとする意志が見てとれる。

組合執行部は一二月二日も院長交渉を実施する。在所生のハンストについて院長の責任をただすと「担当医から報告がないので何ともいえない」と回答し、その場を退席した。一方、ハンストを継続していた新田はめまいや耳鳴りが起こり意識を失いそうになった。それでも、勤務異動を撤回させるまで実施する意志を持った。管理者はハンストをおこなっている在所生の親を呼び、止めさせるよう指導した。これ以上継続すれば責任を持てないとして退所を勧告した。ある在所生の親は「センターに入所していること自体がありがたいのに、世話になっている管理者に反抗するなどとんでもない、申し訳ない」と泣いて子を説得していた。子は親の意向に逆らうことができず、二人の仲間が抜けた。

センターで抑圧的な生活を強いられているのは親ではない、障害者だ――。新田はこう書いている。なぜ親は子の意志を尊重し信じることができないのか。親は子を説き伏せるのではなく、子とともに抑圧を払いのけるべきだ。施設入所と引き換えに親は安定を手に入れたのだから、施設に「捨てた」時点で親と子は「他人」なのだ。にもかかわらず、子が社会へ向かって発言しようとすると、また親の「愛」でからめとろうとする。新田は「こんなとき親の愛ほど邪魔なものはない」と述べている[13]。

三日、異動についての院長回答が出る。原案どおり七日実施との決定だった。通知には、定期的な異動は療育上の観点から職種のバランス、病棟間のバランス、人間関係の改善、個人の能力の発揮（中心人物をおく）、希望をとりいれた不満の解消、マンネリ化の防止、個人的な入所者とのつながりの危険の防止、産休・腰痛者の割り振りなどへの配慮から、妥当であるとの見解が示される。執行部は職代に持ち返り不服として理事者側に大衆団交を申し入れる。

四日、大衆団交が開かれる。一〇〇名以上の組合員が参加、団交は紛糾する。回答について院長が説明をおこなうも、組合員からは異動が職員にとってどれほど重大かが訴えられ、「経験のある五人が今回全員異動になった。これでは子供を無視している！　五―二病棟も古い職員五人が移る！　年三回もの異動で子供が落ち着かない」という声や「異動はなんら腰痛症の解決にはならない」という批判が投げかけられる。院長、事務長から職員の納得いく答えがないまま団交は閉会となる。

組合執行部は一二月四日～五日にかけて看護科職員の一票投票を実施し、その結果を踏まえて闘争方針を出すという見解を示す。『分会ニュース』には「全看護科職員一人一人の意志を反映、決定し、全組合員の団結で私達の要求を私達で獲得しましょう！」とある（都職労府中療育センター分会 1970b）。

一方、このときまでハンストを実践する在所生は新田ひとりになっていた。管理者は新田のもとに医師をよこした。医師は「これ以上続けると生命に危険がおよぶ」といって彼を個室に運んだ。そのせいで外部の支援者との連絡が途絶えた。点滴を打たれ、医師のなすがままの状態になった。新田は「どうにでもしやがれ。このまま管理の箱で過ごすのなら死んだほうがましだ。こんな苦しいことをするのもぼくたちを人間と認めないセンターの管理者の責任さ。それと闘って死んでいくなら仕方ないさ」と思った（新田 2012a : 217）。だが、ハンスト自体はやめなかった。

在所生と職員組合が闘争を展開するなかで、医師たちも理事者の意向に抗議した。医師のなかには理事としてセンターの運営にあたる者もいたが、多くの医師は組合には属さず、理事者からも組合からも中立的な立場にあった。一二月五日、医師の有志が「声明」を発表し理事者に対して問題の早期解決を呼びかけている（医師有志 1970）。これは二六名の医師と臨床心理士の連名によるもので、ハンストが医療の抑圧性を厳しく告発していることを重く受けとめ、医療者の自己反省と支配構造の転換、在所生への支持を表明している。このように勤務異動反対闘争は在所生、医師、看護師ら職員を巻き込んだ、センターの改革を実現する一筋の光になろうとしていた。

(5) 亀裂

一二月六日、組合員による一票投票の結果が出る。異動に反対が一〇五票、賛成が七四票、白票が三となった。看護科の意思は「異動に反対」となった。その夜、職員が新田のもとにやってきて「われわれが勝利した」と告げた。新田は大きく安堵してハンストを解いた。こうして、すべての職員による労働運動と在所生のハンストが確かな成果を生むかに見えた。

ところが、である。翌朝、新田は起きあがることができず看護師に食事を食べさせてもらっていた。九日間、胃に物を入れなかったことから粥を食べた。ひとさじ口にすると「これで生きかえった」と感じた。そこに若林が駆け込んで来てこういった。「センター理事者は今回だけは勤務異動を承知してくれと求め、組合執行部もやむなくそれを認めた」と。若林は落胆し、新田は「まただまされた！」と泣いた。何のための九日間だったのか。管理者の狡猾さを知った[14]。

組合執行部は票決の結果を覆し理事者に従うという方針を出した。理事者回答をはねつけたときの職場の混乱を恐れ、七四票の結果を重く見て、事態の収束を優先するというのだ。執行部方針に対して職代の場で追及がおこなわれたが、代案を提起することができず結局、組合は理事者回答をのむことになる。

一二月七日、大島一良院長が朝日新聞の記者に「二人の職員が引き起こした問題である。異動にかんしては組合員は納得していると解釈している」と答えている。その後も在所生の支援グループである府中問題連絡会議がセンターの中庭で集会を開き、院長らと交渉をおこなったが、成果は上がらなかった。結局、異動は実施された。勤務異動反対闘争はあっけない幕切れとなった。

このときセンター分会の一組合員として異動反対闘争にかかわった看護助手に松本隆弘がいる。松本は「真に労働者の利益を代表する労働運動を」というビラを配布し理事者と組合執行部の姿勢を批判している。

入所者のハンスト行動をどう受けとめるのか。ハンストの動機がどうあれ、入所者が自らの命をかけてとった行動の重みを受けとめなければならない。障害者と毎日接している者にとって、もし今度のハンストの行動を理解できないとすれば、いかほどに彼らに対し善意で接していったとしても、障害者の要求についてまったく理解は不可能であろう。このことは、労働者が現場で管理体制の行動部分として存在し、かつ労働者が差別構造のなかにおいて障害者を差別することによって存在させられているということである。

差別を前提とした労働運動こそ、現体制による支配体制であり、政策なのである。ここに現在の労働運動の限界と、今後どう突破するかが問われているのである。このような立場からするならば、障害者の要求は全面的、無条件に支持し、彼らの自ら決定する権利を認めることである。

（松本 1970）

松本は闘争の挫折を受けて、第一に職員が施設労働の最下層に位置する被差別的存在であり、かつ障害者を差別する抑圧者であるという、被害と加害の両義性を指摘している。第二にそうした位置にある職員が真の労働運動を展開するためには、障害者の要求を全面的、無条件に支持し、彼らの自己決定権を承認するべきだと主張している。松本の言明からは、挫折したかに見えたハンスト実践が、施設職員に対して何らかの意味を投げかけたことを知ることができる。

なお、組合執行部の判断の背景には、いくつかの理由があったと考えられる。第一には執行部の主張にある通り、理事者との協調を優先したことが理由にあげられるが、第二に組合内の対立が深かったことも原因にある。松本ら組合員は労働運動に積極的に関与する新左翼党派の一員でもあった。他方、組合執行部は日本共産党の党員が多数を占めた。センターの職員であった小沢義文[15]は「療育センターの職員はまとまっているところに、思想的に違うのが入ってくれば拒否反応を示しますよね」と語っていたが、こうした左翼内の思想的・世代的対立があったことも、執行部が妥協的判断をとったことの一因だろう。在所生のハンストの訴えを聞くにしても、在所生の背後で新左翼党派や、過激派と目された青い芝の会が煽動していると疑われた。そのためハンストは在所生の総意として受け取られたわけではなかった。

第三に労働組合の論理と在所生の論理が対立した。個々の職員の意識を見れば在所生の求めに寄り添おうとする職員も少なくない。しかし、職員全体の意思を代表し、良好な労働環境の整備に努める労働組合（特に執行部）からすれば、在所生の要求を汲むことは職員の労働過重を認めることにつながりかねない。多くの労働者は在所生の処遇改善を理念的には理解できても、実際的には労働負担を強めることに対して反発を抱く。執行部は在所生と労働者の要求に板ばさみになりながら、最終的には労働者保護を優先したと考えられる。ここからは労働運動と障害者運動の連帯の困難さが見てとれる。在所生と職員組合のあいだに生じた亀裂は、次に見る腰痛問題となってより顕著に現れ、さらに後の移転阻止闘争に影を落とすことになる。

3　具体的連帯と腰痛

(1) 腰痛問題の深刻化とセンターの対応

勤務異動反対のハンスト闘争の後、深いむなしさから新田は何をする気にもならなくなった。

しかし、嘆息するまもなく新たな問題が浮き彫りになる。職員の腰痛問題である。前述のようにセンター設立後、介護を担う現場の職員に腰痛が絶えず、労働組合であるセンター分会は公務災害対策委員会（公災委）を設置して、その解決に取り組んできたが、これまで根本的な改善が図られず、一九七一（昭和四六）年一月、問題が深刻化する。病欠者、退職者の激増によってセンターは閉鎖の危機を迎えるまでになる。新田らが入室していた一階は特に重度者が多く、動作の一つひとつに介護を要する者ばかりだった。車椅子への移乗などの抱きかかえが職員の業務であり、それを一日に複数人、何度も繰り返さなければならない。介護する者の身体に負荷がのしかかった。職員の腰痛問題について新田はこう触れている[16]。

> 私たちと職員は、一番身近な間柄です。でもその一番身近な間でも、いつも管理者によって見えない透明のガラスという一線をひかれ、お互いが手を出して触れあいたいが、触れられない関係に置かれているのです。双方がそのように置かれている以上、監視しあう関係しかできません。そこで職員はきつい労働のうえに管理という押しつけられた労働、縛られている精神的苦痛から腰痛となるのです（新田 2012a：230）。

ここには施設の労働環境が職員の身体をも蝕むという認識がある。また、職員の労働における身体の安定が精神の安定をもたらすことが指摘されている。しかし、現実の労働環境はそれと正反対で腰痛は施設の管理体制という構造的な問題に起因している。多くの重度障害者を一か所に収容し、限られた職員で介護を担うことに無理がある。加えて、施設の監視型の環境が職員を精神的に追い込む。身体的にも精神的にも追い詰められた職員は腰の痛みを訴えるようになるのだ。

こうした事態に対して管理者は緊急対策をとった。まず帰宅可能な在所生を家に帰した。次にそれが難しい場合は親をセンターに呼び、親に介護をさせた[17]。また近隣の主婦をパートタイムで雇用し彼女らに在所生の介護に当たらせた。だが、それは介護職員の補助でしかなく問題の解決にはならなかった。腰痛症の職員は休養をとっても職場の職員不足を配慮して痛みが薄れるとすぐに復帰した。だが、そうすればするほど痛みは激しくなりまた休まざるをえなくなる。この悪循環を繰り返し、腰痛を悪化させる者がほとんどだった。

結局、職員の業務を縮小する方針がとられた。すなわち、在所生の生活に制約が増した。入浴や水分摂取の回数が減らされ、トイレの時間は定時に設定された。勤務体制のほころびは最終的に在所生にしわ寄せが来る。振りまわされるのは在所生であり「一時しのぎによって扱われる私たちは不安におびえながら、なすがままのときを過ごす」しかなかった（新田 2012a：231）。

管理者は組合の人員補充要求を受け、職員の新採用に走り回った。重度障害者施設への求職者は少なくリクルートは困難である。センターは俗に「施設手配師」と呼ばれる斡旋業者を使って新規職員を集めた。手配師は地方の家庭をまわり、センターの福利厚生の完備、福祉の清らかさを喧伝し若者の就業意欲をかきたてた。それに惹きつけられた地方の子女を集団就職させた[18]。

(2) 腰痛という身体のきしみから

職員にとって腰痛問題の根は深い。在所生のために働こうとすればするほど自己の身体を痛めつける。他方、介護を放り出したり、その原因を在所生に帰責すれば在所生の存在を否定することになる。腰痛とはこのジレンマが身体に生じさせるきしみだ。

腰痛問題が深刻化するさなか福祉指導員の若林幸子は再びビラを作成し、それを次のように書き起こしている。「一二月の勤務異動反対闘争が敗北して以来二か月近くの間、私は労働者の仲間が次から次へと腰痛で倒れてゆく様子を、そしてそれによって子供達が、障害者の生活がしだいに悪化してゆく状態を見ながら、何もなそうとしなかったことへの批判を受けなければなりません」。そして、腰痛がなぜ生じるのかを考えあぐねたと書いている。人間は不安や緊張状態のなかで働き続けると、身体の疲労の度合が激しい。反面、自分の趣味や好きなことをするときには、少々無理をしても疲労を感じない。管理者の管理のもとで余裕のない働き方を強いられているために腰痛者が生まれるのではないか。

こうした中で、私はこのセンターという私の労働の場で、私が働いていくためには、私はどのように行動したら最も疲れないでいけるだろうか——といつも考えていました。そしてそれは特に障害者といわれる人たちと接する中で彼らから学ぶことの中に、私が最も疲れないでいける方法を見出してきました。

私は障害者をもちあげたり、運んだりする中で、彼らの体と私の体を離していたのでは疲れることを知りました。彼らの動く動作・体位にあわせて動くことが一番楽なのです。

私達が接しているのは障害を負った人です。彼らの欠けた部分を補助するのには、一対一だの一・五だのという相対的基準をもとに（現在の日本で最高であっても）人員要求をしていっても、それのみでは事態は変化しないと思います。私達が「労働者」として、本当に自ら選び、行動して、創造的な活動ができるようになるためには（それが最も疲れない方法だと私は思います）、しかも障害者といわれる人々も共にそうなってゆくためには、人員要求をしてゆくことは勿論ですが、もっと重要なことは、私達の労働の中味を私達が創り出してゆくような形でなければ事態は変わることはないだろうと思います。（たとえ一時的に家族・ボランティア・パートの人が手伝ったにしても）（若林 1971）

腰痛問題に際しては多くの場合、センター管理者が取った方針がそうであったように、労働を分散・縮小する対策がとられる。だが、若林がいっていることはこれとまったく逆だ。身体と身体を近づけることがもっとも楽だというのである。これは身体のボディメカニクスを理解した介護の必要性を説いているともとれるが、若林はそれを「本当に自ら選び、行動して、創造的な活動ができる」ための、また、労働の「中味」を創り出していくための方法なのだと述べている。その上でこう続けている。

面倒をみる人が倒れてしまったのではこまることは確かです。仕事も削らざるをえないことは確かです。けれどもその原因と責任を障害者の存在自体に押しつけるのは誤りです。障害者にそのしわよせをすることは次に事態をますます悪化させてしまう結果になるでしょう。障害者をだんだん動かさず、固定した範囲に閉じ込めることは、私達労働者をも縛ってゆくことにつながっているのです。このような運営を続けてきた管理者にその責任があります。障害者の人間としての叫びも無視し、労働者の権利の主張を無視してきた結果なのです。

「療育」ということをやっていく上で、最も重要なのは、〝障害者の意志がまず最初に考えられているかどうか〟ということだと私は思います。この非常事態を切り抜ける一つの方法として〝長期外泊〟ということばがやたらに出されていますが、誰がどのような立場に立って言っているのかが問題だと思います。〝外出・外泊の規則を自由にするように〟ということを、少なくとも一階の障害者の何人かは入所以来ずっと言い続けてきている事実を私達はどう受けとめるべきでしょうか。彼らが必要とし望んだ時には与えずにきて、職員が倒れてやむをえないということで帰される。いずれにしても障害者の意志など初めから問題とされていないということなのです。では一体何のための「療育」なのでしょうか？（若林 1971）

施設の管理体制を内部から批判し、在所生の意志の尊重を訴える職員の姿がここにある。また、松本隆弘も「腰痛問題解決のために」（松本 1971a）、「施設労働者にとって〝腰痛〟とは何か」（組合員有志 1971d）というビラを作成し、腰痛の根本問題はそもそも社会が障害者を施設に隔離していることにあると述べている。彼は施設のなかで管理された労働者が障害者を抑圧してしまう「ふたつの矛盾」を指摘し、その乗り超えを図ろうと呼びかけている。

この後一九七一年四月に大量の人員補充がおこなわれ腰痛問題は一応の解決が図られた。新田がこの間の経過を批判した文章に次の記述がある。

センターは親のわめきからたてられたというが、施設ばかりが障害者の生きる場ではないと私には、はっきりいいきれます。「施設」ではない、障害者が真に生き生きと、生きていける場をつくっていけるのは、親と施設労働者と障害者自身しかいません。今の体制では施設に入れてそれを施設労働者が全面的に世話するということも体制自身から来る状態です。

この腰痛問題こそ、障害者を左右する大きな問題なのです。今の状態のまま人を増やしても問題はうやむやにされて、犠牲者を出すだけです。あなたたちが、私たちの生命をあずかっているという言葉はうれしく思いますが、問題を明らかにしないかぎり、お互いに苦しいはめに落ちていくのです。私たちは、もし家庭に戻されたらどんなはめになるかわかりません。そしてわたし

は、死んでもあなたたちを犠牲にしたくはありません。（新田 1971a）

この記述には親や施設労働者とともに「真に生き生きと」生きられる場所が施設ではないどこかにあるという確信が見られる。その具体像が見出されているわけではないが、ここに脱施設化の萌芽を確認することができる。施設ではない場所で、親と施設労働者と障害者が問いを突きあわせることによって脱施設化が可能になるのではないか。そう訴えられている。

ハンガーストライキは無為な行動に終わったように思われた。しかし、新田らが獲得したものは決して小さなものではなかった。第一に在所生と具体的連帯を結ぼうとする職員を獲得した。若林、松本らは自らビラを作成し配布するほど発言力を持っている。こうした職員＝組合員有志の応答によって、組合全体、管理者、施設外部へメッセージを届ける力を得ている。また、メディアとの接触を本格化させ、これまでの「青い芝」などの機関誌だけでなく、職業的なジャーナリストや新聞記者の手による言説を社会に発信できるようになっている。このことが外部からのマンパワーの調達を可能にし、支援者（特に学生）を集めることに貢献した。

第二にしかしながら在所生と施設労働者の具体的連帯の模索は、ほんとうの「親密な関係」を切り結ぼうとしながら決定的なつながりにはなりえず、目の前のところで挫折した。つまり、一方で職員の抑圧性を告発し、他方で連帯を呼びかける。この二重のメッセージは、労働者の論理と障害者の論理の衝突、あるいは労働運動と障害者運動の利害の対立を見た。自己の欲求を追求することと、他者の要求を承認することのジレンマがあり、そのことの具体的なきしみが身体に腰痛となって現われた。そして、いくつかの「挑戦」が試みられたものの、両者の「根源的裂け目」を超える結果までには至らなかった。

4　賭けるということ

(1) 移転阻止闘争へ——有志グループの結成

府中療育センターが勤務異動闘争で紛糾していたころ、東京都衛生局は障害者福祉の「中期計画」(一九六八年策定)の実施に向けて準備を進めていた。これはセンターを重症心身障害児・者の施設へ重点化するもので、現在収容されている重度身体障害児・者、重度知的障害児・者を新設する施設へ移転させる内容の計画だった。重度身体障害者は「多摩更生園」へ、重度知的障害者は「八王子福祉園」へ、重度知的障害児は「東村山福祉園」へ移すことがすでに決定していた。

こうした移転の事実について在所生もその家族も何ひとつ知らされていなかった。ゴフマンは全制的施設における情報の統制を指摘し、「典型的なのは、被収容者が自分の運命に関して採択された決定について知らされない場合である」と述べているが(Goffman 1961=1984 : 8)、センターの移転計画も同じことで、在所生の意思とは無関係に彼らを別の施設へ移す案が練られていた。後にそのことが猛烈な批判を浴びることになる。

移転計画は一九七一年六月、センター内に「噂」として流れる。危機感を抱いた新田は在所生の有志、青い芝の会、ボランティアの学生らを集め、ロビーで会議を開いた。そこで次のことを確認した。一つは処遇改善要求を継続することだ。改善とは都が計画するような重症児や知的障害児との分離を意味するのではない。重症児とともに過ごすことができる生活の場の保障を求めることだ。二つにこの計画の実態を、センター管理者だけでなく、移転施設の管轄が検討されている民生局に問いただしに行くことにした。「役人の思いのまま畜生のように勝手に振りまわされてたまるか。私と同じ障害者のためにも、もう黙ってなんて移されない。徹底的に計画に抵抗して阻止してやる」。もう新田に躊躇はなかった。

ハンスト闘争以後、センターには外部から学生が多数つめかけるようになっていた。在所生の介護にかかわる者もあれば、「闘争」に積極的にかかわる者もあった。新田らは彼らに移転計画への抗議行動に対する協力を呼びかけた。日本各地で開かれる集会や自主講座に出かけて行き、闘争のアピール文を読みあげた[19]。ビラをまき、少しでも関心を示した学生がいれば、彼らをつかまえて問題の構造を訴えた。何よりもまず、自分たちの介護者になってほしいと迫り、彼らを少しずつ「支援者」へと仕立てていった。

一九七一年九月一日、新田ら在所生二名と支援者二名が移転先とされている多摩更生園の建設予定地を見学する。そこは市街地から遠く離れた山間であることが発覚する。新田は「また人家から離れた山奥に移されるのか」と思うと、むしょうに悲しくなり涙があふれた。障害が重ければ重いほど有無をいわさず、「手足のきく者に思いのまま人間社会から廃棄物を捨てるようにして隔離されていく」。悔しさと怒りがこみあげた。

翌九月二日に東京都民生局を訪れ移転について質問したが、「まだ決まっていない」としか回答を得られなかった。しかし、施設の建設はほとんど完了しており、移転は確実に実施されることがわかった。一〇月に入り、移転地の見学結果と都交渉の報告書を作成し在所生、親、職員に配布した。親が動揺を見せはじめたため、一一月五日、センター側は親の会に対する説明会を実施する[20]。しかし、センターは「民生局が何もいってこない」と計画の事実を伝えなかった。

ここで簡単に「親の会」について触れておこう。府中闘争は在所生の「親の会」との闘いでもあった。親は子どもに対して両義的な態度を取らざるをえない。とりわけ母は、子どもの生活を切実に考えれば考えるほど、介護の困難さを知る。その結果が施設入所である。いったん入所が叶えば退所は避けたい。もうあんな苦労はしたくない。だから、センターの子どもにはおとなしくしておいてもらいたい。また、自分の子どもを預かってもらっているという負い目から管理者へものをいうことが難しい。預かってもらっているだけでもありがたいと思い、管理者の方針に従う。「親の多くは、我が子に少しでも『いい暮らしを』と望むと同時に、『障害者』である我が子は、この世の隅でもいいから生きて、人に迷惑がられず嫌われずに小さく

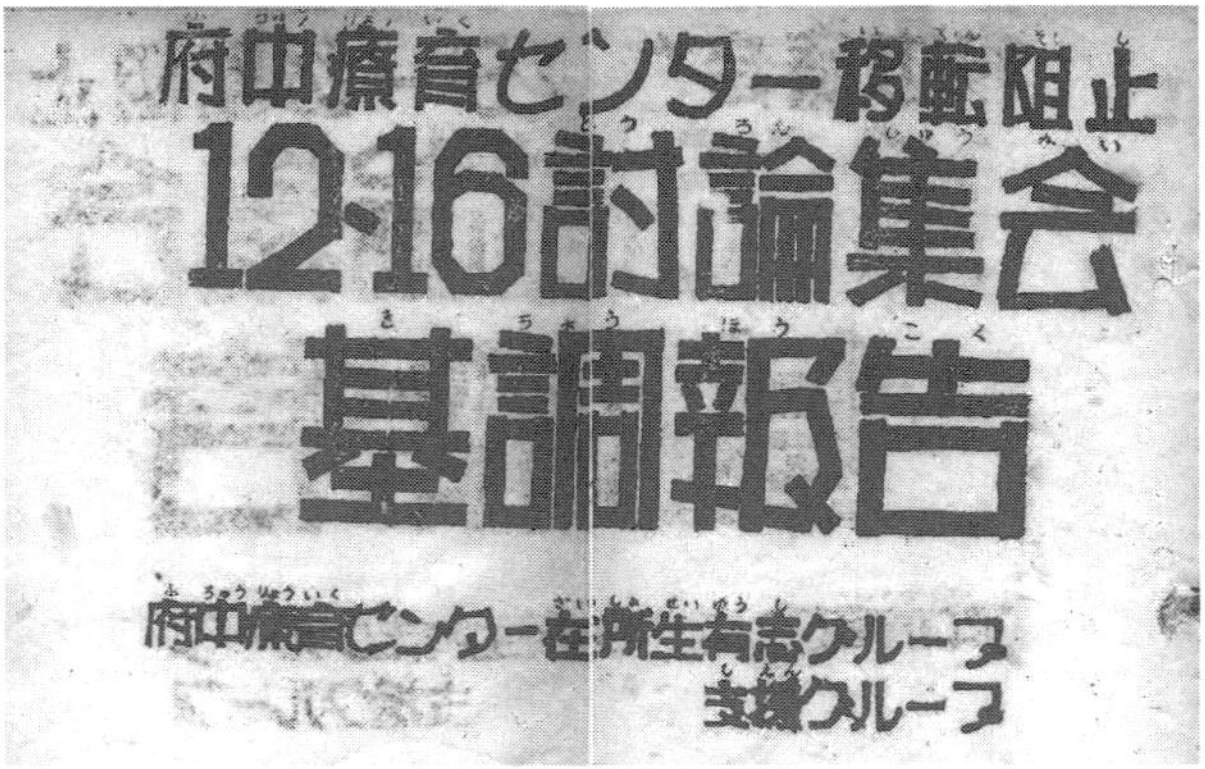

図16　府中闘争1

なっていて欲しいとも望んでいる」のである（林 1996：34-5)。

だが、子どもは、いくら家庭の状況とはいえ、自分が家族から否定されていることを感じずにはおれない。親は自分のことを考えてくれているようで、結局は施設に「捨てる」のだ。移転問題が発覚してから、絹子は何度も親の会に理解と協力を求める文章を送っている。しかし、管理者から「あの人たちのやっていることを信じないように」といわれ、親が移転反対を叫ぶことはなかった。

在所生は多摩更生園を運営する予定の社会福祉法人「緑成会」の院長との話しあいや、建設地の見学を重ねた。一一月末、東京大学で西村秀夫らが主催したシンポジウムに招聘され、準備のための合宿を開催する（図16）。一二月四日、その東大連続シンポジウム「闘争と学問」に参加した（西村 1971）。作成したパンフレット『府中からの告発』を配布し、健常者社会の批判、移転問題へのアピールをおこなう（府中療育センター在所生有志グループ 1971）。

このころから在所生の行動が組織性を持ったものへと変化してくる。新田、名古屋、絹子、志野雅子、西村留利、猪野千代子といった在所生によって「有志グループ」が結成される。その後、有志グループは院長交渉などを重ね、一九七一年が暮れていった。

(2) 交渉の継続

一九七二年一月一九日、センターの四階から知的障害児が転落し死亡する事故があった。管理者は建物の構造上の問題による事故死としたが、職員からはセンターの管理体制の弊害が生んだ事件として批判の声が上がった（都職労府中療育センター分会 1972a）。一階の在所生は医師の許可が下りれば中庭に出ることはできたが、二階から上はベランダがあるのみで、中庭に出るにしても三重のドアとエレベーターを使用しなければならなかった。そのため外出は年に数えるほどしかなかった。病棟内に限られた生活は当然、精神を抑圧したと思われる。その反動が今回の事故死ではなかったか。事故後、窓やベランダに柵が設けられ組合でも引き続き対策が話しあわれた。だが、それもそう長くは続かず、センターの管理体制に変化が見られることはなかった[21]。

一月三〇日、民生局がはじめて親の会に対して移転問題の説明会を開く。「移転は六月以降」「経験豊かな民間施設の方がよい」「委託は緑成会と折衝している」「職員の身分は民間、給与

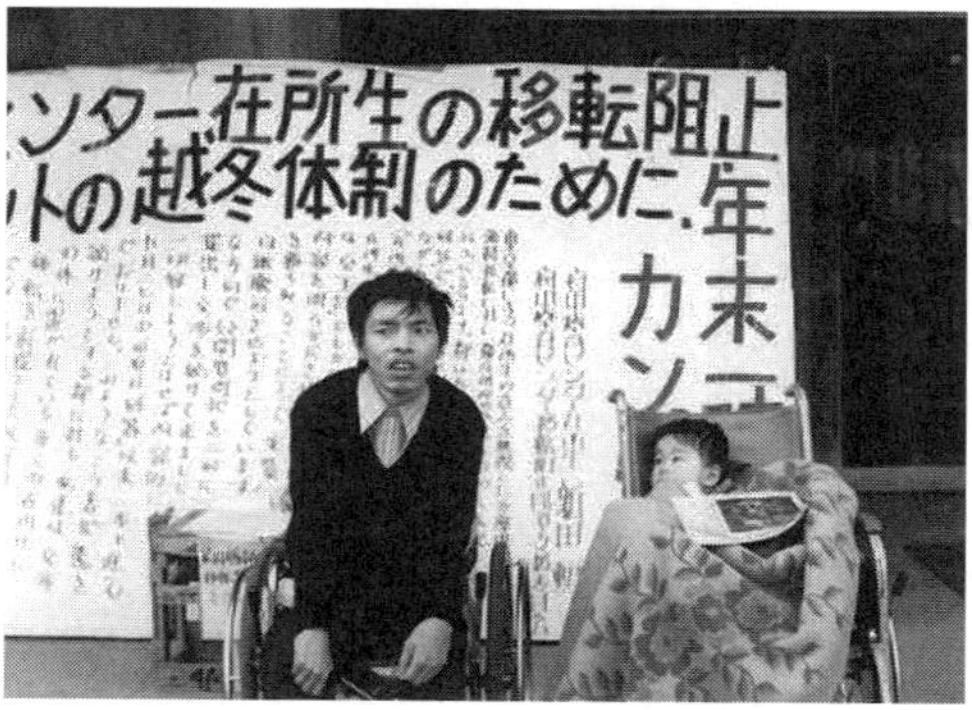

図17　府中闘争2

の面では国基準より少し上乗せする」などの説明がなされる。他方、有志グループは二月一三日の話しあいで、山中への隔離、民間委託の問題、脳研の建設などを含め、移転の実力阻止を決める[22]（図17）。

二月二六日、有志グループと民生局の交渉が実施される。入所者六名、支援者数名と、民生局福祉部長、身障部課長、衛生局病院管理課長らが出席して、約二時間半にわたって話し合いをおこなった。「移転に際しての『障害者』の主体について」「何故、多摩更生園へ移転させようとするのか」「民間委託についての詳しい内容」という有志グループからの質問にそって話し合いは進んだ。都は「『身障者』の場合、権利と義務は確立されていなく住居の移転の自由よりむしろ、公共の福祉が優先される」「移転は七月以降から行われ、移転該当者はセンター側で決め、約五〇名が移転される」「強制退所があるかどうかは、区長・市長が具体的な手続きをやるので都としてはいえない」「民間になっても待遇が悪くなるようなことは絶対しない。経験の豊かな民間の方がより効果がある」「入所者対職員は三対二」などと発言している（林 1996：33）。

三月一〇日には、東京都民生局、衛生局と二度目の交渉があった。民生局は移転の詳細を明らかにしようとせず交渉は一二時間に及んだ。少しずつ移転の内容や経費が開示される。センターの在所生に対して説明会を設けるよう求めるが受け入れられない。センター内でも院長に対して話し合いの要求を繰り返したが、うやむやにされ終わる。

新田は移転阻止を貫こうと意志を固めたが、このころすでに在所生のあいだではあきらめの空気も広がっていた。連日、移転問題について話しあいを持つ。三月二三日、民生局交渉、予算案をめぐって議論する。三月三一日、有志グループのたび重なる申し入れによって民生局ははじめて在所生に対する説明会を開く。これまで親に対する説明はあったが、移転の当事者である在所生には一度も説明がなかった。だがこれも質疑応答のない不十分なものだった。

翌四月一日、東京都は緑成会との民間委託契約を結ぶ。四月七日、有志グループは院長に質問状を出すが、回答はない。五月、有志グループは院長宛てに各個人名で移転拒否の意思を伝える文書を提出。院長は「民生局の指示にしたがう。それによっては強制的に移転させるかもしれない」「移転者の名簿は、センターの医師と更生園の医師、民生局の医師の三者で決める」と答えた。

事態は八月に入って動き出した。一一日、有志グループのうちの二名が都庁へ「移転についてもっと具体的に聞きたい」と交渉の要請に行く。八月一二日、一三日、一四日と渋谷駅、新宿駅で街頭署名、ビラまきを実施。二一日、府中福祉会館で民生局、衛生局と有志グループの交渉。「強制移転をするのか」という問いに「絶対行かないという人はセンターに残ることになる」と衛生局病院管理課長が答える。二九日、センター訓練室で都との交渉。都から福祉課長、病院管理課長ほか、入居者多数、親二〇名弱が参加した。都は移転は実施するし、移転者も都が決める、と表明した。この質疑応答のなかで、新田はこう発言をしている。

私はあくまでも七生（多摩更生園）には行かない。それでも衛生・民生がセンターから出すなら、私は社会で生活していくから、多摩にかかる一二万幾らを出して下さい。見積もり予算だから個人にも出せる筈、施設に出して個人に出せないのか、私は当然生きる権利として要求する（林 1996：38-39）。

後に見ることになる「介護料」の要求である。ところで、センター内ではこのころから、移転反対に積極的に取り組んでいる在所生に対する嫌がらせが強まった。移転問題で行動を起こそうとした在所生のひとりが家にもどされた。日常の生活場面でも嫌がらせを受けた。私信を無断で読まれたり、味噌汁に卵の殻を入れられたり、入浴時に身体を洗わなかったり、録音してあったテープを消されてしまったり、数えあげればきりがなかった。

(3) 闘争と恋愛

こうして府中療育センターの在所生たちは「闘争」を生きることになる。ここで移転阻止闘争時のセンターの生活世界を見ておこう。センターの近くに府中リハビリテーション学院という理学療法士、作業療法士を養成する専門学校があった。新田はこの学校の学園祭でひとりの女子学生と出会う。どういうわけか互いに惹かれるものがあって、学園祭のあと彼女が花束を持ってセンターにやってきた。彼女はリハビリ学院の寮に住んでいたこともあって、毎日新田に会いに来た。バナナジュースをつくって持ってきてくれたりした。新田が彼女の部屋へ遊びに行くこともあった。雨に降られて身動きがとれなくなると彼女が新田を背負ってセンターまで送ってくれた。そうこうしているうちに交際がはじまった。

毎週土曜日に外出した。旅行に行った。会うたびに愛しさが募った。しかし、新田はセンター、彼女は寮での生活。ふたりだけで心おきなくいられる部屋が欲しかった。そのことを職員の松本隆弘に相談すると、彼は職員が会議用のために借りている部屋を提供してくれるといった。それからのふたりはこの部屋で土曜日を過ごした。そして、日曜日の夜にそれぞれの場所へ戻った。

しばらくして、この部屋は建て替えのために使えなくなった。変わらず自分たちの部屋が欲しかったが、そんな経済的余裕はない。再び松本に相談すると、今度は職員の有志で寄付を募りアパートの賃料を提供するといった。ふたりは歓喜してアパートを探した。不動産屋をまわると意外にも適当な部屋が見つかってそのまますぐに借りた。家財道具をそろえ荷を運んだ。以後、新田は一週間のほとんどをこの部屋で過ごし、入浴の日にだけセンターに帰った。彼女もアパートの部屋から学校へ行き、寮には戻らなかった。誰にも邪魔されない、新婚生活のようだった。

このころ多くの在所生、職員、支援者が新田と恋人の様子を目撃している。学生もそうだった。一九七一年、大学一年生だった森谷正幸は松本隆弘の紹介で新田と知りあう[23]。松本は当時、新田の介護者として動いてくれる学生を探していた。それで森谷に声をかけたのだ。森谷にとって新田らとの出会いは衝撃的なものだった。「一種のカルチャーショックですよね。重度障害者という人たちがいて、で、当然人間としての要求をもっている。にもかかわらず、きわめて隔離されたなかでいると。これは『取り組まなくちゃ』って感じで、やりはじめたということですよね」と振り返る。カルチャーショックは新田の介護をはじめてからさらに大きなものになった。その一つが新田と恋人との関係だった。

森谷：あの人はさ、ほんとに女の人にもてんのよ。
＊＊：女たらしですよね。
森谷：あ、それは認識してらっしゃる？
＊＊：ええ。

森谷：次々と女性がかわるじゃない？
＊＊：はい。そのことに対してどう思っておられましたか？
森谷：いやぁ。それは別に、いやぁ、「もてたいしたもんだなぁ」と思っててっていうだけなんだけど。
＊＊：アニキ（新田）の女癖の悪さについて周りから批判はなかったですか？
森谷：なかったと思うけど、私の聞いているかぎりは。当事者たちはそりゃ女性同士は何らかの軋轢はあるかもしれないけど、周りから見ているかぎりは「なんであんなにもてるんだろう？」っていうくらいのものでしたよね。

森谷が新田とはじめて顔を合わせた場所は、センターの職員に貸してもらっていたアパートの一室だった。その部屋で新田と彼女が親しげに話している姿をよく覚えている。新田と出会ってから森谷は彼の足文字を少しずつ確かめるように読んでいた。それなのに彼女はあまり足文字を読まずに言葉をかわしていた。横になっている新田に「自分ばっかりそんなに寝ころんで」と笑ったりしていた。新田は障害のために座るか横になるかの状態が多いが、彼女はそのことを揶揄しながら冗談に変えていた。森谷は「障害のある人に障害のことはいえない」と感じていたが、そうしたふたりの姿を見て「おー、おもしろい。そういうものなんだな」と思ったという。

新田が新しい交際をはじめてまもなく、センターの移転計画が発覚している。新施設は人家のない山奥であることがわかった。移されれば恋人との関係が断たれる。新田はそのことを恐れた。センターを出れば行き場のない彼にとって退所という選択肢ははじめからなかった。町田荘の女性職員との挫折があり、恋人の手を頼りに生きることは間違っていたと考えていた。自分で生きる手立てを築きその上で恋人に向きあおうと思った。であれば、センターの処遇改善とともに移転を阻止する他に方法はない。自分の動けない身体を恨めしく思いながらそう決心を固めた。

在所生の有志グループが結成され、移転阻止行動が本格化していた。移転問題についての会議が増えた。だが、会議に出席するのはごく数名で、外部の青い芝の会の会員や学生が在所生の二、三倍はいた。一階の病棟にいくら呼びかけても、在所生の参加は六〇数名いるうちの五名を超えることはなかった。障害の特性から参加が困難な者もいたが、移転に危機感を抱き反対する意思を持っていても、抗議した際の処罰を恐れ、参加を控える者がほとんどだった[24]。重度の障害を持つ者にとって、健常者に抵抗することがどれだけ困難なことであったか。有志グループが行動を活発化するにつれ、彼らのように振る舞うことのできない在所生とのあいだに埋まることのない溝が生まれた。有志が参加を呼びかけようとしても自分を殺し隠れてしまう。そうした有志グループのことを「あの人たちはエリート障害者」といわれたと絹子は語っていた。在所生全員を動かして抗議行動をおこなうのは相当、困難なことだった。こうした構図があったために、管理者は一部の在所生が外部の集団によって扇動されていると喧伝した。

新田自身このようなグループのあり方に疑問を持っていた。ほとんどの行動の方針は新田と健常者が決めていた。「移転阻止行動をしている障害者たちは本当に移転するのがいやで自分の意志でやっているのか。私の提起に振りまわされているのではないのか」。そうした疑念をぬぐい切れず、仲間から頼られていることが重圧に感じられてならなかった。「この人たちの生き方や将来を決めるのは私ではない。このままでは私の方針・提起によって仲間を引きずりまわしてしまう」。そう思うと恐ろしかった。新田に依存し、新田がいなければ今度は健常者に依存する。結局、健常者のいいなりになる。それでは障害者がたどってきた歴史を繰り返すだけではないか。在所生一人ひとりが自分の生き方を見つめるように方向づけたい。そう考えた彼は意識的に他の在所生に発言させ、重要ではない会議に自分は参加しないようにした。

ところが、新田の意図はそうは受けとられなかった。彼の介護を担っていたのは恋人だった。普段はセンターのなかにおらず、会議があるときだけ恋人とやってくる。会議を欠席して恋人と出かけている。出席しても遅刻することが多い。このことが非協調的であるとして支援者から批判を呼んだ。「彼女とかまけていて、センター問題やセンターにいる在所生をいったいどう思っているんだ！」「勝手すぎる！」と糾弾された。また、「動けない仲間を切っている」、他の在所生を「置き去りにしている」といわれた。新田の、意図しての非参加的態度は功を奏さず、逆にグループ内部から反発を招き、健常者の発言力を強める結果になった。

（4）絹子と俊明の出会い

次に新田の妹である絹子に目を向けよう。彼女は町田荘では兄の後ろをついてまわってばかりいる「金魚のフン」のようだった。そんな絹子を変えたのは町田荘から府中療育センターへの強制的な移転だった。彼女は施設を移ることに同意しなかったが、管理者の意向で有無をいわさず移された。このときはじめて自分の置かれている立場を知った。「私はしょうがい《ママ》しゃなんだ」と。彼女の自伝には「紙きれ一枚でどうにでもされる。殺されても何も言えない身なんだと分かりました。この事がきっかけで、私は人間として生きる事や、しょうがいしゃ問題に目覚め、その一歩を歩み出したのでした」と書かれてある（三井 2006：42）。

自分は「障害者」なんだ。新田と同様の認識があり、それだけでなくこの社会的カテゴリーの変更を求める行動を開始する。センターに入所した後、絹子は自分の世界を持ち、新田とともに、ときには彼と別の行動をとりながら障害者運動にコミットした。ある日、荒木義昭の裁判闘争の集会にセンターから出かけたことがあった[25]。そこである男性のボランティアと出会った。三井俊明だった[26]。

絹子の自伝には俊明と出会ったころのふたりの往復書簡が載せられている（三井 2006）。これがとてもすばらしい。不自由さから募る恋愛感情、ふたりの問答、周囲との人間関係、絹子が俊明にはじめてトイレ介護を頼んだときのこと、山口の木村浩子のもとへの合宿旅行など、手紙や日記がそのまま掲載されている。絹子にとって俊明の存在はとても大きなものだった。他方、俊明にとって絹子との出会いは自らの人生を決定づけるものだった。俊明はこう語っている。

人間不信みたいな感情にとらわれていたし、きぬと出会ったことは自然な感じだったな。きぬもセンターに入所して人間不信に陥っていたし、そういったことが二人とも一致していったのかな。（根本 1996:73）

センターには他にも多勢のボランティアが訪れていたが、絹子によると彼らは「奉仕の精神」を見せる者が多かった。在所生は彼らのことを年齢にかかわらず「おにいさん、おねえさん」と呼ぶように指導されていた。センターの職員は在所生を「○○ちゃん」と呼んでいたため、こうした幼児関係に模した呼称がボランティアとの関係にも適用されていた[27]。

絹子はそうしたボランティアの態度に疑問を持っていた。頻繁に言葉をかわすようになった俊明にそのことをぶつけてみた。意外にも俊明は絹子の指文字を真剣に読み話そうとした。絹子は次第に文章をタイプで打って俊明に問いかけるようになった。翌日、俊明が来たときにはもう新しい問いかけが待っている。そして、その場で語り合う。ラブレターのような問いかけの反復がふたりの関係を温めていった（根本 1996：73）。

闘争が本格化してからセンターはボランティアの受け入れを快く思っておらず、訪問者を制限するようになる。当初、面会時間は一時半から四時まで、面会者は家族のみとされていたが、外部からの訪問者が増え、ゆるくなっていた規則を強化した。俊明は「田舎っぺい」をもじった「中井平太」を名のり、絹子の家族としてセンターを訪れる。体格がよく過激な風貌でずたずたと入ってくる。職員の視線などかまわなかった。

俊明は絹子の面会に何度も出かけた。学校に行くよりも多かった。面会を終えて俊明が帰ろうとすると絹子はいつもこういった。「私には帰るうちがない」。別れ際にそんな言葉を聞かされると、さすがに俊明は帰れない。しかし、帰らないわけにもいかずその日は去っていく。そんな俊明の背中を絹子はずっと見ていた。

俊明：おれが面会し終わると、療育センターっていうのは長い廊下があって出て行くんだけど、その廊下から去っていく姿がね、ほっとしたように肩をおとして帰っていく、と。

家に帰っていく俊明の背中は何か安堵感が漂っていたという。そのことを絹子が指摘する。「追及して追及してさ。徹底的に追及するんだよ。そうやってなぁ」と俊明は笑っていた。次の日の朝、そのとき感じたことを絹子はタイプライターに打って俊明に手紙を用意している。面会にやってきた彼が受け取る。まさに彼らにとって「あなたには帰るうちがある、私には帰るうちがない」という問いが根本的な問題だった。俊明によれば、それにどう答えればよいかということから、ふたりのつながり、ふたりの闘争ははじまったという。絹子はこのときどんなことを考えていたのか。

絹子：賭けだったね。

俊明：賭けられた。そうだね。あれがなければいまみたいな生活にはならなかったかもしれない。だから、そういう面会するでしょ。最初はぼくは自分の実家から通っていたけど、そのうち療育センターのそばのくにたちに、この人（絹子）の生活保護の日用品費をぼくの家賃みたいに使って、アパートの一室を借りてって感じになって。

絹子のラブレターは俊明への「賭け」だった。この人はセンターの現状を、自分が置かれている状況を、そして、ふたりの関係を、どこまで真剣に考え行動してくれるか。「賭けられた」俊明は、それを受け止める。彼らはセンターで面会するだけでなく、近くに借りたアパートで会う時間が増え、センターとの往復生活をはじめる。

(5) 有志グループの分裂

次に在所生が結成した有志グループについて記述しよう。移転阻止という問題で一致しているはずのグループだったが、内部では対立が深まっていた。対立の要因の第一には主張の相違があった。支援者だった内島章太郎[28]によれば、有志グループには施設から出て「自分の暮らしを確立したい」という志向性と、一方で「センターにはたくさんの障害をもっている人たちがいて、自分だけでいいのか、センター全体の改革の問題をどうするんだ」という志向性があり、その対立があった。先に見たとおり、新田は「施設ではないどこか」における生活の構想を描きはじめていた。彼は有志グループの会議のなかで、在宅介護に対する費用を「介護料」と呼び、障害者が入居できる住宅の保障とともに、行政に介護料の支払いを求めるよう提案している。そのことは、センターの処遇改善にはこれ以上取り組まないという意思表示でもあった。それに対して、絹子らは施設改善と移転阻止が最優先課題であり、介護料の要求はセンター内の「より重度の人を切り捨てる取り引き闘争」に陥るとして、要求項目に加えるべきでないと主張した。こうした地域生活派（新田）と施設改善派（絹子ら）との分岐があった（府中療育センター在所生有志グループ・支援グループ 1972b）。

第二は障害者と健常者の対立だ。新田は支援者がグループの主導権を握っていくことに対して苛立ちを強めていた。支援者といっても彼らは健常者だ。知らず知らずのうちにグループ内で優位な位置を占める。外出の制限された在所生にとって、健常者は外の世界へ連れ出してくれる媒介者だ。少しくらい健常者の主張が強くなっても見捨てられるよりはましだ。このような在所生の心理を利用して健常者はじわじわと関係の主導権を握った。さらに障害者と健常者とでは知識の保有量や言語運用能力に圧倒的な偏りがあった。在所生の多くは家庭の保護の期間が長く、学校教育の機会を奪われている。小学校にさえ通っていない者が多数いた。それに対して、支援者である健常者の多くは高等教育を受けた学生だ。知識量も違えば、議論する能力も異なる。議論をしても障害者は健常者に強烈な劣等感を抱き委縮する。会議において発言するのはもっぱら健常者であり、在所生のなかでは新田や絹子ら一部の者に限られた。発言の大部分を健常者が占め、議論の方向性を決めていく。健常者の発言を封じ込めるわけではないが、運動の方針についてまで、彼らの論理で語られていく場面が出てくる。新田はこのことを察知して以下のような「支援共闘組織グループの原則」を作成し、彼らに伝えていた。

支援共闘組織グループの原則

この移転問題こそ障害者の基本的な人間としての権利を勝ち取る闘いである。（くわしくは闘争ニュースを）それによって支援してくださる皆さん方が自分のいま立たされている位置から、どう認識して支援してくださるかは一人ひとりはわかりません。でもこの移転問題はセンターにいる私達に主体があるのです。それを基本線において互いに進んでいきたいと思います。（中略）

支援するみなさん方の発言はゆるすが、あくまでも決定はわれわれ在所生が最終的におこなう（その発言はオブザーバーとしてしかないこと）。決めたことをきちんとやり、その日までもって来ること。時間はきちんと守ること。勝手にビラつくりビラ配りはやめること。支援する側の日程を決めてきちんと来ること。一人ひとりの名簿を出すこと。話しあいの最中にみだらな行動はやめること。約束はきちんと守ること。
この原則によってこの問題をみなさんとともにすすんでいきたいと思います。私達はあくまでも社会生活をやるものとして闘うのです。これをはっきりと認識したうえで支援をお願いします。

話しあいのときの原則

①話しあいは在所生同士で話し合う。支援者はオブザーバーとして出席する。
②話しあいは一緒に行動できること（たとえば集会への参加、署名簿、交渉）をお互いに出し合い、行動のための話し合いの場にしていく。
③話しあいの中でできるだけ一緒に行動しながら話し合いを続けていく。
話しあいに入る条件としてぼくとしては有志グループから離れて行動したことは悪かったと思い、自己批判するけど、それ以上のことについて、批判するのは勝手だけれど、ともに行動するための条件にするのでは、話しあいはすすまないし、意味がないと思う。
（以上、原文カタカナタイプ）

この「原則」では在所生がグループの中心であることがはっきり述べられ、当事者主体が打ち出されている。支援者の立場の自覚化や在所生に決定権があることも書かれてある。支援者はオブザーバーであり、その関係に立ったうえで「ともに」すすみ「社会生活」を獲得するという目的の共有を求めている。だが、後半部分では、新田が「有志グループから離れて行動したこと」を自己批判しており、グループ内の齟齬が見え隠れしている。こうした主張の相違と健常者への不信、また先に見たような、在所生への主体性の喚起を意図して、新田の単独行動が増える。

他方、支援者側からの視点では、新田との対立は移転阻止闘争に関与する新左翼党派の覇権を排除するためのものだったといわれる。新田が行動をともにしていた党派は、障害者を利用して自己の政治的主張を訴える側面があり、新田も彼らを利用して移転阻止を闘おうとした。こうした相互依存的な戦略は障害者が党派の政治的道具にされていく危険性があるとされ、支援者らは新左翼党派との共闘は反対、新田は容認というものだった（府中療育センター在所生有志グループ・支援グループ 1972b）。

このように新田とそれ以外の在所生、支援者との対立が深まるなか、一九七二年五月の有志グループ合宿を迎える。この席で新田は以前から抱いていた計画を支援者に打ち明け、問うた。

新　田：移転が強行され、この闘いが負けたらどうするのか。ぼくは移転阻止が負けた時点で施設を出て自立したいと思っている。自立に対して協力をしてくれるのか。

支援者：おれたちは移転反対に対して支援している。移転反対に負けたら自立したいといっても協力するつもりはない。移転反対に負けたらなおさら新田は施設に一生涯いて施設での生活権を勝ちとるまで闘え。全国の施設の生活をよくしていくのが義務で、新田が外で自立するなら手は貸せないし協力はできない。移転に負けたらおれたちは普通の生活に入るが、新田たちは施設にいて生活改善の闘いをやり続けろ。（新田 2012a：382）

新田は愕然とした。「冗談じゃない」。そもそも施設重点化政策は障害者を効率的に管理しようという健常者の発想ではないか。変わるべきは健常者のほうだろう。その意識や社会が変わらないかぎり、自分ひとりが施設のなかで闘ったところで、施設の体制も国の施策も変わるはずがない。

新田の要求の根源は「自分の自由が欲しい」というシンプルなものだ。それを実現するために、センターの処遇改善を求め、在所生の意思を無視した移転に反対した。もちろん、日本の福祉の構造的な問題を批判してきたが、それをすぐさま変更できるとは考えられない。自己の生活圏域の確立が第一だ。しかし、これをいうと「エゴイストだ」と批判された。

新田ははっきりと思った。「ああ、この人たちとやっているかぎり、自分の望む生き方はできない。私の要望にそった生き方をするためには支援者と別れるしかない」。支援者との離反は有志グループから離れることを意味した。が、批判を受けようとも自分の欲望を貫こう。そう決めた。

こうして新田は在所生有志グループとは袂を分かち、単独行動をはじめる。もっとも、グループを出たといっても、施設退所を可能にするだけの経済的・人的保障は何もない。移転阻止闘争を継続することによって、何らかの見通しをつかもうと考えた[29]。幸いにも松本隆弘の紹介で森谷正幸と出会うことができた。手となり足となって動いてくれる森谷の出現で新田の実践は続けられた。

以上のような分裂の諸要因の背後には有志グループにおける人間関係のもつれがあっただろう。学生だった内島は分裂の要因について、「きれいごとでいうと」、施設のあり方をめぐる「考え方の違い」だというが、「まあ何ともいえない」「もうちょっと、いろいろドロドロしたものはあった」と語る。緊密な人間関係のなかで生じる様々な感情、とりわけ新田の個人的な行動を受け入れがたいとする嫉妬があっただろう。

一九七二年五月の日記に絹子はこう書いている。町田荘にいたころの新田は何につけても絹子のことをかまってくれた。とても優しかった。「なのに今はそんな事これっぽちもない。そうしてほしいんじゃない。アニキが間違った道を進んでいくのがいたたまれないの。何がアニキをそうさせたか。女性遍歴だと思う。私の事、もう妹じゃないと言われたけどそれならそれでいいの。すっきりしたわ。私にはあきがいる。何よりも好きなあきがいるもの。負けやしない。これからは闘争の敵として見ていきます」(三井 2006：119)。

有志グループからは新田に対して「私たちを置き去りにするつもりか。恋人と過ごしたいだけだ。女のもとに逃げた。差別者、裏切り者」と声が飛んだ。対立はエスカレートし、絹子らのグループの支援者が新田のグループの活動を妨害しはじめる。新田は「差別者」とラベリングされ、批判するビラがまかれた。アパートに押しかけて来て新田が作成したビラやパンフレットを持っていった。集会で発言しようとすると有志グループの支援者が新田のマイクを奪った。新田が主催した集会も妨害され、途中で乱闘騒ぎになった。

新田のすぐそばにいた森谷は「彼らは何をとち狂ったのか」理解できなかったと語る。彼らが「差別拡大運動阻止」と銘打ってわざわざ集会を開くほどだったので驚いたという。森谷によれば、彼らの新田に対する批判のベースには「アニキは勝手だ」という認識がある。確かに、絹子が仲間と協調するのに比べ、新田はそもそもそういう発想をしない。自己主張が先に来る。その単独行動が「出られない人を切り捨てる。差別拡大だ」と糾弾された。

新田の論理はこうだ。自分が社会のなかで暮らすことのできる状況、制度をつくることで、仲間、親、職員が理解を示すだろう。それによって、自分が仲間に手を貸していける。弱い者を見捨てると批判を受けても、まずは自分が社会に出ることからしか、重度障害者が人間として尊重される道は開けない。「隔離政策や施設の中身を変えるのも、障害者が施設のなかで闘うのではなく、障害者自身が自ら社会に住んで健全者の差別意識にぶちあたり、国家の廃棄物処理の思想に体当たりして行動をしていくなかで、少しずつ施設の隔離政策や施設の中身の問題そのものも変わっていく」（新田 2012a：382）。そう考えた。

施設を医療の場から生活の場へと改善せよという有志グループの要求は、卑近に思われる日常生活がすぐれて社会的なものの力に支配された営みであることを訴えるものであり、生活や介護にまとわりつく政治性を問いに付そうとした。その意味で「個人的なことは政治的である」という論理構成を持っていただろう。

しかし、日常生活の何でもかんでもが政治的であるわけではない。たとえば、恋愛までが闘争の課題項目に入るとは思われないだろう。むしろ、恋愛のような個人的なものの領域を確保したいからこそ、これまでは個人的であると範疇化されてきたある部分（たとえば介護）を社会問題化し、社会的な力と接続させることによって、もう一度個人的なものの領域を守る。新田が志向した「自己の生活圏域の確立」は、こうした理路を持っていた。ところが、社会運動においては個人的なものの領域の確保が軽視されがちである。個人的なものを捨象し、社会的なものの獲得に奉仕することが称揚される。これが運動の論理だ。それに対して、新田は何をおいても自己の個人的な領域の確保を優先に置く。これが批判を招く。ここには「生活」というすぐれて個人的なものの領域の獲得を社会的に要求することの難しさが表れている。

5　テント座り込み

(1) ふたつのテント

一九七二（昭和四七）年九月一日、センター内で移転に向けた在所生の面接が開始される。

この面接で多摩更生園への移転を希望する者もいた。移転を希望する在所生に対しては本人の意思を覆すことはできない。しかし、在所生の半数以上は転所に迷い、はっきりした回答を寄せていない。意思を示していなければセンターが処遇を決めていく。なし崩し的にその人たちの移転も強行されてしまうだろう。また、多摩更生園の設備を調べたところ、在所生の府中療育センターの水準に比べて、食費が下がり、自費による購入品目が増えていた。処遇の不利益変更はおかしい。移転阻止とともに、少なくとも従前の生活保障を約束させなければならないと考えた。移転が実施されたとしても従前水準の保障を求めて新田は都庁前の座り込み行動を決意する。

九月四日、有志グループのうち三人が都庁へ行く。民生局厚生係長は「今は福祉課長がいないから返答できない」と答える。衛生局病院管理課長は「移転に反対している人は家に帰ってもらうしかないでしょう」と発言する。

九月七日、センターで、都から民生局福祉課長、衛生局病院管理課長、民生局厚生係長、センターから事務次長が出席して話し合いが持たれる。九月一二日、美濃部都知事に、三〇〇〇名の署名をそえて「差別的移転中止」「脳研開設中止」「介護料等の要求」等の要望書を提出し、会見を申し込む。一六日、都庁にて都知事会見拒否の回答を渡される。一七日、「府中療育センター移転阻止全国総決起集会」を日本社会事業大学講堂で開催する。約一〇〇名の参加者を得る。集会後、約五〇名で移転問題を訴えるためのデモを渋谷でおこなう。

新田が計画していた都庁前の座り込みが絹子らの有志グループに伝わった。彼らは運動主体としての正統性を示すかのように、一九七二年九月一八日、新田より先に都庁第一庁舎前にテントを張った。美濃部都知事との団体交渉を要求して新田絹子、名古屋足躬が座り込む。知事室に団交を申し入れるが拒否にあう。民生・衛生両局の課長・部長がテント撤去を勧告に来る。夜になって民生・衛生局長によるテント撤去勧告が出る[30]。

その二日後の九月二〇日、新田は都庁第二庁舎前にテントを張った。当然、都がそれを容認するはずもない。都職員が庁舎から出てきてテントを撤去するよう求めた。第一庁舎に座り込んでいる支援者も集まって「差別者は抗議する資格も座り込む資格もない」と職員とともにテントの設置を妨害した。ここでも乱闘になった。力づくで争いテントを張った。こうして東京都庁前にはふたつのテントが立つことになった（図18、図19）。

九月二一日には衛生局、民生局両局長との交渉が持たれる。二二日に第二回交渉、二六日に第三回交渉が持たれ、都側が交渉の打ち切りを宣言する。都はテントを撤去させないかぎり話し合いに応じないと通告する。また、センターは親に通知を送り、座り込みを止めさせなければ強制的に退所させると警告した。第一テントも第二テントも通告を聞き入れず、民生局長室に押しかけ移転撤回を要求、交渉の再開と新施設の処遇の改善を求める。だが、具体的な進展がないまま次の交渉の確認をとるのがやっとだった。非公式の交渉がおこなわれるも、妥結点は見出されず、公式の交渉は持たれないまま、一二月二六日に「今後一切の話し合いを持たな

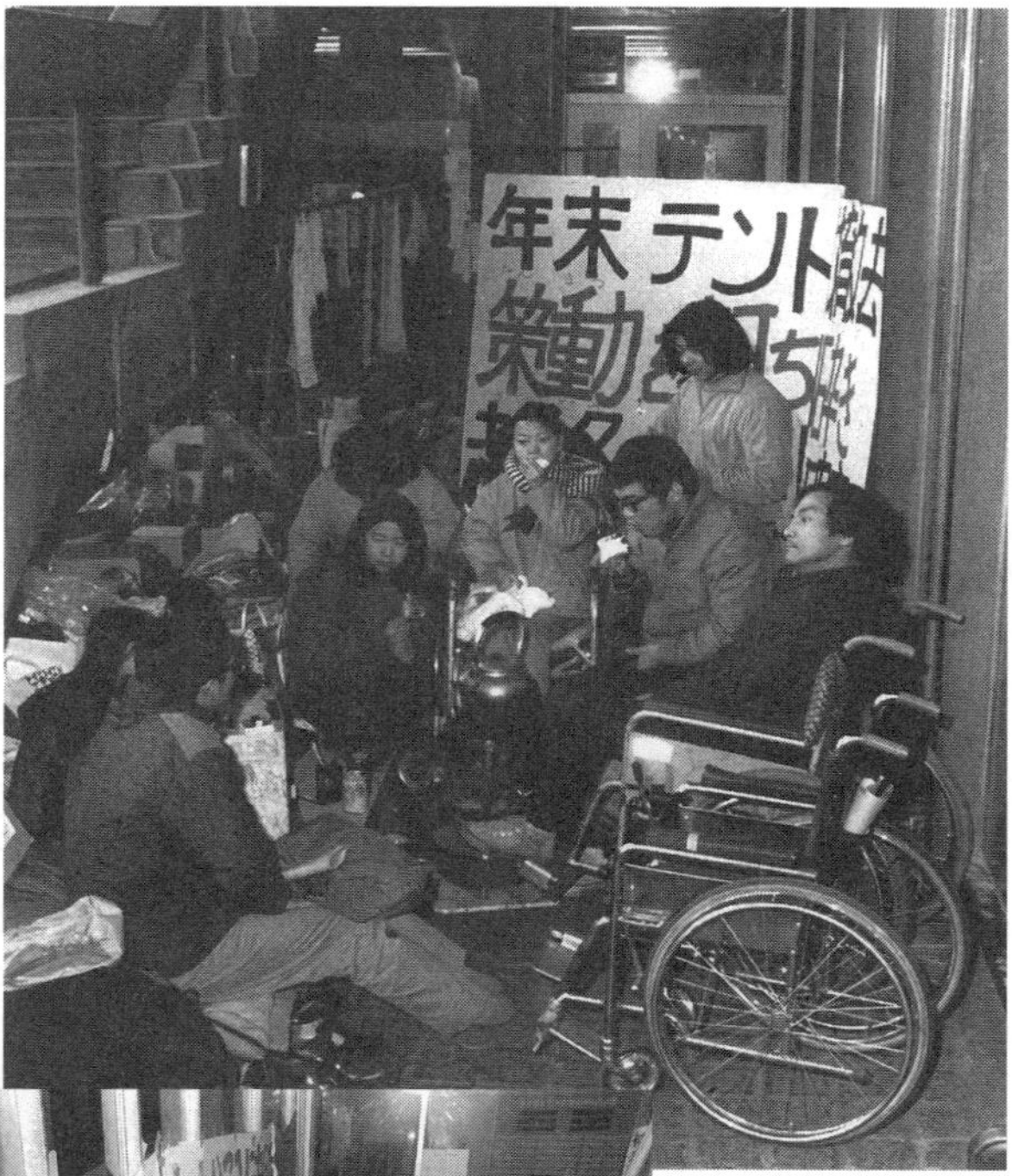

図18　都庁前テント座り込み1

図19　都庁前テント座り込み2

い」と通告が出る。

(2) 第一テントと第二テント

移転の準備が着々と進められるなか、テントを張った抗議行動が開始されたが、行政との交渉は進まず膠着状態が続いた。在所生たちが都庁前に張ったテントは闘争の場であるとともに次第に日常生活の場ともなってくる。日常性を帯びたテントの生活世界を見ておこう。

第一テントの座り込みにかかわった内島章太郎は七二年の九月末から闘争の終結までテントで暮らした。彼は一九七〇年に東京教育大学に入学している。学内では学生デモに対して機動隊が入ってくることもあり、学生運動の残り火がくすぶっていた。しかし、ひと頃の盛り上がりは静まり、学内は何か「敗北感」が漂っていたという。前年に入試が中止されたため二年生はいなかった。六八年、六九年に学内闘争を体験した三、四年生は入学まもない一年生に関心を示さず、代わりにセクトの人間が勧誘の声をかけてくることが多かった。

一九七二年、内島が三年生のとき、特殊教育学科の助手だった篠原睦治が「自主講座」を開く。自主講座が始まってまもなく、学生たちは篠原から「都庁前に障害者がすわりこんでいる。行ってみたら」と誘われる。内島はこれまでデモの後ろについて行って参加することもあったが、学生運動に真面目に関与していたわけではなく、「のほほんとした感じ」の学生だった。府中闘争についても予備知識も何もなかった。「彼らが何を訴えているのか、まず聞いてこよう」と仲間とともに軽い気持ちで出かけた。座り込みがはじまって一週間後のことだ。たまたま第一テントを訪ねた。テントにはすでに座り込んでいる学生が多数いた。内島は障害者と話したこともなかったが、彼らの言葉を聞いているうちに、テントに寝泊まりするようになった。それからは一週間に二回アルバイトに行き、大学は試験にだけ出席する。それ以外はテントで過ごす。多くの学生が離脱していくなかで、内島は最後までこの闘争にかかわることになった。

内島にとって絹子の存在は強烈だった。たとえば、こんなことだ。絹子は指文字で内島に言葉を伝える。彼が教育大の学生だったこともあって、「どうして教師になるのか」としばしば問い詰められた。

内島：あのー、お絹さんに「お前は何で教師になるんだ」ってさ、あの目でさ、いわれて。「いやぁ、ですんで……」。「いや、おまえ、その障害児がいないようなところへ行ってどうするつもりなんだ」って。「いや、そういう人たちも普通学級で学べるようにします」とか何かいってたからね。ハハハ。そしたら、「そういうことをちゃんと真面目にやったら、おまえも教師はクビになるんだぞ」とかいわれて。

「どうするんだ」なんて結構きついことをいうんだよね。フフフ、「厳しいことをいってくるなぁ」ってね。で、それで悩まされるようなことをいつも指摘されてて。

教員になったとき障害児の教育問題にかかわれば、自分の立場が危うくなることを指摘する絹子と答えられず頭をかかえる内島がいた。また、テントで二四時間生活をともにすると日常の悲喜こもごもに出会う。絹子は悔しいことや悲しいことがあると大声をあげて泣いた。いつ何ごとにも本気だった。内島はこんなに感情をストレートに出す人にはじめて会った。その意味で絹子は「おれのなかでの障害者観を変えてくれた人」だったという。

座り込みにかかわって一年後の内島の感想がある。絹子の指す指文字がかなり読めるようになり、以前ほど困難さを感じなくなった。すると、「彼女を『コミュニケーション不可能な』『障害者』にしていたのは僕が読めなかった、読める関係をもってこなかったことだったのです。そして、僕の『読もうとする姿勢』がない時、僕と新田（絹子）さんの関係の中では、彼女は『コミュニケーション不可能な』『障害者』になり、一方でそれが客観的事実として、コミュニケーション不可能なのは新田さんの『障害』に帰されていくわけです。そして、そのことは新田さんを施設に隔離し、一般社会から分断していくことにひろがっていきます。（中略）『普通』学級でずーっとすごしてきた僕たちは、漢字をいっぱいおぼえたけれど、〝一人の人間と話す〟ことができない人間になっていたのです」（子供問題研究会 1974）。在所生から一撃をくらい、また関係にのめり込み、コミュニケーションを相対化することで、自己を見つめなおしていく若者の姿がある。

他方、第二テントには日中は新田と森谷のふたりがいた。夜間や休日に、支援する労働者がやってきて座り込みに加わった。「相互疎外の超克」と「具体的連帯」をめざした府中療育センターの職員がテント座り込みに参加することはほとんどなかった。唯一の支援者が松本隆弘だった。松本はセンターの職員でありながら、「移転に反対する職員」として新聞に出ている（『朝日新聞』一九七二〔昭和四七〕年一〇月九日）。同僚であった小沢義文へのインタビューによれば、この記事はセンターの内部でずいぶん反発を受けたという。小沢自身が府中闘争を「冷やかに見ていた」と語り、多くの職員にとってテント座り込みは「対岸の火事」だったからだ。

一九七二年一一月、体力が落ちてきたころ、新田は風邪をひき発熱が続いた。外は真冬の風が吹いていた。テントのなかでは薬を飲んでも治らない。夜、あまりの高熱に心配した支援者が「緊急連絡センター」に連絡をとり、医師を手配してもらった。テントまで往診に来た医師は「肺炎を起こしている。入院させないと危険」と診察した。センターに戻ることはせず、都立広尾病院に入院した。このときも病院には面会者が絶え間なく訪れ、意志がくじけることはなかったという。

入院中にセンターでは在所生の移転が実施された。新田は病院のベッドで寝ていることが歯がゆく、焦るばかりだった。だが、無理をしてさらに体調を崩せば何もかも水の泡だ。考えあぐねた結果、テントに寝泊まりはせず、睡眠はアパートでとるように決め、テントに戻った。退院後、座り込みを継続する。真冬の風が吹くなかを車椅子に座っていた。ビル風が相当こたえた。石油ストーブをつけても屋外ではいっこうに暖まらない。手足がしびれ身震いが止まらなかった。雪が降ると都庁の五階の食堂に上がり暖をとった。暖まると下に降り座り込んだ。支援者は自分の仕事を持ちながらテントにかけつけたため、どうしても夜遅くなる。食事をとり、日によっては会議をしているとアパートに帰るのは一一時を過ぎたころだった。都庁はシャッターが閉まり、なかには入れない。震えながらテントにいた。アパートにもどり「きょうも無事に終わったな」と安息するやいなや眠りに入った。翌朝午前六時半ごろに起床し、ひとりでタクシーに乗ってテントに向かった。「毎日都庁に出勤しているよう」だった。

このころ新田は、センターにボランティアに来ていたもうひとり別の女性と恋愛関係にあり、二重交際をしている。リハビリ学院の恋人にはそのことを隠していたつもりだが、知られていたのかもしれない。恋人はリハビリの実習と期末試験に忙しいといい、都庁前の座り込みには参加しなかった。テントまで来てくれたことがあったが、一時間ほどで「用事がある」といって帰った。ある日、部屋にいると恋人が来た。「あなたの子どもを中絶したの」といった。彼の自伝『愛雪』に詳しいが、新田は障害者の子どもは殺されるのだと打ちのめされた（新田2012a：339-40）。

このころ都営住宅への入居を申し込んでいた。一人での入居は認められず、家族世帯である必要があったため恋人と連名で書類を書いた。数日後、当選の知らせが届いた。新田は飛びあがってよろこんだ。これでセンターを出られる。介護の保障はまだ無いけれど、少なくとも住む場所は確保された。そう思っていた矢先、彼女が自分の両親へ新田との同居を報告するといい出した。新田は「親は絶対に反対するから行ってはいけない」と止めた。しかし、彼女は「大丈夫よ、説得する」といって両親のもとへ帰った。

親は説得に応じるはずもなかった。彼女が持ってきた入居書類を取りあげ、その場で引き裂き燃やしてしまった。相当、頭に来たらしく新田の母のもとを訪れ「障害者だから同情して優しくしてやればつけあがり、娘とこのような関係に入っていたとは！」と怒鳴り散らした。関係を断ち切るといって彼女の行動を監視した。それきり彼女とは会えなくなってしまった。破局だった[31]。

センターを出られるという希望があっけなく崩れた。新田にとって、彼女の親の行為は「障害者は一生施設のなかで隔離されて生きろ。障害者が地域で普通の生活をするなんて、まして私のかわいい娘といっしょに住むなんてとんでもない。身内の恥だ。面子がつぶれる。障害者は施設に入れておけばいい」というようにしか受けとれなかった（新田 2012a：443）。

新しい暮らしをはじめようとすると様々な壁にぶつかり、行く手を阻まれる。壁を突き破れないのは、生活に経済的な保障も介護の保障もないことにあった。施設から出て人を愛しても、生活の保障がなければ何もかもがその人にのしかかり、行きつく先は関係の破局だ。働いて収入を得ることのできない自分の障害をつくづく呪った。しかし、すぐさまこう思った。「これからもっといろんな苦しみにぶつかるだろうな。でも、ぼくはやはりこうして社会のなかで生きたいのだ」（新田 2012a：261）。障害者を「負担」と位置付けているのはこの社会だ。「負担」

を背負ってやってあげているのだから、黙っていうことを聞け、社会の負担を軽減する隔離・収容に従え。そのような論理が間違っている。そんなものに従っていられない。自分が社会のなかで生きていくために徹底的に社会と闘う。より強く意志を固めた。

(3) テントの撤去と有志グループの分解――膠着から終局へ

一九七三年一月一三日、センターでは、多摩更生園、八王子福祉園、東村山福祉園、各々への移転対象者の人数と日時の発表があった[32]。一月一七日、多摩更生園への移転が開始される。有志グループはセンター前に座り込みなどをおこなって抗議したが、センター側は裏口と職員の自家用車を使って移転を実施する。一月一八日早朝にも実施。明一九日移転予定の対象者をこの日の午後に、移転。一月二八日、有志グループはセンター前で移転阻止の集会を開き、昼夜問わずの座り込み体制に入る。一月三一日にはすでに発表された移転が完了する。この後、有志グループと都、センターとの目立った関係の変化はなくなり、事態は進展のないまま膠着状態を迎える。

一九七三年三月、移転は計画どおり実施され、希望者はすべて新施設へ移った。センターは生活の場となるどころか病院へと一元化されようとしていた。新田はこのまま座り込みを継続するか、決断すべきだと感じた。「この闘いは負けた。やれるだけのことをすべてやった」。自分をそう納得させた。これからは施設を出た生活の確立に取りくもうと決心する。三月、新田はテントを撤去する。

とはいえ、住宅保障も介護保障もなく地域で暮らす環境が整ったわけではない。結局、再びセンターに戻る他なかった。センターでは職員からの強い風当たりが待っていた。「新田くんは外で生活をしたい人でしょ。そのためにも自分のことは自分でしなさい」。そうした態度の職員がほとんどだった。もはやセンターで生活ができないことは明らかだった。センターでの生活が困難であっても、テント闘争で関係を持ったボランティアたちが複数人いた。森谷らの協力を得て、彼らを集めて一か月の介護のローテーションを組めるまでになっていた。新田は地域生活の足がかりをつかもうとしていた。

他方、第一テントは交渉が断たれた後、膠着する日々が続いた。テントを設営して一年目の一九七三年九月一八日、開会中の都議会に向けてデモを実施する。デモと警備員が激しく衝突した。興奮と混乱のうちに、俊明が議会の建物のガラスをたたいた。思いがけずそのガラスが割れた。そこから俊明は絹子を背負ってなかに入る。警備員たちが止めるまもないうちに、ふたりは議場までたどり着く。他の仲間もそれに続く。ハンドマイクでドアの外から叫んだ。「美濃部出てこい、テント放置を謝罪しろ!センターを生活の場にしろ!」。議会は中断され、美濃部都知事が絹子たちの前に姿を現した。彼はその場で「問題を必ず収拾する」と約束する。こうしてはじめて都知事交渉のチャンスをえる。

九月二七日、都知事との交渉が実現。この場で「強制移転は中止する。府中療育センターを生活の場にする」ことが確認される。これ以降、再び衛生・民生両局長との交渉が進められ、「府中療育センターを生活の場としていくためのセンター改善・改造の要求（四二項目要求）」がまとめられる。しかし、この要求はすぐに組合、医師団の反対にあう。組合であるセンター分会は、感染症の問題を理由に、また、医師団は「生活の場にすることよりも医療管理が第一」と主張し、交渉は再び行き詰ってしまう。支援の学生も減り、有志グループも、センターや親の会からの切り崩しを受け、センターの他の在所生からも孤立させられていく。座り込みは心身ともにもたない状況になり、民生局との妥協点を見出すしかないところまで追い込まれていた。

座り込んでいる有志グループのなかでも不協和音が表面化してくる。健常者の発言力が大きくなってくる。絹子はこう述べている。「私たちは無学で、難しいことばで言われると意味を理解できないので、聞くと『こんなことば、分からないのか』と馬鹿にされることもあったから。私としてはもう必死だったから、学生に負けないように勉強しました」（根本 1996：79-80）。障害者と健常者の力関係について内島は次のように語っている。「交渉の場面や政治的判断や方針を出す時、支援グループがリードすることが多かった。障害者の何人か、特に新田絹子さんの存在は大きく、ずっと出ずっぱりでテントで生活していたし、状況がみえていた人だ。しかし他の障害者にとっては、わからない話が飛び交う場面はあったと思う。障害者の意志を基本にしながらという状態ではなかった。後にテント闘争の支援に来ていた障害者の一人から『障害者の主体性を周りがどれくらい尊重していたのか』と批判された」という（戸恒 1996：171-172）。

「障害者の主体性」がつねに脅かされる危険のなかでテント座り込みは続けられていた。テント内で俊明はほとんど意見をいわなかった。それを絹子は「じれったく見ていた」という。そのことを俊明は「自分に好意的に言えば」と前置きして、このように語っている。「きぬが言う、闘争方針に反対意見を言えば、リーダーなどがすごい態度になるというのは、当時は自己批判、自己否定の時代ですから、そういう突っ込み方があって、押さえつけられていった部分があった。反論できなくなるんです。しかし、ではあの闘争が障害者の主体性みたいなことを尊重したのか、という点ではどうでしょうか。僕は意見を言わなかったし、『考え』がそれ程あったわけじゃないかもしれない。流れていたのかもしれない。しかし逆に、だからこの人（絹子）の言うことを最大限尊重することを貫けたんじゃないかなとも思う」（根本 1996：79）。支援者である健常者が主導権を握り、在所生の「主体性」が保たれない現実が浮き彫りになってくる。

一九七四年を迎えていた。同年六月、醍醐安之助都議会議長より斡旋案が出される[33]。その内容は、「府中療育センターの重度棟を民生局に移管する。時期は昭和五〇年四月一日とする」、「九項目要求については、第三者をまじえた協議会をつくり協議する」というものであった（林 1996：45）。闘争の発端から三年を経た七四年六月五日、有志グループは都議会議長の斡旋案を受け入れ、テントを撤去した。

テント座り込みを終えたふたりは一九七四年七月、籍を入れ結婚した。だが、絹子にしても、帰るところはセンター以外にない。俊明との生活をはじめようとしてもその生活は具体的な像を結んでいなかった。週の四日はセンターで過ごし、週の三日は俊明とのアパートで暮らした。テントで毎日を過ごした俊明とも離れる。ふたりにとってこれを「闘争の勝利」と呼ぶことはできなかった。

(4) テント撤去後の有志グループ

センターに戻ってからも在所生有志グループと支援者の闘争は続けられた。斡旋案として示された、一階を衛生局管理から民生局へ移管する計画を確実に実施するよう求める。だが、センターの医師団らから「一階を生活の場にすれば、病原菌が蔓延して、上の階の重症児・者が死に至る」と反対にあい、実現を見ない(戸恒 1996:174)。代替案として東京都から「センター敷地内に民生局管轄の重度棟を増築する」という案が出された。有志グループはこの提案も受け入れたが、検討会が持たれただけで、これも医師団の反対によって実現せずに立ち消えとなる。

支援者のひとりはこう語っている。「最低、別棟を建て、そこを障害者の生活の場にして、そこを拠点として本体を変えていこうという気があった。何しろセンターを変えていくことにこだわり続けた。引くことは敗北であり、逃げたくなかった」という(戸恒 1996:172)。闘争の継続が自己目的化して、本来の「生活の場へ」という課題が見失われるところまで来ていた。

絹子はセンターに戻り、入浴拒否を自分ひとりで闘う。センター内の入浴は相変わらず、女性の在所生であっても、男性職員が抱えて身体を洗っていた。絹子は強い憤りを抱き、毅然と抵抗する。「やっぱり、こんなひどい所にいられない、自分たちが地域に出て暮らすことが施設の存在のおかしさを訴えることになる」という思いを強める。

グループの支援者に対して絹子は「もう私は出たい」と打ち明ける。すると、「みんなはどうなる、どうしても出たいと言うならここに籍だけでも置いて出てはどうか」「出るなら出ろ。……一切かかわらないからな……そんな生活は一年も持たないさ」（根本 1996：86）。そんな答えが返ってきた。絹子と支援者たちとの距離は修復できないまでに広がっていた。

内島は「新田（絹子）さんが地域に出たいという気持ちはよくわかった。センターを何とかしなくてはという想いにがまんしてつき合ってくれていた」と語っている。他方で、支援者からすれば、二年間の闘争の後に、やっと民生局移管へのスタートラインに立ったところであり、闘争のシンボル的存在である絹子が抜けていくことは、これまでの運動を台無しにする挫折だと思われた。完全に出ずにセンター内の生活を何とか維持して欲しいというのが本音だった（戸恒 1996：173）。内島はインタビューのなかで「お絹さんが抜けちゃったら、もうこの運動は終わりだ」という危機感が支援者にはあったと答えている。ただ一方で、「まあ、そうはいっても、あのしんどいところから出て暮らしたいよなぁというか、それはそれで、誰にも止めることは……、『運動のために残れ』というのは、『それは酷な話だよなぁ』っていうのもあったし」と語る。当時は運動論で物事を考えるのが主流の世界であり、「おれらの頭のなかが何か、そういう構造になっちゃってた」ことがある。俊明と暮らしたいという絹子の希望を、「あ、いいね」と皆で祝福しながら、なおかつ「運動としてこうやっていこうね」というような「度量の広さ」が自分たちにはなかったと述べている。

七五年五月、絹子は支援者にセンターを出ることを伝える[34]。彼女は施設を出て、俊明と国立市で生活をはじめる。絹子は三〇歳、俊明は二七歳だった。生活保護を受けるのがなかなか難しく、俊明は生活費を稼ぐためにアルバイトをする。家に残る絹子の公的な介護保障は一回三時間、週三回のヘルパー派遣だけだった。それでも、ふたりにはよかった。一一月、地域で暮らす障害者を支援する「くにたちかたつむりの会」を結成、新たな一歩を踏み出す。

一九七七年一月に都は、「重度棟については、センター敷地外に療護施設として建設する」という案を提示する。そこで示された「センター敷地外の療護施設」が、八一年七月一日に開園する日野療護園である（林 1996：46）。このとき支援者たちは闘争の敗北を自らに納得させたという[35]。

絹子が退所した後も有志グループの志野雅子はセンターに残り、一九八一年に新設された日野療護園に移るまで、センターの処遇改善を要求する[36]。志野は「障害者を管理、抑圧するセンターに仲間を残して、自分だけが解放されて地域で生活はたてられない」と考えていた。また、魅力をもった障害者だけではない、施設に残らざるをえない障害者の援助を課題としていたという[37]。けれど、センターの生活を続けながら志野は施設内改革の困難を思い知る。彼女の施設に対する評価は両義的だ。「ほんとに隔離されているとしみじみ感じて、腹が立ちます」と述べながら、「でも、今は、施設の必要性を感じるんです。私自身の経験から言っても、家にとじこめられている間は何も知らなかった」と語り、小規模で家庭的な施設、また地域生活への基礎訓練の場としての施設の必要性を訴えている（志野 1976：76-77）。

6　贈与を与え返す

(1) 脱施設化の生成

府中闘争の経過を見た。施設内の処遇改善闘争と移転阻止闘争の二つの側面から記述をおこなった。第一に府中闘争は施設労働者への自己変革と連帯を「呼びかける」ものとして展開する。職員は被収容者に対して、巧妙な統治技法としての〈親密な関係〉を構成するだけでなく、言葉のほんとうの意味で「親密な関係」を切り結ぼうとして挫折する。被収容者は無力化の過程にのみこまれ、自己を疎外してしまうのである。一九七〇年にセンターで生じる勤務異動反対闘争、ハンガーストライキ、腰痛闘争はこの相互疎外を乗り超えるための実践だった。これは医療のヒエラルキーに対する批判でもあり、権力構造を「下から」転倒し、主導権の奪還を企図するものでもあった。こうした在所生の「呼びかけ」に対して、職員の有志が「応答」を示し、「下から」の具体的連帯が実現するかに見えた。だが、職員の労働組合は労働者保護を優先し、最終的にはセンター管理者に同調する。在所生と職員のあいだには深刻な亀裂が生じた。

第二に一九七一年、東京都衛生局の管轄下にあったセンターは、被収容者の特性に応じて収容施設を分類し、それぞれに被収容者を移転する計画を原案通り実行に移す。新田らは在所生の有志グループを結成、移設地の見学や民生局への問いかけなどをおこない、移転にかんする情報の収集に努める。移転計画が在所生の意思を無視し、在所生をさらに山奥へと隔離するものであることが明白となり、有志グループは移転阻止闘争を決意する。しかし、闘争がはじまりグループ内で議論が深まるにつれ、施設からの離脱を志向するか、施設内の改善を志向するかで意見が対立する。また、人間関係や感情のもつれが重なり有志グループは分裂する。闘争は座り込み実践に発展し都庁前にはふたつのテントが林立することになる。こうした在所生の抗議行動にもかかわらず、東京都はセンター在所生の移転を実施する。その後すぐに新田ら第二テントグループはテントを撤去するが、第一テントはその後も継続し、一年九か月に及ぶ座り込み行動を展開した。彼らは七四年六月、東京都と合意を結び、テントを撤去する。この後、有志グループはセンターに戻るが、ここでも施設からの退所を望む絹子と施設内改善の要求に取り組む志野とのあいだで分岐が生じる。このように脱施設化、つまり全身性障害者の「自立生活」への道筋は闘争の葛藤のなかから、しぼり出されるようにして生まれたのである[38]。

(2) 闘争形式の発見——理解を求め、拒む

府中闘争で新田が発見したものは「闘争」というコミュニケーション形式である。このことを彼の足文字に戻って考えよう。足文字は二つのことを求めている。一つは「この遅さに向き

あえ」ということだ。足文字以前の新田は、言語障害による発話の遅さ・わかりにくさゆえに、その存在を無いものとして扱われた。しかし、足文字の発明とともに「あなたたちは私のメッセージを聴きとるべきだ」として、その非効率性に向きあうことを求めた。また、足文字は足の動きだけを追っていればそれで習得できるわけではなく、文脈や経験を共有し、新田の人生や思想に思いをはせなければ理解が深まらない。効率の悪さに向きあうだけの「理解する意志」を持つことをこの言語は要求している。

だが、二つに足文字は理解されることを拒んでもいる。普通、コミュニケーションを円滑に図ろうとすればもっと効率的な手段を考案するのではないか。あるいは、熟練者だけが読解できる方法ではなく、誰もがアクセスできるドミナントな手段を用いるだろう。できるだけ読解困難さを縮減することが模索されるはずだ。けれども、足文字はそれを拒否している。誰もが理解できる言語としてではなく、容易には「理解できない言語」として呈示されている。

理解を求めつつ、拒む。理解を望むが、簡単に理解されたくはない。この両義的表現が足文字だ。考えてみれば、われわれは気やすく「わかったわかった」といわれることの不快さを知っているだろう。私のことをあなたが「わかった」気になること。そのこともまた不快なことだとわれわれは感じる。だから、足文字は安直な理解が容易に他者を呑み込んでしまう危険性を、読む者に自覚化させるために、意図的にストレスフルで「わかりにくい」言語として設計してある。

足文字は、他者に読んでもらわなければ成立しない言語である。その意味で、常に読む者の気まぐれに従わされ、弱い立場にさらされる危険がある。しかし、新田はそれを許さない。府中闘争がそうであったように、彼は弱い立場に立ったまま、「あなた方はこれを読むべきだ」と足文字の遅さ、わかりにくさに向き合うことを求める。弱くあるままに自己が肯定される場所に立とうとしている。すると、読む者は一語一語につまずき、確かめあいながら言葉を紡ぎだしていくことになる。そうしているうちに、彼とともに不思議な共同性を結んでいることに気づく。

足文字には、全身性障害者の自立生活における介護の基本倫理となるようなエッセンスが凝縮されている。全身性障害者はつねにすでに介護者の思惑によって支配される危険性を抱える。そのなかでいかにして、過剰な理解を拒みながら、私のことをわかってほしいと求めていくか。新田は足文字に象徴される闘争のコミュニケーション形式を府中闘争における具体的なかかわりのなかから見出していった。そして、この両義的要請は全身性障害者の自立生活に関与する介護者が引き受け、実践するべき身振りだろう。では、次に府中闘争において獲得された闘争形式を贈与論的に理解しよう。

(3) 結節点としての負い目

闘争は今村仁司においては「挑戦」と概念化された。新田らが府中闘争で見出した闘争形式は「挑戦による劣位感情の乗り越え」と呼ばれるものだろう。全制的施設の管理下に置かれてきた彼らは、一方的な返礼なき贈与を与えられていたといえる。返礼なき贈与は支配の構造をかたちづくり、優位者と劣位者を生む。いうまでもなく、施設においては管理者－職員が優位者であり、在所生が劣位者である。劣位者は「与えられた」負い目を刻み込まれる。この負い目の解消を目指し他者に自己贈与を向けて行くのが「挑戦」である。府中療育センターにおけるハンスト－勤務異動反対闘争、腰痛闘争では、新田は次々に施設の管理体制と職員の態度を「撃つ」メッセージを与えている。彼らの言葉のなかに「賭ける」という語が何度も見られたように、これは自己保存をかえりみない自己破壊的な自己贈与である。さらに、施設移転阻止闘争においては、職員という他者だけでなく、自分たちを隔離し収容している「社会」という他者に対して、強烈な自己贈与をおこなっていく。

他方、彼らの与え返す贈与を、少なくない職員たちが受け取った。このとき、職員は在所生に比べて、自分たちがいかに彼らを支配する立場にいたかを気づかされる。その比較優位性は受け手に耐えることのできないやましさを覚えさせる。優位であることがやましい。優位であることが劣位であるかのような転倒した感情に陥る。ここで受け手は負い目を刻み込まれるだろう。そうなればこの負い目を与え返していかなければならない。在所生の贈与を受け取ってしまった職員たちは、自己をかえりみない自己贈与を起こしていく。たとえば、若林幸子や松本隆弘は府中療育センターの職員でありながら、職員の労働保護を画策するのではなく、新田ら在所生の求めに応答し、彼らとの連帯を模索した。また、外部からやってきた学生たちが受け取ったのも在所生の「挑戦」であり、彼らが没入にしていったのも負い目を起点とした自己贈与である。三井俊明は「私には帰る家がない」と訴えかけてくる絹子の「賭け」としての自己贈与に、烈しい負い目感情を抱かずにはいられなかっただろう。また、内島章太郎が絹子の「指文字」から受け取っていたものもこの負い目だっただろう。

だが、もちろんすべての施設職員が理解を示したわけではなかったし、社会がすぐさま変化を見せたわけでもなかった。多くの職員は在所生の要求に耳をふさぎ、自己贈与ではなく自己保存を優先した。自己破壊的贈与という非合理的な運動にはまりこむ前に、彼らの声を無視し沈黙する態度をとった。

しかし少なくとも与え返す贈与を身体化した彼らは、「理解を求め、拒む」という具体的な闘争形式を武器としながら、他者に負い目を刻み込み他者の自己贈与を引き出していった。ここでは投げ出された自己の負い目感情と他者の負い目感情が呼応している。われわれは府中闘争の過程から結節点としての負い目、社会の可能性としての負い目を確認することができる。

注

1……本書では府中療育センター入所者を「在所生」と表記している。これは府中闘争当時に入所者を示すために用いられていた語であり本書もそれに倣っている。なお、ゴフマンの『アサイラム』では「被収容者」が使われており、同書からの引用はそのように記載している。

2……たとえば、一九七〇年代に東京教育大学の助手であった篠原睦治は、自らが主宰する自主講座において、人間を分断していく科学の権力性を批判しながら、教師や専門家へとなる学生たちに、「学生の皆さん！あなたに与えられている『科学』『学問』が何であるのか己の今日までの教育の体験をふり返っていねいに問い直してほしいのだ」と呼びかけている（子供問題研究会 1972）。篠原はこの後も「人と人が直接的な関係の中で生き合い育ちあっていくことの確かさ」と「共に生き、共に育つ（共生・共育）」考えを基礎とした障害児教育のあり方を追求した（林 1996：14）。篠原らの取り組みに影響を与えた出来事が府中闘争であり、彼らは「分ける」のではない、直接的な出会いのなかで「共に生きること」の意味を模索し続けている（日本社会臨床学会 1996：8-9, 篠原 2010）。

日本社会臨床学会編『施設と街のはざまで――「共に生きる」ということの現在（いま）』は、府中闘争の当事者であった在所生や支援者へのインタビューを中心に構成され、執筆者のうち二名が府中闘争に直接的・間接的にかかわっている（日本社会臨床学会 1996）。

3……こうした手段でコミュニケーションをとる人を他に見たことがない。そのため、足文字は手話のように一般化した意思伝達手段ではない。

4……ここで足文字での発言を表記するさいは、新田と介護者が共同でメッセージを発する様を表現するために、「新田＋介護者：」と表す。新田が足文字ではなく口で声を発している場合は「新田：」と記している。また、誤読や反復をそのまま示し、「足文字のリアリティ」を再現するよう努めた。足文字の読み下し文をかっこ内に付している。

5……おそらく、口述やテクノロジーを用いたコミュニケーションであったら、このように人を引き入れて力関係を逆転させることはできなかっただろう。ハイテクではなくローテクであることが大きな力を発揮してきたのだ。

6……それは「負けたらそれで仕方がないという闘争ではない闘争、つまり勝つための、少なくとも負けない闘争、しかし非妥協的な闘争」（立岩 2000：357）を展開するために決定的に重要な武器であったと思われる。

7……組合はセンターの管理者を「理事者」と表現している。これは院長、副院長以下、センターの運営にあたる理事からなる集団を指している。本書では「管理者」と同じ意味で用いている。

8……理事者は、入所時の検査に一人につき五日から一週間かけるが、観察室が五人分しかないために、入所が進んでいないと説明している。

9……公災委は執行部の諮問機関として組合に独立的な位置に置かれ、各職場からの有志で構成された。このとき、腰痛を理由とした退職者が三名、公傷認定申請中の者が一四名、コルセットを使用して勤務中の者が三～四名であると報告されている。また、ほぼすべての看護師、看護助手が腰の鈍痛や疲労時の痛みを訴えていた。

10……具体的には、(1)腰痛者の勤務時間内の診療、(2)腰痛者のセンター内でのレントゲン撮影の実施、(3)腰痛者に対する勤務軽減、(4)公傷認定の申請、(5)人員要求、(6)在所生の長期外泊の実施などが検討されている。一九七〇年一一月一日付の朝日新聞に「施設の看護人に腰痛症」という記事が掲載され、療育施設における腰痛者の急増が報道されており、公災委のなかでも問題の深刻さが議論されている（公務災害対策委員会 1970g）。

11……組合は不当な勤務異動を防止するため（ある者は一定期間内に数回も異動させられ、ある者はまったく異動しない場合など）院内異動を定期化するのであれば、異動の基準を明確にするよう管理者に求め、一九七〇年三月の科長交渉でその基準が次のように示されていた。(1)二年以上の勤務、(2)発令の一週間前に組合と職場に通告、(3)異動対象者は一病棟三～四人以内。一二月一日付の異動にはこの基準にあわない対象者があったため問題化した。

12……ハンストとは食物摂取の拒否によって自己の意思を表明する直接行動であり社会運動・対抗運動では頻繁に用いられた（小熊 2009）。

13……新田は書いている。「せっかく私たちは一人の人間として主張して自分の生活を切り開こうとしているのです。だけど、親としては自分の子が飲まず喰わずで抗議しているのは見ていられない、かわいそうという愛情で障害者が自分で生きていこうというのを、何もかも親が横から来てへし折っていくのです。こういうことは親自身が障害者のより良い生活をとりあげていくという行為でしかありません。管理者の片棒を担いでいるのと同じです。こんなとき親はどうしたらいいか——。自分の子どもだという意識を捨てることなのです」（新田 2012a：209）。新田の母にも管理者から呼び出しがかかったが、母は「子どもが判断してやっていることだから」とセンターに来なかった。また、ハンストを終えた日、ともに座り込んだ仲間の親が新田のもとに駆けこんで来て、殴りかかろうとする勢いで怒鳴った。「あなたは一体何のためにセンターのなかでこんなにも騒ぐのか！　お世話している身になって考えなさい！　体が動かなく、世話をかけているのに、その上ハンストまでして！　私の子どももあなたにそそのかされてこんな姿になったのでしょう。まったくあなたのやっていることは気が狂っているとしか思えない！」と。親は子が施設から放り出されては自分が困るから、施設のなかで子がどのような処遇を受けていようとも関知しない。親の態度に怒りがこみあげた（新田 2012a：218）。

14……ハンストの後、新田は身体機能が落ち込み快復を待つしかなかった。もうセンターで生活する意思を理解せず、あるいは意思を持つことすら認めない、管理者の意向をそのまま受け入れる。子の意思をなくしていた。そうしたなかでも別れた恋人のことが何度も思い起こされ、「なんとしても自分の力で社会に出てやる」という思いを強めた。

15……小沢義文（おざわ　よしふみ）は一九四〇（昭和一五）年、東京都に生まれる。六九年、府中療育センターに作業療法助手として就職する。のちに労働組合の分会長を務めている。インタビューを二〇一〇年八月六日に約三時間おこなった。

16……もっとも懇意にしていた職員が脊髄の神経が侵されるほどの腰痛で入院した。腕と足が麻痺し食事もトイレも介助を受けていた。痛みで夜も眠れないほどだった。新田によればその職員とは「管理の枠をかすめて日常的に会話」をかわし「お互いの気持ちをわかっていた」だけにこたえたという。

17……高齢の親が子の面倒を見に来ていた。新田はこう書いている。「責任を問われ、手伝わせられる親たち——どんな気持ちだろうなぁと思うと同時に施設中心の間違った施策」に怒りがこみ上げた。

18……とりわけ沖縄からの集団就職が多く、その記事が組合のニュースに掲載されている（都職労府中療育センター分会 1970c）。

19……一九七〇年を前後して、各地の大学で若い教員を中心に「自主講座」が開講された。とりわけ、教員と学生のあいだにいた「助手」の実践があった。いくつかは六〇年代後半の「全学助手共闘会議」の流れをくみながら、独自の講座が開かれた。宇井純が東京大学で開いた「公害原論」。西村秀夫の「教育論」。東京教育大学の助手だった篠原睦治の「子供問題研究会」などがある。いずれの講座も既存の学問・科学のあり方を問い直し、支配の構造によらない、関係の直接的なあり方を模索するものだった。

20……説明会では、具体的な内容はほとんど触れられなかったが、親の要望は「山奥の施設に移されては面会に行くのがたいへんだ」という理由で移転先の所在地を危惧するものだった。同席していた新田は「親が面会しやすい場所なら障害者の生活の中身はどうだっていいのか」と落胆させられた。基本的に親の意識は移転に反対するよりも、再び家に戻されることを恐れ、子どもの生活が保障されるのであれば、どこに移されようとかまわないというものだったという。

21……新田によれば、転落した子どもの両親はやむをえない事故として認識し、センターの管理体制によって殺されたとは思いもしなかったという。もし仮に被害者が健常児であれば親は裁判を起こしたかもしれない。しかし、施設の不注意で障害児が死んでも大半の親は「やむをえない」「死んでくれて助かる」という意識が心のどこかにある。新田は「私たち障害者は健康な者に殺されて当然という社会」なのだと述べている。

22……有志グループは二月二三日、二四日に組合センター分会と全障研に対して支援要請文と質問状を出す。三月になって回答が寄せられるが、いずれも支援要請を受け入れるものではなかった。この後、センター分会執行部は、東京都の方針の妥当性を支持し、移転阻止に与しないとの方針を正式に表明する（都職労府中療育センター分会 1972b, 1972c）。

23……森谷正幸（もりたに　まさゆき）は一九五一（昭和二六）年、東京都に生まれる。大学一年のときに松本隆弘の紹介で新田と出会う。以後、府中闘争にかかわり第二テントでは新田の介護を続けた。現在は社会福祉学を講じる大学教員である。二〇一〇年一二月二四日に約一時間三〇分にわたってインタビューを実施した。

24……ゴフマンがいうように、在所生はそれぞれの抵抗とそれぞれの二次的調整を実践しながらも、大多数は「醒めた態度でやるという方途」をとるのである（Goffman 1961=1984：67）。

25……荒木義昭（あらき　よしあき）は一九四一（昭和一六）年、東京都に生まれる。光明養護学校（高等部）卒業後、自宅で機械修理業を営む。六九年、自動車運転免許取得を障害を理由に拒否される。無免許運転で三年あまり運転の後、道交法違反で起訴される。これに抗議する運動を展開し（荒木裁判闘争）、七四年最高裁で有罪が確定する。七六年、練馬区在宅障害者の保障を考える会（練馬在障会）を結成。八八年、全国公的介護保障要求者組合の結成に参加。九一年に練馬介護人派遣センターを設立。九二年には要求者組合の委員長に就任している。

26……三井俊明（みつい　としあき）は一九四八（昭和二三）年、東京都に生まれる。府中療育センターにボランティアとして訪れる。絹子の介護や外出を支える。彼女と対話を重ねるなかで恋愛関係となる。テント闘争を経て一九七五年に結婚。絹子と「くにたちかたつむりの会」を立ち上げる。三井俊明と絹子へのインタビューを二〇一〇年五月三一日に実施した。かたつむりの事務所で約二時間、ふたりと介護者に府中闘争の時代から現在のかたつむりの会の取り組みついて聞いた。

27……ゴフマンは汚染的接触のルーティン化したものとして、職員の被収容者に対する呼称システムをあげている。職員は、被収容者に対して親密な呼び方や簡略化されたかたちの形式的呼び方をする権利があるものと暗黙のうちに考えている。これは、少なくとも中流階層の人にとっては形式的な呼び方によって自他にけじめをつける権利が否定されたことを意味している（Goffman 1961=1984：32）。

28……内島章太郎（うちじま　しょうたろう）は一九五一（昭和二六）年、東京都に生まれる。大学三年のときに府中闘争に参加し、第一テントのなかで一年八か月を過ごす。後に入所施設の職員となる。退職後、知的障害者の地域生活を支えるNPOを立ち上げる。インタビューを二〇一〇年五月一七日に約三時間実施した。

29……分裂後、はじめ新田はこれまでかかわりのあった新左翼党派と組んだ。しかし、彼らがことあるごとに口にする言葉は「障害者差別糾弾、帝国主義打倒」だった。しかし、そうした題目を唱えるくせに、新田の介護に遅れたり、来ないことがある。彼らをただすと「革命を達成するためには、介護が疎かになることもやむをえない」といった。新田は「そんなバカな話があるか。一人の命を犠牲にして何が革命だ」と思った。こうした人たちとはやっていけない、と彼らとも分かれた。

30……民生局長はNHK出身の縫田曄子だった。縫田は美濃部都政の第二期に「福祉の美濃部」の目玉として民間から民生局長に迎えられた。府中闘争については、行政・住民・労働者の利害がぶつかりあい、「あちらを立てればこちらが立たず」の葛藤状況にあったことを述べ、「『話し合いによる解決』という言葉が時としては空虚に聞こえるほど、行政の立場は複雑になり、また役人の悩みも大きくなる」と述懐している（縫田 1977：34）。

31……後日、母がセンターに来て悲しそうにいった。「勲が勝手にやったことを、なぜ怒鳴り込まれたり、平謝りしなくてはならないのか。勲が何をしようと誰とつきあおうとかまわないが、こういう怒鳴り込まれるようなまねはやめてちょうだい」。親が怒鳴りこむのは勝手だ。だが、自分たちの判断でつきあった。それなのに、どうして親の責任であるかのように一方の親が他方の親を責めるのか。結局、母は子を尊重するよりも、よそ様の子どもに迷惑をかけたといって、謝罪する意識しか持たなくなる。「そこでは母親も健全者意識、障害者の人権を無視するひとり」なのだと書いている（新田 2012a：442）。

32……一九七〇年一二月に東京都が発表した移転計画は、その後、実施に移されていく。
一九七三年一月一七日、重度身体障害者、多摩更生園（身体障害者療護施設）へ移転開始。
一九七三年一月一九日、重度知的障害者、八王子福祉園（知的障害者更生施設）へ移転開始。
一九七三年一月三一日、重度知的障害児、東村山福祉園（知的障害児施設）へ移転開始。
一九八一年一〇月一日、重度身体障害者、日野療護園（身体障害者療護施設）へ移転開始。
一九八三年六月二日、重度身体障害者、重度知的障害者の移転が終わる。府中療育センターには一七名が残る。計画が発表されてから一四年、移転が開始されてから一一年が経過している。この時間が移転の難航を示している。

33……醍醐安之助（一九一二～一九九一年）は大田区選出の東京都議会議員。第二四代東京都議会議長（一九七三～一九七五年）。蒲田を中心に勢力をもったテキヤ「醍醐組」の組長から都議会議員に転身、都自民党議員一一期を務めた。

34……その後、朝早く、アパートで寝ていた絹子のもとに二人の障害者と四、五人の支援者が押しかけた。押し問答があり「みんなを切り捨てるんだな、差別者」といい捨てられた（根本 1996：86）。

35……一九七七年三月から一八回の建設委員会（身体障害者療護施設建設委員会）が持たれた。この委員会は「府中療育センター問題の解決と在宅待機者解消のための新しい療護施設を建設するため」に、都の民生局や有志・支援グループばかりでなく、「青い芝の会」「ねっこの会」「都障連」などの障害者団体の代表も参加した。

都と最後に「障害者が施設を選択する」という確約のもとに、府中療育センター一階の障害者たちに日野療護園入居（所）の希望がとられ、最終的に三分の一弱一四名の希望があった（戸恒 1996：176-177）。

36……志野雅子（しの　まさこ）は一九三一（昭和六）年、東京都に生まれる。六八年に府中療育センターに入所するまで家族のもとで暮らす。父の死から家族による介護が困難になり、入所を申請する。センターで生涯過ごすつもりでいた。センターの管理体制は仕方がないと目をつぶり、読書が趣味であったため、本の世界に没頭しようと考えた。だが、絹子との出会いが転機となる。移転阻止闘争では絹子が都庁前テントに座りこみ、志野がセンターに常駐し、処遇改善に取り組んだ。八一年、協議の結果建設された日野療護園に移る。施設を生活の場とするための実践を重ねる。

37……もっとも、志野もその後の一九八八年、日野療護園を退所し一般住宅に移り地域生活をはじめる。志野の活動については、岡田［2002］に報告と分析がある。ゴフマンは、施設内に見られる機関誌の発行、年次パーティ、施設内の素人芝居などの集合的儀礼や、〈自治〉などの役割解除が、職員と被収容者の連帯性や施設への協調的帰属を生むと指摘している。しかし、こうした「集合的儀礼」は物々しいながらも平板であり、共同体と呼ぶのには何かが欠けていると述べ、施設内「連帯」の限界をほのめかしている（Goffman 1961＝1984：115）。

38……施設の基本構造が明らかになっているだろう。施設は被収容者の安全を確保しようとすれば支配－被支配の関係をもたざるをえない。施設は多様で固有の人間関係を奪い外部との交流を断つ。そのため施設の内側からの「改善」運動は非常に困難で限界があった。ゴフマンが指摘しているように、全制的施設においては「家庭的なもの」は存立しえない。施設が被収容者の集団的管理のために一定の強制力を働かせているかぎり、その強制力は否応なく「家庭的なもの」を抑圧する。全制的施設と家庭という二つの集団形態は両立が困難である（Goffman 1961＝1984：8）。加えて、府中療育センター固有の問題もあっただろう。センターが、身体、知的、重症心身という状態がそれぞれ個別に異なる人たちを、同じ居住空間に収容し、全病棟を同一の規則で管理していたことがそもそも問題としてある。身体障害、知的障害の在所生に対しては、日常的に医療は必要とならない。生活をどのように送るかということが主題となるだろう。他方、重症心身障害児・者に対しては医療的処置が日常的に求められる。府中療育センターは後者に対する医療施設としての性格を強くもっていた。「生活の場」を求める在所生からすれば、日常的な医療的管理は苦痛となる。しかも、設立まもないこともあって施設運営自体が試行錯誤のなかにあった。それに対して処遇改善要求が出されることになる。

第5章

相互贈与を求めて

——他人介護のありか

新田は一九七三年に府中療育センターを退所し、東京都北区の都営住宅に移る。センターにいれば食べることにも寝るところにも不自由しなかった。しかし、地域に出ればそうはいかない。食事も住まいの管理もすべて自分で考え実践しなければならない。何よりも彼は介護の手を必要とする。どうやって介護者を集め、どのような生活をつくっていくのか。それが課題となった。

府中闘争において彼らは贈与を「与え返す」契機を見出していた。それは「賭ける」贈与だったが、施設を出てからのそれは一撃を加えるだけではない、財を与える制度の構築が目指された。では、彼らはどのような福祉を立ち上げようとしたか。本章の目的は新田らが生活実践のなかからいかなる制度を求め、それを獲得していったかを明らかにすることである。

1　いかなる福祉を立ち上げるか——他者との関係を媒介するもの

(1) ぶつかりあいの人間ドラマ

本章もはじめに現在の新田の生活を観察することからはじめよう。彼が新しく入った介護者に見せるビデオが三つある。これらを介護者に見せることで自分がやってきたことの意義を伝え、自立生活の介護にかかわることの意味を示している。

その一つは一九七五年に彼を取材したドキュメンタリー『月額五〇万円の要求』(テレビ朝日)だ。この映像には当時の行政や交通機関の実情が映されておりとても興味深い。厚生省の官僚とのやりとりのなかで、新田らが「どうして施設では介護が保障されて在宅では保障されないのか」と詰め寄ると、官僚は「現在、施設以外に対応しうる施策はございません。したがって、われわれとしては施設入所をお勧めします」と明言している。また、彼らが月五〇万円の介護料を要求していたのに対し、官僚は「現在の社会通念から見て不可能」と答えている。それから、駅の階段にはスロープもエレベーターもなく、周りの通行人に車椅子を抱えてもらって階段を上がっている。東京の都電荒川線に乗ろうとすると、運転士が新田を車椅子ごと乗せまいとして乗車を拒否している。

二つ目は新田と同じ都営住宅に住んでいた猪野千代子の日常を撮ったビデオだ。一九八一年ごろに新田と介護者たちが制作している。彼らはこれを大学や講演会の場で上映し、介護の必要を訴えたという。映像のなかには猪野の食事やトイレ、睡眠の場面などがあり、若い介護者たちが入れ換わりやって来て介護をしている姿が記録されている。次の月の介護体制が組めず、介護の依頼のために猪野が何件も何件も電話をかけている。かけては断られ、かけては断られするので、猪野が「じゃいつになったら入ってくれるんですか?」と問いかける。しかし返事がない。「あぁそう。もう頼みません!」と受話器を置く猪野の悔しそうな顔が忘れられない。

最後は『男たちの旅路　車輪の一歩』だ。山田太一脚本のこのドラマは一九七九年一一月二四日にNHKが放映したもので、新田はこれをビデオテープに録画して、来る介護者に観賞を薦めている。見せる前には必ず「障害者が生きるって他人に迷惑をかけることだってどういう意味かわかる?」と問いかけ、障害者が社会で生きることのリアリティを想起させている。『車輪の一歩』はほんとうに感動的なドラマだ。ここには障害を持った人たちが出会う普遍的な問題がいくつも盛り込まれている。これを見ると新田や猪野たちがどれだけの現実と闘ってきたかが想像されてたまらない。社会学者の長谷正人はそのすぐれた山田太一論のなかで『車輪の一歩』に言及している（長谷 2009b）。少しだけこのドラマのストーリーに触れよう。主人公の一人である脊髄損傷の若い女性（斉藤とも子）は、周囲に迷惑をかけるからと外出を控え、家に引きこもっていた。そんな彼女を仲間たち（斉藤洋介や古尾谷雅人、京本政樹、そして鶴田浩二）が「外へ出よう」と励まし続ける。ある朝彼女は段差があってあがれない駅にやってきて、恥ずかしさを振り切ってこう叫ぶ。「誰か、私を上まであげて下さい」。か細かった声は次第に大きくなり、周囲に届く。手助けしてくれる人が現れ、彼女は駅の階段をあがる。

長谷はこの場面を見ながら「人に迷惑をかけてしまうからと外出を遠慮してしまう車椅子の人々の気持ち」を思った（長谷 2009b：34）。彼はこのドラマを七九年の放映時にではなく、二〇〇三年にとある宿泊先でたまたま見たらしい。しかし、だからこそ、このドラマが「他人に迷惑をかけない」という日本社会の道徳的イデオロギーを撃っていることに気づかされた。というのも、一九八〇年代の中頃、彼は車椅子の若者に「駅の階段をあげて欲しい」と頼まれて手伝ったことが何度かあった。車椅子は二人でないと重くて持てない。最初に声をかけられた一人は車椅子の若者とともに二人目を見つけなければならない。声を張り上げて「誰か手伝ってください」と叫ぶ。だが、ほとんどの通行人は無視して通り過ぎていく。そんなとき彼は少しだけ斉藤とも子と同じような「恥ずかしさ」を経験したという（長谷 2009b：34）。だから、その二〇年後にこのドラマを見たとき、障害者の経験が自分とはまったく無関係なものとは思わなかった。しかもそれは車椅子での外出が比較的容易になった現代の状況しか知らない者の視点とも違った。いまでは駅にエレベーターがつき、車椅子での乗車は駅員がシステマティックに対応してくれる。障害者と健常者のルートは区別され、効率的に電車を利用できる。確かにそれは良いことなのかもしれない。車椅子の人たちは斉藤とも子のように恥ずかしがらないで済むようになった。確かにそれは良いことなのかもしれない。

しかしそこには、差別がなくなった代わりに、ドラマもなくなってしまったように思う。私は車椅子の青年にあのとき呼び止められて迷惑だった。でもそのおかげで障害者が移動しにくいという理不尽さを身体感覚で覚えこまされた。そのやり取りから受けたショックはずっと私のなかに残った。このように障害者と健常者が衝突したり、迷惑をかけたりかけられたりするようなドラマ（まさに本作のなかで描かれている健常者と障害者のぶつかり合いのドラマ）が、いまのスムーズな社会にはなくなってしまったのではないか。（長谷 2009b：35）

「差別がなくなった代わりに、ドラマもなくなった」とはいい得て妙だ。確かに現代は「ドラマを回避する社会」になってしまったのかもしれない。しかし、ほんとうにそうだろうか。長谷はそういうけれど、私の知っている新田の世界にはいまでも「ぶつかり合いのドラマ」が繰り広げられている。公的介護保障要求運動はまさに日常のドラマから、介護の必要を主張し、介護保障の制度化を求めていった。本章からはそのドラマの数々を見ていくことになる。

(2) 心の共同体

たとえば、入浴介護の場面を振り返ろう。一度、入浴の最中に、なぜ介護者とともに風呂に入るのかと新田に聞いたことがあった。彼は「健全者の意識は、脳性麻痺は気持ち悪いとか恐いとか不気味とかが多い。一緒にめしを食って一緒に風呂に入って障害者と健全者がともに生きるっていうことを追求したい。少なくとも介護者の意識は変えていきたい」と答えた。つまり、こうしたライフスタイルを実践する目的の一つは、健常者の差別意識や偏見を変更させるためだった。

これは横塚晃一が遺した『介護ノート』に書かれてあることと同形の語りだ。横塚は青い芝の会のリーダーとして、一九七八年に急逝するまで、七〇年代の障害者運動を理論的にも実践的にも牽引した人物として知られる[1]。主著『母よ！ 殺すな』に展開されている横塚の論理は、日本の障害者運動の理念的基礎をかたちづくったといってもいい。

横塚は一九三五年の生まれであり、四〇年生まれの新田と世代が近い。実際、七〇年の府中闘争ではセンター当局との交渉に横塚も参加している。府中闘争以後、彼らのあいだに親交があったわけではなく、直接的な影響関係を認めることはできないが、同じ時代の空気のなかで自己形成・運動生成をした者同士として、共通点を見出すことができる。

一九七八年、横塚は胃がんの治療のため、都立駒込病院に入退院を繰り返していた。このとき彼に付き添った者たちによってまとめられた記録が『介護ノート』である。このノートを読むと、同じ脳性麻痺者で、妻であった、りゑが書き残した言葉が目を引く。彼女は最初、横塚の看病に健常者がかかわることに対して葛藤が消えなかったという。長い葛藤の末、同じ願いのもとに「健全者と協力できる喜びと感謝」を抱くようになった。そのことを彼女が横塚に伝えたとき、彼は「心の共同体」の話をしたという。

横塚は「CPにかかわろうとする健全者は、常に自分の属している世界にはみられない何かを知りたい、何かを得たいと思ってやってくるのだ。その要求を満たしてやれないCPは健全者を使うことはできない」といい、「思いやりは相互に」を繰り返した[2]。「健全者に思いやりを要求するだけではいけない。こちらも健全者のことを思いやらねば……」と語った。りゑによれば、思いやりとは健常者に遠慮することではなく、「思いやった上で、それでもなおCPとしての主張を通さなければならない。時と場合によれば、健全者がぶっ倒れるのを承知の上で、健全者を使い切らなければならない」というものだった。

横塚はよくこんなセリフを口にしたらしい。「オチンチンの先まで洗わせろ」。介護者と風呂に入って、前をタオルで隠すようではとても「本物の関係」をつくることはできないのだと。また、「CPと一緒に平気で飲み食いできるというのは大事なことだ。介護者の○○君は、俺のたべ残したオカユを食べてしまうが、意識してやっているんだろう。子供の食べ残しを食うのにためらう母親はいないけれど、他人どうし、しかもCPの病人のなんだからな」と感激した。横塚の排泄物や吐物の始末をするときに嫌な顔をする介護者を見たことがなく、「△△君なんか、かえって嬉しそうに俺のウンコを始末してる」と喜んだ。

りゑによれば、横塚の闘争は脳性麻痺者の生存権保障の闘いであったが、同時に養護学校義務化反対運動に見られるような、強制隔離を拒否する闘いでもあった。隔離を拒むということは、社会のなかで健常者とかかわりあう生き方を選ぶということだ。その「かかわり方の姿勢を追求し、共にCPとかかわり合える健全者をつくり出そうとした夫が、自分のまわりに集まる同志、とりわけ夫を少しでも長く、苦痛少なく生かそうと努める介護者との結びつきを言い表そうとした言葉が〝心の共同体〟であった」。横塚は「一期一会」という言葉を好み、「一生にただ一度出会えた因縁の不思議さを思い、若い介護者との出会いを大切にしようとした」という（横塚 1975=2007：267-8）。

(3) コミューンの共生実験

これは新田の世界ではないか。七〇年代に横塚が描いた「心の共同体」は新田が求めてきたものと一致している。そう思った。「思いやりは相互に」、「オチンチンの先まで洗わせろ」などは新田がそのまま同じことをいっている。妻のりゑが記している介護者の態度も、まるで新田のところの介護者を見るようだ。この「心の共同体」論を引き継ぎながら新田の入浴介護の特徴を確認すると、最大のポイントは被介護者と介護者がともに風呂に入る、身体の接近がある。介護者はパンツを履かず、新田と風呂に浸かり、相手の身体も洗うが自分の身体も洗う。これには横塚が述べていたことと同様に、健常者の差別意識を身体レベルから変え、「ともにかかわりあえる健常者」を育てるという意図があるだろう。

また、介護者が被介護者を配慮するだけでなく、被介護者が介護者を配慮するという、配慮の相互性が見られる。新田はときおり「自分だけがごはんを食べるとか、自分だけが風呂に入るなんて大嫌い」と口にするのだが、「介護者にもこの場を楽しんで欲しい」という思いが強くある。「きみも入りな」という誘いは彼の率直な感情であり、新田にとって風呂に入るという経験は被介護者・介護者双方にとって「風呂に入る」ことであるらしい。これも横塚のいう「思いやりは相互に」と重なる。実際、新田が気持ちよさそうにしている姿は私にとって快であったが、同じように私が気持ちよさそうにしている姿は新田にとっても快なのだろう。これは入浴介護に限らず他の場面にも見られ、新田は介護とは、どちらか一方がする／される経験ではなく、互いが互いを助ける「相互扶助」だと語る。そのためこの生活は強い共同性を見せている。

一九七〇年代にはこの人と人が「ともに暮らす」ということが真剣に問われた。いくつものコミューンの実験と邂逅してきた栗原彬は、青年の自己同一性の問題と共同体の問題とが呼応しあっていたことを指摘する。コミューンの実践を振り返りながら、彼らにとって問題を問うための切実な条件の一つは「ともに住むということ」だったと述べている（栗原 1973a：21）。

水俣病患者、三里塚の「百姓」の苦渋に充ちた闘いの中に、また、いくつかのコミューンの共生実験に、分裂と深い矛盾を含みながらも倫理＝共同性は確かな質をもって現れ、既存のシステムの中に異化作用を引き起こしてきた。システムから疎隔され、否定的アイデンティティやスティグマを強いられた人々は、システムの役割・機能規定に依存しない、文字通りの人柄と人柄の出会いへ、つまり間柄性の確認の中から自己と他者の発見へと歩み出る以外になかった。自己の一度の死と抑圧的構造の確認、信頼できる者とできない者の区別、よりよい生活の生みの苦しみに賭けること、敵の中にも尚人間的な力の源泉を看取ること——これらの経験の綴れ織りの中から、やさしくしたたかな人柄と間柄性とが鍛えあげられてきた。(栗原 1973b：85)

新田の生活はコミューンの共生実験として捉えることができる。この場で「やさしくしたたかな人柄と間柄性」が鍛えあげられていったはずだ。公的介護保障要求運動の場合、このことはふたつの水準で実践された。第一に共生を可能にする条件を制度の水準でつくるということだ。第二にコミュニケーションのレベルで介護者と関係をつくっていくということだ。この二つは密接にリンクしており、彼らは生活のあり方を踏まえて制度設置を求めた。では、コミューンの共生実験とはどのようなもので、いかなる経過をたどったか。以下に見ていこう。

2　公的介護保障要求運動の生成

(1) 自立生活のはじまり——新田勲と猪野千代子

一九七三年八月、新田は府中療育センターを退所し、東京都北区王子本町の車椅子者用都営住宅に入居する。このアパートは北区の区立中央公園に隣接している。公園一帯は戦前から軍用地として利用され、戦後もアメリカ軍と陸上自衛隊が駐屯した。ベトナム戦争が泥沼化した一九六〇年代後半、この地に負傷したアメリカ兵を収容する野戦病院の建設が検討される。それに対して地元住民が受け入れ反対運動を展開する。主婦や商店主といった地元住民と学生たちが連日デモを繰り広げた。いわゆる「王子野戦病院闘争」である[3]。ベトナム戦争の終結とともに野戦病院は撤去され、この闘争は終息する。跡地は区立公園となり図書館などの文化施設が建てられた。そのすぐそばに一六棟の都営住宅が新たにできた。新田はここに入居したわけだ。

こうして新田は新しい生活への準備をはじめる。生活費は生活保護でまかなおうと考えていた。福祉事務所へ保護の申請に行くと、ケースワーカーは生活扶助の給付は認めたが、介護加算のなかの「他人介護加算」については「前例がない」といって給付を渋った。新田は何度も福祉事務所に通い加算を要求した。結果、当管区では初めてという他人介護加算の支給を認めさせた。生活費はなんとかなった。あとは介護者だ。府中闘争以来かかわりのあるボランティアをかき集めた。

このとき彼はリハビリ学院の女性と別れ、別の女性とつきあっていた。彼女は渋谷裕子といった。裕子は新田との子を妊娠していた。センターを退所してすぐだったが、産まれてくる子どものためにも生活を確立しなければならなかった[4]。彼女と話しあい、焼却されてしまった都営住宅の書類は、紛失したことにして再度発行してもらい、裕子と婚姻関係を結び入居することにした。行政の窓口をくぐりぬけ入居が決定した。

一九七三年、彼が地域生活をはじめるちょうどそのころ男児が誕生した。幸宏と名づけた。

自分自身の介護体制を組む必要とともに育児が待っていた。昼間はボランティアとともに介護者を探し、介護者と共同でミルクをつくり飲ませた。おむつの交換もした。夜中に子どもが目を覚ませば昼につくっておいたミルクを与えた。

同じ一五号棟の一階には他に五つの障害者世帯が入居していた。そのなかに府中闘争をともに闘った猪野千代子がいた。新田に介護保障要求のきっかけは何だったかと質問すると「猪野さんがいたから」と語ることが多い。猪野は新田より障害が重度であり、文字どおり二四時間の介護がなければ生存が危ぶまれた。彼女の絶対的な介護の必要性から公的介護保障要求運動ははじめられたという。ここで少し猪野について触れよう。

猪野は一九三六（昭和一一）年、東京の町屋に生まれた。七か月の早産だった。生後二か月がすぎたころ重度の黄疸が身体に現れる。それが原因のためか、半年後も首が座らなかった。六歳になっても、つかまり立ちはできたが歩くことはできなかった。国民学校に入学する直前に健康診断を受けると医師は脳性麻痺と診断した。就学免除となり学校に通うことがなかった。家庭では二男三女の長女で猪野の介護は親も手がまわらなかった。子どもの頃は家を出ることがなく手芸をしたりして過ごしたという（障害者の足を奪い返す会 1997）。

一九六七（昭和四二）年、三一歳のときに都内の病院に入った。翌年、開設されたばかりの府中療育センターに移る。府中闘争にかかわった後、機能回復のために新宿区の牛込病院に入院し外科手術を受けた。しかし、手術の効果は見られなかった。府中時代からボランティアとのかかわりがあり、その支えによって七三年、北区の都営住宅に入居する。都電の乗車拒否を契機に七五年一月、「障害者の足を奪い返す会」を結成、交通アクセス運動の先駆をなした。一九九九（平成一〇）年に亡くなっている[5]。

猪野を闘争に出会わせたのは府中療育センターだった。新田らがハンストをおこなった頃、猪野は青い芝の会が発行する『しののめ』に詩を寄せた。「死にたい」と書いていた。それを読んだ若者たち、特に若い女性が反応を示した。彼女らは猪野と接触し交流するなかで、施設ではない場所での暮らしを模索しはじめる。猪野はその足掛かりとするために障害の機能回復を考え、センターを退所する。その転院先が牛込病院で、和田博夫という障害者の機能回復手術を専門とする外科医がいた[6]。和田は国立身体障害者更生指導所[7]の医務課長を務めた人物で、脳性麻痺者への外科手術を数多く実施しており「整形外科医の神様」と呼ばれた。猪野は自身の障害を少しでも軽くしようと和田のもとを訪れた。

この牛込病院のもとに猪野のリハビリを手伝う学生が集まるようになった[8]。集まった学生たちは猪野の介護体制を組めるまでになる。しかし、猪野は自分の身体には機能回復手術もリハビリも効果がないことを知る。それならば施設も病院も嫌だ、地域へ出たい。彼女は牛込病院を退院し北区王子本町の都営アパートへ移った。新田と同じ一九七三年八月のことである。

図20　新田と猪野

(2) 七〇年代の介護者たち

新田や猪野の自立生活が可能となったのは彼らが出会った若者たちがその介護を支えたからでもある（図20）。ここからは一九七〇年代の介護者たちについて紹介しよう。本章は新田らと介護者たちの相互作用を中心に記述することになる。

大野まりが新田らと出会ったのは府中闘争のさなかである[9]。猪野の詩にひきつけられたひとりが彼女だ。それがきっかけで、まりは府中療育センターの猪野のもとを訪れる。彼女は在所生たちに外へ出かけようと呼びかけ、希望する者を外へ連れ出した。当時在所生だった岩楯恵美子ともよく出かけた。映画にいったことがあった。岩楯は二〇歳を過ぎていたが、一〇〇円玉を見たことがなく、「これがお金なの？　どうすればいいの？」といった。まりはその姿に愕然として施設が持つ抑圧性に気づかされたという。

まりはラディカルな人である。それまで新左翼運動にかかわり、自分の生き方と社会との接点を見つけ出そうとしていた。しかし、新左翼の「運動」には違和感ばかりがあった。はじめ「民青」（日本民主青年同盟）の集会に出たが、「ぜんっぜんっおもしろくない。ダメ、あわない」といって入会もしなかった。その次に「中核派」に顔を出すようになったが、これも「なんかおかしい。なんか違う」と感じてすぐに辞めた。次第に府中療育センターの在所生と付き合う機会が増えると、「運動」ではなく「生活」をともに楽しもうという意識が芽生えた。「思想」より「感覚」や「匂い」に素直でいたいと思った。

まりには主義主張といえるものがなかったが、あえていえば「日和見主義」だったらしい。府中闘争の座り込みのときも二つのテントの「どちらにもつかないでフラフラしてた」。「運動の人は思想とかさ、主義とかさ、あるじゃん。あれ、（私たちには）ないから」。「なんでも、『あー、そうなんだー。へぇ。……で、それで？』みたいな感じだから。アハハハ」と笑っていた。府中療育センターを訪問するときもセンターの職員と敵対するわけでもなく、「こんにちは～」と親しげに入って行って新田や猪野、岩楯たちと外出をともにしたらしい。

下田達也もまりたちの仲間だ[10]。彼が新田らと出会ったのは、府中闘争のころ、まりに頼まれて新田を国立《くにたち》のアパートから都庁前までタクシーで送り迎えしたときだ。新田は自分のアパートに住んで都庁前のテントに通っていた。ときどき府中療育センターに帰っていたので、下田はその移動を助けた。また、猪野が牛込病院に入ったときは彼女のリハビリを手伝った。夜に病院へ出かけていって、猪野に「リハビリしよ」と声をかける。けれど、彼女は「痛いからいやだ」と顔をそむけてしまう。下田が「じゃ帰るよ」というと「おそばつくって」というので、よく夜中にそばをつくっては一緒に食べた。猪野が都営住宅に入居してからは、「男性は新田のところへ」といわれ、それから新田と本格的なつきあいがはじまった。

下田が高校三年のときに東大闘争があった。大学に入ってからは学生運動にコミットしていたが、かつての熱気は日に日に衰弱していき、逆に過激さだけが増していた。彼はそのことが非常に苦しかった。もともと「楽しくいたいし、生き生きしたいし、のびのびしたいしって思っているのに、どんどんそうじゃないところに。自分がやっている動きがすごくつらくてね」と語っていた。そんなとき猪野や新田と出会った。そこで「運動」の文脈ではない「生活」の大切さを知ったという。

下田：自分が生きるのに必要なところ、それは主義や主張じゃなくて、やっぱり息を抜くところだったり、遊ぶことだったり。それぞれがみんな、アニキ（新田の愛称）と同じ生活というところでつきあいたいっていう。運動をするために外に出たわけじゃないからね。楽しく生きたいわけでさ。だから、「こんな楽しいことあるよ。あっちいこう、こっちいこう」って遊びにいったりね。そういうことを含めて。そういう生活の部分でつきあっていたというか。

下田の友人に中村義春がいた。中村は同級生だった下田に誘われて猪野のリハビリを手伝うようになった[11]。彼の場合も、リハビリや機能訓練は猪野が嫌がるのでほとんどせずにマッサージ程度のことをやった。中村はそれまで障害者福祉に関心があったわけではなく、むしろ「偏見をもっていた」ぐらいだった。しかし、猪野との出会いが障害者観を変えた。中村は猪野の印象を「すばらしい人でしたね。あの人のインパクトが大きかったからね、最初の障害者の人だったから」と回想していた。

中村：猪野さんの目はとてもきれいでピュアな感じがして。それで、「こういう人がいるんだ！」と思ったね。うん。なんっていうんだろうな、新鮮な感じがしましたね、やっぱりね。障害者の人とつきあってこなかったから、はじめて触れて接して、そのストレートな気持ちとかね。

猪野の都営住宅への入居が決まってからは、彼女とともに買い物に出かけ、家財道具をそろえたり、役所への手続きに同行したりした。猪野はトランプが好きだった。ババ抜きをよくやった。「かわいいんだよ、あの人」と中村は笑っていた。猪野が「私は生きることが仕事だよ」といっていたことをよく覚えている。猪野から介護を求められることはなかったため、その「延長線で」、三軒隣に住んでいた新田の介護をはじめることになる。

中村は学生運動にはかかわっていなかったが、ベトナム反戦運動の影響から、「自分がどうしたら生きていけるのか」を高校のころから考えるようになり「既成のレールには乗らない」と決めていた。生き方を模索するなかでいくつかの社会実験的な試みに参加した。竹内敏晴の「竹内演劇研究所」を訪問しレッスンを受けた[12]。そのためもあって介護は自分の「からだをひらく」実践であったという。また、山尾三省の思想に共鳴し「ほびっと村」にかかわる[13]。新田の介護を離れてからも宇都宮辰範の介護や無農薬野菜の販売に携わった[14]。

野坂光彦は大学二年生だった一九七四年の春、板橋から十条に引っ越した[15]。たまたま普段と違う道を歩いていると「猪野さんや新田さんがビラを配ってらして。それをうっかり受け取ってしまった」。それがはじめての出会いだ。そうしたら、つきあいがはじまった。新田の家を訪問した最初の日のことを鮮明に記憶しているという。

野坂：新田さんたちの生活を見て衝撃を覚えた。強烈な衝撃でしたね。こういう方がこういうかたちで生活してらっしゃる。また、続いていくというのがすごい。

＊＊：衝撃というのは、どういう点ででしょうか？

野坂：双子で兄が障害者でありますから、普通の人よりも身近に感じたかもしれないけども、私の兄とは比較にならないぐらい、それでいて、かつ自立しようという、当時、そんな言葉は思い浮かばなかったですけど、自立しようというような意欲があったり、非常に困難な

図21　介護者たち

介護者のローテーションみたいなものを組んで、施設から外へ出てらっしゃると。普通だったら、身近にいなかったら、障害者って家のなかにいたり、親がみたりっていう発想しかなかったもんですから、びっくりしました。

その日、介護者にお茶を出してもらい、あれこれ話をした。話しているうちに「先進的なことをいわれたりして、考え方に驚かされたり、触発されたり、やはりそういう姿勢というものが、すごい感銘を受けた」と語っている。

野坂は高校時代から高橋和巳を読みふけり、東京に出てきてからは神田の古書街へ高橋の著書を求めて足繁く通った[16]。学生運動は下火になっていたが、「プチ左翼みたいなことで、若いからなんかしたいなぁと思っておったんでしょうね」という。各地で開かれていた集会にもよく出かけた。たまたま新田らのビラを受け取ったのも、社会的な問題に関心を持っていたからだ。

彼は少しずつ新田の介護をまかされるようになる。ひと月に一、二回だった回数が、次第に増え、多いときは一週間に三日も四日も入るようになった。もっと入っていた週もあり、「結局、一緒に住まわせてもらってたんじゃないでしょうか」と笑っていた。

介護の日以外はアルバイトをした。清掃車を運転し東京中を走りまわった。仕事は午前で終わり午後から介護にいった。介護は交通費が出るわけでもなくまったくの無償だった。ただ、新田の家では食事をともに食べた。食費は新田が支払ってくれた。まさに生活まるごとかかわった。そのため大学にはすっかりいかなくなった。野坂は論理先行型のところがあったが、そうしているうちに少しずつ生活に浸れるようになったと語っていた。

介護者たちは六〇年代後半から七〇年代はじめの時代の空気を吸った、何らかの社会運動に関心を持つ若者たちだった（図21）。しかし、彼らは大文字の社会変革とは無縁であり、学生運動や新左翼運動の観念論からは距離があった。社会運動へのコミットは、自己のアイデンティティをめぐる問いから発しており、彼らにとって新田や猪野たちの「生活」との出会いは、思想や主義ではない、身体感覚から自己を変えていくきっかけとなった。本章では彼ら四人の語りを中心に据えながら、一九七〇年代の公的介護保障要求運動の世界を記述しよう。

(3) 日々の介護

では、日々の介護ではどんなことをしていたのだろう。介護者たちに聞くと食事の時間が記憶に残っているようだ。料理は新田が介護者に指示を出して介護者が調理した。男性の介護者はそれまで料理をしたこともなかったが、新田は多くのレパートリーを知っており、彼に教えられたという。現在の自立生活運動では料理ひとつとっても介護者任せにするのではなく、自分で食材を買いにいき（もちろん介護者の介護を受けながら）、介護者に指示を出して食事をつくるというスタイルが奨励され、ＣＩＬが主催する「自立生活プログラム」でもそのことが伝えられている。こうしたスタイルを誰が教えたわけでもないのに新田ははじめから実践していた。

＊＊：当時から新田さんは料理をよくしてらしたんですね？
下田：うん。してたねぇ。いろんなものをいろんなかたちで「つくれ」って。おれが「めんどくせぇ」とかいって。「あれだったら、そのへんでてんぷらかコロッケか買ってくるから」つったら、怒ってね。
＊＊：ハハハハハハ。
下田：で、「早く死ぬから、いいもの好きなものをちゃんと食べたい」とかね。すごくそういったよね。死なないけどさ。

下田も野坂も台所に立って料理をした。食事は新田と介護者でテーブルを囲み食べた。新田はどんぶりに食べ物を入れて、自分でスプーンを持ちすくって食べていた。身体の状態によっては介護者が介護をした。また、どんぶりに口をつけて大きな音を立てながら飲むように食べることもあった。「犬食い」だ。

交渉ごとでうまくいったりすることがあると夕食はすき焼きだった。新田はかなりの甘党で紅茶やワインを飲むのに角砂糖を一五個入れた。「こんなに入れるの?」と聞いても「いいから」といった。他に和菓子が好きで餡子でごはんを食べていた。野坂は「たぶんね、新田さんところで食べることも楽しかったんだと思いますよ」と語り、食卓の話題は「生活のことから新田さんのご家族のことから。私の家族のことから。まぁ、運動のやりとりのこととかもずいぶん話をしたですかね」と、「もういろんなことを話した」と振り返っていた。下田も同じことを語っている。

下田:いろいろ、共同生活をいろんなかたちでやってたから、アニキと話すことといったらやっぱり二〇代で、「愛とは何か」とかさ。

**:愛とは何か?!

下田:そういうことをほんとに一晩中アニキと延々話す。「生きるって何か」とかさ。「人の求める幸せって何か」とか、そういう哲学的な命題についてはよく話をしてた。そこら辺がね、ぼくにとってもだけどアニキにとってもすごく重要だったんだと思うねぇ。でも、たぶん片方でアニキは運動も別のところで運動をしてたんだと思うけどね。ぼくなんか夜で。夜、行って、夜中めしつくって風呂入れて話して。朝はやく出て行くみたいな。

入浴は、新田はもちろん介護者も裸になって入った。どちらかが体を洗ったあと、どちらかが洗った。湯船にいっしょに浸かるわけではなく交代で浸かった。排泄の介護はなく、新田は自分でおこなっていた。脱衣を手伝うことはあったが、基本的には排泄の介護はしなかったという。

睡眠については、野坂が「私らほんまにその家族みたいに寝おきさせてもらってましたから」というように、新田が寝ているすぐそばに布団を敷いて寝た。服薬や着がえで夜間に起きることはあったが、眠らずに見守るという具合ではなく、自分たちも眠った。

(4) 運動と生活の接続

新田らがはじめた自立生活は社会運動と生活がひと続きの実践だった。生活を成り立たせるためには運動をしなければならない。運動が生活を可能にする条件をつくった。この両方に取り組む必要があった。介護者の野坂は生活と運動の両方にのめりこんだ。「場合によっては障害者の生活そっちのけで、つっこんでいったっていうことだったかもしれません」というくらいに「熱くなった」。運動とは一つには行政交渉だ。交渉の場面について野坂に聞くと、こう語っている。

＊＊：いまぼくたちは介護者という意識が強くて、新田さんの足文字を読むっていうことに徹しているところがありまして、自分の思っていることはいわないんですよね。一緒になって闘うっていう姿勢は薄い感じがするんです。行政交渉といってもわれわれは何もいわないんです。

野坂：当時、セクトとかいうこともう私の年代では廃れたというか、後なんですね。ただ、その「障害者の手足」ということにかんしては、やっぱりその話し合いをよくしてたし、完璧にそう（手足——引用者注）とは思ってなかったので。決して「黒子」みたいではなくて、「七色子」みたいだったから、おおいに発言しましたね。それは蔑ろにはしないにしても、まぁ、サポートみたいないい方もしたけど、逆にいえば多少ちょっとこう前に出ていったような感じはあるわけですね。

＊＊：なるほど。

野坂：いまみたいに介護人、介護というい方もしてましたけど、やっぱり介護人つまりこう「黒子に徹する」みたいな感じはまったく思っていなくて。

＊＊：まったく？

野坂：まったく思っていなかった。

自立生活運動では介護者のあり方を形容する際に「手足」や「黒子」という表現がしばしば用いられる。野坂は自己のあり方が「黒子」ではなく「七色子」であったと表現し、生活の一局面に限定的にかかわるのではなく、運動と生活の全局面に非限定的に関与したという。黒子に徹するとはまったく思っていなかったらしい。

この点は介護者だった中村義春も「介護者もばんばんしゃべってたし。行政とやりあってて、そこらへんでは介護者と障害者は平等みたいっていうかね。対等にやってたよね」と語っていた。行政交渉で新田らは実力行使、つまり暴力的な行動を頻繁にとったが、中村たちもそれを当然のこととして後押しした。

中村：新田くんは脅しが好きでね。「できないならおれはここから飛び降りて死ぬ！」とか。
＊＊：ハハハハハ。
中村：あと首絞め。
＊＊：ネクタイをですか？
中村：そうそうそう。
＊＊：ひどいやつやなぁ。
中村：「うーーー」って。
＊＊：ひどいやつ！
中村：うん。最初びっくりしたけどね。何度かやられると、「あぁまたか」って思ってたけど。対行政に対してはそういうテクニックがあるからね。うまいよね。それなりに。でも、実

力でやんないと解決できない時代だったと思うんだけどね。障害者の人も、ま、新田くんも身体を張ってやってたからねぇ。

＊＊：そういうのは中村さんは「よしやるぞ」って感じだったんですか?

中村：当然。運動と介護は一体だったよね。だから、すんなりやれたんじゃないですか。逆に運動をやらなければ生活ができないっていうのがあったような気がするよね。

運動と介護が一体だった。社会に訴える行動がなければ生活の術が獲得されなかったのである。また、新田らにとって運動とは行政交渉ばかりではない。様々な社会環境を変えていくことも運動の大きな一角を占めた。外出をすれば必ずといっていいほど交通機関の乗車拒否に遭った。たとえば、カンパ活動をおこなうために電車で十条駅から渋谷駅まで向かっても、途中の駅で遭遇するトラブルで一日が終わってしまうことがしばしばあった。まりと下田はこう話していた。

まり：まだバスとか電車にも乗れない時代だったから。バスはほんとに拒否何回もされたからね。

下田：電車も車椅子の板があるわけじゃないし、階段乗せる乗せないでね。改札は通らないとかね。そういうのを渋谷に着くまでもう何回も大喧嘩。

まり：出かけると必ずトラブルが何回か起きたね。

下田：気合いこめていく、こっちも。
まり：そういう面はあったね。
下田：ぼくなんかの感覚だと、相手の組織に、たとえば駅の国鉄の組織に闘うって感じじゃなくて、その駅員に「この現状をどう思う？」みたいな話をそこで延々さ、次の駅に来るとまた同じ話して、みたいに。そうするともう、池袋で一時間とか二時間とか。渋谷についてて上から下に降りてくるのが二時間とか、向こう着いたらもう夜八時過ぎだったとかね、そういうのはよくあったよね。いま思えばね、「人呼んで来い！」とかいえばよかったんだろうけど、昔はもっと、それぞれ会う人会う人に「あんたはどう思うんだよ？」ってさ、「えらい人呼んできます」っていっても、「いや、えらい人じゃない。きみがどう思う？」って引き止めて延々話をしてしまう。
＊＊：新田さんが話すだけじゃなくて下田さんも話される？
下田：うん。途中でアニキが足文字書いていいはじめると、「ちょっと待って」って読んでさ、「こういってます」っていったら「ほんとにいってるのか？」ってところからはじまってさ。ハハハハハハ。そこからなんだよね。
まり：昔の重度障害者っていうと知能も低いと見られてたからね。
下田：しゃべるなんてねぇ、思わないんだよね。そういう姿を見せるっていうのがアニキのなかに、ものすごい気迫があったんだと思うよね。

新田にとって外出それ自体が自分の存在を社会に承認させる行為だった。彼は誰に何をいわれようと街に出ると決め、外部から浴びせられる否定のメッセージに抵抗した。そうした新田の身振りを介護者たちは共有し自らも身体化している。介護者自身が駅員や出会う人びとに対して「この現状をどう思う?」という突きつけをおこなっている。こうした彼らの運動と生活の実践はひとつのグループの結成につながる。

(5) 在宅障害者の保障を考える会の結成——既存制度とボランティアの限界

新田も猪野も介護を日常的に・絶対的に必要とした。どちらかに介護者がいないときは、互いの介護者を行き来させて協力した。特に猪野は新田よりも障害が重く、車椅子への移乗やトイレ・風呂への移動に介護者の抱きかかえを必要とした。一人では寝返りができなかったため、夜間も付き添いを欠かすことができなかった。

この状況は多数の腰痛者を生んだ。疲労で休む者が続出し、その多くは介護を辞めた。また、介護者のほとんどが学生であったため、彼らは卒業を機に介護から離れていった。介護者がいないときは隣家の婦人に新田が介護を依頼しにいき、婦人に猪野の介護をしてもらうこともあった。それはまだいいほうで、介護者が確保できずに、一日中寝たままで排泄物が垂れ流しの状態の日もしばしばあった。猪野は行政に相談したが行政は施設入所を勧めた。制度的な支援が得られず、施設に戻るしか選択肢が残されていなかった。

新田は猪野にくらべると介護の必要度がいくらか軽かった。とはいえ、介護がなければ在宅生活が可能にならないという点では猪野と同じ立場にある。もし猪野が施設に戻されるようなことがあれば、自分も同じ道をたどることになるだろう。そのような状況を思うたびに、新田は「猪野さんの介護保障を何とかしないとならない」と強く考えるようになる。

一九七三年、新田は猪野や介護者とともに「在宅障害者の保障を考える会」（以下、在障会）を結成する。在障会は「皆が社会のなかで生きられるような保障をめざして、健常者と障害者の上も下もない人間の意識・感覚・建物をかえていく」と会の目的を宣言している。メンバーには新田や猪野とともに学生が加わった。また、働きながら関与する者もおり、公務員ヘルパーと呼ばれた行政のホームヘルパーや東京都の心身障害者福祉センターの職員もいた。

彼らが作成したパンフレットによれば在障会は次のことを問題にした（在宅障害者の保障を考える会 1976）。第一に重度障害者の介護保障が施設収容しか施策がないことである。在宅で暮らす障害者に保障があるとしてもごくわずかな年金やホームヘルプであり、社会福祉が対象としたのは施設入所のみであった。

第二に現行の介護制度である家庭奉仕員派遣制度が不十分であることである[17]。家庭奉仕員派遣制度は一九六二（昭和三七）年に創設された当時唯一の公的な介護制度だった。だが、利用は低所得者や独居者に限られ、保護・救済的な性格が強く、毎日の介護を支える制度だとはとてもいえなかった。介護の内容も家事援助が中心であり身体介護はほとんどおこなわれていなかった。それは奉仕員のなり手が壮年女性だったこととも関係しており、彼女らが重度障害者の介護を担うことには限界があった。新田はこの制度を週二回各二時間利用したが、二四時間の介護保障には到底ならなかった。

第三にこうした政策を背後で支えている家族の問題があった。障害者の家族は子どもが成人を迎えても親が保護する義務を負わされている。これは家族が子どもの世話をするのが当然だとする規範が働いているためだ。だが、介護に疲弊しきった親は苦しみあえいだ末に子どもを殺害する。行政は「障害者は殺されて当然」と考えているようにしか受けとれない現状があった。

第四にボランティアによる介護の限界が指摘される。これがもっとも現実的な困難さとして認識されていた。

> (施設を)飛び出たのはいいが、ある程度のボランティアの力があるとはいえボランティアばかりの力をたよってはいられません。また、ボランティアといってもいくら交代でも障害者の世話ばかりしていられません。ボランティアの方も他で働かないと食べて生活していくことはできません。月日とともに障害者のトイレ・風呂・車椅子のあげさげからボランティアの方に腰痛者がでたり、また生活、互いの感情的理由から一人二人とやめたりして私たちと残り少ないボランティアの生活はいきずまる《ママ》一方でした。私達はこのままいたらまた施設に逆もどりするしかない。なんのために施設を出たかわからない。

私たちは崩壊そこそこで都の身障課へ行って、障害者が介護者を要して生活できるような保障
——介護料を要求したのです。(在宅障害者の保障を考える会 1976)

少数のボランティアによって介護体制を組むことの限界が指摘されている。引用にあるように、彼らが具体的に見出した方法は行政へ介護に要する費用、すなわち「介護料」を要求することだった。なぜなら介護者は霞を食って生きていくことはできない。介護者には介護者の生活がありそのための経済的な保障が必要だ。ここから障害者と健常者双方の生活保障を確立するというアイデアが生まれてくる。

3　相互贈与を可能にする贈与——公的介護保障の萌芽

(1) 介護料の要求

一九七三年一二月五日、在障会ははじめて東京都民生局に要求行動をおこなう。民生局心身障害者福祉部の部長室に入り込み、「二四時間の日常的世話の介護料、介護者が生活出来るような医療費を含んだ介護料の要求」をした。この時点ですでにスポット型の短時間介護ではなく「二四時間の」保障が求められており、介護をする者がその介護料で生活できる金額の保障が要求されている。彼らの制度要求の特徴は行政に「サービス」の提供を求めたのではなく、

介護者に支払う「金銭」を求めた点にある。先に述べたように、彼らは介護に要する費用を「介護料」と呼び、介護保障の制度化にかかわる新たな概念として活用した[18]。

府中闘争の実績が手伝ってか、民生局は「またもめごとを起こされてはたまらない」といった姿勢で新田らの要求を聞き入れた。心身障害者福祉部の部長は「要望についてはわかりました。民生局は、あなたたちの苦しい状況を理解できるので、よい方向にいくよう民生局内部で検討します。少し時間をください」と答えた。新田は「時間をくれといっても、私たちにはそんな余裕はない。緊急の事態なのだ」と何度も迫った。部長は「あなたたちの要望は早急に実現に向けて検討します」と話した。彼らはこの約束を必ず果たすよう念を押してその日は引き上げた（在宅障害者の保障を考える会 1976）。

このとき民生局では次年度の予算要求が終わっており、新たな予算要求は困難だと考えられた。可能だとすれば、一月の知事の査定後に復活要求で入れるしかない。ただし、それを財務局が了承するかは未定であり、部長は確実に実施できる保障はないと断っていた。

この後、週一回のペースで交渉がおこなわれた（図22、図23）。在障会は介護の絶対的な必要を訴えたが、民生局は「検討している」と答えるばかりだった。一九七四年一月一〇日、第三回目の交渉で民生局は何らかの制度を次年度から実施する旨を伝える。在障会は毎回の交渉のたびにビラをつくって都庁周辺に配布した。一月二四日におこなわれた交渉では次のようなビラを配っている。

図 22　東京都交渉 1

図 23　東京都交渉 2

障害者の社会での生活を保障せよ！　第四回民生局との話合い　本日二四日午前一〇時

☆障害者の手足は、社会総体によって獲得されていかなくてはなりません。しかし、現在の日本では一個の独立した人間として当然の権利を持っているのだということが、考えの中にしっかりと根ざされてはいません。そのため、社会は障害者を排除した上で構造がなりたち、障害者は家族の負担として家族によってのみ世話されるか、あるいは、人間社会とは閉ざされた施設の中にしか、生きる場を持ち得ていません。

☆私達は障害者の主体性のもとに地域社会の中で、人間的な接点を持ちつつ、障害者が介護をうけられるように、また地域住民が生活にさしさわりなく自由に介護要請に応じることのできるよう、そして、社会の中で障害者の位置を獲得していくために、それぞれの障害者の必要に応じた時間、人にみあう形の介護料制度の要求をし、今まで三回にわたり民生局との話し合いを続けてきました。

☆在宅障害者の生活保障の一つとして介護料制度を至急制度化してほしい。

☆障害者の主体性にもとづく制度をつくってほしい。

☆障害者自身の必要にもとづく介護時間を認めてほしい。

☆障害者の選定する介護者を認めてほしい。

現行の諸制度はほとんど上からのおしきせでしかありません。以上の点をふまえ、民生局においては積極的に制度化されるよう取り組んでいただきたく、また、皆様がたが、それぞれの職場でご支援下さるようお願いいたします。

障害者代表　新田勲・介護者一同
北区王子本町三の四の十五の一〇三　新田方

ビラのなかに彼らの求める介護保障制度の基本的な性格が見られる。障害者の手足、すなわち介護は「社会総体」によって獲得されなければならないと述べられ、家族の世話か施設に隔離するという、障害者を排除する日本社会の構造が問題にされている。次に地域社会のなかで人間的な接点を持ち、住民が自由に介護に応じることができる介護料制度の設置が求められている。さらに障害者の主体性や必要にもとづき、また障害者が介護者を選ぶことのできる制度であるべきだと述べられている。これらを要求する理由は、現行のホームヘルパー制度が「おしきせ」でしかないという認識がある。介護の社会化の思想や、地域社会における人間関係にもとづいた介護の必要、障害当事者の主体性とパーソナルな介護関係を尊重した制度という、公的介護保障要求運動の大原則がすでに訴えられていることが確認できる。

(2) 重度脳性麻痺者介護人派遣事業の制度化過程

実際、一月二四日の民生局心身障害者福祉部長との折衝では上記のことが話題となった。この日の議論を記録した議事録が残っているので参照しよう。はじめ部長は数か月にわたり部内で制度のあり方を検討してきたと話し新制度の案を報告している。新制度では、第一に障害者の申請により希望する介護者を登録する。第二に実際に介護が提供されれば、都は切符（チケット）を月額いくらで障害者に支給する。障害者が介護者に切符を手渡し、介護者はそれを役所で換金する。

第三に介護料の額について、部長は「まったくお話しにならないと思うが、考えているのは、現状の都庁のなかでの実現性として、いろいろな角度から検討して一人の障害者の人に月六〇〇〇円くらいの問題になる」と伝えている。このとき部長は、新制度と手当制度との併用によって介護の利用を進めたいと述べている。東京都は七三年一〇月に月一万円の重度心身障害者手当を制度化している。それを、現在財務局に対して月二万円とする増額要求と、新たに福祉手当月五〇〇〇円を要求しているという。これに国の制度をあわせれば、月四万円を超える手当を重度の障害者世帯に支給できる。それらを介護の費用に使ってもらいたいと話している。

手当とは別に介護料月六〇〇〇円という金額についての説明はこうだ。新制度の対象者の数は、民生局の昭和四八、四九（一九六八、六九）年度の障害者実態調査から割り出すと約二〇〇人と見込まれる。月六〇〇〇円で検討すると、年間七万二〇〇〇円、二〇〇人で総枠約一四〇〇〜一五〇〇万円の予算になる。時期的に次年度の予算要求はすでに終了しており、次年度予算は決まりかけている。その時期に要求することのできる妥当な額は、行政にいる者の感覚からして「一四〇〇〜一五〇〇万くらいの枠のものならば実現できる、納得してもらえるだろう」と考えているという。それを人数で割ると一人あたり六〇〇〇〇円になる。「それではとてもあなたがたが満足しないことはわかっているし、私たちもこれでいいんだとはとても思っていない。しかし、ともかくこの制度を四九年度にのせたい。それで出来るところから、ということなんです」と話している。

第四に現行のホームヘルパー制度は「確かにこちらの方から週何日間、障害者の都合を考えないでいく、その制度そのものに問題がある」とした上で、それを認めながら別建ての制度として「あなたがたのいうように、人間関係を重視したそういう介護活動はあってもいいのではないか、その道も一つひらいていく必要もある」と述べ、新制度にはホームヘルパー制度とは異なった性格を持たせることを強調している。また、部長は「障害者の方にチケットをわたして、自由にお使いくださいと、まあ自由に使えるほどの額ではないじゃないかといわれてしまえばいいようがないんだけど、考え方としては、『あなたはどうですか』と『それではこっちから何月何日いきます』という今までの姿勢ではないわけです。障害者の人にあなたが選択して来てもらってくださいと、まあ将来ほんとうに自由に必要な額がいけば方向としてはそれでいいわけでしょ。今までとは異なった方向なんだということはぼくはあるつもりなんです」と述べている。

第五は対象者を重度の脳性麻痺者、障害者手帳で一級、二〇歳以上に設定すると方針を示している。これは「将来変えていくとしても」、いまのところこうした基準を採用するしか他に方法がないと説明している。

当然、在障会は制度案の不十分さを指摘した。主要な批判は金額と対象にかんして向けられた。月六〇〇〇円という額に対して、在障会のメンバーは、財源ありきで予算を決定していくのに抵抗を感じる、実態があって予算のはずだ、一律いくらなどというのはおかしいと主張している。介護は八時間必要な人もいれば二四時間必要な人もいる。自由裁量で求めた時間を受けられるのが妥当なはずである。それに対し部長は、理解はできるが、それをいまの段階で実施するのは非常に難しいと答え、「下の下だと百も承知だが」と断って、「ぼくらのほうでいくら障害者の立場に立ってといって案をつくっても」、財務局や各部局に対して説得力のあるものをつくらなければ、へたをすれば案自体がつぶれてしまう恐れがあると話している。

また、猪野が「CPでなくとも重度障害者はいるんだけれど、その人たちのことはどういうふうに考えているのか」と問うと、部長は「本来的にはCPでなくともあるいは精薄（知的障害者——引用者注）の人だって、介護の必要な人にはやらなければならないんじゃないかと思っている。問いつめられると手をあげちゃうんだ」と力不足を認め、当面はこれまで不十分だった脳性麻痺の人びとへの制度を充実することから、対象者を徐々に広げていきたいと答えている。

部長が介護料制度と「手当と両方両立てでいきたい」と話していたことに対して、介護料制度と重度手当の質的な違いについて質問が出ている。部長は、介護には人間関係が出てくる、手当はそうした側面まで保障することはできない。今回の制度は、障害者の介護ということをはっきり出して、ホームヘルパーではなく、人間関係のあり方を踏まえることを念頭に置いていると話し、「障害者の人が社会で暮らしていくという場合に、一つの方向を出したというか、何度もくりかえして恐縮だが、非常に不満足ではあるけれども、芽を出したというか、ある方向をここで出したということだと思う」と説明している。

介護者の生活保障という観点が弱いという指摘に対して、部長は「ある程度、労働の対価という認識があっても、職業としての労働の対価ではない」と述べ、しかし「一応、基本的には同じなのかもしれない」と曖昧な表現をしている。つまり、制度を篤志家（ボランティア）の補助とするのか労働保障とするのか、性格付けが不明瞭であることを認めている。在障会のメンバーは、新制度は「ボランティアにおこづかいをあげる」程度のものではなく、労働という観点が強調されなければ意味がないと反論し、「ボランティアという不安、いつくるかわからないし、奉仕の意志では社会で生きていかれないという障害者もあるし、それからボランティアをやっている私たちの保障があって障害者が社会で生きていくようにやっていきたいんだ」と訴えている。

また、次年度以降の年次計画や五年後までの見通しが立たないかぎり納得ができないという在障会の声に対して、部長は「そういうかっこうでできればいいが、今、そこまで約束できない」とにごし、本来この時期の復活要求で新しい費目を要求すること自体が異例であり、通すのが非常に困難だが、そのなかで何とか通さなければならない事情があると理解を求めている。

この後、二月、三月と都民生局心身障害者福祉部と在障会の折衝が続けられる。新田によれば、金額、日数ともきわめて不十分なものだったが、年度途中からの予算化が困難だったこともあり、次年度以降の拡大を約束して「仕方なくのんだ」という。

(3) 相互贈与の仕掛け——介護人派遣事業の特徴

こうして一九七四（昭和四九）年四月、東京都民生局に重度脳性麻痺者介護人派遣事業が創設される（図24、図25）[19]。対象者は在宅の脳性麻痺者で、障害等級が一種一級、金額は一回一七五〇円、一か月四回で月七〇〇〇円であった。交渉時に提示された六〇〇〇円からわずかに上乗せされたが、毎日二四時間の介護が必要だと求めているのに、一か月にたった四日間、七〇〇〇円でどうして介護保障となるのか。在障会が求めた水準からは、かけ離れた制度だった[20]。

他方で、介護人派遣事業は規模が不十分だったものの、制度体系は画期的といっていいくらいに在障会の要求を認めたものだった。在障会が求めた介護保障の特徴は、行政に対して介護者（＝人・サービス）を要求するのではなく、介護料（＝貨幣）を要求した点にある。つまり、介護を担う介護者は自分たちで調達するから、その介護者が生活していくのに欠かせない金銭を支給せよと求めたのだ。これは日常生活への行政の介入を排除し、介護関係のなかに「人間的な接点」や「障害者の主体性」を担保するための仕掛けだった。「おしきせ」のホームヘル

図24 介護人派遣事業運営要綱1

東京都身体障害者（重度脳性麻痺者）介護人派遣事業運営要綱
（49.6.12 49民障福第222号）

1. 目的

重度の脳性麻痺者に対して身体障害者介護人（以下「介護人」という。）を派遣し、生活圏の拡大を図るための援助を行わせ、もって重度の脳性麻痺者の福祉の増進を図ることを目的とする。

2. 実施主体

事業の実施主体は、区市町村とする。

3. 派遣対象者

介護人の派遣対象者は、都内に居住する２０歳以上の身体障害者手帳を有する脳性麻痺者で、その障害の程度が１級であり、かつ、独立して屋外活動をすることが困難なもの（以下「障害者」という。）とする。

4. 介護人

(1) 介護人は、障害者の推せんによるものとする。ただし、障害者の配偶者は介護人として認めないものとする。

(2) 前号ただし書の規定にかかわらず、障害者が介護人を推せんすることができず、配偶者を介護人として推せんしてきた場合であって、真にやむをえないと認められるときは、配偶者を介護人として認めることができる。

5. 身分

介護人は、民間篤志家であって、区市町村の職員としての身分を有しない。

6. 派遣対象者の決定

(1) 介護人の派遣を受けようとする障害者は、介護人派遣資格認定登録申請書（別紙様式１）に、介護人推せん書（別紙様式２）及び介護人の介護同意書（別紙様式３）を添付して、区市町村に対し、あらかじめ申請

を行うものとする。

(2) 区市町村長は、申請のあった障害者に対して、その資格を審査のうえ介護人派遣資格認定登録通知書（別紙様式４）又は介護人派遣資格非該当通知書（別紙様式５）を交付するものとする。

7. 介護人の決定及び介護依頼

区市町村長は、障害者から推せんされた介護人に対し、介護人登録通知書兼介護依頼書（別紙様式６）を交付し、介護を依頼するものとする。

8. 登録者名簿

区市町村長は、派遣資格認定登録通知をした障害者（以下「登録者」という。）及び介護人登録通知をした介護人をそれぞれ派遣資格認定登録及び介護人登録名簿（別紙様式７）に記載し、常にその状況をは握しておくものとする。

なお、この登録は年度毎にこれを更新するものとする。

9. 登録の取消

(1) 登録者又は介護人が、転居等の理由によりその登録を取り消すときは、介護人派遣資格認定登録取消届（別紙様式８）又は介護人登録同意取消届（別紙様式９）により、それぞれ区市町村長に届け出るものとする。

(2) 区市町村長は、前号の届により、それぞれの登録を取り消すものとする。

10. 介護人の派遣

介護人の派遣は１カ月１１回以内とし、１回は１日を単位とする。

11. 介護の内容

介護人の行う介護は、登録者の屋外への手引、同行その他必要な用務とする。

12. 介護券の発行

(1) 区市町村長は、登録者に対し、１カ月分の介護券（別紙様式１０）を月毎に発行し、交付するものとする。

なお、介護券の発行に際しては、介護券発行簿（別紙様式１１）を備えて、整備しておくものとする。

(2) 介護券の交付を受けた登録者は、介護を受けた際に、その都度必要事項を記入して、当該介護人に介護券を給付するものとする。

なお、給付済みの介護券の控及び給付しないで有効期間の経過した介護券は、交付を受けた翌月の５日までに、区市町村長に返還するものとする。

13. 介護人に対する手当

(1) 介護人は、登録者に対して実施した介護と引きかえに受けた介護券を月単位にまとめ、翌月の１０日までに区市町村長に対し、手当を請求するものとする。

(2) 区市町村長は、介護人からの手当の請求があった場合は、その請求のあった日から２０日以内に、その手当を支払うものとする。

14. 秘密の保持

介護人は、その介護を行うにあたって、個人の人格を尊重し、その身上に関する秘密を守らなければならない。

15. 関係機関との連絡

区市町村長は、この事業を実施するにあたって、福祉事務所、民生委員、身体障害者相談員等の関係機関等と連絡を密にするものとする。

附　則（49.6.12　49民障福第222号）
この要綱は、昭和49年6月1日から適用する。
附　則（54.7.25　54民障福第489号）
この要綱は、昭和54年10月1日から適用する。
附　則（55.4.21　54民障福第1.740号）
この要綱は、昭和55年4月1日から適用する。
附　則（56.5.23　55福障福第586号）
この要綱は、昭和56年4月1日から適用する。
附　則（57.5.18　56福障福第1.848号）
この要綱は、昭和57年4月1日から適用する。

図25 介護人派遣事業運営要綱2

パー制度との差異化であり、心身障害福祉部長が「人間関係を重視した介護活動」と述べていたように、行政側も在障会と同じ認識を持っていた。

この考えが介護人派遣事業の制度体系のなかに一部実現されていた。介護を必要とする障害者は自分が関係を形成した介護者を行政に登録する。介護の実績に応じて行政は介護券を障害者へ支給する。障害者は介護券を介護者に手渡し介護者はそれを行政の窓口で現金に換える。注目すべきは、介護料が給料として行政から介護者の口座に振り込まれるのではない点だ。障害者が介護者に「今月もありがとう」といって介護券を渡すのである。つまり、障害者が介護への返礼として介護料を介護者に贈与する形式が成立する。介護人派遣事業は介護を相互贈与として立ちあげるための仕掛けとして機能すると考えられた。

これは公的制度のなかで人間の「関係」を保障するという、行政から見ればきわめて非合理的で実現困難な、しかし障害者側から見れば自己の自由を最大限に担保する仕組みだっただろう。彼らにとって制度は自分たちの生活を保障するために活用する手立てであり、生活を制度にあわせようとする志向はまったくない。その逆に、制度を生活にあわせることを求めており、「生活世界の植民地化」の問題から自由である。ここに介護の社会化という思想のもとに実現された、日本ではじめての公的な介護保障制度が芽を出したことを確認することができる。

(4) 贈与の制度――生活保護他人介護加算の活用

在障会は厚生省(当時)に対しても介護保障要求をおこなった。生活保護制度には受給者の特性に応じて加算措置があり、障害者世帯には障害者加算がある。さらに介護を要する世帯には家族介護加算と他人介護加算が給付される場合がある。彼らはこの他人介護加算の増額を厚生省に求めた。

在障会は二四時間の介護が必要だとして、介護者に支払う賃金を算定し生活保護の枠内で月額五〇万円の介護料を要求した。施設入所であれば措置費が月に数一〇万円支給される。それが在宅となれば支給されない。隔離・収容されれば介護費用が出て、自分の住み慣れた空間で暮らそうとすると介護費用が出ない、これはおかしいではないか。そうした論理だった。

在障会が提起した介護料要求に対して厚生省の官僚はおおよそ次のような回答を示した。「今の社会通念から見て、障害者だからといってこんな高い介護料は出すことはできない。しかし、あなたたちはせっかく施設から出て社会のなかで生活しているのだから、それを認め、また今の社会通念から判断して一日四時間、一時間四〇〇円一か月四万八〇〇〇円の介護料は認める。それで介護者がいなくなって生活できないなら施設へ入るしかない。施設に入るのなら世話するし、施設の職員の予算もだす」。この額でも介護者の一か月の給与保障にはまったく十分ではないため、在障会は抗議したが、厚生省は動かず、結局この金額を受け入れた。四万八〇〇〇円の内訳は生活保護他人介護加算一万八〇〇〇円と東京都の重度障害者手当五〇〇〇円、特別障害者手当を含んだ金額であった。

一九七四年、東京都が重度障害者手当を月一万円から二万円に増額した際、厚生省がそれを生活保護の収入認定の対象にするといい出した。そうすると重度手当の金額だけ生活保護の支給額が引かれてしまう。実質的に増額の意味がなくなるのだ。新田は「そんなばかな話があるか」とすぐに厚生省に抗議にいく。彼らは収入認定問題をメディアに訴え、新聞が連日報道した[21]。

収入認定問題を厚生省と折衝するなかで、官僚が生活保護の他人介護加算のなかに「厚生大臣承認特別基準」という措置があることを口にした。この「特別基準」は災害などの非常時のみに支給される加算措置で、本来、在宅の要介護者を想定したものではなかった。新田らは重度障害者の在宅生活は日常的な危険にさらされているという意味で災害時と同じ状況にあると主張した。数回のやりとりがあったあと、厚生省はこの特別基準の支給を認める。一九七五（昭和五〇）年二月のことだ。

生活保護他人介護加算特別基準も在障会がめざす介護のあり方を支える制度だった。というのも、これは行政が障害者に介護料を給付する制度であり、行政は介護の内容や具体的な用途に介入しない。新田らは生活保護の他人介護加算を介護に要する雑費に活用することを考えた。介護者を自分の家に招き入れるということは、そこで介護者が食事をしたり水道やトイレを使うということだ。それだけ食費、交通費、水道代、電気代がかかる。考え方によっては、そうした経費の支払いを介護者に求めることもできる。介護者が消費している財なのだから介護者が費用を負担するのは当然だという論理である。特に食事などは介護者が自分の弁当を持参したり、介護中は食べずに帰宅してから食べればよいという考え方もある。しかし、新田はそう考えなかった。彼には介護者とモノを食べたり風呂に入ったりすることで介護者とともに「生活をつくる」という発想がある。そうした際に要する費用の支払いを介護者に求めることはおかしい。だが、もちろん、障害者に十分な支払能力があるわけではない。そこで、この介護者とともに生活する上での食費や光熱費にあたる部分を生活保護他人介護加算にまかなわせる。介護者が介護を贈与し障害者がその返礼として生活財を贈与する。制度的な貨幣は相互贈与を可能にするための財として活用された。ここに介護が相互贈与として成立する契機がある。

生活保護は日本の福祉の根幹をなす公的扶助制度である。生活保護は所得の再分配機能のもっとも強い「扶助」の原理で成り立っている。新田は労働力が見込めず、結果、国家に納める税も限られている。しかし、税の支払い能力にかかわらず、「必要」という一点で、彼は国家が徴収した見知らぬ人びとからの貨幣の移転を受け取ることができる。これは贈与の制度だといえるだろう。公的介護保障要求運動が獲得した諸制度は介護を相互贈与として存立可能にするための贈与の制度だった。

4　生活・遊び・運動——ぶつかりあうエロスの交易

(1) 介護者への問い

次に新田と介護者たちの語りを参照しながら、彼らが日常世界においてどのような実践をおこなっていたかを見よう。前述の通り、介護を基本におく「生活」を続けるためには同時に「運動」に取り組まなければならず、生活と運動は連続的に捉えられた。もっとも、在障会の実践をつぶさに見ると在障会を特徴づけているものはこのふたつだけではなく、生活と運動のあいだに「遊び」がある。それが彼らの活動にある自由さをもたらしていた。

一九七四〜七五年にかけて介護人派遣事業と生活保護他人介護加算の給付がはじまる。しかし、その支給量はきわめてわずかなものだった。支給量が十分ではないのだから介護者に介護料を手渡すことができない。これは、貨幣が行為を調達する動機財にならないことを意味している。にもかかわらず、若者たちはこの場所に惹かれ集まった。そして、障害者と介護者は互いに「意味」をぶつけあった。その過程で介護は「エロスの交易」と呼びうる様相を呈してくる。それはどのようなものだったか。

新田にとって制度は自分の生活を支える手立てである。制度がなければ介護者へ介護料を手渡すことができない。だが、そもそも介護料が十分であろうとなかろうと、介護者がいなければ生存がままならない。制度を獲得するためにはまず何よりも健常者と関係をつくり、彼らを自分の介護者へと引き込んでいかなければならない。それが自立生活の最大のテーマであるのだが、そのとき健常者は自立生活の確立に向けた闘争の「同志」であるとともに闘争の「対手」ともなった。健常者に対して、これまで自身が身体化してきた意識や行為を問いなおし、「生き方」の変更を迫る。そうすることで自立生活が可能となっていく。しかし、これが容易なことではなかった。在障会の文書にこう書かれてある。

健全者と障害者の介護する側される側どうしてもこの問題はさけようもなく対立した関係のまま去っていく人が多数います。障害者にとって皆さんの意識が一番の保障ですがそれがどうしても対立となって出て来る。私達と介護者のこの問題が多く山場となり、あがりさがりの状況のまま進んでいます。でも、こうしたかかわり関係の中で一人一人考え苦しみながら歩み、どこかで互いの生き方を認めあって進んでいく、こうした地道な皆とのふれあいの中で、私達、また真の互いの保障、福祉を望んでいるのです。(在宅障害者の保障を考える会 1976)

自立生活を志す障害者に協力してくれる介護者はいる。しかし、介護者はいつでも介護を辞められる存在である。介護者が誰もいなくなり障害者が施設へ入所しようと、仮に死亡しようと責任が問われることはない。だが、そのような関係で障害者が社会のなかで暮らしていけるだろうか。「障害者とのかかわりで自分がつらくなったら逃げる。自分の都合で『はいさよなら』では障害者は施設へ行くしかない」（新田 2012b：31）。それでは施設中心の政策はなにひとつ変わらないだろう。自立生活を志向する障害者にかかわる介護者は「障害者も社会のなかでともに生きる社会が本当だし、それを追い求め、いまの障害者が社会へ住めない差別構造を変えようという思いかかわっている」はずだ。だとすれば、「社会の人びとの意識を変えるようなかかわり、あなたたちがかかわっている障害者をなんとしても施設へ入れない。あなたたちのそのような強い意識、あなたたちの意識を変えていくようなかかわりが必要」なのだ。新田はそう訴え続けた。

「あなた自身どれだけ、障害者との積極的なかかわりが持てるのか。まずはあなた自身の障害者を無意識のうちに排除してきた歴史から問い直し、障害者とともに生きるという意識の受け入れによって、人々と社会が変わっていく」（新田 2012b：31-2）。「あなたたちの都合や病気とかで介護をやめるのでなく、あくまでも介護や障害者との関係をつづけながら、あなた自身の問題として障害者とともに闘う意識、姿勢が必要」なのだと述べている。このメッセージを自己の内面に響かせた若者たちが介護者として残ることになる。

(2) 介護者・非手足論

この新田の物言いに介護者たちは呼応した。だが、素直に順応しているだけではない。介護者たちは新田とおおいに闘っている。野坂の語りのなかに介護者のメタファーとして「黒子」と「手足」という表現があった。この頃、自立生活運動において「介護者は障害者の手足であれ」という「介護者手足論」が影響力を持って流通していたためである。これは「青い芝の会」神奈川県連合会と健全者支援組織行動委員会との申し合わせ事項にあった「すべての健常者は障害者を抑圧し、差別する根源者であると確認し合い、会の行動にあたっては障害者の手足に徹する」という文言から派生したものであるという（田中 2005：106）。障害者に対して優位にある健常者は常に障害者の主体性を脅かす存在としてある。そうした事態を回避するために健常者は障害者の行為を代行する「手足」に徹するべきだといわれた。

介護者手足論は自立生活運動の内部で広まり、様々な受け取られ方をしたが、一般には障害者が置かれてきた歴史的文脈を踏まえ、手足に徹する介護が望ましいこととして理解された。もっとも、介護者手足論は必ずしも「手足になれ」＝「頭は使わず黙って介護をしろ」という主張ではなく、近年の研究では手足を貸すことによって健常者が自己を問い直す契機となることを意図した言葉だったと指摘されている（山下 2008：180-181）[22]。実際に野坂も「手足」を単なる介護の手段化とは受けとっていなかった。

＊＊：新田さんが何かいうことに対して、「違うよ」とか「なんでそういうことをいうの？」ということはなかったですか？

野坂：ありますよ。おおいにいったほうがいい。
＊＊：おおいにいったほうがいい？
野坂：よく「手足になれ」とかいういい方がありますよね。で、それがね、納得するのもあるし、ある意味では、特に後半は私はね、その、介護者という立場をふと思っていたことがあって、家族ということも思っていたこともあるけど、介護者、介護者、介護者の立場で！という感じを持っていたから、「そうはいってもさ」みたいな。ちょっといま具体的に浮かばないですけど、なんかそういう感じのことはありますね。
＊＊：それはどうしてでしょうか？ 「そうはいっても違うよ」とおっしゃるっていうのはどういうお考えが背景にあってなんでしょう？
野坂：ちょっとね、具体的にはわかんないんですが、いまいい説明ができないんですけど、うーん。まあ、きっと介護をする人の保障といいますか、保障っていうのはお金の面だけでなくてね、もうちょっと立場とかそういったことの保障みたいなのも考えたんじゃないですか。新田さんは考えないわけじゃないですよ、考えてくださるんだけど、ふと、介護する人の主義とか興味とか。お金とか安全とかそういうことでは十分、考えてもらっているんでしょうから。そうでなくてなんか、思考か。その人の考えに違うものをさせざるをえないときに、みたいな。

野坂は「そうはいってもさ」ということを「おおいにいったほうがいい」と述べ、必ずしも「手足」として介護をおこなっていたわけではないと語っている。同時に介護者の立場を模索したという。介護保障を考えるさい、金銭や安全面の保障だけでなく、介護者の主義や思考をどう位置づけるかという問題が念頭にあった。

大野まりも他者を手段化する意味での介護者手足論に疑問を持っていた。七〇年代半ば、関西の青い芝の会が健全者の組織をつくり「グループゴリラ」と名付けた。ゴリラは青い芝に所属する障害者の介護を担う健全者のグループで、「友人として」また「手足として」介護に徹することが運動のスローガンになっていた。まりは「手足になる」という発想に強い反発を持った。一度、青い芝のメンバーが、彼女たちのもとを訪ねてきたことがあった。そのとき大阪で女性の介護者が自殺をした。それは男性障害者が女性介護者にセックスを強要したことが発端だったという。

まり：いわゆるその男性障害者がセックスをできないと。そのセックスの対象になれと。それも主義みたいなので強要されて、それを苦に自殺しちゃったっていう事実があって。すごい、けっこう主義で行くと徹底しちゃうからね。その御大将が来たんだよ。で、そのときに話をしてて、「障害者うんぬん」っていうから、「じゃ、女性差別についてはあなたはどう思うの？」って私が聞いたのよ。「障害者が一番？　二番は？　女は三番ぐらいあとに歩けばいいの?」って。

まりは相手が障害者だろうと遠慮がない。自己の感情を抑制せずに感覚を第一に置いたふるまいをする。まりによると、新田は手足論とは違う視点を持っていた。「アニキはある意味では(介護者を)うまく使い分けてたよね。自分の生きるフィールドっていうのかな、それを広くもっている人だよね」と語り、介護者・非手足論だったという。

彼らは障害者から一歩下がった位置で介護をしていない。自分の感情を障害者にぶつけている。もちろん、それは新田や猪野が介護者に強烈なメッセージを突きつけるからだが、介護者もそのメッセージに反論している。すると再び障害者も反論する。障害者と介護者の闘争がはじまる。

中村義春の新田に対する印象は「頑固」である。「自分がこうだ」と思うと新田は絶対に主張を曲げない。だから、考えの異なる者と必ず衝突する。どんな内容でぶつかったのか中村はほとんど覚えていないというが、都庁での交渉の前日は決まって徹夜で議論した。

中村:彼が頑固に「こういうふうにしてやろう」っていって、それに対してぼくが反対してっていうのはよくあったかな。まぁ、彼も足文字で書くからねぇ、足でちょっとなんか三文字ぐらい書くと、ぼくもだいたいわかっちゃって、それでバンバン!やってたことはあったね。

そうなると議論というよりケンカのようないいあいになる。「運動」は社会制度の変更を目的としているために個人的な「思い」では終わらず、それぞれが考える「社会にとっての正しさ」が顔を出してくる。そうすると、互いに譲れない部分が膨らんで衝突する。議論は交渉当日の朝まで終わらない。「喧々諤々のときがあったから、眠い目をこすりながらっていう」交渉が頻繁にあった。

＊＊：そういうときは、中村さんがこういうふうなやり方がよいという理想の姿があるわけですか？

中村：理想かどうかわからないじゃない。だから、彼は彼の方針で頑とそれを引かないから、それに対していっていくっていうかね。「ちょっと違うんじゃないの？」って。彼がぜんぜん引かなくって、それでそのまま次の交渉。結局、こっちが引く感じだよね。最後はね。ま、交渉のときね、足文字を読まないといけないとかさ、そこらへんで、ずいぶん、ムッとしたことはありましたけどね。

結局、新田は折れないので介護者が根負けして引くしかない。ただし、そんなときでも新田の足文字を読むことは止めなかった。介護者にとって「彼の発言をフォローするっていうのが大前提だから」、足文字は読む。しかし、読み終えてから「それはちがうよ」といい返すことがよくあった。中村は新田と相性が合わなかった。だから、運動の場面では議論をするけれど、日常の介護はたんたんとこなしたという。他方で、中村は猪野とは気が合った。「けっこう気に入られてたよ」と笑っていた。もっとも、猪野は他の介護者に対して、特に女性の介護者に対してはきつくあたるところがあった。

中村：（猪野は）悪くいえば我が強いっていうかさ。うん。そうだね、自分の世界を持ってるよね。あの人なりのね。だから、それを受け入れる人はすごいいいけども、それがヤだっていう人は、猪野さんも反発して切り捨てるっていうかね。彼女のほうから見ればそうだろうね。「アンタもうこなくていい」とかさ。それはけっこういうもんね。それで介護に欠員ができるけども、それはいっちゃう人だよね。

猪野とよくぶつかったのがまりだ。猪野はまりに「あなたのここが気に入らない」とはっきりいう。まりはまりで負けていない。猪野に反論する。たとえば、介護者側の都合で「介護ができない」と伝えると、猪野はしばしば「私を殺すのか！」と声を荒げた。まりは「殺しはしないけど、私だって違う次元、別の次元で生きてるんだからさ！」と譲らなかった。

まり：猪野さんとはよくぶつかったよね。

下田：猪野さんとはねぇ。

まり：猪野さんは、ほんとに猪野ワールドっていう、強烈な人だったのよ。知らないでしょ？

＊＊：知らないですね。

まり：ものすごい強烈な人で。

下田：すっごい強烈。なんていうんだろう、アニキの強烈さとまた違う。

まり：ちがう強烈さ。魅力的でもあったけどね。よくぶつかった。ダーちゃん（裕子――引用者注）がさ、けっこうやさしかったんだよね。あたしぜんぜんやさしくないから。よく猪野さんがいうと、「それおかしいよ」とかぱっぱっいっちゃうから。一度ね、介護に入る日にね、電報が来てね。「きょうはいいです」って。

＊＊：ハハハハハ。

まり：そこをあたしは出し抜いていったりしてね。「受け取ってないよ」つって。

猪野からきょうは介護に来なくていいと電報がくる。そんな電報を打つ猪野も猪野だが、わざと知らないふりをして出かけていくまりもすごい。そんな「攻防戦」を何度となくやったという。猪野だけではない。まりは新田ともよく闘った。

まり：アニキとも私いろんな闘いしたんだけど。

下田：一番おかしかったのは車だよ。
まり：あぁ、車ね。アニキの指定席ってさ、助手席なのよ。
＊＊：ええ、いまもそうですよね。
まり：障害者だから。
下田：ぼくが乗ってた車がツードアで、クーペスタイルで、後ろがすごいせまいの。
まり：フフフフフフ。
下田：で、ほら、ぼくの横はいつもまりが乗っているわけ。助手席だから。で、アニキがいつか乗るっていうときに、「まりは後ろへ」って思ったら、まりがアニキにね、「アニキは後ろに座れる。私が助手席に乗る」って。アニキは「むりだ」って。「だいじょうぶよ」つってね、ぐいぐいぐいぐいぐい座らせちゃうんだよ。ははははは。「ほら入れたじゃない」って。ハハハハハ。
まり：フフフフフフ。
下田：そういうところだよね、「障害者だから」ってわけじゃなくて、実際に無理だったらあれだけど、そうじゃなかったら「あたしだってここに座りたいのよ」っていうさ。おれもどっちかっていうと、「障害者だから」って思ってる部分があったんだよね。身体がきついんじゃないかとか、寝にくいとかさ。そうじゃないんだよね。「あたしだって座りたい」ってことなんだよね。

＊＊：ハハハハハ。
下田：あれはねぇ、「あぁ、そうなんだ」って思ったね。
まり：ハハハハハ。
下田：アニキとのかかわり方、ぼくなんか逆に彼女から教わったよね。やっぱりアニキに対して、何かいつも何かしてあげなくちゃとか、自分でどんどんどんどんたまっていって疲れちゃう。で、介護が続かないってことがあったなかで、「そっか、もっとわがままでいいんだ」とかさ、「こっちももっといいたいことをいっていいんだ」っていうふうになったからね、ハハハハハ。

下田は新田を前にすると「何かしてあげなくちゃ」という配慮の機制が動きはじめて、逆に疲れがたまってしまい介護が続かなかった。「ため込む」のではなく自分も主張をする。下田はそうした態度をまりから学んだ。しかも、政治や社会や運動に直接的には関係が薄い、日常の何気ない場面でこそ介護者も自分らしくあることができると考えたという。
海や山によく出かけた。まりたちは嫌がる新田を「大丈夫だよ、信頼しろ」といって海に入れたり、山の頂上まで車椅子のままかついで上がったりした。バーベキューをしたり旅行に出かけたりした。みんな手作りだった（図26）。

下田：アニキといっしょにいきたいっていう、そういう気持ちがそうさせるんだよね。障害者だからどうこうってわけじゃないよね。アニキといきたい、アニキ障害あるからしょうがないから連れていくべっていう、そういう感じだよね。

まり：そうそうそう。

下田：ある意味生々しいところだよね、お互い。疲れたら「重くて疲れた、もういやだ」とかいいながらさ。アニキが「海にいきたいからかつげ」とかいったり、「うるせー、人使い荒えなぁ、このジジイ」とかいいながらさ、みんなでね、わいわいわいわい。それも楽しい会話なんだよ、逆にね。お互い罵りあえるぐらいのね。よくいったよねぇ。

まり：たいていいけるところはみんな一緒にいったかな。こっちも若かったし、体力もあったし気力もあったしね。

日原の鍾乳洞や富士山にも行った。そうさせたのは「アニキといっしょにいきたい」という感情だった。お互いに罵りあえるぐらいの関係をつくった。彼らは新田の足文字ももちろん読んだ。大きく足を動かしていたこともあって、読解はそれほど困難なことではなかった。まりなどは新田といいあいになったとき、読むのも嫌になってくるので「聴く気がなきゃ黙ってろ」といってよくケンカになった。

彼らは障害者と闘っている。闘っているようだが遊んでいるようでもある。闘争ができるく

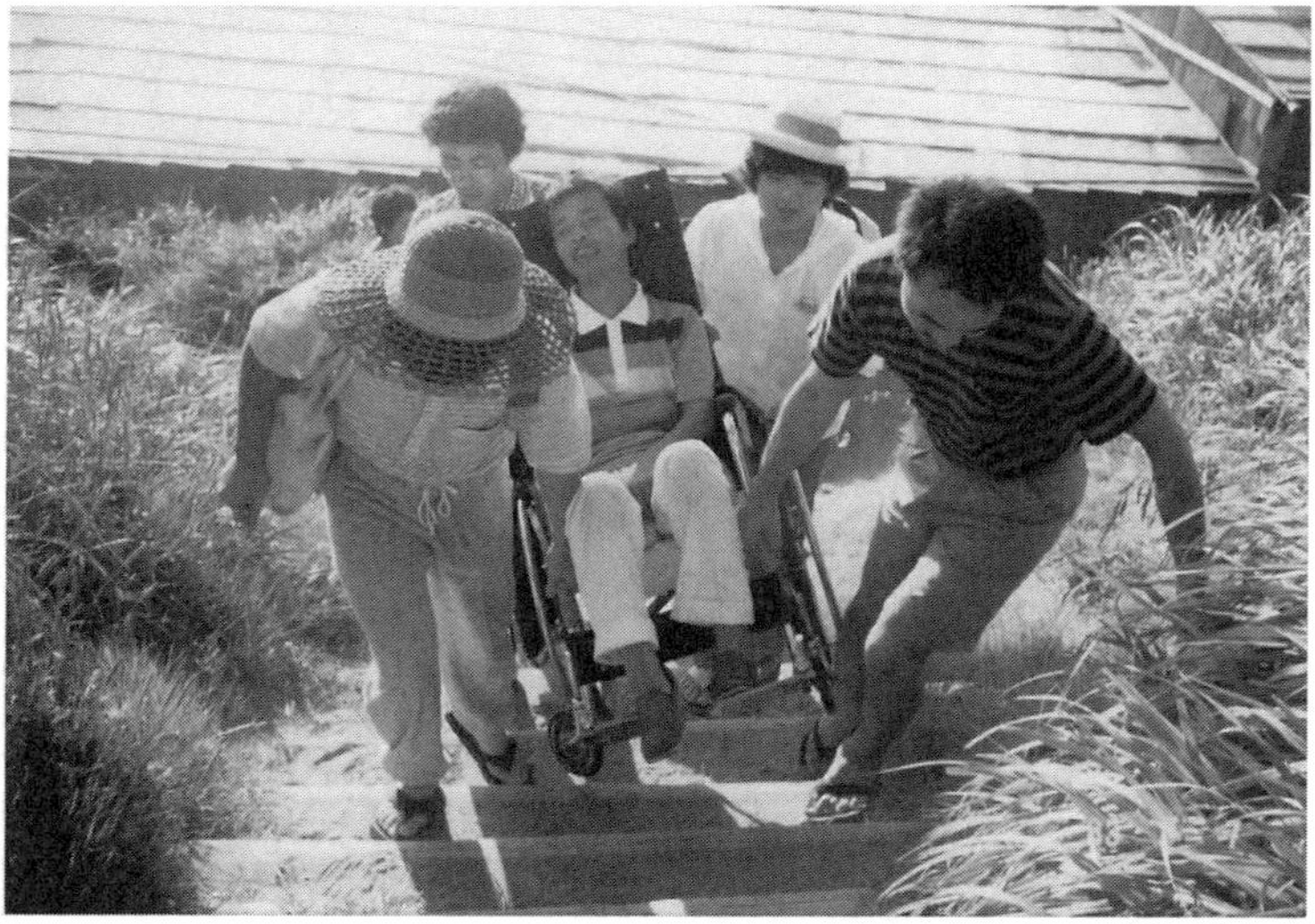

図26　運動と生活の間

らいの関係を遊んでいる。闘争のコミュニケーションがフレームの変更によって遊びのコミュニケーションに転化することは、ベイトソンの遊び理論でよく知られているが、彼らの日常は「遊び」の要素を持っていた（Bateson 1972=1990）。運動と生活のあいだに「遊び」があった。

(3) 職業化以前の介護関係

在障会の運動にもっとも熱心にかかわったのは野坂だった[23]。彼は公的介護保障要求運動が先端的な取り組みをしていると感じていた。家族介護が当然とされていたなかで、「社会的な介護」の必要を掲げ要求していくことは、「非常に楽しい、『これだ！』みたいな感じがあった」という。自分たちの行動によって少しずつ現実が変化していくことが参加の原動力になった。こう語る野坂は福祉的な配慮で新田の介護をやっていたわけではないと話す。

野坂：たとえば、よく、「かわいそうだ」と思うとか、新田さんにこう「情けをかける」とか、そういうことは一回もないんですよね。ただハンディがあってたいへんだったり、身体が苦しかったりそこはたいへんでしょうけど、新田さんを「かわいそうだ」とか「たいへんだ」とか、「助けてあげよう」とみたいな感じで思ったことはないわけですよね。下の人を助けるような気持はないわけですよ。逆にいえば、あの人はきっと上だったわけで。私が「助けてちょうだい」と思ったかもしれないけど。うん。

彼らは新田らと福祉的な観点とは別の回路でつきあった。むしろ新田のほうが立場が上で野坂は助けて欲しいぐらいだった。また、こうも語る。

野坂：私ら人生的にもかかわってきたから、やはり職業的な感じはなくて。やっぱりこう、なんていうんですかね、まさに関係性を基本にした、よく新田さんがいってらっしゃいましたけど、そういうことが大事ですし、まったくそのとおりで、それは不可欠だと思うんですよ。人間のつきあいのなかで、つながりで介護をしていかないとできないと思いますし、それはあったと思うし、大事なことだと思うんですよね、それを抜きにしては考えられなかったでしょうね。

おそらく多くの介護者がそうだったのではないか。下田達也も介護の関係のなかで葛藤を抱えながら、その葛藤自体を新田とよく話した。

下田：彼の生活、彼の必要とするもの、それにこっちがどうかかわれるか、それをロボットとしてではなく、いわれるとおりではなく、やっぱりその人の気持ちとして、アニキの気持ちとどうかかわれるかというところのこと。やっぱりしんどかったりもするわけだよ、こっちもさ。自分の時間が欲しいとかね。時間をつくって面倒くさいなと思ったり、いろいろいやだったりすることも。そういうことのせめぎ合いなんかが、ぼくにはときにはあったね。アニキともよく話したけどね。

彼にとって新田の気持ちにどうかかわることができるかが介護のテーマだった。介護者も疲労を感じたり、自分の時間が欲しい、面倒くさいといった感情を持つ。そうした欲求が介護とせめぎ合いを起こし、新田と頻繁に会話したという。

また、彼らにとって介護料要求は生活保障の要求ではあっても、そのことが介護を職業化する要求とは考えられなかった。野坂は「職業とかいう感じはまずない。まずじゃなくて、まったくぐらいないです」と述べ、「運動で要求をしながらも、そく目の前なり、間近、身近に職業を予想することさえもなかったですね」と語っていた。

野坂：少なくとも、在宅介護の要求とか話のなかでしていましたけど、介護職員とか職業介護みたいなことをいいながらピンとこなかったんでしょうね。実現もしていないし、そんなことで職業として成り立つ、自分たちが生活を養っていけるようなことを、介護でできるなんてイメージがなかったから、訴えながら半分、それこそいまでいえば、「無償ボランティアが当然」みたいなのがあったり。もしかしたら、家族みたいな感じでいたのかもしれませんよね。

この語りは介護人派遣事業の制度化以後も介護に貨幣関係が成立していないことを物語っている。介護料がきわめて少ないため、介護が職業として成り立たない。そのために「職業としての介護」のイメージが持てなかった。だから、自分たちはボランティア、あるいは家族のようだった[24]。同じように中村も介護を職業にすることまでは考えていなかった。

中村：いまみたいな制度がなかったから、基本的には人間関係にもとづいた介護関係、それが前提だったから。
＊＊：そういうときにお金っていうのは何なんでしょう？どういった位置づけですか？
中村：だって、それで生活できないっていうのはあったんじゃないの？　それはたぶんね、障害者の側だろうね。介護する側っていうのはさ、そこまで考えてなかったんじゃない？　それを専業にしてやっていこうっていう人はあんまりなかったんじゃない？　おれは専業でやるって気はぜんぜんなかったし。ともにどうお互い生きていけるかなっていう、そこだったからね。

「職業としての介護」は発想としてはあっても、それが具体的にどのような形態を有することになるかは想像もできなかった。そもそも行政との折衝が進まなかった。制度が目に見えて獲得されていくという印象はなく、「当時はちっちゃい行き詰まりぐらいのイメージ」だった。

行政は「会ってくれるのがやっとで、まず話を聞くばっかりで、『次回』といって次回もいつ会ってくれるのか？　みたいな状況だったわけですから。都でさえも。で、『会うといったのに会わなかったじゃないか』で『ネクタイ』（新田の暴力）になるわけですから」と野坂は笑っていた。彼がかかわった最後のころ、新田から「『介護料が出たよ』ってもらって、あぁ、すごくうれしかった」記憶がある。それは給与がもらえたことではなく、自分たちの求めが少しでもかたちになったことがよろこびだったという。このように公的介護保障要求運動のはじまりにおいては、制度が十分でなく貨幣は関係を媒介する財とはなりえなかった。そのため、介護の動機は互いにひかれあい、ぶつかりあう「エロスの交易」によって関係を結んでいた。

(4) エロスの功罪

エロスの力はこれだけではない。新田と猪野は在障会の活動をともにした。だが、そのふたりがそもそもぶつかった。交渉のときなど、新田は猪野に「なんでいま、そんなことをいうんだ」と不満を述べた。他方、猪野は猪野で新田の普段の生活が気に入らなかった。だいたいが、猪野の介護にやってきた女性に新田が手を出すのだから、たまらない。中村がこう話していた。

中村：猪野さんは女の人で二四時間介護。独身でずっとやってて。片方（新田——引用者注）は男で。

＊＊：好きなことやってる。ハハハハハ。

中村：そうそう。そこらへんの反発もあったんだろうね。猪野さんもまぁ、あとは介護者がいて
その介護者が新田さんところの介護をやるっていうのもすごい嫌がってたし。

＊＊：はいはいはい。

中村：まぁ、彼女にしてみればそれが恐怖なんだろうね。

＊＊：それはそうですよね。

中村：他のところに取られちゃうから。そういう面もあったかもしれない。

猪野の介護には女性の介護者が入る。新田の家は同じ建物の別の一室なので介護者の行き来がある。特に在障会の活動に出入りしている介護者であれば新田と親交が深まる。新田はそうやって「介護に入る女の子を次々にたぶらかして」いたので、「すけべおやじ」と「みんなにぼろくそにいわれてた」ということらしい。これは猪野からすれば自分の介護者が新田に「取られてしまう」危機でもあった。

他方、介護者の若者たちも新田や猪野の介護を通して知り合い、恋愛関係になる者が多かった。ここで出会って結婚したカップルが何組もある。最初、彼らは猪野や新田の生活を支えようとしてやってくるが、時間が経過するうちに介護者たちのあいだで人間関係ができる。そう

した男女のかかわりが楽しかったから、運動や介護が続いた側面もあったらしい。だから、介護そのものに苦痛は感じなかったという。むしろ、仲間との人間関係が崩れたり、恋愛に失敗したりすると、介護を辞めていくことが多かった。

実際、下田は自分の恋愛のことがひっかかって介護を休むことがあり、よく新田が怒った。この頃、下田はまりとくっついたり離れたりを繰り返していた。介護は週一回、定期的に入ることになっていたが、それがなかなか続かない。

下田：最初は週一だったんだけどね、一か月もたない。フフフフフ。ぼくが。ハハハハハ。しんどくなったりね。ここ（まりと）の関係で、もつれてもう動けないとかね。落ちこんで外には出たくないみたいな。（新田が）よく怒ってたよね。「連絡も入れないで来ないんだもん」って。

エロスの力は彼らを引き寄せ、つなぎとめた。魅了された彼らは介護に没頭し「関係」の形成を志向した。だが、他方でエロスの力は不安定である。他者を強力に魅惑することがある反面、他者を強力に打ちのめすことがある。それで関係が破局してしまうことになる。そのためエロスを介護の導引力にするには危険が伴った。だが、それでも彼らはぶつかり合う関係を手放さない。エロスにさらに「賭ける」実験をする。

5　エロスのゆくえ

(1) 障害者運動とウーマンリブの邂逅

エロスのゆくえはどうなっていっただろうか。新田の生活に戻ろう。彼はこれまでの福祉のあり方を壊し、つくり直すなかで自分の家族もつくり直していく。脱家族の思想を謳いながら同時に〈家族〉関係の再構築を志向した。だが、他人介護者を入れながら〈家族〉をつくるという具体的な形態が見えなかった。そのなかで裕子やまりたちがかかわっていたウーマンリブ運動に出会う。

長男・幸宏が生まれ、都営住宅での生活がはじまった。彼は自分の生活保護と障害年金、その他の手当で裕子と幸宏の暮らしを支えようと考えていた。他方、裕子は配偶者と経済的な依存関係は持ちたくないと考え、「互いに寄りかかって生活するのでなく、経済力から自立していくべきだ」といった。新田からすると、裕子が働けばその所得が収入認定され、生活保護の給付が減額あるいは廃止される恐れがあった。しかし、裕子はそれを覚悟で働くといった。

新田と裕子の生活は出発から齟齬をはらんでいた。新田は裕子、幸宏との三人の生活を望んだ。一方、裕子は子どもを共同生活の場で育てたいといった。ウーマンリブの活動のなかに共同で子どもを育てあう「コレクティブ」の実践があった。裕子はコレクティブの発想からまりたちと共同生活の計画を進めていた。ふたりは幸宏をどのように育てていくか話しあった。

裕子：三人の関係は大切にしていきたいし、私は勲さんと別れる意思はまるでない。でも、私の、女としての生き方や子どもを育てていく思想は認めてほしい。たいへんだけど週四日、子どもは女同士の共同生活のなかで育てさせて欲しい。あとの三日は三人で暮らしていきたい。

新田：何をばかな。そんな関係なら別れたほうがさっぱりする。第一、子どもにとって住居があちこち変わる生活を強いられるなんて、気持ち自体が不安定になるじゃないか。

裕子：いいえ。大人が共同で子どもを育てることの可能性を追求したいの。私の生き方を認めてほしい。（新田 2012b：28）

裕子の意思は固かった。新田は反対した。子どもは親密な親子関係のなかで育てるべきだと考えていた。しかし、裕子の考えをむげにできなかったし、新田ひとりで幸宏の面倒をみられるわけもなかった。仕方なく裕子の提案を受け入れた。

近代家族のあり方を問い直すという点では新田も裕子も一致できた。彼は自分の介護をパートナーに担わせるのではなく、社会的な介護の必要を訴えてきた。裕子は女が子育てを引き受けるのではなく、男も女もどちらもが社会的な協力のなかで子育てをしたいと考えた。新田は新田の意志を貫きたかったし、裕子の考えも尊重したいと思った。それに、社会的な介護を入れて、パートナーと子どもとの生活を送ることの具体的なあり方が見えなかった。裕子のいうような共同生活で社会的な介護、社会的な子育てがありうるのか、半信半疑ではあったが、新田もその生活に参加することにしたのだった。

自分の介護体制は自分で組み立てる。府中闘争以来のボランティアが介護に来てくれたがそれだけでは足りなかった。介護者を獲得するために、駅にいき介護者を募集するビラをまいた。産まれてまもない幸宏を会議や集会に連れ歩いた。終わるまでミルクを飲ませ、そばで寝かせたことが何度もあった。

裕子は週に三日、新田のところへ来て幸宏と過ごした。他の日は共同生活の場で暮らした。午後からは仕事に出かけ、帰るのは午後八時ごろだった。そのあいだ幸宏の世話は新田がした。裕子に仕事がない日はウーマンリブの集会にともに参加したりしていた。幸宏は一歳になると動きが活発になり、新田がおむつを交換するのにはひと苦労だった。同じ棟の猪野に声をかけて彼女の介護者に協力してもらったりした。

(2) 愛とやさしさの共生実験

裕子が新田とともに実験としておこなった共同生活について記述しよう。彼らは「障害者、子ども、女がともに暮らす居場所づくり」をテーマに掲げて共同生活をはじめた。何名もの人間が入れ換わり立ち替わりやってきたが、主要なメンバーは大野まり、渋谷裕子、下田達也、野坂光彦、新田だった。まりの子ども、裕子の子どもの他に母子家庭の家族の子どもを預かったり、外国人の家族の子どもを預かったりもした。このグループの名を「ふきまんぷくの会」と名づけた。

資金集めに社会福祉協議会のバザーに参加したり集会に出かけて協力を募った。新宿の三菱ビルの広場でセレモニーバザーを開き、当時話題になっていた子門真人を呼んだ。資金は出ていくばかりでなかなか集まらなかったが、世田谷の烏山の一室を借りることができ、ここを拠点にした。

大野まりがこの取り組みについて『思想の科学』に寄稿している（大野 1976）。このエッセイを参照して共同生活の概要を知ることにしよう。まず冒頭で彼女の半生が語られている。敬虔なクリスチャンの家で育ったこと、男は男らしく女は女らしくあるべきだと育てられたこと、社会的弱者に手をさしのべるよう教えられたことなどが記されている。ところが、自分の性の問題をきっかけに女性の生き方を見つめ直すようになる。女同士の集まりに参加した。男との出会い、別れから共同生活を意識するようになった。長くなるが一部を引用しよう。

> 私は男が好きだし、女が変わる時、男も変わってほしい、男とともに生きたいから。私はそれまでの経験をふまえ、もっと意識的なところで女との共同生活がしたかった。その後、さまざまな経験を積み重ねながら、私の中の女の発想、女と子供に基盤を築くことに確信を持っていった。相棒の女とは、今年で四年になる。その中の男は重度障害者だった。私は障害者の女や男を知る

につれ、彼等が、女、男の性として切り捨てられている怒りを涙を知った。特に女は切り捨てられている。彼等は半分怒りの中でもあきらめていた。彼等の歴史が現状があきらめざるを得ないギリギリのところに置かれているからだ。生理は必要ない、子供を産むなんて考えられないと、子宮を切り取られた女が笑って私に話す。彼女と外出をし、風呂に入り、着物を着替えさせ、おしっこを取る。どの場面からも、男は出て来ない。彼女を障害者として近づいて来る男も女も多いが、障害を持った「女」として感じる男、女も少なくない。重度障害者の女の性は沈黙の中で叫び怒りのたうっている。私の子宮はつきさされる。

分断され続けて来た怒りが、いまだに出会えない悲しみと共に爆発する。私の生身と仲間一人一人の生身から出た矛盾を、見つめ合うところから、また、私はとり返していくだろう。混乱につぐ混乱を恐れない。私は日常生活の中で、「本音で愛しあう関係」が何か、模索し続けたい。「愛——やさしさ」が豊かさを持ち開かれるものと信じて！

男、女、子、障害者……分断され続けて来たものは大きい。しかし、あきらめたら差別は決してなくならないと確信して私達が未来的に描く社会を、共同体の中に、萌芽として創出させてゆきたい。道はまだまだ長いし、試行錯誤の連続だけれど。

現在、六人の子供たちと女、男、障害者の女と男、一緒に住んでいる者もあれば、通って来る者もいる。関わりは多様である。六人の子供たちは誰も母と呼ばず、父と呼ばないけれど、それぞれの大人たちとの関係性によって人を求めている。障害者の女、男とも、私たちよりずっと自然に肌でやさしさの関係を持っていると思う。
一人で生きられない、仲間といたい、女も子供も障害者も、そして男も性を抑圧されることなく、あたりまえの生活を望みたい。これが私の共同体って何かを模索し続ける大きな基盤である。
（大野 1976：48）

裕子や猪野、新田との出会いが書かれてある。生活は相当に混乱していたと思われるが、「混乱につぐ混乱を恐れない」とある。「本音で愛しあう関係」を模索する、「愛――やさしさ」の豊かさを信じるとある。「一人で生きられない、仲間といたい」という欲求が書かれている。

彼らは毎日、子どもの面倒を見る当番を決め、子どもに食事をつくったり遊び相手になったりした。一日が終われば子どもたちの様子を日誌につけた。ミーティングは週に一回必ずやった。生活費はアルバイトで稼いだ。外国人を住まわせたり、離散した家族の父と子どもを引き取ったりもした。子どもを育てきれない人たちが転がり込んで来ては出ていく居場所にもなった。

しばらくして拠点を烏山から高円寺の大和町に移した。大和町は周囲が在日朝鮮人の地区で、彼らの長屋が立ち並んでいた。地域の中央に井戸があり、近くには川が流れ、路地が入り組んでいた。木造の二階建てアパートと銭湯がたくさんあった。住む者たちすべてが共同生活をしているようで、若者が住むことに違和感はなかった。

この「実験」のテーマの一つは女がどう生きていくかを問うことだ。それと重なって、新田の介護をどう担うかという問いがあった。「どうやって、結合してそれぞれが生きていくことが可能になるかっていう実験」だったとまりはいう。生活を実践しながらその問いを毎日毎日話しあっては考えた。

まりによれば、家族をどうとらえ返すかという視点のなかで、「ニューファミリーみたいなもの」をイメージしていたという。それは新田や猪野、絹子との出会いが大きく、彼らが従来の家族からは放逐されてしまう存在であったことを受けとめたかったからだ。また同時に自分自身の家族体験にも根差していた。彼女のなかには「家族っていうものをどう捉えるか」「家族って何だろう」という問いが活動の根っこにあった。自分たちには前の世代の家族を「壊す感覚」があり、これまでの家族のあり方とは異なる家族のかたちを探そうとしていた。

まり：昔のその、家族関係に対して、けっこう東大闘争なんかも「とめてくれるなおっかさん背中のいちょうが泣いている」みたいな、よくいわれる話なんだけど、お母さんたちは壊される感覚、こっちは壊す感覚があって、そこに実際、変化が起きているんだよね。たっちゃんもそういう体験をしているし、私もいろんな体験をしてるんだよね、親子で。その、コミュニティをつくっていくときにも。そのときなぜ私たちが前の時代の人たちの夫婦関係とか家族関係を選ばなかったのかっていう。それはアニキと出会ったこともあるし、なんか自分のなかでさ、さっきリブの話が出たけど、「女がどう生きるか」っていう。それは私の親の世代も少しはあって、でも、もっと社会的な規範があって女がこう生きるっていう規範があったなかにある意味で守られていた。そうやって生きていけばある程度穏便に人生を生きられるはずだったんだけど、私たちの世代はなんかそこにどうしてそんな反応をしたのか、いまもちょっとよくわからないんだけれども、多くの人が破壊的になったんだよね。

このヒリヒリするくらいの「愛とやさしさの共生実験」と「公的介護保障要求運動」は同じ時期に起こった。いずれも従来の家族がそうであったような、個を呑み込んでいく共同体の抑圧を壊すことからはじまっている。男が女が障害者が（しかも子どもを抱えながら）それぞれに個の生き方を求めつつ、どうやって結びつくことができるか。彼らの実験はともに住み、語りあい、ぶつかりあうことを基本に置いた。それは「本音で愛しあう関係」とは何かをを問いかけ、「愛とやさしさ」をつかみとるための共生実験だった。

(3) 別れの反復

新田は公的介護保障要求運動に取り組みながら駅で介護者募集のビラをまき続けた。共同生活の部屋と自宅を行き来し、ふきまんぶくの会の仲間とともに子どもの世話をした。月の内、一〇〜二〇日ほどをふきまんぶくの会で暮らした。しかし、身動きの難しい部屋の構造や仲間と歩調を合わせることが煩わしく感じられることが増えた。次第に宿泊する回数が減った。仲間とは別に、自分で介護者を探し、北区の自宅で生活する時間を持った。裕子は週に二〜三日、新田のもとに幸宏を連れて来て生活した。

このように行き来する生活はそれぞれの距離を近づけながら、遠ざけた。それぞれが別の異性と関係を持った。新田は猪野の介護者であった女性と懇意になり出会いを重ねた。裕子も別の男性と親密になっていた。このような関係が長く続くわけがなかった。議論の後ふたりは別れを選ぶ。しかし、子どもを放り投げることはできない。離婚してからも共同生活の場で幸宏を育てようと約束した。裕子はこれまでと変わらず幸宏を連れて新田の家に来た。

新田には恋愛と介護が一続きのものとしてある。人を信じたり愛したりすることは介護でも同じことだと考えている。猪野の介護者であった女性と同棲するようになり、結婚を考えるまでになる。だが、彼女の両親と祖父母が結婚に強く反対した。新田が家を留守にしていたある日、帰宅すると彼女の姿が荷物ごと消えていた。祖父母がやってきてそのまま彼女を連れていってしまっていた。

新田はその後、再び猪野の介護者だった別の女性と親密になる。彼女とのあいだに女児が生まれ結婚する。そして、新しい生活をはじめた。それでも、幸宏を育てる責任はあり、これまでどおり幸宏を世話しようと考えた。そのことを彼女も理解してくれた。週に二、三日は幸宏を自宅に連れて来てともに過ごし、それが難しいときはふきまんぶくの会にいって面倒を見た。

だが、この生活も長くは続かなかった。幸宏のこともあって裕子との関係が続いていたり、親の違う子どもを育てることが難しかった。子どもながらにわかるのか、自分の親をとられまいと激しいケンカをすることがあった。何より、新田のなかでは突然別れなければならなかった彼女のことが忘れられなかった。

結婚生活は三年ほどで終わりを迎えた。離婚したあと家には幸宏とふたりきりになった。どうやって生きていけばいいのか。途方に暮れた。しかし、自分は自分で介護体制を組み直さなければ、幸宏も自分も生きていけない。「意地でも生きてやる」。そう思うしかなかった。

介護者探しに駆けまわった。幸宏を車椅子に乗せ、大学や駅にビラをまきにいった。各地で開かれる集会にも出かけた。ビラを手渡すだけでは効果がないので、受けとる者一人ひとりに「どうか介護に来てください」と懇願した。少しずつ介護者が見つかり、「ひとまずこれで幸宏と私のいのちが少しのびた」と胸をなでおろした。もっとも、来たばかりの介護者は新田の足文字を読むことができるようになるには時間がかかる。介護を依頼するのにタイプライターの前に座り打ち込んでは意思を伝えていた。

しかし、幸宏は新しい介護者になかなかなつかなかった。「お風呂に入れてもらいなさい」といっても新田としか入らず、他の者だと泣いた。「人間不信というか、幸宏にとって頼る者は私しかいない」ために、新田がトイレに入っただけで「お父さんがいない」と探し出した。幸宏の精神状態は明らかに不安定になっていた。

裕子が週に一度か二度、幸宏に会いに来るようになった。新田は裕子には頼るまいと心に決めていたので、彼女を部屋に入れず近くの公園で幸宏に会わせた。裕子には「もう介護体制がとれているから安心してほしい。来てもらわなくていい」といった。しかし、裕子は何度も部屋を訪れた。そのたびに幸宏と遊び帰っていった。幾度か幸宏をつれ帰ろうとすることもあった。

幸宏は裕子が帰ったあと必ず夜泣きを起こした。夜中に突然立ち上がり部屋のなかを眠ったまま歩きまわることがあった。自分たち親の「身勝手な行為が幸宏の小さい胸のなかに、これほど大きい打撃を与えてしまっている」(新田 2012b：243)。

介護者は集まるには集まったが、数も少なくすべて学生だった。土日は安定したが、平日は介護者のいない時間が多かった。たいてい介護者は夕食のあと午後九時ごろ帰った。そのあと翌朝九時まで部屋には新田と幸宏でふたりきりになった。新田は言語障害が重く、幸宏を寝かせるにしても本を読むことさえできない。幸宏とふたりきりになるとぱたんと会話が途切れる。「それが幸宏にとって寂しかった」ようだった(新田 2012b：243)。

幸宏が眠ると部屋は静まりかえった。誰に話すこともできない。夜中に目が覚めると「じっとしていられない、どうにもならない精神状態にかられた」。幸宏が寝ているそばを音を立てないようにして外に出た。向かいの団地の屋上にあがり空を見上げた。「これから幸宏とどのように生きていけばよいのか」。三〇分ほど茫然としていた。身体が凍るように冷えた。「いけない、いけない、こんな弱気でどうするんだ」。自分を奮いたたせ部屋に戻った。

玄関を開けると幸宏が部屋のなかを歩きまわり泣いていた。トイレのなかも探したようでドアが開いていた。幸宏の身体も冷たくなっていた。新田は「ごめんね」といいながら急いで布団に入り幸宏の身体を温めた。よほど泣いたのか目が腫れていた。幸宏はしばらくすると眠りについた。自分がうなだれていては幸宏を追いつめてしまう。「もう二度とこのような思いはさせないからね」。そういって強く抱きしめた（新田 2012b：244）。

新田は自分の行動すべてに社会的意味を付与している。子どもを持つというきわめて個人的な事柄は彼にとっては社会に対する抵抗の表現であった。「社会の人びとの意識に対する反発と同時に、私みたいな重い障害者が社会のなかで普通に生きる。子どもは私の生きていくうえで欠かすことのできない過程」としてとらえていた。自死を考えたことも少なくない。しかし、子どもの顔を見るたびに自分を奮い立たせた。これまで以上に幸宏を精一杯世話しようと思った。子どもを育てていくことが自分を救うことだった。

(4) ふきまんぶくの会の解散

この頃、先ほどまりが述べていた「ニューファミリー」という言葉が流通していた。戦後ベビーブーム世代が仕事につき、結婚して自分たちの家族を築きはじめた。彼らの生活様式にはこれまでの家族と違ったものが見られ、たとえば、「友だちのような夫婦」「自立する妻たち」「やさしさと個性の共存」といったキーワードとともに語られた（朝日新聞学芸部 1976）。父や母といった役割ではなく、個人個人が男や女としての生き方を追求しながら、いかにして共同性を築くか。そうしたテーマが話題になった。

一九七六年、朝日新聞社の由里幸子が「ふきまんぶくの会」の取材に訪れている。その様子が四月二七日の朝刊に「戦後っ子夫婦」と題されたニューファミリーの特集記事になっている。由里は「保父さんのたっぷりいる保育所といった雰囲気」と書いて、彼らの関係性を丁寧に記述している。しかし、記事の最後には「そのやり方が、果たして現在の形のままで持続できるかどうかは、むずかしそうだ。男と女、それに親と子の人間関係が、からみ合って、かなりしんどいと思わせる」と記している。

まりと下田によれば、ふきまんぶくの会は「生きるっていうエネルギーのままにやってた感じ」だった。この共生実験は実際に人間関係、男女関係のもつれから破綻を迎える。

まり：結局、コミュニティの限界があったんだよ。人間関係も含めてね。そこに、アニキが「ボランティアじゃなくて、ちゃんとお金を払って仕事として確立していかないとダメだ」というのも、そこらへんのことも関係していると思うよ。
＊＊：なるほど。
まり：昔からいってはいたけど、実際に五〇万円ぐらいの、介護料を要求していたときなんて夢のような話だったから。そんなことが可能になるとは思えない状況、時代だったからね。だから、そういう共同生活でまわしてみる、だけど、そこでの人間関係の破綻とか、限界

が、いろんな限界がやっぱりあったよね。いま思うとね。

下田：目的は別に一つというわけではないから、みんなそれぞれの思いのなかで集まってきているわけじゃん。お互い一緒にやりつつ、っていうところだけど、そこからちょっとずれていくと、かたまりにならなくなる、共同生活としてはばらけてくる。

まり：ばらけてくるのもなかったんじゃない？　やっぱり、男と女の関係とか、親と子の関係とか、そこらへんが私はおっきいと思うね。

男と女の関係が複雑化していた。それに子どものことがかかわってくる。まりは毎日話しあったわりには「有機的にいろんなところとつながれなかったんじゃないかな」と振り返る。ふきまんぶくの会を終える頃には、まりの二人目の子どもや裕子の二人目の子どもがいた。子どもたちにとっては親が何人もいるような状況だった。まりの長男は五歳になっていた。解散のとき、子どもたちとの別れは、「いろんな経験をしてるし、情も同じように感じてるし」、非常につらかったという。「かなり悲惨なばらばらになったよね」とまりは語っていた。

ふきまんぶくの会は解散した。新田の生活にも大きな変化があった。裕子が結婚し、彼女が幸宏を引きとることで和解が成立する。結果、新田のそばには誰もいなくなった。自己肯定の物語をつくる他になかった。「子どもは生きていれば会えるさ」。自分さえ生きればよいのだ。「生きるためなら、乞食であろうと何をしてでも、子どもが成長するまでとことん生きてやると誓った」(新田 2012b：265)。七〇年代が終わる、一九七九年のことだった。

6　相互贈与としての福祉

(1) エロスの制度化

本章の目的は、府中闘争の後に彼らが立ち上げようとした福祉がどのようなものだったかを明らかにすることだった。彼らの実践過程を振り返ろう。まず、新田らは在障会を結成し公的介護保障要求運動を開始する。その契機はいうまでもなく在宅での介護保障が存在しなかったからである。若者たちを集め、彼らにボランティアで介護に入ってもらった。しかし、ボランティアによる介護の限界を痛感した。ボランティアの介護者の多くは時間的・経済的に余裕のある学生であり、彼らは学校を卒業するとともに抜けていった。また、無償であるために、介護者は有償労働をおこない自分の生活費を稼ぎながら、そのあいまに介護に入るという形態しかとれない。そうした制約された条件の活動にかかわろうとする者はごく少数に限られた。そこで新田らは介護自体を有償にすることで介護者の生活を保障するという解を見出す。

そして、在障会は介護者に手渡す貨幣＝介護料を要求する運動をはじめる。行政との折衝を重ね、重度脳性麻痺者介護人派遣事業(東京都)、生活保護他人介護加算特別基準(厚生省)の獲得に成功する。これらの制度は介護や生活に要する諸経費を障害者に供給する制度だった。

特徴的なのは制度化過程で示されていたように、介護における「人間関係」を担保できるような制度設計がなされたことだ。その結果、障害者は介護者への返礼として介護料を手渡し、生活のなかで食事や入浴をともにし介護者を歓待することができるようになった。そうすることで、彼らは介護する／される関係を互いに与えあう相互贈与の関係に変えた。在障会の求めた公的介護保障とは「相互贈与を可能にする贈与」という性格を持っていた。

しかし、これらの制度はまだ十分な供給量がなかった。そのため、介護には「ぶつかりあいのエロスの交易」と形容できるようなコミュニケーションが見られた。障害者と健常者は互いに自己の人格的なものを見せあい、そのなかで介護関係を築いた。こうしたエロスの力によるつながりは惹きつけ合う力とともに相手を叩きつける力を有し、決して介護関係を安定化するものではなかった。それでもなお、彼らはエロスの関係を基礎にして「愛とやさしさの共生実験」を試みる。若者たちは無媒介的で直接的なコミュニケーションの生成を志向していたと見ることもできる（無媒介性の夢！［奥村 2002］）。だが、このコミューンの共生実験は持続せず数年で解散する。また、新田自身の私生活においても離別が繰り返された。

七〇年代に公的介護保障要求運動が立ち上げようとした福祉とは、送り手も受け手も与えあう相互贈与だった。それを可能にする贈与の制度の獲得に力を入れるとともに、財の行き来だけでなく、互いの人格に向き合い惹かれあう相互贈与を立ち上げようとした。これは私的領域において発現するエロスの力を保存しながら、その脆弱さを補うためのシステムづくりだったといえる。ここでいうシステムとは行政によって規則化された公的制度であり、一般にエロスという非合理的なものを保障することは難しい。本来的にエロスとシステムは相反するものである。にもかかわらず、公的介護保障要求運動はエロスを守るための制度を要求し、実際にその立ち上げに成功する。この過程を「エロスの制度化」と呼ぶことができる。

(2) 交響圏を支えるルール圏

彼らの実現した自立生活は人間のエロスを保存しながら、その制度化を図るものだった。ここでエロスの制度化なるものがいかなる構造を持っているかを考えよう。社会学者の見田宗介は、社会の構想には二つの発想の様式があると述べ、それぞれに「交響圏」と「ルール圏」という概念を与えている（見田 1996→2006）[25]。

見田によれば、交響圏とは「歓びと感動に充ちた生のあり方、関係のあり方を追求し、現実の内に実現することをめざすもの」であり、「関係の積極的な実質を創出する」圏域である。ルール圏とは「人間が相互に他者として生きるということの現実から来る不幸や抑圧を、最小のものに止めるルールを明確化してゆこうとするもの」であり、「関係の消極的な形式を設定する」圏域である（見田 1996：152）。

これら二つの発想の様式は、対立するものではなく、互いに相補する。「一方のない他方は空虚なものであり、他方のない一方は危険なものである」。なぜなら、この二つの圏域は関係の射程を異にするからであり、交響圏は全域性を持たず、局域的に生まれるものである（全域的でありえないものの夢を、全域的であるかのように幻想した巨大な社会実験が「コミュニズム」だった）。他方、ルール圏はルールの構想という課題を持ち、社会の全域を覆う（見田 1996：153-154）。交響圏において出会われる他者とは〈交歓する他者〉、あるいは〈尊重する他者〉であり、〈関係のユートピア〉をかたちづくる。この交響圏が純化された極限のようなものとして〈愛の絶対境〉を想定すると、それは次のようなものといえる。

純粋な〈愛の絶対境〉というものを乾燥した言葉で定義するなら、〈他者の歓びが直接に自己の歓びであり、自己の歓びが直接に他者の歓びである〉という原的な相乗性の関係であるが、「ルール」とは、他者の歓びが自己にとっては歓びではなく、自己の歓びが他者にとっては歓びでない限りにおいて、必要とされるものだからである。

けれどこのように、純化されつくした〈愛の絶対境〉は、ほとんど極限の理念としてか、限定された持続の内部の真実としてしか一般には存在しない。どんな交響体も、現実の集団として年月を持続してゆく限り（そして、抑圧の共同体に転化するのでない限り、）さまざまな願望たちの間に折り合いをつける、ルールの関係の補助的な導入を必要とする。（見田 1996：168-170）

このように、見田はわれわれが社会を構想するさいのありうべき様式として、交響圏とルール圏という二つの圏域を区別して論じている。公的介護保障要求運動もこの二つの圏域を相補的に構想していただろう。彼らが結んだ介護の関係は、施設や街、学校などでの偶然的な出会いからはじまっていた。また、介護者たちは「手足」や「黒子」などとは自己定義しておらず、障害者とぶつかりあいながら、そのことをよろこびとするように関係をつくっていた。障害者にとっても介護者にとっても生活と運動が区分されておらず、その二つを「遊び」によってつなぎあわせた。彼らが打ち立てようとしたものは、見田のいう交響圏であった。

加えて交響圏がいくつかの点で限界を有していることが自覚された。一つは介護者の生活に経済的な支えのないなかで介護が持続性を持たないことであり、二つには「愛とやさしさの共生実験」がそうであったように、関係そのものが複雑化し破綻を招いてしまうことだった。そこで、彼らが導き出した戦略が行政に対する介護料の要求である。介護料という公的給付の支えを得ることによって私的領域の自由を確保しようとしたのだ。

ところで、彼らが求めた制度はあくまでも介護関係を保障するための介護料の給付であり、制度による生活への介入は可能な限り排除されている。つまりエロスの力を縮減するためではなく、エロスの力を保存するためのルールの構築なのだ。ルール圏は交響圏を支えるものであり、保障されるべきは交響圏であるという思想が垣間見える。

彼らのいう福祉が相互贈与でなければならない理由がここにある。公的介護保障要求運動が立ち上げようとした福祉とは〈他者の歓びが直接に自己の歓びであり、自己の歓びが直接に他者の歓びである〉ような福祉である。どちらか一方が与える－受け取る関係ではなく、どちらもが与えあう関係が〈交歓する〉コミュニケーションを可能にすると考えられているのである。

(3) やさしさとしての自己贈与

彼らの相互贈与を贈与論的に考察しよう。府中闘争以後、新田が見出したのは「与え返す贈与」である。劣位を乗り越えるふるまいが「挑戦」であり、それは他者に自己を贈与することである。挑戦は人間の自由の源泉をなす。府中闘争以後の新田は、確実に自己贈与の身振りを自分のものとし、次々と「与える」実践を起こしていく。具体的には足文字によって表現される闘争形式によって、優位にある他者をまるで劣位であるかのような感情に追い込み、彼らの劇的な変化を促した。たとえばそれは介護者の語りのなかにあったように、彼が街に出て人びととぶつかりあうことであり、行政の官僚と闘争することであり、社会で生きることそのものだった。

これをもっとも直接に受け取ったのが介護者の若者たちである。一九七〇年代において「やさしさ」は若者たちの生の倫理となるような言葉だったが、彼らのコミューン運動のなかに見られたのも、この「やさしさ」だった。介護者たちは自己保存と自己贈与の「張り合わせ」を自己保存の優位性のなかで生きていない。自己の利益を優先するような語りはほとんど聞かれず、無償の介護を何の疑問もなく「与えて」いる。また彼らは介護料の制度化を求めていたが、この活動が職業化するなどとは想定もしておらず、合理的な利益の獲得とは無関係に、介護と運動に没頭している。これが彼らが身振りとして示した「やさしさ」ではなかったか。

一九六〇年代の「政治の季節」以来、若者の生に一貫して共感的なまなざしを向けてきた栗原彬は、やさしさが「対抗価値として時代を切り裂き、生き方として特定の社会的セクションに共有されたのは一九七〇年前後から」であると述べている。高度産業社会の到来による大学の大衆化とモラトリアムの延長は、若者のアイデンティティを拡散させた。自分が何者であるかという存在の証明は未だ成しえず、生き方を模索する長い旅が続く。未成であることによってしかアイデンティティは成り立たないという逆説のなかで、この時代の若者は他者との新しい出会いを求めて自己を解放させる、「ミリタントな（闘争的な）やさしさ」を湛えた（栗原 1981）。

公的介護保障要求運動にかかわった若者たちのメンタリティはこのようなものだっただろう。障害者にとって公的介護保障要求運動は存在を賭けた争いであったが、それと同じくらいに若者たちにとってもこの運動にコミットすることは自己の切実な存在証明だった。それは自尊心の防衛に躍起になるような、「さみしさの存在証明」ではなく、他者の救済によってほんとうに自己の救済を果たす、「やさしさの存在証明」（栗原）だっただろう。

確認したように自己贈与とは自己破壊のことである。彼らの自己贈与は自己を保存するためのものではなく、破壊するものである。コミューンの共生実験にあったように、持続性や規模の観点から見たときそれは安定性を持つものではなかった。だが、彼らの「やさしさとしての自己贈与」は確実に、公的介護保障要求運動の介護モデルとなった。制度水準では介護料の給付を求め、関係性水準では〈交歓する他者〉との出会いを求めるあり方の基礎をつくった。この後、新田は介護料の拡充を求めて介護を労働として位置づける方法を編み出す。しかしながら、興味深いことに、彼らは相互贈与の形態、エロスの力を捨て切らずに、介護の労働化を図ろうとする。次の章ではそのことを見ていこう。

注

1……横塚は一九七〇年に「青い芝」神奈川県連合会副会長・会長代行、七二年に同会長、七三年に日本脳性マヒ者協会全国青い芝の会総連合会会長を務めている。

2……CPとはCerebral palsy＝脳性麻痺の略である。ここでは、脳性麻痺者を指している。

3……王子野戦病院闘争については、まとまった研究がない。言及があるものとして小阪［2008］、小熊［2009］、平井［2010］。

4……新田は子どもができることを母に告げた。母は動揺することもなく裕子の身を案じた。絶縁していた長兄にも伝わり「また障害者をつくるのか。堕ろせ」と母を責めた。その言葉が悔しくてたまらなかった。「どんな子であろうと殺してなるか。何が何でも、人様に批判を受け『それ見ろ』といわれても産んでやる。障害児が産まれてどこが悪い。障害者が保障され社会で生きていけない国の姿勢、障害者は殺せというテメエたちの意識にあくまでも抵抗してやる」と誓ったという（新田 2012b：23）。

5……言及されている文献として山本勝美［1999］がある。

6……和田については発言やエッセイを収録した自著がある（和田 1993, 1994, 1995）。

7……身体障害者更生指導所は一九六四年、国立身体障害センターに改称、七九年には国立身体障害者リハビリテーションセンターに改組され埼玉県所沢市に移転した。二〇〇八年に国立障害者リハビリテーションセンターに改称されている。

8……牛込病院は一九四七（昭和二二）年に社会福祉法人同胞援護会によって設立された。長年地域医療に積極的に取り組んできたが、一九七一年、突如理事会は同病院の閉鎖を決定する。労働組合との団交が実施されたが、翌年、宣告通り閉院した。猪野はこのとき患者会を組織し、その会長を務めた。

9……大野まり（おおの　まり）は一九四九（昭和二四）年、東京都生まれ。仲間からは「まり」と呼ばれた。渋谷裕子とともにウーマンリブ運動にかかわり、府中療育センターに入所していた猪野のもとを訪れたことから、彼らとの親交がはじまる。七五年、新田、裕子、達也、光彦らとともにそれぞれの子どもを育てるため、共同生活を実践する。七八年、解散。現在は精神科の看護師をしている。まりと下田達也は夫婦であり、長男と長女はともに成人し世帯を持っている。インタビューはパートナーの下田とともに、二〇〇九年四月一二日に彼らの自宅でおこなった。インタビューの時間は約四時間だった。

10……下田達也（しもだ　たつや）は一九五二（昭和二七）年、東京都生まれ。通称は「タッちゃん」である。高校生だった一九六九年にまりと出会い、大学に入ってからは学生運動に取り組む。公的介護保障要求運動にかかわったというより、介護者として生活をともにしたという印象が強いという。現在は清掃車の運転手をしている。

11……中村義春（なかむら　よしはる）は一九五一（昭和二六）年、東京都生まれ。愛称は「ヨシ」。七二年に幼なじみであった下田の紹介で牛込病院に入院していた猪野の機能訓練に携わる。七三年、退院した猪野のアパートに行くと、新田の介護を勧められ彼の介護をはじめる。公的介護保障要求運動の当初にかかわった。七六年頃新田から離れ、別の障害者の介護を続ける。「障害者との出会い」や「演劇との出会い」を通じて、「まっとうな暮らし」、「質素で豊かな暮らし」をしたいと思うようになる。長い期間、障害者の介護にかかわったが、八六年、宇都宮辰範の死をきっかけに「ぷっつん」して、「もういいやって。自分で自分のことを考えよう」と考えるようになった。九一年、中部地方の山村に移住。山尾三省のいう、「ものづくりの原点」としての「百姓」という生き方に触発され、有機農業と養鶏による自給自足の生活をはじめる。現在、娘二人は家を出ており、パートナーと二人暮らしである。インタビューは二〇〇九年五月一八日に彼の自宅でおこなった。インタビュー時間は約三時間だった。

12……竹内敏晴（たけうち　としはる）は一九二五（大正一四）年、東京都生まれの演出家、教育者。「からだとことばのレッスン」という演劇トレーニング法を開発し、人間関係の気づきと自己の変容を促す試みが注目を集めた。社会学者の見田宗介や栗原彬とも交流を持った。二〇〇九年、逝去。著書に『ことばが劈（ひら）かれるとき』（思想の科学社 1975）ほか多数。

13……山尾三省（やまお　さんせい）は一九三八（昭和一三）年、東京都生まれの詩人、〝百姓〟。六〇年代後半、社会変革を志向するコミューン「部族」を創始。七三年からは精神世界とエコロジーを柱としたフリースクール、無農薬野菜の販売を手がける、「西荻窪・ほびっと村」の創立に参加。一九七七年、屋久島に移住。著書に『聖老人』（野草社 1981）ほか多数。二〇〇一年、屋久島で逝去。

14……宇都宮辰範（うつのみや　たつのり）は一九五三（昭和二八）年、愛媛県生まれ。先天性の骨形成不全だった。ベッド式車椅子に横たわったまま、道行く人に声をかけ、そのリレーによって目的地に到達する「キャッチボール式歩行法」を考案・実践する。七八年、この歩行法で郷里宇和島から東京に到り、自立生活をはじめる。日常の介助を通じて若者たちの「自立」を促す「重度健全者リハビリテーションセンター」を開設。宇都宮を取材したビデオに『風の旅人』（電通テック関西支社 2003）がある。一九八六年、逝去。

15……野坂光彦（のさか　みつひこ）は一九五三（昭和二八）年、広島県生まれ。大学入学とともに東京へ上京した。愛称は「ミィちゃん」。ふたごの兄弟がおり、兄が軽い障害を持っている。新田が自立生活をはじめてまもない頃、ボランティアとして彼の生活を支える。多いときは週に三、四日介護に入った。生活、運動の両面で自立生活にかかわった。現在は家業を継いでいる。長男、長女、次女とも家を出ており、パートナーと二人暮らしである。インタビューの実施は二〇〇九年四月一六日である。彼の自宅で約四時間にわたっておこなった。

16……高橋和巳（たかはし　かずみ）は一九三一（昭和六）年、大阪府生まれの小説家、中国文学者。京都大学大学院博士課程修了。大学紛争が激しさをます六九年、京都大学文学部助教授を辞任し作家となる。自己の生き方に苦悩する若者たちのカリスマ的存在であり「苦悩教の始祖」と呼ばれた。代表作に『悲の器』（河出書房新社 1962)、『憂鬱なる党派』(河出書房新社, 1965) など多数。一九七一年、三九歳で逝去。

17……家庭奉仕員派遣事業はもともと長野県や大阪市、東京都、名古屋市などの自治体が単独に実施していた事業を国が制度化した(渡辺 1982:12)。当初、高齢者を対象としたが、一九六七(昭和四二)年に障害者も含まれた。しかし、救済的な色合いが非常に濃く、利用は独居者や低所得者に限定されていた。それからやや時代は下るが、一九八一年の厚生省の調査では、家庭奉仕員の派遣を受けたことのある者は、全体の二・一%で、八五・三%は利用していないという調査結果がある(渡辺 1982:14)。利用の少なさの理由は、回数や一回あたりの時間が短いことと、この制度じたいが十分知られていないことがあげられている。したがって、障害者の介護の九割は家族が担っており、そのうち配偶者四三%、親九%、子ども二一%、その他の家族一五%となっている。障害者の介護は家族による自助が前提であり、その補助的な制度として家庭奉仕員派遣があった。

18……この介護料要求は府中闘争の要求項目のなかに見られたが、介護料要求が本格化するのは新田が都営住宅での生活を開始し、日常の介護の必要が切迫したものになってからのことだ。「介護料」という用語は誰が考えたのかと新田に質問すると、府中闘争の際に介護に必要なお金としてわかりやすい言葉をつくろうと思い、用いるようになったと話していた。

19……最初の利用者は新田と猪野であり、当初はこのふたりのために創られた制度だったといってよい(立岩 1995:186-187)。立岩真也は別の場所でこの派遣事業に言及している。「一九七〇年代前半に始まった当初、サービスを受けたのは、東京都一〇〇〇万人いる中で一〇人に満たなかった。その人たちが東京都の行政に、まったくそれまで何もなかった制度を作らせたのです。細々とした流れであったけれども、その細々としたものがあって初めてできたものです。熱意と適切なやり方があれば、それだけの人数でも場合によったら現実を変えられる、実際に変えてしまった。(中略)なぜそういうことが可能であったかと言えば、結局は、これが必要だと言い続けてきた人々が、数としては多くないけれど、とにかく存在したということ、それに加えて、各地での活動を媒介しネットワークする働きを担った民間の非営利団体の活動があったからです。(中略)必要だと思った人たちが事態を動かしてきた。規模は大きくない、しかし思いは深い人たちが獲得してきた。それらを今まで主に担ってきたのは脳性麻痺の人たちが中心でした。生まれながらに障害をもった人は障害者である自分しか知らないのですから、障害者である上でどう生きていくかということからしか問題が立ちませんから、割り切りがよく、根性が座っていて、それだけ力強い運動を築いてきたのです」（立岩 2000b）。

20……一九七五（昭和五〇）年七月から一か月五回とされ、一回の金額が二三〇〇円、一か月一万一五〇〇円となったが、それで十分であるはずはなかった。

21……朝日新聞一九七四年六月二一日、二二日付朝刊。記事には「自治体の〝善政〟蒸発。増額の障害者手当、国が吸い取る。国・最低生活保障超す、都・福祉政策骨抜きと不満」と見出しにある。

22……山下の研究は一九七〇年代に関西で繰り広げられた障害者運動と健全者運動の軌跡を追ったものだ。野坂の語りからも介護者手足論が運動内部で強い影響力を持って流通していたことがわかる。

23……まりと下田は「遊び」担当で在障会の活動にはほとんどかかわっていないという。まりは在障会には「ときどき出てた。私は会議とかあんまり好きじゃなかったから。ハハハ」と笑い、ふたりは「いってらっしゃい」と「おかえりなさい」をいう係で、「遊びにいこうよ」や「息抜きしなきゃ」といって足を引っ張る役だったらしい。

24……この認識は派遣センターについても同じだ。彼らは介護人派遣センターの創設を活動内容にあげていた。しかし、介護を「派遣する」がどのようなものとなるのか、その具体像は見えていなかった。野坂は「派遣介護っていうイメージもなかったでしょうね。そのころまた、派遣労働ということもあんまりちょっとピンとも来てなかったですし、発想もなかったですよね。派遣ということ自体が」と語っている。

25……いうまでもなく見田は一九七〇年代にコミューンの実践とその理論化に従事した社会学者である（真木 1971, 見田 1976, 真木 1977）。

第6章

相互贈与を可能にする条件——介護者たちの自立生活

本章では公的介護保障要求運動が贈与（正確には相互贈与）を可能にするためにどのような条件を用意してきたのかを明らかにする。前章までで彼らは介護料を分配する制度を獲得し、それを相互贈与のための仕掛けにしたことを確認した。しかし、公的介護保障はまだ芽を出したばかりで、十分な介護料の支給がなかった。本章で見る一九八〇年代以降はその介護料が漸増していく。彼らは介護料を活用して介護を労働化する方法を編み出す。もっとも、これが矛盾と困難さに充ちたものだった。彼らは贈与を可能にする条件をどのようなものとして整備しようとしたのか。それにはどのような難しさがあったか。本章ではこのことを明らかにする。

1　相互贈与を可能にする条件とは何か

(1) 介護と労働

本章でも新田の現在の生活にかかわる、ふたりの介護者の語りを参照することからはじめよう。ふたりとは大滝史生と池野和司だ。彼らは対照的というほど性格の異なる介護者ではなかった。ふたりとも公的介護保障要求運動の世界に共感し、その世界観を一〇年以上にわたって実践してきた。だが、片方の介護者は強い共感のもとに現在も介護を継続し、片方の介護者は衝突の末にこの場から離れていった。このふたりが介護と労働の関係について述べている。

大滝は、介護をする／されるとか、どちらが強者／弱者かといった認識は、完全に不要だと述べる。だから、介護は、障害がある／なしの問題ではなく、互いに弱い部分を持った人間同士であることを「お互いさま」として気づかいあうことだと述べる。

大滝：自分がしてやるっていう意識はまったく捨てるってことだよね。同じ人間だってことだよね。障害があろうとなかろうと。ときに、こっちのほうが障害者で、むしろむこうから世話になっている状況だってもしかしたらあるかもしれないってことだよね。障害者問題って、目に見えて、障害があるかないかって問題じゃなくて、もっと、こうなんていうの、もっともっと深い問題だよね。やってやる／やってもらうってことではなくて、どっちもお互いさまってこと。それを、自然にやれるようになるような回路を見つけていくってことじゃないかな。

労働という言葉すら出てこないが、大滝は介護を労働としてとらえていない。「もっともっと深い問題」であり、お互いさまであることを自然にできる回路を見出すことが、介護の本質だと話す。他方、もう一人の介護者、池野はまったく別のことを話している。新田の介護関係について聞いたときのことだ。

池野：もっと気楽にパートみたいに入れるようにしないといけない。「労働」ってそういうもんだし、介護を労働にしていくっていうんなら、（介護者が）「お金で動く」っていうことも認めないといけないもん。自選（登録ヘルパー）みたいなのは大切だと思うけど、それは大枠ができてからの話だと思う。

公的介護保障要求運動の実践は介護を社会化すること、すなわち、介護を労働として位置づけ、その対価を社会的に支払うことだったはずだ。労働とは一般に労働力を貨幣と交換することで、生活の糧を得る営みだ。介護を労働化するのであれば、貨幣の獲得を目的として介護労働に就く者がいるのは当然のことだ。池野はそう話している。

どちらの主張もそれなりにもっともなことだと思われた。公的介護保障要求運動のいう「労働」とは何か。本章ではこのことを考えるために、新田の介護にかかわった介護者たちの語りを取り上げる。

(2) 介護料という不思議な貨幣——「売春」と「真実をめざすもの」

介護料は不思議な性質を持っている。公的介護保障要求運動が獲得した制度は、介護者＝人やサービスではなく介護料＝貨幣を分配するものだったことを見た。要求運動は人材の調達に貨幣を利用することで介護供給の安定化を図ろうとした。この介護料の性格を読み解くことが、保障要求運動のいう労働を知ることの助けとなる。

ジンメルによれば、貨幣とは、人間が相互に関係を持つときに「距離化」を図る道具である (Simmel 1900=1999)。ジンメルがいう距離化とは「遠ざけ」と「離れを防ぐ」という相反する作用を同時に含んでいる。貨幣は人間の関係に距離をつくりだし、それを遠ざけたり離れるのを防ぐ機能を持つ。貨幣は中性的な道具という性格を獲得することによって、人間関係を拡大し、開放的な文化を形成する力を発揮してきた (今村 1994：55)。この意味で貨幣は人間に自由をもたらすと考えることができる。

ジンメルの貨幣論が興味深いのは、こうした認識を踏まえて売春を論じているところだ。ふつう、性愛関係のような「個人的なものの領域」における相互作用には「贈り手の人格の息吹」がつきまとう。けれども、売春は貨幣を取り引きの道具として用いることで、関係に「固有のいかなる痕跡も残さない」。関係を瞬間的に燃えあがらせ、瞬間的に消滅させる売春には、貨幣という等価物が最もふさわしいのであり、「売春は人間相互のあらゆる関係のなかで、おそらくはたがいをたんなる手段へと押し下げるもっとも意味深い事例である」（Simmel 1900=1999：414）。貨幣はこのように人間を人格から切り離し、関係から解放する機能を持つ。それゆえ、現実の愛情関係のような「結合的な力の持続と内的な真実をめざすもの」には、貨幣は適当な仲介者にはならないとジンメルは述べている。

貨幣は関係を「割り切る」ことを可能にする。ゆえに、人間に自由をもたらす側面と関係を閉ざしてしまう側面がある。一九六〇年代後半から七〇年代の初期、とくに青い芝の会に代表される障害者運動にあっては、人格を切り離し相手を手段として扱う貨幣の性質が、介護には適さないと考えられ、「介護は金じゃない」とされてきた。ジンメルにしたがえば、介護は「売春」ではなく、愛情関係のように「真実をめざすもの」であると主張されたわけだ。

それに対して、介護に貨幣を介在させた公的介護保障要求運動はどうだったか。関係を「割り切る」ために貨幣を用いたのだろうか。この運動の求めたものが介護サービス（人）ではなく、介護料（金）であった点に着目しよう。彼らは「介護者は自分たちで集め関係をつくっていくから、介護者が生活していけるだけの貨幣を分配せよ」と行政に要求したのであり（「金は出せ、口は出すな！」）、介護者との関係においては青い芝の会と同じように、運動の伴走者であり友人であることを求めた。しかし、これはジンメルの言葉でいえば「売春」のようでも「真実をめざすもの」のようでもあり、一見矛盾している。では、この貨幣の意味と労働のあり方は具体的にどのようなものだったか。

2　公的介護保障要求運動の八〇年代

(1) 八〇年代の介護者たち

一九八〇年に入るころのことだ。行政から介護料を引き出すことに成功したとはいえ、まだボランティアにわずかな額を謝礼として手渡すことができる程度だった。それ以前に介護者が不足していた。新田は毎日、電動車椅子に乗って、王子、十条、板橋、下板橋と近くの駅へ出かけ介護者募集のビラをまいた。七時に起きて準備をした。介護者の数が限られていたので、食事をつくりにだけ来てもらった。ビラまきをして帰るのは夜の一〇時過ぎだった。用意してもらった食事をひとりで犬食いした。食事を終え眠るころには日付が変わっていた。これが毎日の日課だった。

路上で声をかけてくれたりカンパをしてくれた人にはノートに署名してもらった。帰宅してから礼状を送った。ボランティアに来てくれそうな人には手紙を出した。はじめてその返事をもらったときはほんとうにうれしかった。重度障害者の介護に入る者はごくわずかしかいなかったから、ボランティアに来てもらうと「ほんとうにありがたく、うれしい感謝を心のなかで」抱いていた（新田 2012b : 267-8）。

一九七九年、新田が王子駅で介護者募集のビラをまいていたときのことだ。高校生くらいの男子が近寄って来て、「通行人があまりにも冷たいから腹が立った」といった。その場で話しているうちに介護に入ってくれることになった。都立北高校の二年生で菅正人といった[1]。その後、彼は日中は高校に通い、授業が終わるとそのまま新田の家にいった。夜は泊まって次の日の朝、登校することもあった。

同じ時期、新しく新田の介護に入る若者たちが数名いた。ここからは一九八〇年代に介護者として青年期を過ごした若者たちの語りを取り上げよう。菅正人、高中充、後藤陽子の三人だ。では、最初に菅の語りを聞こう。

菅は介護をはじめたばかりのころ、「ひとりで障害者が生活することのほんとうの意味でのたいへんさ」がわからず、介護を「甘く考えてたね」という。しかし、新田らとつきあう時間が長くなるにつれて、「障害者がまちで暮らすのはほんとうにたいへんなんだ」と気づきはじめた。たとえば、介護者がいないためにバナナ一本でごはんも食べずに過ごしたことや、風呂に何日も入れないということがあった。そうした事態を目にするたびに、菅は「介護に対する責任みたいなものをだんだん感じていったような気がするんだけどね」と語っていた。

菅は自己のエネルギーを解き放つように新田の介護にのめりこんだ。なぜそのように動機づけられたのかと聞くと、「何にも意識してなかった」、「そこにいるからそこにいった」と話すだけで、特にこれといった理由はないらしかった。また、彼は新田のほかに中西正司の介護にも入っていた。中西が八王子に移りヒューマンケア協会をつくる前のことだ。介護以外にも、争議団闘争さなかの山谷へ通った。冬になると新宿駅や東京駅周辺の路上生活者のための炊き出し活動に参加した[2]。

介護者がいない日など、菅は学校を休んで介護にいった。介護者を増やそうと高校でサークルをつくり、そのメンバーを募った。サークルでは『車椅子』という月刊誌をつくり刊行を重ねている。新田によれば、菅が同級生を介護者として誘い入れてくれたことで、ずいぶん助かったという。しかし、このことを菅に質問すると、「サークルっていうか、飲み会。飲みにいってたんだよ。ハハハハ。飲みたいヤツが何人もいて。それで飲みにいってたってことだね」ということらしい。

＊：そういうサークルの人たちは快く来てくれたってことですか？
菅：まぁ、何にもしてないよ。たんに飲みにいってただけだからね。
＊：そうなんですか。
菅：そうそうそう。
＊：でも、その人たちが介護に入っていたんでしょう？

菅：入ってないと思うよ。

＊：入ってないんですか?!　ハハハハハハ。

菅：たまに何かやってたかな。たまにおれが遅れていくと買い物とかしてたことはあったかな。何もしてないよ。

＊：「菅くんはそういうサークルをつくってくれて、介護者を引き入れてくれた」って、新田さんがいってましたけど。

菅：そんなことやってたかな？　覚えてないよ。そんなことしてたかな？

菅は自分の友人を新田の家に連れてくるようになった。すると仲間たちと酒を飲んだ。彼らが集まると夜中まで騒ぐことが増えた。そうした日は介護どころではなくなった。若者たちは酔いつぶれて雑魚寝をする。誰かがトイレで寝てしまい、トイレのなかに入れないこともあった。誰かは布団で寝たかと思うとその上で嘔吐していた。次の日、彼らは酒顔で学校に行った。吐瀉物を片付けるのは次の日の介護者であり、新田が謝って片づけてもらった。

＊：なんでそんなに盛り上がるんですか？

菅：フフフフフ。ハハハハハハ。なんだか知らないけど。なんでだろ？　ハハハハハハハハ。いやぁ、新田さんが「いいからいいから」っていうから。「じゃぁいいのかな」って。だんだんエスカレートしてって。ハハハハ。たまり場になってたね。

＊：へぇ。なるほど。

菅：あの頃とにかく忘年会とかあったからね。鍋かなんかで、飲んでた気がするね。とにかくあそこで飲み会を鍋食いながらやったりね。

毎月一回は確実に騒いだ。高校生だったので飲食店で飲むことができない。だから、新田の家が「飲み屋」になった。夜中のトイレは菅が酔いつぶれていると、新田がひとりで黙ってトイレにいっていた。

菅：ハッハッハッハ。酔ってるとただ泊ってる。

＊：ただ泊ってる?!　ハハハハハハハハハ。

菅：ただ泊ってる。ハハハハハハ。酔っぱらってただ寝てるだけだよ。

＊：ハハハハハハ。ほんとですか。

菅：うん。酔っぱらってただ寝てるだけだよ。だから、お金をもらうのがさ、申し訳ないんだけどさ、もらうつもりなんて、毛頭ないんだよ。

＊：そうですか。「手を貸して」っていうふうに新田さんからはなかったですか?

菅：なかったなぁ、と思うな。酔っぱらって寝てるから、「かわいそうだぁ」って思ってただろうな。ハハハハハハ。自分でいってたな。

仲間とどんちゃん騒ぎをした夜、菅は酔っぱらって眠ってしまい、介護もせずに「ただ泊まってる」のだった。このとき菅にはいくらか介護料が支払われていた。実家暮らしだったので経済的に困っているわけではなかったが、「なんかくれるから『どうも』って」受け取っていた。けれども、「ただ寝てるだけ」のこともあったから、もらうのが申し訳なかった。

菅によれば、当時若い介護者が障害者の家をたまり場にする傾向はよく見られたという。「中西さんなんかも、介護人を家においとくと、そいつが大学生で友だちつれてきて、麻雀やって。もうずっといてもらうのヤんなっちゃったとかね」と自分でいいながら笑っていた[3]。

このことをどう思っていたのかと新田に聞くと「これも障害者と生きていくひとつのきっかけの場所となれば」と考え、菅たちの態度を何もとがめなかった。本人も苦痛に感じなかったという。良いか悪いかは彼らが自分で判断する。それでよいと思った。彼らが来ればその夜は新田もつきあって酒を飲んだ[4]。

一九八〇（昭和五五）年春、高中充は板橋や新宿で自立生活をしている障害者とかかわっていた[5]。しかし、それがあまり「しっくりこなかった」。それで自分から猪野に電話して彼女のもとを訪れた。猪野は男性を介護に入れていなかった。そのため「じゃ、あなた新田さんところにいったら」といわれ、新田の家にいった。すると新田の介護に入ることになった。「それではじまったら、あとは辞められなくなった」ということだ。

大学二年のときだった。朝の八時半か九時に新田の家に行き、昼の一二時に帰った。それから大学へいった。半年ほど経過してからは、夕方に入って泊まり介護をすることもあった。

高中が大学に入学したのは一九七九年である。学生運動はもう過去の出来事だった。だが、彼自身は学園闘争に憧れ、「もう一〇年ぐらい早く生まれてたらよかったなぁなんて」思っていた学生だった。新田とかかわったのも障害者運動に関心を抱いたからだ。それは「青春のひとこま」であり「権力と対峙した」ような、「自己満足的なことだったのかなぁ」と思うけれども、新田との出会いは確実に高中の生き方に影響を与えた。

生活のなかでも新田は「突きつけてくる」ところがあった。介護に入った最初の夏のことだ。高中は夏休みを利用して運転免許を取得する合宿に申し込もうと計画をたてていた。介護はボランティア感覚だったので、「自分のあいた時間にやればいいだろう」と考えていた。だから、新田には、合宿に行くおよそ二〇日間のあいだ二、三回は介護に入れないと伝えた。すると、新田はすぐに「それじゃ困る」といった。「そっちの都合で穴をあけるんだったら、そっちの責任できちんと代理を見つけてきて」と語気を強めた。高中は慌てて、高校生だった自分の妹に声をかけ、代わりの介護に入ってもらった。高中はこのように新田に「ビシッと」いわれたことが新鮮だった。これ以後、介護はボランティア、アルバイトといっても、責任を持たなければならないと思ったという[6]。

新田の家では食事を終えるとテレビを見たり誰かに電話をかけたりした。運動のことや介護の依頼で電話をすることが多かった。また、他の介護者が遊びに来たりもしていた。高中にとって、この「ただ一緒に食べて、一緒に笑って」という「一緒に生活をするっていう」時間がかけがえのないものだったという。

高中：介護してて「だれか来ないかなぁ」とか、来てたとか。ぺちゃくちゃしゃべりながら基本的にそんな光景ばっかり、細かいところは思い出せないけど、残ってますね。柔軟性もあっていろんな人がいて、有機的ないろんな反応しながら、そういうおもしろさがあった。私的にはあったような気がします。たんに介護者がいるってだけでなくて、楽しみにいく部分があって。

こう語り、彼は新田の暮らしを「有機的な生き物みたいな生活」と表現していた。しかしもちろん、楽しいことばかりではなかった。ムっとすることもよくあった。

高中：人間性というよりは、交渉かなんかで、夜遅くに帰ってきたのに、「ごはんつくる」っていわれたり。で、ぼくは「なんか買ってこようか」とか「なんかとろうか」とか「てんやもんとろうか」とかなってたんだけど、それを疲れるひとことが。それはけっこうなんどかあったと思いますね。

＊＊：それはありますよね。ハハハハ。

高中：ね。あと、深夜まで話し込んでて。こっちは帰りたいときもあるんですよね。なかなか帰してくれないとか。

＊＊：ハハハハハハ。

高中：やっぱりおれがいないと話ができない状況があるんで、がまんしてましたけど、なかなかそれはいえなかったですね。でもまぁ、新田さんはそういう面では「遅くまで悪かったね」ぐらいはいいますよね。あたりまえっていう感じじゃなかったと思います。

生活をともに過ごすとはこういうことだ。日常的な食事や会話など細部にわたるまでふたりの人間が共同でものごとを実践しようとするのだから、何かしらの齟齬が生まれる。しかしそれこそが「生活をする」ということでもあり、そうした小さな苛立ちも含めて彼らは介護にのめりこんでいたということだろう。

高中は一九八三（昭和五八）年に都内の特別区に就職する。就職してからも週一回介護に入った。仕事を終えてから新田の家まで行き、介護をした後に再び自宅に帰った。一九九〇（平成二）年、三〇歳のときに子どもが生まれた。共働きだったため介護の時間をつくることが難しくなった。新田に話すと「それはしょうがない」といわれ、「自分のうちのことはちゃんとやってね」と言葉をかわし離れた。介護を辞めたあとも忘年会や行事があると新田の家を訪れた。

後藤陽子は一九六一（昭和三六）年、栃木県に生まれた。八〇年に短期大学の社会福祉学科に入学している[7]。社会福祉学科を選んだ理由は障害者施設の職員になろうと考えていたためだ。入学してすぐに「障害者問題研究会（以下、障問研）」というサークルにめぐり会う。もともとは障害者に限らず広い分野に関心を持っていたが、たまたま障問研の勧誘を受けたので入ってみた。サークルには個性的な面々がそろっていた。「いっぱいいろんなサークルがあったなかで、そこを選択したっていう者の面白さっていうか、特殊性っていうか、〝変さ加減〟っていうのは確かにあった。フフフ」と笑っていた。このサークルに入ったのがすべてのはじまりだった。

このころ障問研がもっとも意欲的に取り組んだ課題に養護学校義務化反対運動がある。一九七九年は養護学校への入学が義務化された年だ。七九年以前は障害児への教育機会さえ保障されていなかった。それを改善するために養護学校への入学を義務化し不就学を解消することが国レベルで目指された。

この義務化には強い反対運動が起こった。もっとも、「反対」とは教育機会の保障に反対するものではない。子どもを「普通」と「特殊」に分ける分離教育への「反対」であった。だから、この運動は「健常児」と「障害児」の区別なく地域の学校でともに学ぶ統合教育の実現を求めた。東京都足立区では区立花畑小学校の入学を拒否された金井康治が、普通校への転入を希望して区を相手に争った。金井闘争は養護学校義務化反対運動の象徴的な闘いだった。

障問研は金井闘争を支援し後藤も深くコミットした。最初は「そんな意識的じゃなかった」が、「誘われるままに」運動に関与しはじめた。そのとき金井闘争にかかわっていた先輩から紹介されたのが新田の介護だった。

後藤：その金井康治くんの運動への支援活動っていうのもあったんですけども、まあ、ちょっともっとじっくりっていうか、みっちりつきあわないとわかんないのかなっていうのもあって。実生活に迫るというか、そんなような感じで新田さんのところに連れてってもらったの。で、ほら、別に何ていうの、無謀っていうか、あんまりいろいろ考えないで、あの、先輩は信用してたしね、信頼できると思ってたし。やってることがそんなにひどく怪しいことじゃないから。あのー、ボランティア精神っていうか、いまでいえばね。その頃ボランティアってあんまりいわなかったと思う、奉仕精神というか、そういう感じでやってみようといったわけですね。

障害者の「実生活に迫る」ことを目的としていたとはいえ、何かを考えていたわけではなく、軽い気持ちで新田の介護をはじめた。障問研のメンバーも誘い、サークルとして新田の介護に入るようになった。一九八一年、後藤が二年生のときだ。その一年間はボランティアに近いかたちで介護に入った。学校にいきながら週に二回ほど夜の泊まりに入ることが多かった。

後藤には新田がずいぶん若く見えた。彼が自分で「二〇代後半だ」というのでそう信じていた。新田は一九四〇年生まれだから、このとき四一歳のはずだ。そのくらい後藤は新田のバックグラウンドに関心がなく、現在の生活に目が向いていたという。後藤が入ったころ、彼女と同じような学生が新田の生活を支えていた。菅や高中は同じ時期の介護者だ。彼らが日々のローテーションを組み介護に入った。

(2) 日々の介護

食事、入浴、睡眠と介護者たちは新田と生活をともにした。次に生活の各々の場面についての語りを取り上げよう。まず、食事と風呂とトイレはどんなふうにおこなっていただろうか。食事は新田の指示で介護者がつくった。菅が「とんかつは大好きだったからねぇ」というとおり、近くの精肉店でよく買い物をした。新田の好物を中心に定番のメニューが出された。「てんやもんとるか」と新田がいうときがあり、そんなとき高中は「かつ丼ね」といったりして、「うれしかったですね」と思い起こしていた。このころは介護者が少なく、新田は自分ひとりで食事をとることも多かったので、どんぶりに顔を近づけて犬食いスタイルで食べることもあったし、介護者が介護をすることもあった。食事が終わると、新田はふすまにもたれかかって座っていた。足文字を書いて何か話したり、テレビを見たりしていた。介護者は「寝転がったりとか。こっちにある障子のところによっかかったり」していた。後藤も「生活感覚ってい

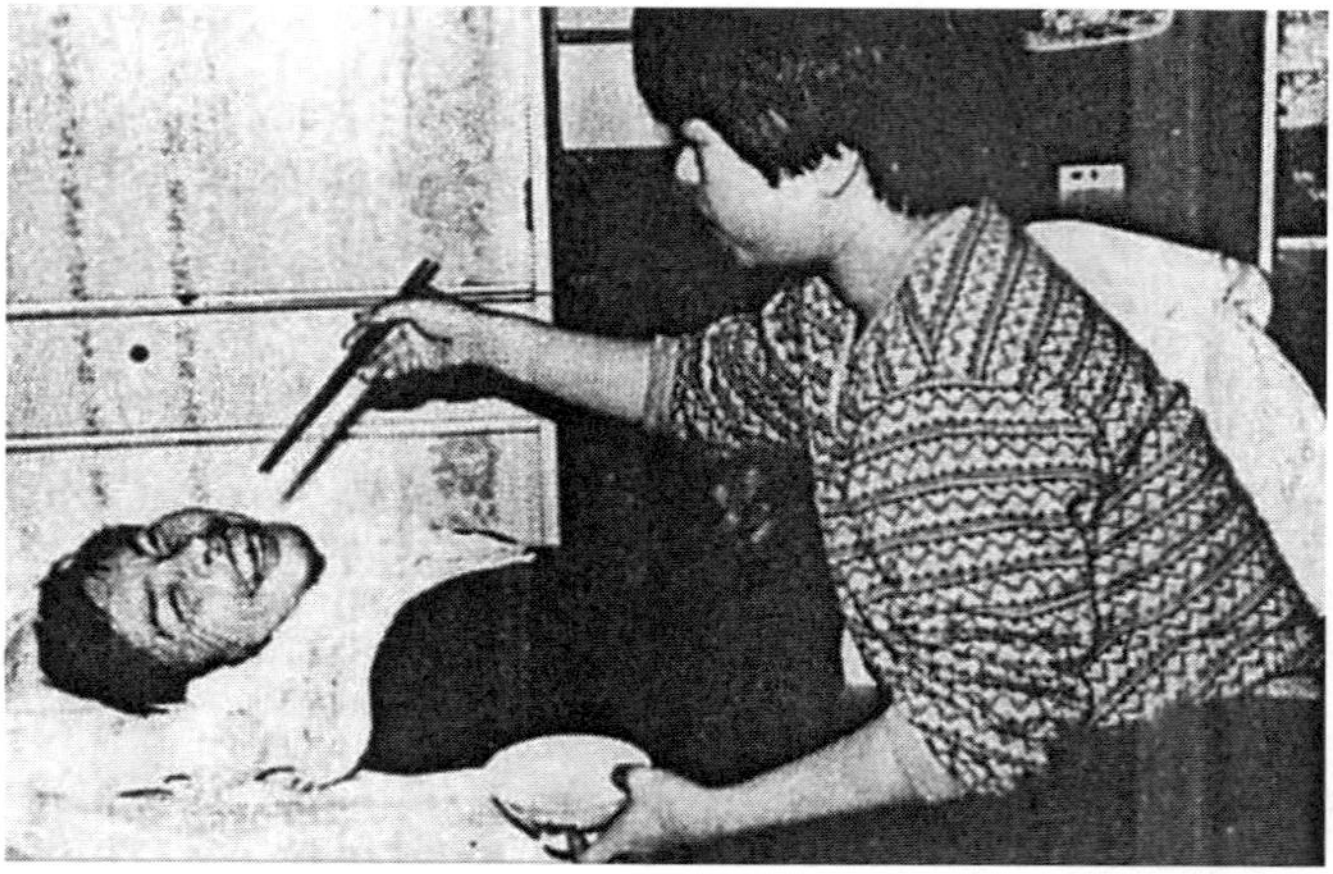

図 27　食事介護

うかさ、食べることとかさ、身のまわりをきれいにすることとかっていうのに対しての違和感っていうのはなかった」と語っていた（図27）。

入浴介護は介護者も風呂にも入り、湯船には交代交代で浸かった。新田が湯船に浸かっているあいだに介護者が外で身体を洗った。介護者が洗い終えると新田が外で身体を洗い、介護者が湯船に浸かった。このことに違和感はなかったかと菅に聞くと、「別に家でも自分の風呂入って寝るから、それはだからなんともなかったような気がするな。ハハハハハ」と笑っていた。高中は最初違和感を持ったが、新田の家族との暮らしや施設体験を聞くうちに、次第に頭と体が慣れていったという。風呂に入るのは夕食の後で、風呂からあがると布団に横になって寝た。

トイレの介護は新田が比較的身体が動いたので、それほど必要にはならなかった。介護者がトイレのドアまで新田を支えて移動し、その後はひとりで済ませた。終われば「終わった」と声をかけて出て来た。後藤は「女性でもそんなに接触が必要ないっていうのもあったので、男性の障害者に女性の介護者が入るっていうのも、そんなには違和感がなく」できたという。

睡眠は畳の部屋に新田が眠り、カーペットの部屋に介護者が布団を敷いて寝た。新田は夜中に汗をかくことが多く着がえの介護は頻繁におこなった。後藤は朝までぐっすり眠ったので、新田が先に起きて「オバン、起きろ！」とからかわれた。後藤も菅と同様、介護にいったはずが酒に酔っ払ってしまい「寝ただけのとき」が少なくなかった。

新田は「見守り」介護の必要性を訴えていた。彼は介護者がいくらか手を貸せば自分でできることが多かったし、トイレも一人で行った。その意味で、二四時間欠かさず介護が必要というわけではなかった。しかし、一人でいるときに転倒してそのまま起き上がれないことや、緊急の事故が生じる可能性がある。そうしたときに誰かがいなければ自分では何もできない。だから、介護者がそばにいてくれることを望んだ。それが「見守り」だった。菅も見守りの必要性をよく理解していたという。

足文字についてはどうだったか。高中によるともちろん、はじめは読めなかったが、新田が足を大きく動かしていたこともあり、読み取りに長い時間を要しなかった。次第に読めるようになると、先読みをして怒られた。足文字は読む側に積極的な聞く姿勢や見る姿勢がなければ意味がつかめない。こちらが眠気に襲われてウトウトしていると、新田がいくら足を動かしていても会話にならないのだ。

高中：とにかく、新田さんて足文字だから、そういった意味ではこちらが見て読んであげないとコミュニケーションが通じない、とれない。そういった意味でも、介護者との関係性っていうのを非常に強く求めるというか。で、信頼関係っていうか、親近感っていうか、そういったこともそれによって生まれるし、強くなる。

足文字のような、労力を要するコミュニケーションをいとわなかったのは、先輩介護者の通訳によってではなく、「直接の関係」を持ちたかったからだという。高中は「結局のところ、新田さんとじかに話がしたかった。やっぱり魅力的な人だったと、ひとことでいえばそういうことですかね」と語っていた。

ところで、足文字の読み方は介護者の基本的な態度ともつながる。ここに七〇年代の介護者たちとの質的な変化を見ることもできる。八〇年代の介護者たちは新田に対して「ものをいう」ということは少なくなっている。

高中：やっぱり介護者としては新田さんの手足になって、で、口の代わりになる。新田さんが要求するように、飲みたいといえば飲む介助をするし、食べたいといわれればいわれるままに料理をつくりし、「こんなにいっぱいつくっても食べないよ」とかいいながらも、そのままに、新田さんが最終決定者だから、という意識はありましたね。あとは、通訳も新田さんが書くものをまぁ、私見をはさまずにいうっていう。あたりまえですけど。いろいろ話をしても自分のことは自分としてね、個人として考えてることはいわないというか、仲間や他の介護者との会話とかは新田さんと話してるなってときは、ちゃんと新田さんが足を動かせば、その部分はきちんと伝えようっていうか、いおうっていうのは心がけてましたよね。「そうじゃないよ」って途中でつっこみ入れたりするのは、ご法度と。基本ですけど。

もっとも、後藤に限っては新田とよく議論をした。夜間の泊まりのときは夜更けまで「ガンガンやり合ってたから疲れちゃってすぐ寝てたよ」と笑う。ヒートアップしてくると「オヤジ」と「オバン」の関係になる。新田は普段「後藤さん」や「陽子さん」と呼んでいたが、いつのころからか「オバン」になった。どうして「オバン」なのかと聞くと、「知らないわよ。勝手に呼んでる」ということだ。

＊＊：足文字は最初からスムーズに読めた感じですか?

後藤：うん。あのね、そこに足文字に集中すれば読めるんですけれども、だんだん自分の思いがヒートアップすると、本当にね、この「うざい」っていう感じになってね。

＊＊：ハハハハ。そうですね。
後藤：もう読みたくないって思ってね。でも、読まなきゃ相手が何いいたいのかわからないから、こう、もうそこのせめぎ合いの中でやってるから、もうすごいストレス。
＊＊：そうですよね。そうです。
後藤：そうなんですよねって、「経験ありあり」みたいな。フフフフ。
＊＊：いや、あれはすごい新田さんの技っていうか。
後藤：技だよね。
＊＊：あれを読まないと話ができないというと、どうしても新田さんのペースに飲み込まれていって、新田さんが勝つっていう感じになりますね。
後藤：勝つって感じ。ハハハハ。
＊＊：それはすごいなと思ってて。
後藤：そうなんだよ。圧倒的な存在感ですよね。もう、ケンカしたし、ムッとしたし、足文字ドンドンとか、私もテーブルドンドンとか叩いたりしたけどさ。

何度も議論したことの一つは異性介護の是非についてだ。男性の障害者に女性の介護者が入ること、あるいは女性の障害者に男性の介護者が入ることは認められるか。後藤は、自分は男性障害者の介護をしているが、「でも、基本的にそれはないんじゃないか」と思っていた。介護は同性同士であるべきだと考えた。他方、新田は「そんなの関係ない」といった。新田は譲らない。後藤も譲らない。すると、明け方までやりあう。「足文字ドンドン！　テーブルドンドン！」の怒鳴り合いになる。

後藤にとって、新田の主張で一番許せないのは「女性に対する感覚」だという。「それぐらいかな。あとはかまわない」というが、新田は男も女も同じ地平で語ろうとするところがある。後藤からすれば、それは男と女の社会的位置を見誤っている。介護一つとっても「女が介護をするべき」という規範の作用を抜きに語ることはできない。新田は介護には男も女も関係ないといったが、「じゃあ、男の介護者にしろよ」と反論してやった。

それから、新田に「体が思うように動かないって状態っていうのを、君はわかってない」と何度もいわれた。後藤は「当然だ。わからない。わかりようがない」といった。新田は「三日寝ていたらいい。そうしたら、どういうことか少しは想像がつくだろう」と続けた。後藤は「〝三日後に起きられる〟っていう私がいりゃあ、わかるわけがない」とまた反論した。こんなやりとりは日常茶飯事だった。が、不思議と関係は良好だった。

(3)「遊び」の前景化

菅たちは思いのままに過ごした。飲み明かした次の日は近所から苦情が来た。新田が団地中に謝罪の回覧板を回した。菅はそれを聞いて「あれ？　悪いことしちゃったのかな？」と思うことはあったが、かといって新田から声を荒げられることもなかった。介護者会議の後はよく飲んだ。そこには同世代の若者たちが多数いた。後藤によれば、新田の家は「宴会所」になっていて、「横のつながりがそこの場で持てた」という。

後藤：菅くんは面白くてね、みんなにチャチャ入れながらね。ハハハハハ。だから刺激しあってたんだと思うのね。でもこう、いろいろそこの場で考え、その年代で考えられるっていうか、考えることを考えてたって感じかな。
＊＊：はあはあ、なるほど。
後藤：泊り込んで飲んでたからね。ハハハハ。うん。たまり場？
＊＊：たまり場。
後藤：で、みんなで集まるときは「介護とは」なんてことはいわないよね。あんまり話さないしね。どっちかっていうと、身近なことから含めての「生きるってことは」みたいなことに、やっぱり話が、自分たちに引きつけられたんじゃないの？　そのときには。
＊＊：へえ。
後藤：新田さんはどっちかっていうとそういうときは、何もしゃべんないから。
＊＊：ああ、ほんとうですか。
後藤：うん、どっちかっていうと。

＊＊：本当に？　介護者会議ですか？

後藤：介護者会議ではいうよ。でも、その後の飲み会だとか、その後の何ていうの、宴会のときには。

＊＊：ああ、はい。

後藤：うん。たまり場のときにはもう。「ハハハハハ」なんて笑ってさ、うなづいたりさ。トントンとやりながらさ。彼自身が何かメッセージを発することは、そういうときにはなかったよ。

＊＊：なるほどね。

後藤：（新田が）あまりにも圧倒的だったからかもしれない。若いしみんながね。

新田は若者たちの姿を笑って見ていた。高中もいっていた。「当時の新田さんちの雰囲気が自分としてもおもしろかったですよね。同年代とかいたし、新田さんも話がわかる人だし」。男がいて女もいた。若者が多かったが年配の者もいた。彼女ができたとかどうしたとか、「ぺちゃくちゃぺちゃくちゃ」みんなで話した。新田も府中闘争のことなど過去の出来事を話してくれた。

高中：忘年会なんかやるとね、みんな集まって飲み明かすんですけど、近所迷惑も顧みず。年下の菅くんっていう人がぼくより一つか二つぐらい下なんですけど、彼が友達とかぜんぜん関係ない人を連れてきたり。で、高校生ぐらいだったかな。酒をジャンケンして負けたやつがウイスキーのふたでカポっていく。すごい盛り上がるわけですよ。

＊＊：ハハハハハハ。

高中：楽しかったなぁ。

「カポっとやった」忘年会の翌日はみんな動けなくなって夕方まで寝ていた。新田は「しょうがねぇなぁ」という風情で見守ってくれていた。介護者が集まって騒ぎを催すことは年中行事となり、忘年会はクリスマス会と銘打たれることもあった（図28）。

高中：あと、忘年会っていうかクリスマス会でプレゼントくれるんですよね。セーターとか。

＊＊：新田さんがですか？

高中：うん。

＊＊：ハハハハハハハ。

高中：生活保護なのに、そんな余裕あんのかなと思うんですけど。介護者みんなにあげるんですよ。

＊＊：ハハハハハハハ。

高中：「プレゼント」とかいって買ってきてあるんですよ。「きみにはこれ、きみにはこれ」って。

＊＊：ハハハハハハ。クリスマスプレゼント?!

高中：クリスマスプレゼント。

＊＊：セーターは高価なんですか？

図28　介護者会議とクリスマス会

高中：いや、そんなでもないけど、ちゃんとしたのを。どっかで買ってきたのを。十条あたりで買ってきたんでしょうね。女性にはちゃんと女性のものを。そういうのを毎年のように何年かやってましたよ。

高中によれば、クリスマスに介護者へプレゼントを手渡す新田は「常識がないようである人」だという。他に介護者の誕生日にはプレゼントを買ったり、その日の夕食を豪勢にしたりすることもあった。大晦日には大野まりや下田達也がやって来て宴会になった。そのまま初日の出を見に富士山へいったこともあった。元旦になると新田の母がおせち料理を持ってやって来て、みんなで食べた。そんな年がしばらく続いた。

菅は新田といくつもの経験を共有している。様々な場所に訪れた。新田が「モーターショーにいきたい」というので、何だろうかと思うと「障害者用の車は自分でも運転できるのがあんじゃないか」といった。

菅：「それぜったい無理だから」ってったんだけど。ハハハハ。「教習所探してきてくれ」って。

＊：ハハハハハ。

菅：「車運転する」つって。「無理だよ」って。フッフッフッ。「ぜったい無理だ」つって。ハハハハハ。

新田は三〇代の後半だった。町田荘に入所していた友人が施設を退所して町田市に住みはじめた。その友人のもとへ生活のアドバイスにいったりした。他にも施設から出て来た仲間を訪れることが多かった。国立の三井のもとへは頻繁に通った。

よく映画にも出かけた。新田と菅と二人でいったり他の介護者といったりもした。十条の駅前に行きつけの映画館があった。入口に階段がなく、車椅子のまま入ることができたので、新田は一人でも足繁く通ったらしい。館内では通路のまんなかに陣取って見た。

菅：十条のポルノ映画館は電動でいってたからさ。ハッハッハッハ。

＊：ハッハハ。一人で？

菅：そう、一人でいってたんだよ。それで、おれがいったときに久しぶりだったらしくて、映画館のおばちゃんに「どこで浮気してたんだ」っていわれてたから。それよく覚えてる。「どこで浮気してたんだよ」って。

＊：ハッハッハッハ。

菅：たぶん、一人でいってたんだよ。で、高校生連れていってみようと思ったのかな。おれを電動車椅子の後ろに乗せて。ほんで、おばちゃんが出てきて、おばちゃんがドアを開けてくれるんだよね。だから、あそこ確か電動でいってたんだな。

＊：でも、一人でいったらどうやって入るんでしょうね。

菅：あそこねぇ、なんかねぇ、階段なかったんじゃないかな。

＊：階段がなかった。ハハハ。

菅：うん。で、ドアがこう。ドアだけ。ドアを開けてくれて。そうすると、電動でそのまま入っていくっていう。

＊：すばらしいですね。

菅：うん。もう、ぼろっちい平屋の映画館だったからね。逆にふつうの民家のなかにあるようなところだったから、階段も何もないんだよね。そこに椅子が並んでるぐらいの感じだったから。あれたぶん、しょっちゅういってたんだよ。

＊：ハハハハハハ。好きですよねぇ。

菅：うん。半額だったんだよ。なぜか。

＊：ハハハハハ。

菅：たしか、映画館、障害者割引とかって。わけわかんないけど。

＊：障害と関係あんのかって思いますよね。

菅：何なんだかわかんないけど。おれにさ、「きみもこんど車椅子でいこう」って。

＊：ハハハハハハハハ。

映画館に出かけることもあったし、自分の家でビデオを観賞することもあった。ＶＨＳで発売された映画やタレントのビデオも購入していた。新田がオーディオ機器に凝っている時期があって、ビデオカセットがコレクションになっていたほどだ。

菅：一時、ビデオとかね。電気製品が好きなんだよね。やたらなんか凝ってるときがあったな。三〇年前の、あれなんだっけな。ビデオのいろんなのを録ってた。あのぉ、宮崎美子って知ってる？

＊：ええ。

菅：あれも三〇年前の話だけど。あれ、ミノルタのさ、ハハハ、ＣＭがあってさ。それをさ、ハハハハハ。

＊：はい。ハハハハ。

菅：ビデオにずーっと録って。ハハハハハハハッ。しかも同じコマーシャルなんだよ。いろんなコマーシャルじゃなくて、まったく同じのをずーっと録ってんの。ハハハハハハハハハ。ヒヒヒヒ。「これなんで何回も何回も録るんだろう?」と思って。ハハハ。

＊：ハハハハハハ。めちゃくちゃおもしろいですね。

菅：フフフフフフ。笑っちゃうね。

菅がいっているのは、宮崎美子が浜辺で水着に着替えるシーンが話題になった、ミノルタカメラX7のCMだ。BGMには糸井重里作詞、鈴木慶一作曲、斉藤哲夫歌の「いまのきみはピカピカに光って」が使われていた。新田がビデオデッキの前に座って、同じCMが流れるたびに録画ボタンを押している姿を思い浮かべると、菅がいうように、笑いがこみあげてくる[8]。

新田はセクシュアルなビデオや雑誌、書籍を大量に収集していた。菅によれば、「どっから手に入れてくるのか知らないけど、けっこう裏ビデオ裏本系は持ってたね」という。それを菅たちに「ほら」と見せて「わー、すげぇ」とやるのがこの家の儀式だった。介護者が慢性的に不足していたため、夜間や平日の昼間は新田が一人でいることが少なくなかった。その時間に自分の好きなことをしていたわけだ。また、この時期、電動車椅子の実用化が進んだことも大きい。ある程度、身体の動いた新田は行動範囲が広がり、好きな場所に出かけた。

八〇年代に入っても介護の逼迫は変わらなかった。だが、明らかに七〇年代とは異なる雰囲気が見られる。「運動」の側面がそれほど前面に出ていない。生活をともにすること、さらに「遊び」を楽しむことが前景化している。

(4) エロスの残存——関係があって介護がある

八〇年代の初頭、介護制度が少しずつ拡充しはじめたといっても、介護者が生活できるほどの介護料を手渡せていなかった。彼らの出会い方にはやはり互いに惹きつけあうエロスの作用が多分にあった。

菅：まぁ、飲みに来てるみたいな、なんかいついちゃってるみたいなところがあったかもしれないね。でも、そのころの介護人ってみんなそんなような感じだったと思うんだけどね。なんとなく来て、なんとなくそのままいついちゃったとか。なんとなく来るようになっちゃったとかね。そんな感じだったような気がするけどね。そのころのヤツってね。

「なんとなく」いついてしまった菅には介護料が渡されていたが、受け取るつもりはまるでなかった。新田にしても、「お金を払ってるんだからちゃんと仕事をしろ」と注意することも一度もなかった。現在も新田は「お金を払っているんだから」という物言いが大嫌いだと口にすることがある。介護料をわずかに渡していたが、不思議なことに新田は貨幣を労働の対価と考えておらず、また労働へのインセンティブにも位置づけていなかった。介護料とはあくまでも介護者の生活費となる貨幣であり、介護労働力との交換という発想がまるでない。

だから、介護者たちは経済的必要や職業的関心から介護へ導かれたのではない。それこそ、街のなかでビラをまく新田と出会って介護をはじめている。菅は新田の介護にいったというよりも、新田とのつきあいがまずあって、その先に介護があったという。

菅：当時はとにかく新田さんともそうだし、中西さんにしてもね、介護がどうのっていうよりはね、それこそ人間関係のなかでのつきあいがね、まずあったからね。そういう意味では関係性のなかで介護をしてたってことなのかもしれないけどね。介護があって関係性があるんじゃなくて、関係性があって介護があるって感じだったよね。介護しようっていったわけじゃなくて、なんとなく関係をつくったら介護があったって感じだったのかな。だから、そういういろんなね、いろんな面を見せてくれるし、介護だけじゃなくてね、人間関係のなかでのいろんな面を見せてくれる。まぁ、あの頃おれもまだ高校生とかそのくらいだったから、面白半分にいってたんだと思うけど。

これは高中充も同じことを語っていた。高中は新田を「すごい人だな」とは思っていたが、「付き合っていくうちにいろんな面を見せてくれて、ふつうの人っていう」面も見るようになった。何よりも「つきあいが人間的におもしろかった」ので、「介護の関係」を忘れてつきあっていると感じていた。もし「障害者」と「介護者」という枠組みを意識しすぎていたら、「息がつまってたかもしれない」と話す。運動と生活と遊びが一体となっている新田の世界に惹かれたのだ。魅了しあう「エロスの交易」がここにはあった。

(5) エロスとロゴスの交錯——運動の論理と介護者の私生活

一九八〇年代の介護者たちは、いま見たように七〇年代からの連続性を確認することができるとともに、断絶を見ることもできる。彼らは前の世代を相対化しており、自分たちの世代との差異を認識している[9]。たとえば、介護者に対する見方だ。七〇年代からかかわりのある介護者には「ひどいヒダリ（左翼）」の人間がいて、菅たちは彼らの存在をおもしろがりながら新田の家に通った。

菅：新田さんのところに来ている介護人の知り合いのやつが山谷にいたり。介護人がもうひどいヒダリのやつがいたんだから。むちゃくちゃなヒダリのやつが。介護人ていうか、介護人やめてて、ときどき来るやつとかさ。ハハハハ。

＊：ひどいヒダリ！

菅：「刑事が尾行してきてる」とかさ。ハハハハハハハ。

＊：ハハハハハハ。

菅：ハハハハハハ。そんなのほんとなのかなぁと思うけどさ、新田さんも「盗聴されてるかもしれない」とかつって。

＊：ハハハハハハ。

菅：電話のとこさ、「盗聴されてるかもしれないから、気をつけて」とか、まじめな顔していってたんだよね。ハハハハハハハハ。

菅は七〇年代的な「ひどいヒダリ」の人間を客観的に観察している。また、新田は障害者の身体を診られる医者はそういないといって、自分の信用できる女医のもとへ通っていた。その女医も左翼の運動関係者だった。女医の夫も運動家で新田が「ショッカクだ」と教えてくれた。「『ショッカク』って何?」と聞くと「職業革命家」といった。菅は「仕事で革命家やってる。フフフフフ。どういう仕事だ?! とか思った」と笑っていた。

介護の世界でも七〇年代の空気をくすぶらせながら、しかし確実にそれが薄れてきて、八〇年代がはじまっている。八〇年代の介護者たちは、イデオロギー的な関心から介護にかかわっているのではなかった。運動論を語ることも実存を問うことも表面的にはなくなってきていた。

高中は障害者運動に興味を持っていたため、行政交渉には「よろこんで」参加した。「身を投じてる、闘ってる」という感覚が得られ、「そういう時間は楽しかったですね」と語っていた。都庁で一晩明かすことは年に二、三回あり、毎年の恒例行事のようになっていた。だが、高中はそればかりにのめり込んでいたのではない。自分の就職のことも真剣に考えていた。一九八二年、高中が大学四年生だった冬、都との話し合いが膠着していた。都側が折れず、在障会は交渉の後、知事室に座り込んだことがあった。そのとき新田が電動車椅子で突入したものの、介護者がなかに入れず、新田だけが孤立した。遅れて高中がなかに入った。ところが、彼は内心では違うことを考えてヒヤヒヤしていた。

高中：あんとき東京都の（公務員試験に――引用者注）、私、福祉指導っていう科目で入ったんですけど。福祉専門職的な公務員で、事務職と違ってね。東京都のほうも、新田さんにいわないでね、受かってたんだけど、試験に。こんど面接するみたいな段階だったから、嫌だったたんだよね。もしなんかそういう福祉関係で交渉相手で「高中ってやつがいて、面接に来た」とかいわれたらね、内心ちょっとね。

＊＊：なるほど。ハハハハ。嫌だと思いながら。

高中：やばいかなと。もしさ、実力行使ですから、警察呼ばれたら、呼ばれなかったけど、もし逮捕とかされたら。自分は活動家じゃなかったから。活動家はぜんぜん「逮捕されても」って覚悟でやってるけど。そこまではなかったですね。父母も泣くし。でも、結局、また若者の自己満足かもしれないけど、ぼく個人としてはおもしろかった。

高中は新田には告げずに都職員の採用試験を受けていた。その一次を合格し二次の面接が控えていた。だから、実力行使をして、もし逮捕でもされたら「父母も泣く」ので、内心「嫌だった」。彼はそんなことを心配しながら交渉に加わっていたというのだから、おもしろい。

後に高中は区立の施設職員となる。新田にはなぜ障害者運動にかかわっておいて施設で働くんだと突きつけられたこともあった。高中には返す言葉がなく、いいわけもしなかったが、「やっぱりぼくもきちんと働きたいし、お金は稼ぎたいんだ」と話した。ただ、割り切れはしなかった。新田のいうとおりだと思った。学生時代に障害者運動にかかわったのであれば、「口だけじゃなくて、ほんとにやるんだったら、一点の曇りもなく障害者側に立って」、活動の専従者になるべきだとは思う。ただ、「そういう生き方は、常識っていうのは変だけど、自分はできないですね。『口だけだ』っていわれれば、それはそうだったと思います」と語っている。「自分の将来とか自分のことは第一に考えたいし」、新田から専従の依頼があっても断っただろうと話す。もっとも、自分自身が生計を立てることと運動が突きつけてくる論理とは、いまでも「それは整理できてないですけどね」と話していた。

七〇年代の介護者たちはそもそも就職する気がなく、コミューン生活をやっていた。それに対して八〇年代の介護者たちは、高中も菅も後に見る後藤も自分の就職を考え、実際に就職している。それでも介護を辞めたわけではなく、働きながら続けた。つまり、新田の「生活」を支えることは変わらず重要だったが、介護からは「運動」のニュアンスが少しずつ薄れはじめていた。惹かれあう「エロス」を残しつつも、目的合理的な「ロゴス」が浮上していた。

他方、介護者のあいだで運動の論理が希薄化することは公的介護保障要求運動にとっては好ましいことではない。介護者たちは自分の私生活を優先していくのだから、結果、障害者の生活は危機にさらされる。運動へのコミットが価値を持たなくなるなかで、介護者をつなぎとめる別の方法が模索されることになる。そのことを次に見よう。

3　相互贈与を可能にするために——専従介護の発明

(1) 専従介護の論理

一九七九〜八一年にかけて毎日、募集のビラを配ったおかげで介護者が二〇人ばかり集まった。そして、毎夜遅くまでのビラまきはやめた。介護体制はまだまだ十分とはいえなかったが、身体の機能が弱ってしまい、これ以上続けられなかった。

このころ新田は胃の痛みが続いていた。介護者不足によるストレスらしかった。菅によれば、風呂に入ったときに新田が「胃がもたれてる、はっちゃってる」ともらしているのを聞いた。それで胃カメラを飲みにいき、薬を処方してもらうことがあった。胃の具合を調整するために彼が独自に開発した妙薬もあった。

菅：ブルーベリーだったかな。ブルーベルーじゃなくて、なんだっけな。どろっとした果物。ブルーベリーだったか。ブルーベリーじゃないかな?なんだっけ。そんなようなもん。ビンに入ってるの。「それがいいんだ」とかいって、それをさ、ハハハハハ、コップにたっぷり入れて、ハハハハハハ、それをお湯でとかして飲むの。ハハハハハハ。

＊：ハハハハハハ。

菅：それを「飲ましてくれ」つって。ハハハハハハ。それを必ず飲んで寝てた。ハハハハハ。あれは効いたのかなぁ。フフフフ。

＊：ハハハハハハ。ありますよねぇ、独特の。

菅：新田さんの、新田ワールドがね。「これが効くんだ」つって。ハハハハハハ。それをなんかね、必ず買ってたね。

この飲料が効いたのかわからないが、「いまも生きてんだから効いたんだろうね」ということだ。毎月、新田たちは介護者会議を開いた。彼の家に主要メンバーが集まり、翌月の介護のローテーションを話しあった。行政から派遣されるホームヘルパーの枠はすでに決まっているので、それ以外の日を検討した。「この日はできない」という者がいれば、誰かが代わりに「じゃ、やるよ」となった。学生が多かったため、夜は比較的見つかったが、日中があいた。会議に人が集まるとそれなりに埋まることもあったが、集まらないときは電話をかけて「きょう介護者会議なんだけど、○月あいてる日ない?」と確認しスケジュールを埋めた。高中によれば、新田にとって毎月の介護者会議は緊張の連続だっただろうが、といって、新田が介護者に対して怒ったりすることもなかったという。

とはいえ、学生を中心とした介護体制の不安定さは深刻だった。それを解決しようと新田はある方法を編み出す。専従介護だ。専従介護とは障害者の介護保障を目的とした介護の職業化である。ボランティアの学生による入れ替わりの激しい介護ではいつまでたっても障害者の介護保障は達成されない。介護を労働として位置づけ、介護者の生活保障を図ることで介護の安定化が果たされると考えられた。

専従介護を可能にしたのは、東京都の重度脳性麻痺者介護人派遣事業ならびに生活保護他人介護加算の支給額が漸増していたことが大きい。介護者に月々まとまった額の介護料を手渡すことができるようになっていた。そこで二~三名の介護者を「専従」で雇い入れローテーションの中心を担ってもらう。専従でまかないきれない部分はボランティアの介護者がフォローする。これが専従介護体制だ。

一九八二年、新田は「専従介護者にたくす介護保障」という文章を雑誌『福祉労働』に寄せている(新田 1982)。この文章をもとに専従介護の要点をまとめよう。第一に介護保障とは障害者が介護者の生活保障を配慮することからはじまるという。「動けない者にとって介護の手は自分の生きる保障」であり、そのためには「私たちの生活を支えてくれる人たちの生活保障を考えていく」ことが必要だ。これは「私たちが社会に住む以上、課せられた、やらねばならない義務」である（新田 1982：18）。

第二にこのことは障害者だけが取り組むべき課題ではなく、介護者も「介護をする以上、自分の生活保障とともに、自分ができなくなった後どうするか、常に考え行動してほしい」。というのも、介護にかかわる者の大半は学生だが、そのほぼすべてが「卒業して就職したら自分の生活の可能な職場に逃げていくようにして、介護から遠ざかっていく」。この繰り返しのなかで苦しむのはいつも障害者だ。これでどうして障害者の生活が安定するだろうか。「健康な者が自分だけ生活保障をつくり、あとは知らんというような状況でどこに介護をした意味、ともに生きる姿勢があるでしょうか」。ひとりの人間の生を守り、在宅の介護保障を実現するためには、介護者も「ともに考え、ともに行動していく必要がある」（新田 1982：18-19）。専従介護とはこの「ともに生きる」実践を実現するための労働形態である。

四月は例年、介護者の多くが介護から離れていき、障害者の生活は危機に瀕する。新田の介護者もこの年は辞める者が特に多く、生活が危ぶまれた。そこで新田は就職する予定だった二人の学生に、これまでのような空いた時間に手を貸す関係ではなく、介護をすることで生活が保障される形態で介護に携わってもらえないかと話を持ちかけた。つまり、「介護を職業として、専従に入ってください」と依頼したのだ（新田 1982：20）。

これを聞いた二人はとても悩んだという。悩むのは当然だ。専従介護といっても介護料がわずかであるために、二人が生活していくのに十分な金額を渡すことはできない。であれば自分だけが保障されればよいという姿勢を変えないかぎり、専従介護者にはなりきれないのだ。また、専従ということは日常的に障害者と介護者が一対一で接する時間が増える。このなかで息の詰まった関係に陥らないとも限らない。二人からは職業人としてひとりの障害者の生活を背負うことに「重圧になっていくのではないか」という迷いが感じられた。

新田の記述によれば、専従介護への動機を阻害する最大の要因は資本主義だという。そもそも障害者は資本主義の存続を危うくする存在である。なぜなら障害者は労働力の商品化が困難であり、市場交換による財の獲得が本人には望めない。それでも障害者の生を肯定するのであれば、その保障は資本の論理の枠外でおこなわれるしかない。仮にこの社会がしぶしぶ介護保障を認めたとしても、それは「施設収容」という、資本主義経済にとって最も実害の少ない合理的・効率的な方法でしか実施されない。

介護者のほとんどは学校を卒業すれば就職して介護を辞める。なかには施設の職員になる者もいる。彼らは学生のあいだは施設を批判しているが、いざ就職時期になると「施設を良くしたい」とか「入所者と接したい」とか「いろんな理屈をこねて」、施設に勤める（新田 1982：20）。新田にいわせれば、それは「障害者は施設収容が当たり前」とする態度であり、「資本主義に順応した自分が生きることが先」と考える姿勢に他ならない。「弱者を社会から隔離し切り捨てることが日本経済の発達のうえで大きな役割をとげている」ことを踏まえれば、「あなたたちがそのような職場につけばつくほど、私たち重い障害者は社会のなかに住めない形がとられていく」のである（新田 1982：21）。

それに対して障害者が施設を出る、社会に住む、その障害者を介護するという実践は、資本主義への抵抗と同義である。であれば、介護をする者は「私たちを施設に入れる政策はおかしい、身障者も社会のなかで生活するのが当然だ、弱者が隔離されたりともに生きられない社会なんておかしいのだ、みんな社会のなかでともに生きる社会が当然なのだ」という意識で「人間が社会で生きることを重視した生き方」をして欲しい（新田 1982：21）。

私はこういうことから、在宅介護専従を考えたいのです。どこまで国の政策に歯向かう捨て石の存在となりきるか、またどこまで社会の背景のなかで、落ちこぼれというような居直った生きかた、逆にそのことがごく当然として生きていけるか。当然としない社会なんてうそだし、自分の意識も当然としない限り、捨て石の存在にはなりきれず、挫折して元の資本主義の社会の鞘におさまっていくのです。健全者の口から生活保障といったとき、常に弱者をつきおとすなかしか成り立たないのです。私は、いま来ている専従のおふたりの方、また各地区で在宅の身障者の介護をしている方にも、「専従」という私と同じ介護形態を増やし、みんな楽しく、ともに生きる社会をつくりたいのです。（新田 1982：22）

障害者の在宅介護保障は、健常者がこれまで内面化・身体化してきた型を変えないかぎり、成り立つものではない。新しく専従介護者になってくれた二人が一度決まっていた職場を捨て、「身障者の介護保障というところを考え、一時的にしろ、社会に順応しない生きかたをしてくれたことは、私にとって、こんなうれしいことはありません」と述べている。そのため、専従介護とは健常者にとって、一つに介護それ自体を自分の生きるスタイルにすることであり、二つに一対一の介護形態のなかで、どこまでお互いがお互いを考えられていくか、どこまで人間性を出しあうことができるか、「人間が人間を見ていく」、「人間本来の姿」を探求することであるという。

私は一対一の関係こそが、人間が考え、成長していくのに欠かすことのできない一番大切な関係だと思うのです。人間が人間をどこまで思いあうことができるか、専従という形態のなかでどこまで人間重視という視点を引き出せるか、このことは私が社会で生きるうえで最も大切な賭けです。（新田 1982：25）

貨幣の投入は労働へのインセンティブを高める。その機能を利用することで労働者を集めることができる。普通はこう考える。しかし、新田は、貨幣の利用による専従化は資本主義への順応ではなく抵抗であるという。新田の求める専従介護において貨幣は介護者の生きる手立てとなる手段に過ぎず、その目的は人間が人間を思いあうことだという。このように、専従介護はかなりの思想性を持った、社会への対抗文化的な実験であったことがわかる。ここに在宅介護を労働として位置づける在宅介護労働の誕生を確認することができる。

専従介護の導入は一九八二年一月の介護者会議で新田から説明された。それ以前から話題に出ていたが、正式に伝えられたのはこの場がはじめてだった。介護料は専従介護者に渡すので、他の介護者はボランティアに切り替えてほしいといわれた。高中は大学四年生になっていた。しかし、卒業してからのことを考えると自分はメインで介護に入れるとは思っていなかった。介護がいつも切迫していることは十分認識していたので、専従介護の形態はよく理解できた。だから、この方法を聞いたときは「専従介護者に新田さんの介護をたくす」という思いが強かった。他の介護者も専従介護の考え方に賛同した。そして、八二年四月から専従介護体制が実施されることになる。高中は「新田さんとのつきあいもあるし、嫌でもなかった」ので、専従への変更があっても、自分はボランティアに近いかたちで引き続き介護に行った。

ところで、現在、新田の「専従介護者にたくす介護保障」を読み返してみると、高中はずいぶん「ついていけない部分が多い」という。たとえば、論文では介護現場から離れ就職していく若者を「資本の論理に迎合する者」として批判している。毎年卒業のたびに学生が離れていたので、「お怒りになるのは当然なんですけど、そこまで話を広げるっていうのはどうかな」と語る。ただ、新田は日常の生活場面でそのような批判を口にしなかった。「実際には『こんな論文書いてたんだぁ』って思えるぐらい、別に普通に『よっ』なんて感じで接してもらってた」という。また、菅も普段通りに介護を続けたので、専従介護の導入がそれほど大きな転換点だとは思わなかったと語っていた。

高中も菅も専従介護者にはならなかった。専従介護者が日中の介護に入り、それ以外の時間に彼らがボランティアで入った。では、専従介護に入った最初の二人はどのような意識を抱いていたのだろうか。専従介護者の語りを見よう。

(2) 専従介護への迷い——後藤陽子の専従介護経験

専従介護者となったのは後藤陽子と瀬戸まゆみだ。二人は専従介護が実施されるその前の年から新田の介護に入っていた。依頼を受けたのは介護をはじめて二年目のことだった。彼女らの語りを聞いてわかることは、専従介護が未だ先の見えない、まったくはじめての試みだったということだ。ここでは後藤の語りをとりあげよう。

一九八二年の年が明けたころ、卒業が近づいていた後藤に新田が話を持ちかけた。「専従をやってみないか」。専従介護というアイデアは介護者とのやりとりのなかで考案されたわけではなく、新田が独自に考え出したものだったので、後藤にはいささか唐突に感じられた。すぐに返事ができず「考えてみる」と答えた。しかし、そうはいったものの、体力にも気力にも自信がなかった。一週間、悩んだ。「どうしようか……」。

後藤：迫られたって感じよ。

＊＊：迫られた？　どういう感じでですか？　実際に目の前でやり取りをして？

後藤：うん、目の前でやり取りして。「どうだい、やってみないか？」というようなことをいわれたんだよね。でね、どういうふうな脈絡……、うーん、そうね。重度障害者が地域のなかで生きていこうとしたときに、介護は二四時間絶対必要だと。それはもうわかるわけだ。密接してるからね。そのときに、こういう細切れの介護のかたちっていうのが、介護を受ける側にとってはしんどいんだっていうことがわかる。だから、その介護というのを一つの仕事っていうふうないい方をしたかどうかはわかんないんだけど、として、長い時間かかわる人が必要だっていうようなことをおっしゃってたような気がする。で、一定安定したベースになる介護者っていうのが必要だって。で、それは、いってることはとってもよく、うん、わかるかなと思いました。

介護者会議では毎月のように「この時間を誰が埋めるのか」という問題が皆の頭を悩ませていた。「この曜日のこの時間が埋まらない」。そうすると、結局は新田が介護者を探さなければならない。困るのは新田だ。後藤もその状況はよくわかっていた。それに対して専従介護は、一定数の者が介護料を受けて介護に入ることで、介護体制の安定化をもたらすと考えられた。しかし、後藤は二の足を踏んだ。専従介護を実践している障害者は他にいなかった。そのため彼女はまったく先の見えない試みに挑戦するという不安が拭えなかった。当時、彼女は短大の同級生・瀬戸まゆみと自分の妹と同居していた。三人暮らしは慎ましい生活だったが、「でも、まあ、それなりに快適」だった。迷った後藤は瀬戸に二人で専従をやってみないかと声をかけた。

後藤：とても不安定な状態だったわけです。どうなるかわかんない。自分の体が持たなくなったら、それでおしまいな世界だしね。だから、とてもそれは不安だったから、飛び込むにはたいへんだったんだけど、もう一人、うーん、何ていうのかな、いたから、その瀬戸さんって「一緒にやってもいいよ」っていう人がいたので。まあ、「自分一人だけじゃない」っていう気持ちもあって、「じゃあ、やってみよう」というふうに……なったんです。

瀬戸も賛同してくれ専従介護をはじめることにした。新田にそう話し、介護者会議でも報告した。新田によると、このとき後藤が他の介護者たちに介護にかかわることの社会的責任を訴えかけてくれた、その言葉が胸を打ったという。

一九八二年四月から専従介護がはじまった。一週間のうち後藤と瀬戸とが一日ずつ交代で入った。それぞれが週に三日を担当した。手渡される介護料は月に六万円。それでは生活ができないので他にアルバイトをした。一日新田の介護に入り、次の日にアルバイトにいく。それを二人で代わる代わる続けた。

午前九時から午後五時までが専従者による介護の時間だ。月曜から土曜までは専従介護者が入り、日曜日と平日の午後五時から翌日午前九時まではボランティアの学生が分担した。学生が試験や実習で介護に入れないときは、専従介護者が午前九時から午後九時まで、長いときは二四時間入ることもあった。その代わり、夏休みなどの学校の休暇期間は、できるだけ学生に入ってもらい、そのあいだ専従介護者には休んでもらった。また、行政のホームヘルパー制度を利用できる日は午前中にヘルパーに依頼し、専従介護者は午後から入ってもらった。

後藤によれば体力面で問題が起きることはなかったという。「でも、眠くて、眠くて。いつも眠かった。若いもんだから眠かったよ」と振り返っていた。介護とアルバイトの日々はとても忙しかった。新田のコミュニケーション手段は足文字だ。原稿用紙一枚書くにしても相当時間がかかる。足文字を見ているといつも「眠くなっちゃってた」と語っていた。

(3) 専従介護導入後の変化

専従介護の導入以降、介護体制にどのような変化があったか。たとえば、専従となる介護者とボランティアの介護者とのあいだに齟齬は生まれなかったのだろうか。貨幣の分配の公平性や介護の分担をめぐって、異なる意識が生じてもおかしくない状況である。そうした点について、新田は先ほどの論文で、こう書いている。

ボランティアの方に電車賃程度しか介護料をだせず、専従のかたに給料としてだすことでボランティアのかたから不平・不満がでないかについていうと、今までの介護体制は、介護にはいる人がいないと学生は授業を休んだり、労働者は仕事を休んで無理して介護にはいり、その日をうめてきました。まして、試験や実習時期になると介護者も身障者もお互いに悩んできました。専従介護者をいれることにより、そういう苦しい関係を解消すれば、学生は授業、または試験や実習があったとしても、休むことなく保障され、労働者も仕事を休むことなく保障されます。しかし、専従介護者だけに在宅身障者の介護を押しつけていくことは不可能ですから、学生も労働者もお互いが協力しあう。お互いがお互いを保障しあう関係をつくることは、話しあいのなかでお互いが納得しないかぎりつくれないし、このような形態をつくらない限り、障害者の介護も保障されません。（新田 1982：24-25）

専従介護者とボランティアの介護者は、互いの立場を尊重し協力していくべきだと述べられている。では、実際はどうだったのか。高中充に聞くと、専従介護者に分担が集中するため、他の介護者の介護に対する意識がいくらかゆるくなったという。それで「専従の人がどうしてもがんばっちゃう」面が出てきたと高中は語る。

＊＊：専従の人に介護が偏ってしまうということはなかったですか？

高中：あったと思いますよ。朝から来て。ぼくなんかは専従の人にがんばってもらいたいというか、新田さんの生活を迷惑かけないようにとか、辞めちゃうってならないようにしたいなっていうのは少しは持ってましたね。

＊＊：専従の人たちが「私ばっかりこんなにやってるのに」みたいな不満が出るわけでもなかったですか？

高中：むしろそういうのは、新田さんが「みんな迷惑かけないでくれよな」っていってたと思うな。専従の方から「介護がたいへんだ」っていうようなことはなかったような気がするな。「介護がきついわ」みたいな話をすることはあんまりなかった気がする。

＊＊：なるほど。

高中：実際はあったかもわかんないけど、介護者に向けて「もっと入ってくれ」っていうそういう意味のぎくしゃくみたいなのはなかったですね。

専従介護者がメインで長い時間入るわけだから、どうしてもしわ寄せが来てしまう。だから、高中は偏らないように努めて介護に入った。もっとも、表面的には専従介護者との齟齬が大きくなることはなかったという。

しかし、後藤は専従介護者である自分の位置に何度も苦しんだと語った。たとえば、こんなことだ。介護者会議の場で、次の月のローテーションを話しあっていたとき、ある時間帯が埋まらないことがあった。集まった介護者は一様に黙っていた。後藤はしびれをきらして、「どうして入れないの？　介護はやらなければならないことだし、それができないってどういうことなの？」と仕切りはじめた。新田の意向を代弁していた。その日は一応の介護者が見つかって会議は終わった。そのあと菅が後藤にこういったのが忘れられないという。「江青女史みたいだった」。そう聞いた後藤はいつのまにか専従介護者である自分が特権的な位置に立っていることに気づいた。

後藤：そこの場を制覇するみたいな感じ。で、まわりが何もいえなくなるような状態っていうような雰囲気を感じとったんだと思うのね。この介護者会議のなかで、私がこの発言をしていくっていうことは「よいことじゃない」っていうふうに自分で感じたのね。で、そこまで意識してなかったのかもしれないけど、その息苦しさっていうか、自分のなかにある重荷みたいなものを感じ取って、引いたのね。引いたっていう感じがする。

専従介護者と他の介護者のあいだで権力的に非対称な構造が生じてしまう。自分の苦しさがわかるのに、その同じ苦しさを他者に求めてしまう優位性が耐えられなかった。このあたりの感覚は言葉にならないと話していた。

(4) 専従介護への不安

専従介護がはじまって七か月の時点で新田は「専従介護者にたくす介護保障」を発表している(新田 1982)。現況を報告しながら、こう自分の意思を述べている。

いま現在、専従形態にして七か月過ぎますが、別に行き詰るとか、いさかいとか、という問題は起きずにやっています。おふたりが、いまどういう気持ちでやっているのかはわかりません。が、ただ私の願いは、おふたりが、在宅介護専従を職業として堂々といえ、こういう形態を増やす方向で長く続けて欲しいということだけです。(新田 1982:23)

では、後藤は「どういう気持ち」だったのだろうか。

後藤:うーん……。(間)うーんと、ざっくりいっちゃうと使命感。
**:使命感。
後藤:だから、重度身体障害者が地域で生きていくってときに介護がどうあるのかっていうことを考えるでしょう?
**:はい。
後藤:で、それで長時間、その人とかかわる人が固定的にいなければ成り立たない世界があるっていう実感を私が持ってたもんですから、で、そのことをやることが必要なんだ、という使命感でしたね。で、新田さんはああいうっていうか、ああいう人だから、気遣うからね、相手を。あのー、だからすごく嫌な思いをしたことっていうのはなかったと思うんです。

＊＊：ああ、はい。

後藤：ただし、その一対一になる関係、それから使命感っていう重さみたいなものに対して、私は消化し切れなかった。その葛藤のなかに一年間があったというふうに思います。で、いわゆる将来っていうことですよね。このかたち、こういう生活のスタイルを続けていけるのかっていうところの不安っていうのを持ち続けていました。

後藤が専従介護時代に内面に抱いていたのは使命感だった。それは重度障害者の介護を担っているという強い責任意識だった。加えて、対面した一対一の関係や、この生活スタイルを続けていけるかという将来への不安があった。収入の不安定さへの心配も小さくなかったが、それは「一〇あったところの三割か四割程度」だった。介護料を問題にする気はなかったし、そもそも介護で生計を立てる気もなかった。それよりも「一対一でかかわっていくことへのしんどさみたいなのが六割とかだったかなぁ」と語った。それは新田だからというのではなく、「人が一対一である一定の時間を、こう密度の濃い時間っていうかな、つきあい続けるっていうことの重さ」だったと語る。このとき抱えていた感情は何かいいようがないと言葉をつまらせた。

＊＊：たとえば、消化し切れない部分とか葛藤を介護にいったときに新田さんにはお話しになるわけですか？　それとも、あまり話さないようにするとか。

後藤：ああ、ああ……。きっとね、そこはだから、さっき話したように言葉にならなかったんだと思う。それをいってしまったら、それが必要だと思っているのに、その不安を語ることの矛盾。自己矛盾……をさらけ出すのは怖かったし、つらかったっていうのはありましたね。たぶんだから、あんまりいってないと思います。新田さんはあまりそこは感じ取れなかったかもしれませんね。感じ取れるような様子じゃなかったのかもしれない。

新田に自分が抱いている不安を口に出すことはできなかった。介護の必要性を十分認識しているのに、そこに不安を抱いてしまう「自己矛盾」をさらけ出すことが恐かった。

＊＊：他にも専従介護っていう人が割とたくさんいて、分担というか、時間を共有するっていうのが「私だけ」じゃなくて、もうちょっと人数がいていろんな人に分担されていれば違ったって感じでしょうかね。

後藤：ああ、そう、それはあると思いますよ。やっぱり迫られたときに、「おれを取るのか、おまえは将来を取るのか」みたいな迫られ方、これは『福祉労働』のなかにもある意味で書いてあるんですけれども、そういう迫られ方をした感じはします。

＊＊：ええ、ええ。そうでしょうね。

後藤：実際にそういうふうにいったかどうか、彼がそういう思いでいったかどうかは別にしろ、そういうメッセージっていうか、何かそういう受け取り方を私はしたような気がしますね。「おれを取るのか、将来を取るのか」みたいなね。別に惚れあった男じゃないんだからみたいな。ハハハハ。いまではね、そういうふうにいえるかもしれないけど。

「おれを取るのか、自分の将来を取るのか」という二分法を突きつけられたように感じた。この突きつけに引き裂かれた。介護者会議では自分の揺れを周囲に少しでも伝えようと、将来のことを何か繕って話したが、もちろん先のことが見えているわけもなく、とても無理をしながら語っていたという。そして、次第に専従を続けることが自分のなかでは考えられなくなっていった。

後藤：でね、私、やっぱりその自分のつらさに耐えかねて、えっと、採用試験を受けたんですよ。で、それを黙ってたのね、新田さんには。

＊＊：えっと、何の採用試験でしょうか？

後藤：いや、別に何になりたかったわけじゃなくて、本当にね、職安を通じてどこでもいいからっていう感じで。

専従で介護に入っていたが、後藤は新田には伝えずに別の就職先を探していた。就職が困難な時代ではなかったので、試験を受けた会社にすぐ採用が決まった。福祉とは離れたプラスチックを扱う会社だった。その採用が専従介護を離れることを加速させた一つのきっかけだった。そして、もう一つ別の要因が重なった。

後藤：そこの事務で採用が決まって、後で報告をしたりしたんだけれども。で、その背中を押したのが、一緒にその専従介護をやってた瀬戸さんっていう人が、結婚のために大阪にいくと。東京を離れるっていうのがあったんですよ。

＊＊：ええ。

後藤：で、私の支えは、唯一の支えは彼女だったんだと思う。

＊＊：ああ、はい。

後藤：で、彼女がいなければやらなかった……し、いなくなるっていうことがわかった瞬間に、もう全面的にその新田さんの生活を支えるっていうふうなスタンスには、そのときには「できない」っていうふうに思ったんでしょうね。それをだから新田さんに話さなかった。

＊＊：ああ。そうなんですね。

後藤：うん、話せなかったですね。で、後で結果報告みたいなかたちで、たいへん悪かったと思うんだけれども。あの、「こうすることにした」っていったときに、まあ彼はやっぱり、うーんと、「何で話してくれなかったのかな」っていうことは一言いってましたけどね。そんなにまあ、永続的に続くというふうにも思ってなかったし、試しだと思ってたろうから、それほどの期待があったっていうふうには思わないんですけど、「いってくれなかった」っていうことに対して、あのー、ある種の寂しさを彼は感じたんだと思いますけどね。

＊＊：うーん。そうかぁ。

後藤：結構ギリギリの感じだった。うん、そのとき。

専従介護を辞めることになる契機の一つは就職が決まったことだったが、決定的な要因は同じ介護者の瀬戸が専従を辞めることだった。支えを失った後藤はもう自分にはできないと心を固める。そして、辞める。新田の生活にかかわることの意味はよく理解していたし、おもしろさはもちろんあった。だが、生活を引き受けることの重さとのバランスがとれなかった。

＊＊：何か天秤にかけたら、ああ、なかなか楽しいときもあるなっていうのも、あるのかないのかわかんないですけど、あったりするのかなと思ったりするんですけど、その辺の魅力みたいな部分とかって、ちょっと教えてもらえたら。

後藤：あったよね。それ、具体的に何かっていうんじゃなくて、新田さんにかかわる人たちと出会う、新田さんが目指す場にかかわることは、私が知りえなかった世界であるし、意味のある世界だというふうに思ったから、それはおもしろいですよ。

＊＊：ええ、ええ。

後藤：やってることの意味っていうのは、よくわかってました。その意味あいと、自分のそこにかかわるバランスっていうのかな、のをかけたときに、そのことを自分が引き受けることの重さのほうが大きかった、っていうことなんですよね。それはさ、足文字を書きながら、介助を必要としながら、そこで圧倒的に生きてるっていう存在の大きさっていうのは、もう紛れなくありますからね。それはもう、その意味のおもしろさっていうのかな、圧倒的に在ることのおもしろさみたいなのは感じてますから。

ジレンマに引き裂かれた後藤の一年だった。新田によれば、はじめての専従介護には人間関係の衝突があったわけではない。しかし、最初の試みだっただけに自分にもわからない部分があった。まず、介護者が生活費を得るために介護とアルバイトの二重生活を強いられたことがある。その両立が身体的、精神的にきつかった。介護者は介護の日もウトウトしていることが多く、目に見えて疲労が蓄積していた。また、新田自身、どのようにかかわればよいかわからなかったという。日々の介護と、ときどきの行政交渉や会議では、介護者にとって「ものたりなかった」のだろうと語っている。

後藤は専従を辞めたが、介護自体を辞めたわけではない。専従は大学の後輩に引き継いでもらい、後藤自身も夜間の泊まり介護を続けた。その後、彼女は一九八一年から三年間、地域の子ども会をつくった。金井闘争の学生実行委員会（学生実）が中心となって子どもたちの居場所づくりを進めた。金井康治を運動のシンボルにするのではなく、「子どもが子どもとして生きていい世界」をつくろうと考え、実践した。この取り組みは後に「子どもとのかかわり」という後藤のライフワークとなる。彼女はこのころは毎日が「ぐちゃぐちゃ」だったと笑う。どの場面でも「体当たり」だった。「もう精一杯な感じ。もう全部未消化。消化し切れない」と語り笑っていた。

(5) 関係の変容――エロスと距離

後藤は専従を辞めた後、少したってから新田との関係が変わったことを感じた。

後藤：美保が生まれたでしょう？　新田さんとこで。
＊＊：ああ、美保ちゃん。
後藤：私ね、あれすごいうれしかったの。
＊＊：あ、ほんとですか。
後藤：でね、距離が縮まったの。
＊＊：えっと、誰と誰のですか？

後藤：新田さんとの。

＊＊：ほお。

後藤：あの、何ていう……それはね、何だろうな、距離が縮まったとしかいいようがないんだけど。

＊＊：へえ。

後藤：あの、「ねばならない」世界から。当たりまえの生々しいこの、「生き物を持った家庭」っていうかさ、あそこの家っていうのが、すごく私にはね、ぐっと近づいた感じがした。それは何べんも受けた。美保の誕生はすごいうれしかったです、だから。

美保の誕生、それから美保の成長がとてもうれしかった。九五年三月には後藤自身が女児を出産した。そのときのことを振り返っている。

後藤：私がこの人（娘を指さして）、産んだとき、新田さんが来てくれて。私がもう、ちょっとすごい難産だったんだけれども。この辺（腕）にいっぱい管がついてたりしてさ。私の顔見ながらさ、ギャンギャン泣くのよ。

＊＊：新田さんがですか？

後藤：うん。電動車椅子でさ。で、周りのさ、みんながビックリするのよ。

＊＊：ハハハハハ。

後藤：「何でこの人、何だ？」って感じでさ。助産婦さんたちも看護婦さんたちもビックリしてるんだけれども。それで病室で六人部屋だったんだけどさ、そこの部屋に入ってきてさ、私の顔を見た瞬間にさ、ワンワン、ワンワン泣くのね。

＊＊：ハハハハハハ。

後藤：その泣いた顔見たらさ、何か私も泣けてきちゃってさ。あのー、まぁだから、そのときに何かはじめて、私がだから三三のときだったけれども。あのー、「かたち」じゃないとか、「ねばならない」っていう世界じゃない新田さんと、うんと出会えたのかなっていう感じがしますね。

＊＊：はい。

後藤：私のことを無条件に何か、心配してくれた。私がじゃあ、彼を無条件に心配したことあるのかっていったら、それはないかもしれないんだけど。で、きっとね、新田さんね、それ私にだけじゃない。それはね。

＊＊：ええ。そうですね。

後藤：そういう感じじゃないかなあ。いいとこばっかりでつまんないな。何かもうちょっと文句いおうかな。

美保の誕生、後藤の娘の誕生、それが新田との距離を縮めてくれた。「ねばならない」ではない世界で新田と「うんと出会えた」気がした。ところで、後藤は新田と恋愛関係にならなかったのかと聞いた。新田の自伝には、後藤に恋愛感情を告白したことがあったと書いてあり、そのときの反応はどうだったのか（新田 2012b：286-7）。後藤は「えぇ？　そんなことあったかなぁ、覚えてない」といった。というか、「そんなこと書くなよ！　センスなさすぎ！！」と叫んでいた。

後藤：新田さんに男を感じたことは一度もなかったよ。セックスするなんて考えられなかった。だから、非常に深い眠りにつけた。ハハハハ。まあ、ある種の安心感があったんだろうね。

ということだった。後藤は現在、保育士であり、介護をやっているわけではないが、新田とはいまでも何カ月に一回、顔を合わせる仲である。恋人とも友人ともどこか異なる独特の関係が続いている。

後藤が新田の介護にかかわったのは自分のルーツが背景にあった。彼女は大きな農家に育った。家事、育児、農作業、地域共同体の行事に動きまわる母の姿を見ていた。母は女であるというだけで何の不平もいわず家事労働を引き受けていた。そのことに母が苦しんでいたことも知っていた。だから、公的介護保障要求運動の「家族がかかわるんじゃなくて『社会的に』ってところに私は共感したんだと思う」という。フェミニズムの思想にも触れていたが、むしろ感覚的に理解できた。他方、新田の専従介護の思想には、家族ではなく「他人に」としておきながら、その他人に生き方を突きつめるよう要求するところがある。それに窮屈さを感じたことも事実だ。

後藤：生き方を突きつめるっていったときに、介護のなかで突きつめられるのは、うーん、私の経験ではけっこうきつかったな。それはさ、家族に求められてきたことを第三者、社会的にっていわれた第三者にも同じことを強いるのかっていうね、感覚っていうのが、いま思えばあるのかなって。「どうつきあうんだ、どうかかわるんだ」っていうふうなつめ方？　だから、問いつめられないで生きるっていうことが了解しあえる社会をどうつくるのかっていうことに、「社会的な介護」が入ってくるっていうことが必要なの（だと思う）。「どう生きるのか」とか、「どうつきあうのか」ってことをつめない、ぐらいのこう何かゆるやかさ。それが保障される。で、突きつめたい相手に対してはつめればいいと思うんだけどもさ。介護そのものをつめるってことは、あんまりいいことじゃないなって感じはしますけど、私は。

家族のような親密性は関係を内閉させるから、それを断ち切って、社会的な第三者に介護を託したのではなかったか。それなのに、再び第三者に親密性を求めるのは論理的に矛盾していないか。関係を問いつめずに社会的に了解しあえる「ゆるやかさ」が保障されることのほうが大事ではないのか。「いま思えば」のことではあるが、後藤はそう考えている。

ただし、新田の問いかけはこれからも「ずっと必要だとは思うけどね」と語る。彼の問いは障害者が地域で生きていくというときに、「障害者自身の生き方に返ってくるような問い」だからだ。重度の障害者が周囲の他者による支配に抵抗し、自分の生き方を貫くためには、新田の主張はいつまでも重要であるという。

実際、後藤らをこの世界に出会わせたのは「ゆるやかな」介護制度ではなく、相互に惹かれあうエロスの作用だった。それは現在の制度のなかでは非合理的なものとして排除されるものだろう。どうして後藤たちはこのようなかかわり方ができたのか聞いた。

後藤：そういうかかわり方しかなかったよね、当時ね。だってさ、介護制度だってないんだからさ。出会いのなかからみんなが模索していって、やっぱり惹きつけるものがあるから、そこに人が集まるんだと思うのね。で、それはユニバーサル化しないだろうね。その人の持つ魅力みたいなものがあるからこそだろうから。ただ、そこからしか出発しなかったたっていうのは、確かにあるかもしれないけど。

＊＊：うんうんうん。

後藤：で、新田さんがその介護のなかに人間関係っていうものを提起するっていうことの意味合いっていうのは重要だしさ。でも、そこだけでは成り立たない世界っていうか、成り立ち得ないっていうかさ、っていうのもあるからこそ、いまの段階（ＣＩＬの成功や介護保障制度の整備——引用者注）に入ってるんじゃないかなと思うんだけどさ。

＊＊：はい。

後藤：だけどね、介護をやってたらね、かかわらざるをえないんじゃない？　相手の人生とか、自分の背負ってきたものがこう、出ちゃうよね、どうしたって人相手なんだからさ。

＊＊：ええ。

後藤：だから、子どもとかかわってたってそれはそうだよね。それはもう圧倒的にあることだから、出会える場面っていうか、出会えるその何か土俵っていうのをどうつくるのかっていうのは、いつだって課題になるんだろうなって思うのね。

＊＊：そうですね。

後藤：向きあい方は大事だよ、いつだってね。

こうして最初の専従介護ははじまり、終わった。期間としては一年だった。しかし、決して失敗ではなかった。後藤から専従介護を引き継いだ者たちは自分たちの力の及ぶ限りその役割を果たし、その後も専従介護は脈々と受け継がれていくことになる（新田 1985, 1989, 2011）。では、次に新田の生活を一五年間にわたって支えたもうひとりの専従介護者の語りに焦点を移そう。

4　家事使用人としての介護者――斎藤正明の専従介護経験

(1)「仕事を通してともに生きる」

斎藤正明は一九五三（昭和二八）年、群馬県に生まれた[10]。一九七〇年代初頭の学生時代から荒木裁判闘争、岩楯就学闘争にかかわった[11]。学生のころは荒木の介護を続け、ときおり不定期で新田の介護に入った。新田の専従介護者になったのは一九八四年のことである。

彼は一九八一年、二八歳のときに学生時代からかかわった介護を一度、辞めている。結婚し子どもができたためだ。それに障害者運動にのめり込み過ぎたためにひどく疲弊していた。斎藤によれば、「自分の私生活で、お金を得なくちゃいけないってことで、逃亡」ということらしい。

それが一九八四年に新田の専従介護者として復帰する。新田に声をかけられたためだ。月六万円の介護料を手渡すといわれた。斎藤は当時、民間の運送会社に勤めていたが、会社の給料に比べれば収入は減る。しかし、会社で不本意な働き方をするよりも、自分の打ち込めることで収入を得たほうがよい。そう考えて専従介護者となった。

斎藤：けっこううれしかったっていうかなぁ。新田さんに「もう一回来ないか」っていわれたときは。自分がそういうずうっと「重度障害者とともに生きる」をやってて、「あぁ、もう、無理かなぁ」っていうかさ、「運動だけじゃ無理だなぁ」というところに。

＊＊：そうなんですか。

斎藤：「仕事を通してともに生きる」をやろうとしたんだよねぇ。そっちのほうが強いんだよ、だから。ともに生きる価値観のほうが強いわけ。「ともに生きたい」っていう。「そういう人生のほうがいいや」っていう。だから、（自分は）青い芝の洗礼を受けているわけで、「健常者社会に復帰してたまるか」みたいな。

斎藤は「青い芝の洗礼」つまり七〇年代の障害者運動を体験している。だから、障害者と健常者がとことん「ともに生きる」という価値観を身体感覚で理解しているところがあった。しかし、心身の疲労と自分の家族形成のために運動から離れていた。そこに新田が声をかけてくれた。それがうれしく、専従介護でなら「仕事を通してともに生きる」ができると考えた。生活と運動の両立を目指そうとしたのだ。

斎藤が新田から専従介護に誘われたのは彼の情報処理能力を買われてのことでもある。斎藤は荒木闘争や岩楯闘争で培った情報収集力や文章作成力があった。新田が公的介護保障要求運動を展開するためには制度の内容や運動の戦略を理解し、情報を発信できるスタッフの存在が欠かせない。そのため斎藤は「秘書」として重宝された。新田の介護者であり、秘書であり、運動の同志だった。厚生省、東京都、北区と折衝があれば、そのたびに斎藤が車を運転し、新田を助手席に乗せて都内をかけまわった。交渉の場や団体の会議では積極的に発言もした。生活と運動が一続きの「ともに生きる実践」だった。

斎藤：いつもいったよ、運転して国立へ、長い道のりを。一緒に運動して、一緒に生活して、一緒に秘書をやるような人がいないと、新田さんも活動できないわけで。生活をともにして運動を目指してやっていくっていうかね。そういう専従時代だったんだけど。

斎藤が介護に復帰してからは他に専従介護者が二人いた。九時から二一時までの一二時間を三人が交代でまわしていく。夜はボランティアが入るか誰もいないときは新田が一人で過ごした。朝食をつくり、掃除をすませ、それから会議や交渉に出かける。帰りに十条銀座で買い物をして帰ってくる。そんな毎日だった。

新田の〈家族〉とも〝まるごと〟つきあった。斎藤は料理が得意だったので彼のつくる料理は娘の美保に好評だった。小学校の運動会には新田とともに訪れた。親が参加する徒競走や出し物には斎藤が新田の代わりに出た。学校の運動場で美保を肩車している斎藤の写真が今でも残っている。母の美乃の家にもよく訪れた。美乃が新田の家にやって来ることもあった。正月は毎年、彼女がおせち料理を持って来た。おせちを食べ終わると、新田が美乃を成田山新勝寺へ初詣に連れていった。もちろん、車の運転と介護は斎藤がする。

斎藤：シビックの車をね、使って。自分が車を持ったわけだから。で、それは年中行事化して。そのぉ、アニキっていうんだけど、「アニキが連れてってくれるから、介護者の斎藤さんいつもありがとう」っていって、「金一封」って。

＊＊：ハハハハハハ。

斎藤：ハハハハハハ。ほんと。古い人だから。金一封をもらって。ご祝儀ね。「どうすんの？」って（新田に）いったら、「もらっとけば」って。古い感覚だから。やっぱりさ。

母がやってくるといつも「斎藤さん、ありがとう」といって祝儀をくれた。斎藤も「おれも新田さんとラブラブなときはあった」と語っていたが、はじめは新田と相思相愛だった。しかし、この関係はゆっくりと綻びを見せはじめる。

「ともに生きる実践」とは生活それ自体が政治的であることを意味する。生活空間に公的領域と私的領域の区別がなくなり、すべての局面を同じ態度で振舞うことになる。たとえば日常の会話のなかで運動の戦略的な議論になることがある。もちろん同志としての斎藤は自己の主張を述べる。そこでは新田の主張と齟齬が生まれることもある。すると私的領域であるはずの生活空間に公的領域の利害が持ち込まれ、互いに譲れない部分をめぐって争い合うことになる。斎藤は専従介護に入った当初から新田とは対立をはらんでいたと回顧している。

斎藤：運動利害だから。新田さんの運動利害とおれの運動利害が一体化していて、そこで一致しているわけだよ。だから、「性に合う」とか「好きだ」とか「なんかいいんだよね」とか、そういうんじゃないんだよ。どっちかっていうと新田さんの「お山の大将」とか「おれが仕切るんだ」とか「ついてこい」っていうようなものに対しては、「もう、勘弁してよ」っていう、「なんでこう、平等的、対等的関係をつくれないんだ」って。

＊＊：それは八四年に専従介護者になったときからですか？

斎藤：最初から。だから、だいたいさ、明治的えばる男って嫌いなわけだよ。親父がそうだったわけだし。えばらないで、なんていうかな、美徳なわけだよ。そういうリーダー像がいいわけだよ。やっぱりみんなから推されるリーダー。「おれについてこい」っていう型じゃなくて。やっぱり、なんていうか、何もいわなくても信頼されるリーダー像が美なわけだよね。（新田は）それとは似ても似つかないからね、むかつくよね。

斎藤には新田は「お山の大将」に見えた。つまり、小さな集団のてっぺんでいい気になっている独善的なリーダー。この新田像は斎藤の幼児体験とシンクロしてかたちづくられたという。斎藤は幼いころ父の暴力を受けた。新田の言動はその身体的記憶を呼び覚ますところがあり、非常に嫌悪したという。こう語る斎藤は新田とのあいだに激しい対立を見せるようになる。

(2) 新田との対立――牧人権力と使用人

斎藤は意見する介護者だったので、新田からすれば「鼻持ちならない介護者だったと思うよ」と語っていた。先に見たように、「ともに生きる実践」は、社会的な事柄への不満が、日常生活においても持ちこまれることを意味した。生活それ自体が政治的であり、公的介護保障要求運動の戦略をめぐる、斎藤と新田の「路線対立」が次第に表面化して行った。

斎藤は一九八〇年代に「介護人派遣センターを創る会」(以下、創る会)の結成を呼びかけ、活動をおこなっている。そこには新田や荒木義昭、高橋修、益留俊樹など後に全国公的介護保障要求者組合の主要メンバーとなる当事者が参加した。創る会の目的の一つは都内の各地で活動していた障害者団体を結び合わせ、連帯を図ることだった。二つは介護の供給形態の普遍化を模索することだった。専従介護という形態を重視しながら、それを「どこにいても誰もが」利用できること=普遍化をどうすれば実現できるか。それは自立生活センターの方法論と一部重なりながら、「ともに生きる」思想性を保持した方法を検討するものだった。これに対して、新田の方法論には介護を普遍化する志向性が薄い。斎藤から見れば、いつまでも七〇年代的な「糾弾・要求路線」にこだわる新田のスタイルは旧態依然としていた。

斎藤:やっぱり心情的には運動展望、新田さんの「糾弾してぶんどっていく」っていう単純化すれば、手段を選ばず、爆弾は使わないけど、そこまで戦術はエスカレートしないんだけど、座りこみ、それから糾弾閉じこもりっていうか、で、徹底的に最後はぶんどるっていう路線っていうのかなぁ、「それこそが」っていう新田さんに嫌気がさしたっていうのかな。展望がないな、と。何のためのお金なのか。何のための社会性、普遍性なのかって。

斎藤は、目的の達成のためには手段を選ばず実力を行使する新田のスタイルに「嫌気がさした」という。貨幣という交換手段を手に入れたのに、それを利用して介護を普遍化する方向を見つけようとしない。端的に新田の戦略には「展望がないな」と思った。

これは方法論の対立でもあり、創る会が後に発展継続して結成される要求者組合内においては勢力間の対立でもあった。要求者組合の主要メンバーで新田と異なる潮流の中心にあった高橋修について言及している。

斎藤：もちろん、高橋さんとか自立生活センターをどんどん立ち上げていくし。高橋さんもお山の大将なんだけれど、グループ活動を大きく展開していけるリーダーなんだな。で、要求者組合のなかでは比較的車も運転できるし、重度のなかでも軽度だったんで。新田さんは一匹狼で一貫して。誰も新田さんの周りについていく障害者っていないんだけど。

＊＊：ハハハハハハ。

斎藤：いやいや、いないんだよ。そういうタイプじゃない。

ここでも府中闘争以来といえる、新田の単独・突破型スタイルが活動のグループ化を妨げていると認識されている。

公的／私的区分を越境する「ともに生きる実践」は、運動の戦略に対する違和が、日常生活における違和へと直線的につながっていた。たとえば次のような対立となって現れた。第一は貨幣の分配をめぐる問題だ。新田の家計は、まず、行政から支給される公的な金銭がある。大きく分けて、介護者へ支払われるべき介護料と新田の生活費に充てられる生活保護費や各種手当があった。また、街頭でおこなうカンパ活動によって得られた私的な金銭がある。つまり、新田の家計は公的な収入と私的な収入によって成り立っていた。斎藤が新田に異議を申し立てたのは、この家計のブラックボックス化であり、彼は収支状況の公開を求めた。

斎藤：それ（カンパで得た金額）の経理公開もしてくれない。新田さんが買い出しに出かけるさ、お金になっちゃう。新田さんはもちろん「そんなふうに使ってない」っていって、指摘すると怒るんだけどさ。「経理公開してよ」って。「いくらカンパ活動でどうしたのかいってくださいよ」って。後半部分はやってくれた。カンパだけ。でも、新田さんが決定権をもっているし、もう、おかしいじゃん。「いっしょにカンパ活動をやってんだから、それをどう使うか対等平等にいってよ」って。「発言権、介護者にはないわけ?」って。だから、介護料の分配の問題とそれからそういう決定権ていうかな、決定権は新田さんがすべて握っていることに対するずーっとの、当時（八四年に専従介護者に）なってから三一歳から四六歳まで十何年間対立してきてる。

カンパで得た収入が分配されることはなく、新田が裁量権を持っている。カンパ、介護料の分配について公的／私的な収入をどのように配分して介護者に手渡しているのか公開されない。だから、貨幣の分配をめぐる対立が絶えなかった。これに対して、荒木義昭が設立した「練馬介護人派遣センター」は介護料を労働時間に応じて給与化し、その明細まで示したので斎藤は練馬の方法に魅力を感じたという。

介護料の透明化を求める斎藤と家計のグレーゾーンを固守する新田との対立は必然だった。斎藤はそれを振り返りながら、「よくがまんした。がんばった。新田さんも耐えたし、こっちも耐えたよねぇ。だからさ、特殊な介護関係だったと思うよ」と語っていた。このように生活のあらゆる局面において新田が決定権を持つなかで、斎藤は介護者という「身分」に矜持を見出せなかったという。

斎藤：使用人。あ、おれ思ったんだけど、新田さんところでやっていると使用人だね。いつまでたってもプライドのある介護者じゃなくて、職業として胸を張れるヘルパーではなくて、使用人だね。いってみれば。そうそうそうそう。それが、「永久に新田さんの使用人なのか」っていうことが、自分としては、それで一生終えていくっていうかね、新田さんに尽くして、運動のためとかいいながら、使用人という身分で、身分だな。「やってられないな」っていう。そういうこともあったよね。やっぱり職業としての介護者が成立しない。胸張れる仕事が。いちおういまなったんだけど、低賃金なんとか労働であろうと、なった時代のなかでは、うーんどうなんだかなっていう。

＊＊：使用人っていうのをもうちょっとうかがいたいんですけど、どういうことでしょう？自己犠牲的な奉仕を強いられるってことでしょうか？

斎藤：そうだし、普遍化しない。

＊＊：普遍化しない。

斎藤：メイドっていう制度が、普遍化したのかわかんないけど、明治時代に使用人っていうのが、全部いいところの使用人は嫁にまで出してあげるっていう、実態があるけどさ、そういうしかし、権利義務関係じゃない。だからこう、親方日の丸的な使用人だよね、という身分。そうそうそう。そういう位置。

＊＊：上下があって。

斎藤：上下があって、だから、給料も分配してあげる。新田さんの裁量でボーナスも出してあげる。だれも「ボーナスが欲しい」なんていっていないのに、ちょっと余ったからボーナスを出してあげる。

＊＊：ハハハハハ。

斎藤：ほんとだって。新田さんそういうのをよしとしてたんだって。そういうやり方だったんだよ。社長。ちやほやされる。「旦那はえらいんだ」って。そういう発想、だから、こう使用人に対して「太っ腹なんだぞ」っていう。それが鼻持ちならないっていうか。「ちゃうだろう！」っていう。

専従介護は介護の職業化を志向したはずが、新田のところではいつまでたっても「職業」にならない。介護にプライドを持って働くことのできる職業人からはほど遠く、「使用人」と形容される家庭内労働者から一歩も出ることができない。介護料の分配もときどき支給される「ボーナス」も、社長＝旦那の「太っ腹」を誇示することによって使用人の心理を掌握する装置に映った。斎藤はそうした新田の人心掌握術が我慢ならなかったという。

斎藤：新田さん気を使う人だから、プレゼントとかケーキをおごるとか、手なずけるとかはね。手のひらで手なずけられるのはいいんだけど、その時期は。（介護者が）ちょっと意見をもっと、違う意見をもっと「ぎゅぎゅ」（と握りつぶす）だから。支配者としていないと常にいけないんで。従順な子羊たちにいてもらいたかったんじゃないの。（介護者の）女の人たちだって子羊ってわけじゃないからね。生意気な意見を持つわけじゃん。そうすると「ムッ」とするんじゃない？　そういう生意気だろうが意見も含めて、統率していく、まとめていくっていうのが、ほんとのリーダーだよね。（新田は）そういうことがないんだな。ハハハハハ。だから、やっぱりコントロールだよね。問題はね。「コントロールしたい」っていうコントロール病だよね。そうそう、そういう感じだな。牧人権力だよ。

＊＊：何ですか？

斎藤：牧人ってさ、やわらかい支配のほう。

＊＊：ああ、牧人権力。

斎藤：羊飼いがこういうふうに羊を囲って、目的地に行かせるっていう、それはムチとかいろいろ使いながら、それはほら、上からガッと強圧的にやってくる権力もあるけど、一方で羊飼いたちが、なだめすかしながら勝手気ままにいく羊を囲いながらね、手なずけながら、しかし、なんていうかな、支配していく、支配のあり方。だからこう、そこの手のひらのなかにいれば守るわけだよ。「よしよし」って。ちょっとそこから出ようとすると、独立しようとすると、ピシャリ。

「牧人権力」とはフーコーがその権力論のなかで用いた概念であり、王や皇帝の支配する政治権力とは異なって、個人を監視・管理・訓練・矯正する囲い込み型の権力である（Foucault・渡辺

1978=2007：134-7)。斎藤の理解では、新田の介護関係は「牧人権力」に支えられた支配の関係だった。介護者に贈与物を与え、手なずけながら相手をコントロールする。仮に支配に抵抗したり脱出したりしようものなら「ピシャリ」と抑圧の力が働く。このような統治構造だったという。

次第に斎藤は「たんたんとした日常生活ではあきたらない」し、運動にも解が見つけられなくなって、現実から逃避するように自分の趣味に没頭した。介護に入る三日間以外は自分の趣味のために費やした。音楽CDを集めカセットに録音してコレクションをつくった。テニスばかりしていたときもあった。介護と運動に希望を見出せないことからの反動だった。

(3) ともに生きるという分裂状況――「とてもじゃないけど、割り切れない」

専従介護経験を通して斎藤は重度障害者の介護の特質を知ったという。先ほどの介護者＝使用人論を続けた。

> 斎藤：使用人だと思ったことがある。一生、使用人かなぁと。身分の低いさぁ。奴隷制のさ。使用人というか、新田さんの小間使い。普遍性をもたずに。やっぱりそこらへんの問題もあるよなぁ。介助者として意味を持つ。〝介助者としての自立〟がないと、なんか…。何だろうなぁ。(ある障害者の人に)「そんな長くやってたら、介助者嫌んなっちゃうでしょー」みたいなね、いわれ方をしたわけ。「何年やってんの？ 斎藤さん、そんなやってると嫌ん

なっちゃわない？　お互い嫌だよね?!」とかいわれて、「ガクッ」としたことがあって。
＊＊：ハハハハハ。
斎藤：その人なんかさ、介護関係って自分が必要とするときに、自分の生活にあわせて変えていくもんだって。介護者もそんなに思い入れたっぷりじゃなくて、重くなくて、まぁ、とっかえひっかえされてもいいような位置で生活して、みたいな発想で。そんなに「べったり専従」とかね、「一生ともに生きるぞ」みたいなのは重いでしょ。

使用人的、奴隷的、小間使い的な介護者では、普遍性を持たない。そのことは裏を返せば介護者にとっての「自立」がつかみとれないということでもあった。ある障害者に「そんなやってると嫌んなっちゃわない？」といわれて落胆したことがあった。自分は一五年間、「ともに生きる」思想を実践してきたつもりだったが、介護関係といっても「べったり専従」ではなく、生活の必要に合わせて「とっかえひっかえ」の関係でも成立することに気づかされた。

斎藤は「ともに生きる」ことの困難さを次のように説明している。ともに生きる思想は、一方では理念的な共同体主義を標榜しながら、他方では職業としての合理化を志向するという両義性を持つ。この両極を同時に実践することは容易ではないと話している。

斎藤：七〇年代をひきずりながら共同体をめざしながら、ゲゼルシャフトをやってっていうので、精神的分裂が激しいわけよ。

＊＊：それは斎藤さん自身がですか？

斎藤：うん。だって、重度障害者とさ、生活をともにするってことは、強烈な精神的変革を要求されるわ、健常者は。がまんと、それから、やっぱりね、おれずっとね、重度の障害者は多くね、心的外的障害、それとかいまでいう人格障害、まぁ、そうしたなんていうかな、疎外された家庭環境や社会環境のなかで生き延びるために人格を変容させざるをえない。そうやらなければ、ものすごい我を強くしなければ、健常者社会のなかで生きていけるかよ、気が弱くて、とか。健常者の早口に対抗して闘っていくためには、理屈とか何とかじゃなくて、存在を固守するっていうか、「てめえよりおれは強いんだ」みたいなね。からだも何も気力もぜんぶ使うっていう、健常者との闘いに勝ち抜かなければ生き延びられなかった。

それのやっぱりなんていうか、（健常者は）自己変革が迫られるわけじゃん。健常者は敵なんだからさ、てめえ自己批判しろっていわれて、糾弾されてね、それでも糾弾する障害者との関係を自分が変革っていうか、闘う介助者になると。いうことにおいて、なんていうかな、あわせていくというか、変革していくっていうか。それは相当な突きつけと、それしか仕方がないわけで。日常生活を介助者としてやりながら、めざすわけだから、他の人に強要するっていうか、他の人にもそういう生き方をしてくれっていう運動になるわけで。なかなか。

で、そのやっぱり闘う障害者のほうは、やっぱりね、厳しい条件のなかで生き延びてきた重度障害者の多くが、相当おかしくなっていったんじゃないかなぁと、ならざるをえない。それをこう大人になるまで引きずってね、生きてきたからこそ、たとえば、新田さんの特異なキャラクターとか。

そういう人は多いよ。で、社会適応的に考えたら、適応してないから。ついていけない世界。でも、命かかっているから。常に殺される脅迫感があるわけだから。そういう戦争緊張状態を精神として続けてたらね、ＰＴＳＤになるって。常時戦争状態だからね、精神は。戦時体制なわけで。非常時なんだから。非常時意識なんだよね。ものすごい。平和に生きるなんてなくて、安心安全に生きるんじゃなくて、常時戦闘状態を維持しなければいけないわけだから、おれはそうなると思うし、そういう戦闘状態のなかで戦時化しているわけで、そういうことのなかで、日常生活を、戦時下で支えるっていうのは、ハハハハハハ。困難だったよ。ハハハハ。

斎藤によれば、「ともに生きる」＝専従介護は七〇年代の共同体の理想を引きずりながら、ゲゼルシャフトをめざすという精神的分裂を強いる。あるいは、それは重度障害者と生活するということから要求される強烈な精神的変革でもある。重度障害者がそれまでの生涯において心的外傷を被り、その戦時的状況を生き延びるためにかたちづくってきた人格がある。それが健常者に自己変革を求める突きつけとなって現れる。

斎藤：新田さんの猛烈な、脅迫的な、殺され意識とか。

＊＊：殺され意識？

斎藤：殺される存在。

＊＊：あぁ。

斎藤：青い芝もそうなんだけど。どこからくるんだろう？とか。客観的に統計としてはね、高度経済成長時代に、あんなにね、そう切迫して「殺される存在、殺される存在」って生きるか死ぬか、勝つか負けるかというような、「そんな発想がなんで？」って。それで新田さん、ものすごい、こうなんていうか、いまでいえばパニック障害的な動悸、身体症状が現れるわけ。夜寝れないとか。厚生省とわたりあっているときなんか。ものすごくこうぎゅぎゅぎゅぎゅって緊張して、夜も寝られない状態になるわけだよね。戦争状態っていう心境。そしたらさ、毎日が戦場の場合さ、ＰＴＳＤになるって。そういう心を理解できないといけないんだなぁ。

重度障害者の介護に入る、生活を支える、ともに生きる実践とはこうした状況を理解しながら日常的なかかわりを続けるということだと斎藤はいう。

斎藤：割り切れない。ひとつの何だろうな、自立生活のモデルとしてね、『生の技法』のなかでも繰り返されていくわけだけど、「お互いが割り切る」っていうか。でも、専従になればなるほど、重度障害者とともに生活するってなると、「とてもじゃないけど、割り切れない」っていうのが本音で。共同体、なんていうかなぁ、他人介護を入れた家族、何ていったらいいのかなぁ。

一九九〇年に『生の技法』が出版されて以降、障害者と介護者の関係は「お互いが割り切る」というモデルが流通した。それはCILが訴えて来たモデルとも重なる。だが、斎藤にいわせれば「とてもじゃないけど、割り切れない」のである。「割り切る」つまり、人格や感情を排して合理的に振舞うことが介護においてはできず、意味が充溢してくるというのだ。重度障害者の専従介護は「共同体」とも「他人介護を入れた家族」ともいいがたい、説明困難な実践だと述べている。

(4) 関係の決裂

一九九九年、斎藤が四六歳のときのことだ。八四年に専従介護者となってから長い時間が流れていた。このころの介護関係はもう末期症状を迎えていた。

斎藤：運動への没頭が、解が見いだせないから、展望が見いだせなくちゃ分解するじゃん。要求者組合も分解。もちろん、在宅障害者連合運動も分解。ことごとく展望が見出せないなかで、新田さんの後半部分の介助にかんして、あんまり気の入らない。いっているだけで、あとは新田さんところで本読んでたから。

＊＊：本読んでた⁈

斎藤：新田さんも許すんだよ。

＊＊：そうなんですか。

斎藤：あんま必要がなかったから。だからちょっと末期的だよね、関係が切れる。新田さんも疎ましいわけ。だから、「離婚」は必然だったと思う。

＊＊：本を読んでいるあいだ新田さんはどうしてるんですか？

斎藤：新田さんは自分の好きなことしてる。電動で。ひどいときは電動で買い物自分でいって、帰ってきて、「何時ね、料理つくっておいてね」って、分業化して。共同で一緒に動くなんてだんだんなくなっていって。

＊＊：ほんとに⁉

斎藤：そう。

＊＊：へぇ。

斎藤：いちおう、必要だからやってる。新田さんも最低限のことだけはやってもらおうって。お風呂とかね、もちろん。「あとはいないでくれる?」みたいな。

斎藤は新田の介護に気が入らず、新田は斎藤を疎ましく思う。斎藤は専従介護を「結婚、夫婦みたいなもんだよ」と語っていたが、長年連れ添ってはみたものの、ふたりの「離婚」は必然だった。必要最低限の介護だけをこなし、他は「いないでくれる?」とそれぞれが分業で動いた。

斎藤：新田さんの介助はもう方向も違うし、必要ともされてないし、鬱病ちっくになって。

＊＊：鬱病ちっくって斎藤さんがですか?

斎藤：うん。ま、「手足」はやるけど、新田さんと話して何かを見出せると思わないし。自分のね、生活の糧なんで。仕事なんで、そこから介護料をもらって。当時は自分は自立生活センター・北設立の動きをやっているわけだよ。

「ともに生きる」思想は後景に退き、「生活の糧」として貨幣のために仕事をやるようになった。新田の介護とは別のところで同じ北区の障害者とともに自立生活センターの設立を準備した。そして、関係が冷え切った最後の最後に新田から手紙を渡された。便箋に文字がびっしりと書かれてあった。——「きみとぼくは別れたほうがいいと思う」。

＊＊：それに対して斎藤さんは反論とか？

斎藤：ない。「あ、そう」って。そこまでどろどろに議論をしたし、取っ組み合い状態でやったし。やりきったし。新田さんの運動とつくり出す世界に展望はないなって思ったし。重度障害者が地域社会のなかで生きていくっていう普遍的な何かがあるわけじゃないなと思ったので、それに対して反論するとか、未練がましく「生活に困る」とか「辞めさせないでくれ」とか「捨てないでくれ」とか、ない。

「仕事を通してともに生きる」実践はこうして終わった。その後、斎藤は北区の「バリバリの活動家じゃないけど、地域のなかで生きていこうっていうグループ」の人たちとともに自立生活センターを立ち上げる[12]。斎藤は一五年もの月日を新田とともに過ごしたが、すれ違いのままの介護生活だった。これは彼と新田のパーソナリティの相違による面もあるだろうが、新田が標榜する「福祉」の世界が構造的に生み出す齟齬だといえる。つまり、介護を労働化するといっても割り切った貨幣交換を関係の軸に据えるのではない。貨幣は生活の手段に過ぎず、介護は与えあう贈与であるべきだと考えられた。斎藤の事例が示しているのは、この相互贈与は普遍的に成立するものではなく、ある条件のものとでは成立することはあっても、ある条件のもとでは成立せず、関係を破壊するものでもあるという事実だ。

さて、斎藤と入れ代るようにして新しく専従になった介護者がいる。彼の語りは後藤のそれとも斎藤のそれとも異なっている。

5 「お互いさま」への開かれ——大滝史生の専従介護経験

(1) 自己を捨てる——「自分自身を全身全霊で疑っていく柔軟さ」

大滝史生（おおたき　ふみお）は一九六八年生まれの男性である。新田の介護に入る以前は障害者と接した経験はなく、新田の介護に入って、はじめて障害者とかかわることとなった。九七年から現在まで新田とのつきあいが続いている。新田の介護には一日二四時間を週三回、計七二時間入っている。

大滝は大学を中退している。「日本中がおかしかった」というバブルの絶頂の時期に私立大学の法学部に入学したものの、勉強には身が入らなかった。新新宗教のブームでオウム真理教などがキャンパスで勧誘をおこなっていたころだ。ゼミの先輩はオウム真理教に入信し、後に拉致事件の首謀犯として死刑判決を受けている。

こうした時代の空気のなかで父親との問題を発端にしてノイローゼにかかってしまう。音楽サークルに入り仲間たちと毎晩のように飲んで「めちゃくちゃやっていた」という。大学を留年した五年目、バブルが崩壊した。父の事業も成り立たなくなる。学費が払えなくなり大学を辞めた。それからはアルバイトを続けたり、正社員にもなったが「退屈でしかたがなかった」という。

所属していたサークルには「学生運動の残り火のような雰囲気」があり、大学を中退してからもかかわったが、その仲間と遊んでいても、自己の問題を解決する手がかりは得られなかった。

そんなとき大学の先輩から新田の介護をやらないかと誘われた。大滝は「自分をリセットさせるつもりで」介護をはじめた。「新田さんとの出会いは左翼系の動きと決別するきっかけになった。新田さんといっしょにいるのは、おれの感覚は左翼じゃないんだよなぁ。障害者運動に共感している。観念論ではなく、体感的に」と語るように、新田との出会いは大滝にとって人生の大きな転換点となった。

新田の生活には大滝がこれまで親しんできた、観念の世界を瓦解させていく強烈なインパクトがあった。「体制を転覆する」だとか「世界を救済する」だとか、そんなこととは無縁の「生きる」という世界。大滝は、障害があるからこそ、左翼運動や宗教が持つイデオロギーの欺瞞性を、打ち崩すことができると述べている。

大滝：往々に倒錯するじゃない？　左翼って。要するに浅間山荘もそうだったけど。自分のイデオロギーのために相手の命を奪ってもいいくらいに倒錯していくでしょ。オウムもそうだけど。ほんとうは世界を救済するとか立派なことをいってたくせにさ、救済のためなら、人を殺してもいいとかいつのまにかすり替える、その罠っていうかね、それに巻き込まれる危険性っていうのは常に弱者にはあるんだけど。やっぱり障害があるってことが、武器になっているんだよ。武器っていうのはおかしいな。でも、障害が武器になるのってそういうとこじゃないかっておれなんか思っちゃうんだけど。つまり、障害者であるっていう現実が、そういう、なんていうの体制、反体制っていうことの裏表のね、へんてこりんな理屈のなかで人を殺めたりとか傷つけたりってことの欺瞞性ってものを、浮かび上がらせていってるんじゃないかなって思う。理屈じゃないんだよ。理屈じゃぁ。だから、浅間山荘にひとり障害者が、たとえば車椅子でいたら、たぶん総括って殺されるってことはあんまなかったのかもしれない。

イデオロギーや理屈によって他者を把握するのではない。目の前に広がる圧倒的な現実に身体を向き合わせていくことからしか、他者を理解することはできない。そのことを障害者は教えてくれていると大滝はいう。

大滝：健常者の意識というような、観念の世界で理解しているふうなことっていうのは、常に弱者の側から無意識にふいうちでぶち壊されるような場所にしかないってこと。ほんとに理屈じゃないの。だって夜中に何度も起き上がってさ、シモの世話とかやってかないといけないんだから。つまり、自分自身を全身全霊で疑っていく柔軟さっていうのを常に持ち続ける。ハハハハハ。当たり前とか、常識とか捨てるってことよ。こっちの意識としては。

努力して常識とか当たり前とか捨てていく潔さとか柔軟性を持ち続ける。

また、大滝は先の語りと同じように、介護者に求められるもっとも重要な姿勢は「面倒くさいとか、しんどいとかそういうことは捨てる。かっこいいとかかっこ悪いとか自分のプライドを捨てるっていうこと」と語り、「自己を捨てる」ということが介護の出発点なのだと述べていた。

こう語る大滝と新田は一心同体のような結束を見せている。新田の大滝への信頼はきわめて厚く、行政交渉、運動の会議、集会での講演など、重要な場面ではいつも大滝が介護者として新田のそばにいる。大滝ははじめ週に一日の担当だったのが、次第に入る日数が増え、現在では週の内で月曜日二四時間、火曜日二四時間、金曜日二四時間の介護に入っている[13]。

(2) 弱くあるという思想的身振り

大滝は自分が強い立場にいることと自分が弱いことを同時に知るべきだと話す。彼が介護をはじめて間もないころのエピソードを引いて、そのことを語ってくれた。この世界に飛び込んだ最初の印象は決して好ましいものではなかった。むしろ苦痛の連続だった。「こんなつらい仕事はないと思った」と振り返っていた。新田に対してもはじめ「気難しい人かな」と思ったという。

半年ほど経ってもあまり慣れてきた気がしない。大滝は新田に向かってこういった。「どうしてもぼくがここで求められてないっていうか、求められていることに応えられていないのであれば、遠慮なく辞めさせてください」と。すると、新田はひょうきんな身振りをまじえてこういった。「どうしてもきみがここを辞めたいっていうんじゃないかぎりは、ぼくのほうからきみを辞めさせるようなことはしない」。そういって笑う新田を見て、大滝は「まぁとにかくがんばろう」と奮起する。以来、どんなにつらいことがあっても「がんばってきた」と語る。

大滝：相手が何もおれに対して期待していないっていう、新田さんの圧倒的な、何ていうの、受け入れざるをえない状況を、自分が障害をさらして人に何かを頼まなくては生きていけないという圧倒的な条件を背負わされているなかで、「ぼくのほうからきみを辞めさせることはしない」っていわれた瞬間じゃないかな。そのときから「強者と弱者は対等な関係」といいながらも、やっぱり圧倒的にこっちのほうが強くて、しかもこっちが全力を尽くさないといけないんだなと悟った。

これは複雑なことをいっている。「弱者」の定義は難しいが、ここでは「障害をさらして人に何かを頼まなくては生きていけないという圧倒的な条件」を指しているだろう。新田は一人では生存もままならない状況を生きている。その点で圧倒的に弱い。弱いが、それゆえに他者がどのようなものであろうと自己の身体を他者にあずけなければならず、その意味で最初から「何もおれに対して期待していない」。立場の非対称性がはっきりしており、新田は他者を選ぶことも拒否することもできない。それに対して大滝は、自分がここで求められていることに応えられているか不安でたまらなかった。だから、受け入れられなければ「遠慮なく辞めさせてください」といったのだ。すると、新田はひょうきんな身振りをまじえながら「ぼくのほうからきみを辞めさせることはしない」といって笑った。おそらく、大滝はこれに救われた気がしたのだろう。それから、立場の圧倒的な非対称性を引き受けて、「全力を」尽くそうと思うようになった。

彼らは不思議な非対称性をつくっている。新田と介護者とでは、身体的特徴をはじめとして、生の条件が非対称的であるのは事実だろう。新田は介護者に比べて、生きていくのに不利な状況にあり、より多くのサポートを必要とする。このことを「弱い」と形容してもよいだろう。しかし、介護者はその絶対的な弱さを前にして、自分が強くなろうとはしていない。もちろん、立場の非対称性は自覚されているが、だからといって介護の専門性を高めようだとか、生活の管理を徹底しようといっているのではなく（つまり、強くなるのではなく）、自分が弱くあるままに介護ができるありようを探している。たとえば、先の場面は見方によっては、むしろ新田が介護者を救っていると解釈することができる。どちらが「強い」か「弱い」かわからない状況が生まれている。介護者は、他者の脆弱性＝ヴァルネラビリティに対して自己を開こうとしているのと同時に、自己のヴァルネラビリティに対しても自己自身を開こうとしていると理解できる。そして、それが介護の共同性をつくる契機となっている。どういうことか。さらに、大滝の語りを見よう。大滝は介護で大切なこととしてこう述べている。

大滝：言葉以前のところで、相手の気持ちを汲みとってくっていう感受性をどこまで鋭くしていけるかっていうこと以外に何もない。それだから、健全者の安っぽい観念論とか、そんなものに引きずられていってはダメなんじゃないかってこと。モノいわぬ人のさ、うめき声をさ、どこまで感じとれるか、聞きとれるか。

言葉以前のところとは、たとえば、他者が抱えている不安や痛みだ。大滝は「痛みに対する感受性がもっと鋭きゃいいのになっていうのは、それはあるね。相手の痛みに対しても自分自身に対してもそうだけど」と語る。ただ、それはわかりえるものではない。だから、「まぁ不安や痛みっていうのは言葉にならない部分が多いんで、そういうときは黙って共有していくしかないです。共有っていうか見守るしかない。共有はできないね。見守るしかできない」という。大滝は「健全者は頭がいいから、何でも批判とか分析とかいうけど、そんなもので片づけられない。論文にまとめること自体が無理。もっと別の知が求められている」と語り、大事なのは現場の「いま、ここ」だと話していた。

(3)「他人介護」という思想・実践

大滝は新田とその運動への理解の度合いが深い。「生活保護のなかの他人介護概念を世のなかに定着させたのは新田さん」と語るように、「他人介護」の思想に強い共感を抱いている。新田は抗いようのない現実から家族介護の限界を知り、他人介護を見出した。そうした彼のライフヒストリーにかんして大滝は「新田さんは一度、どん底を見ている。親子の幻想を一度断ち切っている。〝親の子ども〟という発想がない。一個人。個として国家が面倒を見るってことを要求している」という。

大滝：親子の関係をここまでね、歴然とね、はっきりしたかたちで矛盾を表現してる存在は障害者。健全者はそこまで意識しないでも生きられる。だから、親子っていう幻想に頼ったら、いかに障害者っていうものが残酷な状況に置かれてしまうのかっていうこと、どれだけたいへんなことかって。それを制度の表現に結びつけたってことの意味っていうのは、考えただけで奥深いものがあるよ。

彼は「おれは親父との問題ですごい苦しんだけど」と語り、親が子を支配してしまう苦しさを身をもって体験してきたという。そんな親子の問題に対して、一番大きな疑問を投げかけているのが「障害者の他人介護の世界」だと述べる。だから、大滝にとって他人介護の存在を知り、それを自分が実践していったことは自身の親子関係を相対化していく作業と同時進行だった。もし他人介護の世界を知らずに、自分が家族を持ち、子どもを育てることがあったら、子どもに対する態度はまったく違うものになっていたかもしれない。「自分の親とのあいだで抱え込まされて、解決しきれないでいる問題」というものは、「自分より圧倒的な弱い人間に対して出てくる」ことがあるからだ。そこで、「ミウチではなくタニン」ということを障害者が制度として要求し、「そのお金でおれが暮らすっていう、そのお金をたよりにおれが生きる」ということがなかったら、自己の親子問題に解を見出せなかった。他人介護の世界にかかわったことは「革命的な出来事だと思います、それだけで。おれにとっては」と話していた。

大滝：おれは他人介護料にあやかって、どうにかこうにか自分の親子のことを解決してきたってプロセスがあるから。そこまで新田さんも薄々感じているとたぶん思うけど。おれ、新田さんに〝第二の父親〟みたいなところ、どっか、〝育てられた〟っていう感覚がある。新田さん、「介護者として入ってくれてる」っていうふうに意識してくれてるから、「お互いさま」みたいにどうにかもってるっていうところはあるけど。やっぱり、おれは新田さんの存在に救われてる。相当。うん、すごい人だな、と思う。

大滝はこうした感情を携えて日々の介護を実践している。はっきりと新田に「救われてる」と認識している。大滝が新田を介護者として支えているだけでなく、新田に支えられていることから、介護関係が「お互いさま」として成立しているという。この「お互いさま」の回路についてもう少し語りを聞いてみよう。

(4) 弱くある部分をさらけだし、それを気づかいあう

私が新田の世界を訪れて驚いたことの一つは大滝の普段の態度だ。大滝は介護中でもよくしゃべる。新田の前でも自分の個人的なエピソードや考えを話している。しかし、それは自分の話題を一方的にぶつけるのではなく、新田が何気なく投げかけたテーマを受け取って、自分の経験を引き合いに出して膨らませたり、そこに普遍的な問題を見出したりして、おもしろおかしく話すのだ。それはほとんど猥談なのだが、私はすごいと思った。

たとえば、ある日の昼食の際、国家資格である介護福祉士の話題になり、大滝が介護福祉士の実技試験には「『チンポを触ってくれ』っていってくるジジイのことも出てこない。きれいごとばっかり」と批判し、介護福祉士はセクハラ老人にどう向き合えばよいのかと問うていた。新田も「人間の一番大事な実技」といいながら、自分の父親も末期ガンで入院していた頃、看護師の尻ばかりを触って母に怒られていたと語った。大滝は、看護師もそうした患者に若いうちは悩むのだろうが、師長ぐらいになると、あしらい方を身につけてくるんだろうとか、だから、そういう人を「傷つけない傷つけ方」があるといって、先日見たSM嬢の研修用ビデオの話をはじめ、そのなかで講師が受講生に「ほんとうに痛がってたらやめてあげてください」とか「柱にくくる際は、あいだにタオルをしいてから縛ってあげてください」と受け手を配慮す

る場面があり、「どこの世界にも相手を気づかうってことがあって、それが人間のマナーとか文化ってことでしょ」と本気なのか冗談なのかわからない話を、新田の食事介護をしつつ自分も食べながら、していた（フィールドノーツ　二〇〇六年一月二八日）。

ほぼすべてこのような話題ばかりなのだが、大滝は所作の一つひとつが、自分の弱さや本音をさらけ出し、関係をつくる実践だと考えている。また、彼は介護の最中でも、誰の前でも、平気でおならやげっぷをしていた。私にはそのことが不思議でたまらなかった。だから、なぜそうしているのか聞いてみた。

大滝：これらをするのが身体にとって自然だと思います。ホンネっていうのはげっぷやあくびも含みますから。ホンネで接するっていうのは。しないといい関係にならない。人間の弱いところを全部受け入れるのが原則だと思いますし、健全者っていうのは自分の弱いところを見せないっていうことに長けてますから。そうすると、弱さを軽蔑するというより、弱さに向き合わざるをえないわけですよ。自分の弱さを受け入れていくってことが要求されていく。その過程で自分のプライドも捨ててかないといけないし、自分が強くなきゃならないっていうこだわりも捨ててかなきゃいけない。ということは、自分の弱さをさらすってことですね。

自分の弱さをさらすとどういうことになるかっていうと、相手はそこで自然に障害者でありながら、健常者を気づかうってスタンスもありうるってことを、やって示すことになるわけで。そんなことは新田さんはとうの昔にわかってやってる。

大滝にとって、おならやげっぷは「弱さ」をさらすことの一つの表現だった。確かに、われわれは親密な間柄にある者同士なら、こうした生理現象を露出させることはある。おなら実践をしているのは、介護者では大滝だけであり、あとは三谷と美保が身体の自然に任せているので、そのことから見ても、彼のおなら実践は、限りなく家族に近づきつつ、なお他人である位置を生きるための思想的身振りであることがわかる。

大滝はしきりに健常者である自分の「強さ」を疑い、自分の「弱さ」に向き合うべきだと述べる。そのうえで、「人間の弱いところを全部受け入れるのが原則」だという。弱さを相手にさらすことで、それを受け取った相手が相手を「気づかう」ことをはじめる。

大滝：一方的な関係は幻想であるっていうのが、ぼくが最終的にわかったことなので。相手が障害者であろうとなんであろうと、こっちに対して気づかってくれる、あるいはぼくが相手を気づかう、お互いに気づかう。お互いを思いやるって、それを、実践していかないかぎり、相手が弱者で私が強者だ、相手が強者で私が弱者、そういうふうな一方的な関係っていうのはね、たとえそれが障害者であろうとなかろうと、健全者であろうとなかろうと絶対にない。

こう語る大滝は、介護をする／されるとか、どちらが強者／弱者かといった認識は、介護には完全に不要だと述べる。だから、介護は、障害がある／なしの問題ではなく、互いに弱い部分を持った人間同士であることを「お互いさま」として気づかいあうことだと述べる。それは本章の冒頭で記した大滝の語りにあった通りである。

他者のヴァルネラビリティに私が開かれていくことと、私のヴァルネラビリティに他者が開かれていくこと。それによって、互いは互いを気づかう契機を見出すという。それが彼のいう「お互いさま」の関係である。介護の共同性はこうして築かれるというのである。

一九八二年にはじめられた専従介護はこのようにして現在まで連綿と続けられてきた。二〇〇三年の支援費制度実施以降、介護料はある程度安定した金額となり（もちろん、依然不十分な額ではあるが）、一般的にも介護は労働として成り立つようになった。そのなかにあっても要求運動の世界では大滝がいうような「お互いさまへの開かれ」という思想性を持った介護が実践されている。

6　贈与の労働

（1）運動の論理と生活の論理のジレンマ――専従介護者たちの解

本章では新田らが専従介護という介護のスタイルを見出し実践していく過程を見た。専従介護とはそれまでのボランティアでの単発的なかかわり方ではなく、数名の介護者が定期的に介護に入り、障害者の生活を支える体制だった。専従介護者には行政から支給される介護料が支払われ、介護者の収入を安定させ彼らの生活保障を可能にした。そうすることで介護者の絶対多数を確保することが目指された。一九八二年当時、こうした在宅介護労働というあり方は広がっておらず、多分に実験性を伴っていた。

専従介護を介護者たちはどう受けとめたか。本章では三名の専従介護経験者の語りを取り上げた。後藤陽子は自分がひとりの人間の生活を支えるということの重みに耐えきれなかったと語った。介護の必要がわかっているにもかかわらずその行為に不安を抱いてしまう「自己矛盾」に苦しんだ。結果、一年後に専従介護を離れている。斎藤正明は障害者運動への参加経験から、介護者の私生活と障害者の生活が対立することを自覚していた。だから、その両者が重なりあうものとして専従介護をとらえようとした。それが「仕事を通して〝ともに生きる〟」という表現だ。障害者の運動と生活にかかわることが経済的に保障されることで、自分自身の生活を支え、そのことが運動への持続的なコミットを可能にする。そう考えられた。だが、この「まるごと」のコミットメントも困難をはらんだ。生活を支えるだけではなく、運動に主体的にかかわるということは、私的領域と公的領域が区別なく入り込み、互いが自己の利益を求めて争う状態になる。結果、新田との対立が深まり、斎藤は専従介護から離れる。

これに対して大滝史生は自分の生活を確保するために専従介護者となるのではなく、障害者の運動と生活を支えるために、障害者の生活のなかに自分の生活を放り込み、そこで暮らそうとしていた。自分も一緒になって身体の脆弱な部分をさらけ出し（大滝の言葉では「弱さをさらす」）、他者の私的領域に自分の私的領域も置いてしまおうとしていた。

専従介護においては、七〇年代の介護がそうであったような、運動と生活が一体となった形態をとることが難しくなる。というのも、介護を労働化することによって、介護者の生活を保障する。このことは介護者が自己の生活を優先的に考えるようになることにつながる。障害者の生活を守るつもりが、今度は介護者の論理が顔を出してくるのだ。斎藤がそうであったように、あくまで仕事をとおしての「ともに生きる」であり、自分の生活の確保が意図されている。だが、大滝の場合は、自己の生活の利益を追求する態度はまったくなく、自己の生活と他者の生活が重なりあうところで介護を実践していた。

(2) 脱家族化・脱施設化・脱商品化・相互贈与化

専従介護は全身性障害者の自立生活を可能にする条件とは何かということを見定めるなかで紡ぎ出された一つの解だった。その条件とは脱家族化、脱施設化、脱商品化というものだといえる。ここでは、三つ目の脱商品化について記述しよう。脱商品化とは、公的介護保障の意味であり、介護が民間ボランティアや企業によって提供されるのではなく、公的責任のもとに保障されることである。公的介護保障要求運動の場合、財源とサービスの区分を設定し、財源は行政が担い、サービスは自前の介護者が担うとしている。この点で公立施設の職員や公的ホームヘルパーとは異なっている。彼らは行政からの現金給付を「介護料」と呼び、それを他人介護を担う人材に手渡すことで、介護者の生活保障を果たそうとした。貨幣の供給によって介護者の調達可能性を高めているのだが、ここで、介護者の働き方は市場原理主義的なサービス提供モデルとは異なった。貨幣を導入しているにもかかわらず、労働力の商品化を志向してはいないのである。したがって、社会保障における介護制度論としても、またマルクス的な価値形態論としても、介護を脱商品化しているのである。

このように、公的介護保障要求運動はこれまでの介護の枠組を大きく変えた。介護と家族・政府・市場の関係を少しずつずらしながら再構成を図った。家族（とくに女性）の介護が当然とされる規範を相対化し、家族から外部化する。政府に対しては施設という公的空間における集団収容ではなく、在宅という私的空間において、介護の人材ではなく財源の給付を求める。そうやって、無償労働ではなく有償労働とすることで介護者の生活を成り立たせる。また、このとき介護を有償化しながらも、市場原理に準拠した行動様式ではなく、二者間の関係を尊重する原理によって介護関係を結ぼうとした。

ところで、最適な介護の分配モデルはすでに立岩真也によって十分検討されている。立岩がもっとも正当性と実現可能性を持つ介護制度として示しているのは、財源の公的保障と人材の自己調達というものだ（立岩 1990=1995, 2000a）。ただし、人材の調達・供給部分で個人の自助努力による関係生成（個人モデル）か組織の媒介による派遣（集団モデル）かで分かれるが、この点は公的介護保障要求運動においても新田自身も過去に「介護人派遣センターを創る会」を組織していたり（設立準備会であり実際には設立していない）、新田以外では、後に見る三井絹子らの「かたつむりの会」や荒木義昭らの「練馬介護人派遣センター」が集団モデルを採用しており、個人か集団かに大きな違いはない。

異なるのは、やはり、障害者と介護者がどのような関係を結ぶかという関係性の問題である。このことが後に見るCILモデルと異なっている。CILは介護の供給と購買を消費者主義に基づいて組み立てている。労働者は商品であり、障害者は貨幣との交換によって商品としての介護サービスを購入する。もちろん、人材を確保する財源の多くは公的給付に依拠しているため、純粋な市場化・商品化とはいえないが、人材の供給にかんしては民間営利・非営利組織による効率的な派遣形態を採用しており、全体として見れば疑似市場化、疑似商品化を志向している。そして、このことが介護の関係性においても「割り切った」合理的な関係の形成を可能にしている。

これに対して公的介護保障要求運動は一貫して商品化ではなく脱商品化＝公的給付化を求めている。歴史的には一番はじめに介護料という貨幣の活用を発見したにもかかわらず、介護を貨幣交換によって得ようとはしていない。貨幣とはあくまで介護者の生活を支えるための必要財に過ぎず、介護者を労働力商品として擬制化するために貨幣を採用しているのではない。互いに与えあうという契機を可能にする一つの道具に見立てており、彼らが志向したのは介護の相互贈与化である。

彼らは自立生活における相互贈与を可能にする条件を探ってきた。新田の語りや専従介護者たちの語りからわかる相互贈与を可能にする条件とは、一つに障害者の贈与を可能にする制度の整備だ。公的介護保障要求運動が求めた制度とはすべて、交響圏を支えるためのルール圏の構築であり、交響圏の成立を可能にする制度を求めている。介護人派遣事業、生活保護、各種手当はすべて障害者に直接給付されるものである。派遣事業なら介護券が、生活保護や手当は貨幣が障害者のもとに渡される。それを受け取った障害者は自ら管理し、介護者の介護労働に対して、「ありがとう」と介護料を手渡すのである。障害者は介護者に食事をふるまい、ともに入浴し、まるで介護者を歓待するように財を提供する。これを支えているのは福祉制度の給付である。

二つに介護を、労働であっても、商品労働としてとらえない意識のあり方だ。これは大滝が語っていたことに現れていたが、近代的な労働観の枠組みで介護をとらえないことである。このことをもう少し詳しく考えよう。

(3) 贈与労働としての介護

公的介護保障要求運動における貨幣は商品の一形態ではない。同じように介護も商品ではなかった。彼らにとって介護はその人のことを思い、その人に贈与するおこないであり、貨幣との交換を目的にしたものではない。ここで貨幣とは贈与としての介護に対する返礼であり、「関係を割り切る」ことや「お金を払っているんだから仕事をしろ」といった強制力を発動する道具ではなかった。だから、介護は「金か関係か」の二項対立ではなく、「金と関係は両立する」のである。そのため、介護者に手渡される貨幣は「賃金」や「給与」とは違った意味を有しており、「介護料」としかいいようのない貨幣なのである。

こうした意味を有する介護料が手渡される専従介護とは、労働の意味が近代的な労働観とは決定的に異なっている。それは介護が被介護者の私的領域に密接にかかわるからだ。私的領域にかかわるということは、およそ次のような要素があげられる。一つには労働の性質が目的合理的ではない。一般に労働には特定の商品の生産をおこない計算可能な成果をあげるという目的がある。しかし、生活に合理的な目的はない。ものを食べたり、風呂に入ったり、テレビを見ることは業績主義や能力主義の基準から測ることはできない。そのため介護には目的がはっきりしない出来事をつくりあげるという側面がある。二つに場所の問題だ。介護は「在宅」という被介護者の私的領域においておこなわれる。私的領域は公的領域とは異なる論理を持ち、生活は社会的なものではなくどこまでも個人的な性格を有する。

これを労働化するとはどういうことか。被介護者の「在宅」は被介護者にとっては私的領域であるが、介護者にとっては最初、職場であり公的領域として経験されるだろう。また、労働とは個人的なものではなく、社会的な意味をもっているため、介護者は何らかの目的合理的な意味を見出そうとする。しかし、そうしているかぎり、介護者は疲労感を高めるだけだろう。そうではなく、近代的な労働観とは別の身振りが見出されなくてはならない。

公的介護保障要求運動が求めた介護の労働化とは、介護を商品労働にするのではなく、贈与労働として再定位しようとするものだった。贈与労働とは、たとえば、芸術の生産がある。芸術は商品化を拒む、財・サービスの生産活動だといえる。われわれは絵画や音楽を鑑賞して何らかの感動や慰藉を受け取るだろう。芸術の価値はそもそも貨幣に裏打ちされる必要がない。もちろん、芸術が商品化し産業として成立している分野もある。しかし、そこでも芸術と貨幣との等価性は重視されない部分が残されている。コンサートホールで支払う入場料は音楽家の演奏を時間単価に換算して、それに見合う金額を払っているわけではないだろう。われわれは芸術を貨幣と交換しているようには感じない。貨幣とは画家や演奏家のそれこそ「生活保障」となるために、寄付のようなものとして手渡す贈与である。

他方、商品労働は商品としての財・サービスを生産する活動であり、いわゆる賃労働である。商品労働では労働力の対価として貨幣を受け取るのに対して、贈与労働では貨幣は必ずしも労働力の対価物ではない。芸術や教育がそうだろう。これらの領域では、贈与経済に一部、資本主義の商品交換の要素が入っており、相互贈与と商品交換の和解がある。このように考えると、贈与経済と商品経済が互いの異なる論理を調停させながら成り立っている営みはいくらでもある。

介護にもそれがいえ、公的介護保障要求運動は介護を贈与労働として位置づけている。彼らは介護をまるで芸術のように考えているのである。だが、これを理解し実践することが難しい。贈与労働とは自己保存と自己贈与の「張り合わせ」の運動を駆動させ、自己を与えることが他者のよろこびとなり、自己のよろこびとなるような労働である。しかし、ここに商品労働の論理が入り込んで来ると、労働者は自己保存を優位に置き、自己贈与の契機を減退させていく。斎藤と大滝の差異はこうした点にあった。もう一つは贈与労働が「支配の贈与」に変質していくことである。斎藤が何度も専従介護を批判しているのはこの点であり、相互贈与は関係を強く拘束し、どちらか一方を優位な立場に置き、好ましくない状況を生む恐れがあった。

本章の冒頭で見たふたりの介護者の態度は介護が贈与労働とその意味を付与されていることからくる相違だったといえるだろう。片方の介護者は贈与労働としての介護を全身で表現し、もう片方の介護者は贈与労働の危うさを回避し、商品労働としての性格をを介護に込めるべきだと語った。こうした両義性を持つにもかかわらず要求運動は贈与労働としての介護に賭けてきた。そして、この「賭け」が運動展開に分岐をもたらすことになる。そのことを次の章で見る。

注

1……菅正人（すが　まさと）は一九六二（昭和三七）年、東京都生まれ。現在は社会福祉法人の在宅サービス部門でサービスの統括を担う。家族は妻と娘がいる。インタビューは二〇〇九年二月二三日に菅が勤める社会福祉法人の事務所で約四時間にわたりおこなった。

2……この頃、新田を取材したテレビ・ドキュメンタリーに菅が出演しているのだが、そのなかのインタビューで、高校生の彼はすでに将来就きたい職業は社会福祉の仕事だと述べている。また、「福祉」にかかわるようになった動機を尋ねると、菅は「うーん。なんだろうね？　わかんないけど。まぁ、なんとなくかなぁ。まぁ、なんとなくだね」と語り、動機の語彙は見あたらないようだった。路上生活者の炊き出しをやっていた頃も、ある人から「家庭が不幸だったりして目覚めたんですか？」と聞かれたことがあったが、「そんなことあるわけねぇじゃねぇか。別に普通の家だよ」と答えた。菅は福祉的な意味を付与せずに福祉領域の実践をおこなっていた。

3……実際、中西は麻雀をして入り浸る介護者の介護ではいけないと考え、きちんと労働として介護が受けられるように有償の介護サービスをはじめている。

4……一九八四年、菅は二三歳のときに婦人保護施設に就職する。そのとき新田の介護を辞める。けれども、新田とのかかわりは続き、懇親会や忘年会には頻繁に出た。結婚をし一九九二年に長女が生まれた。そのころから新田の家には足が遠のいたと語っていた。

5……高中充（たかなか　みつる）は一九六〇（昭和三五）年、東京都生まれ。高校在学時から姉の関係で手話サークルにかかわった。この後、一九八三年、二二歳のときに都内の特別区に就職してからも九〇年まで新田の介護を続けた。現在は知的障害者施設に勤務する。母と妻、子ども二人と同居している。インタビューは二〇〇九年二月一八日に飲食店で約四時間にわたりおこなった。

6……また、高中も介護料を受け取っていた。記憶では一回二～三時間で一五〇〇～二〇〇〇円をもらった。「バイト感覚っていえばバイトみたいなもんですよね。だから、ありがたかったですね」と語っていた。

7……後藤陽子（ごとう　ようこ）は現在、保育士として働いている。インタビューは二〇一〇年四月二六日に後藤の自宅で約四時間おこなった。

8……実際に新田の家にあるVHSに録画された過去の映像をブルーレイのハードディスクにダビングする作業をしていると、NHKの福祉番組にまじってミノルタX7のCMが出て来た（二〇一一年一一月三日）。このCMには同じ宮崎美子が水着姿で登場するバージョンが他にいくつかあり、BGMにはRCサクセションの

「こんなんなっちゃった」が使われている。新田はこのバージョンのものも数回にわたって録画している。

9……他に行政交渉における立場がそうだ。行政交渉におけるテーマは一貫して介護料についてだった。そのころは交渉で埒があかなくなれば座り込みもした。介護者はもちろん、新田の足文字を読むが、それ以外の要因として交渉に参加したときは、それほど積極的に発言するわけではなかった。健常者で発言する者もいたが、主体は障害者だった。

10……斎藤正明（さいとう　まさあき）には二〇〇九年二月二四日と三月三一日にインタビューを実施した。斎藤が勤める自立生活センターの近くの飲食店で、それぞれ二時間弱にわたって話を聞いた。

11……府中療育センターの在所生であった岩楯恵美子が府中市の公立学校への入学を求めて争った運動である。岩楯は当時二〇代であったが就学機会の保障を求め、ここにも若者が支援者としてかかわった。岩楯闘争については岩楯（1978）、村上（1981）などがある。

12……ここまで、斎藤の新田に対するいい分ばかりを並べ、新田の斎藤に対するいい分を記さなかった。そのため記述がフェアでなかったかもしれない。斎藤の新田に対する指摘は外れていないと思う。外れていないが、「現実はこうも多元的か」と思われるくらい、他の介護者と同じ現実を経験していても、現実の受け取り方が違っている。新田にいわせれば、斎藤は自分より弱い立場の人間を世話することに快感を覚える人物だったという。それが相手を管理しスポイルしていくことに気づこうとしない、反省的に捉え返すことをしなかったと語っていた。

13……大滝は二〇〇八年まで、もう一人別の脳性麻痺者の介護を続けていた。その介護には金曜日に一二時間と日曜日に二四時間入っていたので、週の内でほぼ毎日、介護をしていたことになる。

第7章

相互贈与と疑似商品交換

——全国公的介護保障要求者組合の分裂

一九八〇年代に入り公的介護保障要求運動は専従介護という労働形態を生みだし、職業としての介護の定着を図った。同時に行政に対する要求行動を活発化するために団体間のネットワーク化を試みていく。その結果、八八年には全国公的介護保障要求者組合（以下、要求者組合）が結成され、これまでの各地域の「在障会」運動が横の連帯を結ぶことになる。だが、要求者組合は大きな勢力となりながら、九七年に分裂を経験する。本章の目的は要求者組合内の諸勢力の性質の違いに着目し、この団体がなぜ分裂したのかを明らかにすることである。この分裂過程はかねてから公的介護保障要求運動が模索してきた、福祉を贈与として立ち上げることの可能性と困難を示すものとなるだろう。

1　なぜ全国公的介護保障要求者組合は分裂したのか

(1)「困った人」とつきあう作法——全国公的介護保障要求者組合の行政交渉

要求者組合は一九九七年に分裂した。もっとも、団体自体は二〇〇〇年代に入ってからも活動を継続している。私も彼らが実施する会議や行政交渉に頻繁に顔を出した。そこで出会った、厚生労働省障害福祉課や東京都福祉保健局との折衝の場面は私に小さくない衝撃を与えた。フィールドノーツにこんなことを書いている。

一三時半前に厚労省に行く。組合の厚労省交渉。ほんとうになんという団体かと思う。前のほうでは、新田さんたちが役人と折衝していると思いきや、後ろのほうではかたつむりグループの子どもたちが地べたで絵を描いたり、つばさグループの（知的障害の）女の子が大きなおならをしたりしている。突然、わけのわからないことを発言する人がいたかと思うと、何かしゃべりたかっただけなのかよくわからなかったり、柏原さんは思いのたけをぶつけてそれで帰ってしまったり。そうかと思うと役人に「おまえらわかってんのか！」と急に怒号を飛ばす人がいたり。

（フィールドノーツ　二〇〇六年四月二一日）

行政官と折衝している新田らのまわりに多数つめかけている（五〇名くらい）障害者の人たちや介護者の人たちが、行政官を取り囲んで、わーわーわーわー盛り上がっていた。もちろん行政官に対して言葉を投げかける姿は真剣そのものだったが、その場全体の雰囲気はかなり混沌としていて、思い描いていた「交渉」のイメージとはだいぶ違っていた。

だが、何度か同じ場所に足を運ぶうちにこれが要求者組合のスタイルなのだと思いはじめた。私は他に自立生活センター（ＣＩＬ）系の団体が主催する行政交渉にも参加したが、ＣＩＬの交渉では議論を展開する障害者の人たちはみな理路整然と主張を述べ、情報量も相手を説得する能力も行政官と何ら見劣りしないものだった。議論を先導するリーダーは車椅子に乗った知識人という感じで、周囲の健常者が議論をサポートする必要などまるでなかった。それに対して要求者組合の人びとは理論よりも「おれは障害者だ！　文句あっか！」といった自己表象で行政官に対峙していた。私が出会ってしまったのはＣＩＬではなく、こちらの「文句あっか！」型の団体だったのだ。

要求者組合は結成当初から「重度障害者と介護者の混成組合」といわれ（全国公的介護保障要求者組合 1988）、障害者だけでなく健常者も要求運動に積極的に参加している。そのなかで結成時から（あるいは結成以前から）現在まで「生き残っている健常者」がいる。彼らには固有の身振りがあると要求者組合の事務局スタッフだった西田寛が話していた。西田によれば要求者組合の健常者たちは「自分も障害者になろうとしてるっていうとヘンだけど、どんどんバカになることをやってる」という。彼の言葉では、障害者というよりも「困った人」と形容するほうが適切なのだそうだが、生き残りの健常者はそうした「困った人」とつきあう作法を心得ており、「とことん、圧倒的に、バカになること」を実践している。たとえば、後に触れるかたつむりの会は「かたつむり音楽隊」という楽団をつくり、障害者と介護者が一緒になって楽器を演奏するのだが、これがおもしろい。かたつむりの会は、演劇や音楽や社会的事業所といったアイデアを次々に打ち出し、「これやりたい！じゃやろう！」と動き出す集団なのだ。その際、成果や評価はどちらでもよく、「ただそれをやってしまうすごさ」が彼らにはある。そこで健常者といわれる人たちは、とことん「困った人」のほうに立とうとしている。関係のなかで互いの「こころの塊をどんどんくずしていくこと」をやっているのだと西田は話していた。

　ここで西田のいっている「困った人」とは生活が危機的な状況に置かれているという意味で「困っている」のではなく、いわゆる社会的な適応力がなかったり、だらしがなかったり、突然怒り出したり、周囲から見てコミュニケーションの難しい「困った人」という意味である。そして、この「困った人」のほうに立つという考え方を活動の中心に据え、そうした身振りそれ自体を社会に対してポジティブに表現しようとしている団体が要求者組合である。その一つの具体的実践が先ほど見た行政交渉だった。要求者組合は、決して合理性には回収されない、人間の非合理的な部分を守っていくことに価値を置いてきた。と同時にこのことが団体の分裂にかかわる契機にもなっていった。

(2) 尊厳の分配可能性をめぐって

人間の非合理性をめぐる問題は、人間の尊厳をいかにして守るかという問いとつながっている。社会学者の石川准は障害者運動の歴史を「財と権利と尊厳の分配システムの変更要求の歴史であった」と述べている（石川 2002：17）。全身性障害者は、介護をめぐる人的・経済的な「財」、介護において自己の意思が尊重される「権利」、そして介護関係における「尊厳」、これらの分配様式の変更を求めて自立生活運動を実践してきた。

本章で見る要求者組合とCILの方法論は、財と権利の分配をめぐっては大きな差異はないように思われる。どちらの団体も財と権利の必要な分配を求めてきたが、一点、「尊厳」をめぐる違いが見られる。本書のこれまでの語彙でいえば個人的なものの領域、あるいは交響圏の問題である。

M．イグナティエフの『ニーズ・オブ・ストレンジャーズ』は、福祉国家が分配することの困難な、しかし人間が普遍的に求める「ニーズ」について論じている（Ignatieff 1984=1999）[1]。イグナティエフによれば、人間には多くの社会が「権利」として承認する普遍的なニーズ——食物、住居、衣服、暖房、行動と思想の自由等と、「権利の言語」では語ることのできないニーズ——慰藉、安寧、人格的気遣い、つまり「ニーズの言語」が存在するという（Ignatieff 1984=1999：5-6）。

彼が「ニーズの言語」を語る背景には、「人間らしい生を営むために必要とするもの」を奪われた、同じ街に住む貧しい老人たちの姿があった。彼らが病院で独りきりで怯えているときに付き添ってくれる看護師がいるだろうか。尊厳はこのような身振りによって授けられるはずのものだが、それは「人間的な技」である部分が多すぎて行政の定型業務にはなじまない。そのために、見知らぬ人びとは福祉を受ける権利を有していても、権利を管轄する役人からは相応の尊敬と思いやりを受けていない。人格は権利よりも尊重されるべきものであるが、行政当局が示す善意とは、人格としての個人の品位を貶めることと引き換えにした、個人の権利の尊重でしかない（Ignatieff 1984=1999：21）。

もちろん、「尊敬の念を示す人間の身振り」は金銭で購入することはできず、権利として保障することも難しい。しかし、「友愛、愛情、帰属感、尊厳、そして尊敬の念、これらが権利のひとつとして算え入れられないからこそ、わたしたちはそれらをニーズとして特定すべきなのであり、わたしたちが自由に使いこなせる味気ない制度的手続きのなかで、そうしたニーズの充足をごくありきたりの人間的慣行にするように努めるべきなのだ」（Ignatieff 1984=1999：21）。なぜなら、人間はどんな生き方を選ぼうとも、「愛情、尊敬、友愛」なしに自分自身や他者たちと宥和することができないからである。愛や尊敬は「人間が才能を開花させて生きるための条件」として「ニーズ」に数え上げられるべきだとイグナティエフはいう。

尊厳は「権利の言語」では語りえない「ニーズの言語」の範疇にあるという主張は説得的である。では、決して社会制度のリストのなかに数え上げることはできないが、人間が本来的に「必要」としているものを、社会的に保障するとはいかなることか。要求者組合の分裂は、この尊厳の分配可能性をめぐる対立とかかわっていた。以下では、要求者組合の結成以前と以後の公的介護保障要求運動の展開過程を記述する。そのうえでこの団体を分裂させたものは何であり、そこからわれわれは何を受け取ることができるかを確認しよう。

2　障害者運動における公的介護保障要求運動

(1) 解放闘争でもなく、所得保障でもなく——在障会・東京青い芝・全障連

日本の障害者運動は一九七〇年代に花開いたといわれる。七〇年代に運動の中心を牽引したのは日本脳性マヒ者協会全国青い芝の会（以下、青い芝）である。このころの青い芝の勢いには目を瞠るものがある。日本のすべての都道府県に青い芝の支部を設立する取り組みがおこなわれ、実際、各地に支部がつくられている。そのくらい青い芝の思想は多くの脳性麻痺者に肯定的な力を与えたということであり、運動は質的にも量的にも深化を遂げた。関西では大阪、京都、神戸、姫路、和歌山に支部がつくられ、解放運動の熱気とともに関西の青い芝は一大勢力となった（角岡 2010, 定藤 2011）。第2章で見たように、彼らが打ち出した介護観は「すべての健全者が」「友人として」、また「手足として」介護を担うべきものと考えられた。そのため介護の有償化には強い反発があった。

各地の支部を中央でまとめたのが、日本脳性麻痺者協会青い芝の会総連合会である。大所帯となった青い芝の内部は様々な意思がうごめくことになる。特に青い芝の会全体の行動綱領をめぐる意見の対立があった。会の行動方針を示す綱領には、青い芝の会神奈川県連合会の「われらは愛と正義を否定する」という文言の並ぶ綱領をそのまま採用すべきとする意見とそれに反対する意見があった[2]。健常者社会への闘争を前面に出した綱領に対して、制度の獲得を重視する立場からは現実的な文面にすべきだという主張が出された。そう求めたのは東京都内で活動するグループで、青い芝の会のあり方自体に不満を抱いていた。彼らは中央の青い芝からは独自に「東京青い芝」を結成し、行政に対する制度要求運動に取り組むことになる。府中闘争の初期にかかわった若林克彦、磯部真教、寺田純一たちだ。

府中闘争以来、新田はこの東京青い芝の活動に加わっている。総会その他の会議で、新田は介護保障の確立が急務であることを訴えてきた。だが、東京青い芝の執行部が取り組んだ課題は障害者の生活保障、とりわけ所得保障の確立にあった。労働が困難な障害者にとって、生活費の充実は必須条件である。だが、制度的にはわずかな手当があるのみで家族から離れて暮らそうとすれば生活保護を受給するしかなかった。東京青い芝はスティグマの強い生活保護を活用するのではなく、障害者であれば誰もが普遍的に受給できる障害年金の確立を求めた。

東京青い芝の執行部が所得保障を最重要の獲得課題としたのに対し、新田は介護保障の獲得を最優先に考えた。こうした要求課題の対立には彼らの身体条件の差異が背景にあった。そのため異なる「自立」観を生んだ。東京青い芝のメンバーは比較的、身体の自立度の高い脳性麻痺者が多かった。彼らは介護を受けて暮らすことを「自立」と捉えず、できるだけ健常者の手を借りずに自分の力で暮らすことを「自立」と考えた。また、行政闘争をめぐる戦略の対立があった。東京青い芝は所得保障というワンイシューで行政折衝を進めていた。そこに介護保障という別の要求項目を立てることは、獲得できるものも獲得できなくなると危惧された。このように東京青い芝の内部には制度要求のプライオリティをめぐって「所得保障か介護保障か」という対立があった。

新田は「年金よりも介護だ」として東京青い芝執行部の方針に反発する。彼の論理はこうだ。日常的に介護を必要とする重度身体障害者にとって、目の前にいくらお金を積まれても、それを手に取ること自体が難しい。年金を利用して介護者を雇用すればいいといっても、そもそも介護の手がなければお金を利用することもできないのだ。だから、介護の必要がまずあって、その次にお金が必要になるという順番だと主張した。だが、若林ら執行部は所得保障の確立に力を注ぐことを決める。新田は介護保障の獲得を優先すべきという主張を曲げず、結果、東京青い芝から放逐される。以後、彼は青い芝の会と距離をおき、在障会を拠点に公的介護保障要求運動を本格化させる。

一九七六年、各地の運動のネットワーキングを目的として、全国青い芝の会を中心に全国障害者解放運動連絡会議（以下、全障連）が結成された。全障連では障害者運動の横の連帯とともに、障害者の地域生活、就労、教育、交通問題といった多様なテーマへの取り組みが目指された。新田らは在障会として全障連に加盟する。七六年の結成大会では「介護の社会化」という言葉を用いて、公的介護保障制度の確立と介護人派遣センターの必要を訴えている（市野川他 2009）。だが、解放運動の流れをくむ全障連と介護の社会化を標榜する在障会の主張は相容れない部分もあった。後藤陽子の語りによれば、介護に貨幣関係を持ちこむことへの批判は根強かったし、行政への介護料要求を「物取り主義」と非難されることも少なくなかった。

全障連は、解放運動＝反差別闘争を行動の基調にしており、具体的な制度の獲得を目指す公的介護保障要求運動とは性格を異にした。そのため、新田らは全障連に参加しつつも、一定の距離を置き、自身の在障会の活動に力を入れる。要求運動は独自の路線を見出していくことになる。

以上のように、公的介護保障要求運動は反差別を訴える解放運動と連続性を有している。青い芝の会や全障連の思想を引き継いでおり、「ともに生きる」という標語のもとに介護と運動が一続きにとらえられている。だが、それだけでは困難さが残るという認識もあり、具体的な制度獲得が目指されている。運動の理念を共有するだけでは持続的な介護は得られない。介護者の生活を支える介護料が不可欠であり、その介護料制度の確立が自立生活の介護保障につながると考えられた。この点で要求運動は具体的な制度要求を唱える「東京青い芝」と一致した。しかし、所得保障か介護保障かという要求面で対立した。その結果、在障会は東京青い芝とも全障連とも異なる路線を歩むことになるが、こうした団体間の差異は、むしろ要求運動の主張を明確にした。次第に新田らに共鳴する団体が結成され活動をはじめる。練馬区では荒木義昭らが「練馬在宅障害者の保障を考える会」(練馬在障会)を、東久留米市では村田実らが「東久留米在宅障害者の保障を考える会」(東久留米在障会)を立ち上げる。三井絹子と俊明は一九七五年、国立市に「かたつむりの会」を結成し自立支援活動をはじめている。一九八〇年代には立川市の高橋修[3]らが「三多摩在宅障害者の保障を考える会」(三多摩在障会)を、益留俊樹[4]らが「田無在宅障害者の保障を考える会」(田無在障会)を、横山晃久[5]が「公的介助保障を要求する世田谷連絡会」(介助連)を結成する。ここに東京発の公的介護保障要求運動が本格的に始動することになる。

(2) 東京のヴァナキュラー・サイド——在障会とかたつむりの会

都内に誕生した在障会は様々な取り組みをおこなったが、何よりも行政交渉を活動の中心に据えた。制度要求に際しては集団的な「数」は制度の必要性を裏付ける根拠となる。彼らは東京都との交渉においては「全都在宅障害者の保障を考える会」(全都在障会)として連合化し、介護人派遣事業にかかわる要求をおこなった。自分たちが居住する地域においては地元自治体との交渉を担い、介護料の上乗せ制度の獲得に成功していた。在障会運動は介護料制度の獲得に大きな力を発揮した。

他方、介護者の調達はすべてパーソナルなコミュニケーションに依存していた。障害者が街に出て募集のビラを配り、道行く人一人ひとりに声をかけた。一度、介護者になった者には、食事や風呂、貨幣を提供する歓待によって関係の継続を図った。また、介護者には運動へのコミットを促した。在障会は公的介護保障を要求する集団ではあっても、介護者の調達とつなぎとめはこのような個人の努力にゆだねられた。そこで生み出された関係形態が専従介護だった。

ここでは後に現れる自立生活センターのように、第三者組織が介護者を集団的にプールし、障害者に派遣する形態は見られない。すべて個人が介護者を調達して個人と個人が関係を結ぶ。在障会には、こうした土着的な個人主義を見ることができる。

在障会は親元や施設から離れ、他人介護を利用した「ひとり暮らし」を望む障害者の支援活動もおこなった。在障会の活動を聞きつけ、飛び込みでやってくる障害者の相談に在障会のメンバーが個人的に対応していた。会として組織的に支援活動をするというよりは個人間のネットワークのなかで自立生活にかんする情報や手段を紹介した。

これに対して組織的な支援をおこなう団体が出てくる。一九七五年、三井俊明と絹子がはじめた「くにたちかたつむりの会」は自立生活の支援を明確に打ち出した集団である。府中闘争を経験した彼らは、重度の障害者が地域で生活できるだけの資源づくりの必要性を痛感していた。かたつむりの会は自立生活の模擬体験の場として「自立の家」を提供し、介護者を募集する方法、行政との交渉技術などを言語化し、伝達する取り組みを開始する。希望する障害者には「自立の練習」と銘打って、介護者募集のビラづくりから関係のつくり方まで、疑似生活を体験させた。

後に見るＣＩＬと異なり、かたつむりの会は介護者を障害者のもとへ派遣する形態をとらない。メンバーは、行政交渉、ミーティング、余暇活動などにそろって行動する。会は共同体であり、出会った者たちが一人ひとり関係を築きあげていくことに価値を置いた。絹子と俊明はこうしたかたつむりの会の関係のありようを「義理と人情の世界」と表現している（根本 1996：102）。

ところで、かたつむりの会は介護の有償化に反対してきた経緯がある。俊明と絹子は「金が先の関係」になることを危惧していた[6]。生活をするという当たり前のことが「時間いくら」とお金で換算されていくことに抵抗感があった。「金が先の関係」ではなく、人と人が出会って「生きる関係」を求めていたのだ。かたつむりの会は二〇〇三年の支援費制度以降、事業所の形態をとりながら貨幣の分配をおこなっている。しかし、「必要なのは人間関係っていうところでやるのが大前提」だという。以前はメンバー同士で金を出し合って移動用の大型車の購入や緊急時の費用としてプールしていた。貨幣を、介護との交換財としてではなく「関係性のなかで、米に量って書いて『糧』って感じで考えたい」と話す。かたつむりのメンバーのあいだでは、国の定める介護報酬が上がろうと下がろうと「関係は切らない」という思いを共有していると語っていた。

かたつむりの会と新田の関係は決してわかりやすいものではない。新田と絹子の間柄も府中闘争時は完全に決裂していた。しかし、地域活動を開始してからは和解している。関係の修復はどのようにしてあったのかと新田に聞くと、特段、言葉をかわしたということはなく「いつのまにか」ということだった。互いに困ったことがあると介護者を紹介したり行政との折衝に駆けつけたりするなどして助け合った。そのためか、絹子は新田への信頼がきわめて厚い。実際、新田のことを好きで好きでたまらないような絹子の姿を私も何度も目にした[7]。

そんな絹子を見てパートナーの俊明は嫉妬心を抱くそうで、インタビューの最中でも絹子が新田の長所を数えあげていると、俊明は「こうやって、アニキをたてる人なんだよ。ぼくはそれにイライラしてるんだよ〜」と苦笑いしていた[8]。

在障会は行政交渉を活動のメインに置いており、それ以外の場面では集団行動をとらない。他方、かたつむりの会は障害者と介護者が生活から運動まで全局面の結びつきを志向した。もっとも、両者とも介護においては、役割や貨幣を用いて関係に距離を設定するのではなく、固有名を持った個人と個人の出会いのなかから生成・変化していく結合を志向している。合理的な価値から距離があり、「福祉」は生臭くなければならないとする思想が垣間見える。このように東京に叢生した公的介護保障要求運動は都市の運動でありながら、人間の関係のあり方をきわめて土着的（ヴァナキュラー）にとらえたゲマインシャフト型の運動であった。東京における自立生活運動はヴァナキュラーなタイプの一群が最初の道を切り開いたことを確認しておきたい。

(3) 専従介護の普遍化を求めて——介護人派遣センターを創る会の試み

未知のものとしてはじまった専従介護は次第にかたちを持つようになる。専従介護を可能にする条件が整いはじめたためだ。まず、行政から給付される介護料の額が毎年の交渉によって増えた。それを利用することで、コアとなる介護者を専従として雇い働かせることが可能になる。障害者が介護者に対して月額で介護料を提示できるまでになった。

だが、それはほんの端緒についたばかりだった。新田の専従介護者であった斎藤正明は毎日の介護と運動にかかわるなかで、将来への不安が消えず、介護を安定的・持続的に供給できる基盤をつくらなければならないと感じていた。斎藤は専従介護の形態を足がかりとして、集団的な介護供給のあり方が見出せるのではないかと考えた。そうして新田や荒木、村田、彼らの専従介護者たちに呼びかけ、在障会間のネットワークの構築を試みる。

一九八四(昭和五九)年、各地の在障会のメンバーによって「介護人派遣センターを創る会」(以下、創る会)が結成される。斎藤が「在障会の横の連帯」と表現するように、地域で活動する障害者と介護者たちのゆるやかなネットワークだった。斎藤によれば「創る会」の目的は二つあった。

一つは介護の供給形態の再検討だ。東京の重度障害者が土着的な活動のなかから編み出した、専従介護をいかにして普遍化することができるか。一九八〇年代はじめにはアメリカの自立生活センター(CIL)の介護供給モデルが日本に紹介され、都内で日米の当事者によるセミナーが開催されていた。それに対して創る会は「CILとは別の」という意識が明確にあり、「重度障害者も介助者もともに生きられるひとつのギルドみたいなもの」をつくろうとしたと斎藤は語る。

斎藤：社会的に普遍化できる派遣センター、しかも、二四時間介助の必要な人が基軸になるような派遣センター。軽度の障害者が自分の働く場としてのCILをつくる発想じゃなくて、「重度の人もまぁ少し抱えてるよ」とか、「サービスの提供が広がったよ」じゃなくて、二四時間介助の必要な重度障害者が主体となった派遣センターだよね。

二つは運動団体の結集を図ることだ。集団としての連帯を進め行政との折衝能力を高めようとした。依然二四時間介護保障は実現されていなかったので、東京都の介護人派遣事業の拡大、生活保護他人介護加算の増額を求めて公的介護保障要求をおこなう必要があった。

専従介護とは障害者個人が介護料を集約しそれを主要介護者に手渡すことによって、障害者と介護者がともに生きあう関係形態である。創る会は専従介護の色合いを残しながら、それを集団的に供給する方法を模索した。

創る会の活動の具体的な目的は「介護人派遣センターを創る」ことにあったが、結果的にこのグループが派遣センターをつくることはなかった。その代わり、在障会間の人的交流はグループの横断的なつながりを生んだ。斎藤によれば彼らのネットワーキングが「発展解消」して全国公的介護保障要求者組合の結成に結実していく。

(4) 東京のモダン・サイド——自立生活センター(CIL)の登場

ここで一九八〇年代にアメリカから紹介されはじめた自立生活センターについて触れておこう。八六年、東京都八王子市にヒューマンケア協会が設立される。中西正司や安積遊歩らがアメリカのCILの方法を学び日本に持ち帰った。彼らは日本の障害者運動とは別の流れで、CILの方法論を前面に出し、事業と運動の両面で活動を展開していく。八九年には樋口恵子らが町田市に町田ヒューマンネットワークを設立している。中西や樋口らは九一年に全国自立生活センター協議会(Japan Council on Independent Living=JIL ジル)を組織し、日本国内のCILのネットワーク化に取りかかる。JILはアメリカのCILにならい、次のような自立生活センターの設置要件を定めている(千葉大学文学部社会学研究室 1994)。

①意志決定機関の構成員の過半数は障がい者であること
②意志決定機関の責任者または実施責任機関の責任者が障がい者であること
③障がい種別を問わず、サービスを提供していること
④情報提供、権利擁護活動を基本サービスとして実施している上に、さらに次のサービスを行って

いること。(a)自立生活プログラム、(b)ピア・カウンセリング、(c)介助サービス、(d)住宅サービス

以上のように、ＣＩＬは構成員の過半数が障害当事者であることを要件としており、障害当事者が主体となった自立生活支援の組織である。具体的な事業として「自立生活プログラム（ＩＬＰ）」、「ピアカウンセリング」、介助者派遣、権利擁護、住宅情報の提供等があり、これらを障害者の依頼に応じて有償で提供している。自立生活プログラムとは障害者が自立生活に必要な知識や技術を学習する機会である。これから地域生活をはじめようとする障害者に対して、ＩＬＰのリーダーとなる障害者が対人関係のつくり方、介助者との接し方、住宅、健康管理、トラブルの処理方法、金銭管理、調理、危機管理など講義や実技をまじえて伝える講座である。また、ピアカウンセリングは障害を持つ当事者自身が仲間（ピア）とともに支えあい育てあって行く機会といわれる。自己信頼の回復や権利意識の確立、施設や親元からの独立、性・セクシュアリティについての悩み、人間関係の問題などへの相談・サポートをおこなう。ＣＩＬは行政から「お金を取ってくる」ことよりも、このように個々の障害者の自立生活を支援する事業に力点を置いた。そのため当事者主体の「事業体」でありつつ、そのことが社会運動となるような「運動体」としての側面を持った。

また、介護については専従という二者の形態ではなく、行政の介護料を利用しながらセンターから介護者をサービスとして派遣する供給形態をとった。その際、介護の有償化を明確に打ち

出し、「サービスとしての介護」の交換こそが障害当事者の主体性を確保すると訴えられた。

このようにＣＩＬは障害者のエンパワーメント事業と介護派遣事業という二つの事業を柱にした障害者による障害者のための支援組織である。ＪＩＬの設立に前後して、ＣＩＬの方法論を学習し自らの団体に取り入れ、地元地域にＣＩＬを立ち上げる人たちが増えた。ＪＩＬのホームページに掲載されている情報では、二〇一一年一二月一二日現在、加盟団体は一二三である。

ＣＩＬは「サービスとしての介護」を明示したと先に述べた。この関係のもとで障害者はサービスの消費者となり、介護者は提供者となる。そのためＣＩＬの介護者たちはＣＩＬの理念を内面化しそのもとに介護をおこなっている。ここで簡単にその特徴を確認しておこう。

ＣＩＬの介護者は第一に障害当事者の自己決定、自己選択、自己責任を尊重する。ＣＩＬでは、日常のあらゆる場面で障害者の意思を確認しながら介護にあたることが原則であり、そうした「指示待ち介護」が奨励されている。第二に「仕事として」介護をはじめた介護者が多い。介護者たちは賃労働としてこの職についており、「アルバイト感覚」の者も少なくない。たいていは募集広告を見てＣＩＬを訪れ面接を受ける。それから二〇時間の研修をうけてＣＩＬが標榜する理念、障害者介護の実際を学習する。その後、コーディネーターから派遣先を指定され在宅障害者の介護に入ることになる。

ＣＩＬに登録している介護者へインタビューを実施したことがある。彼らは自らの介護のスタイルを「あくまで利用者の手足である」「空気である」「黒子ですね」と語った。なかには介護という仕事に「人間的なつながり」を感じることもあり、そこに重点をおいた介護が求められている場面もあると認識しているが、「〝お仕事として〟やっているほうが楽」と語る介護者もいた。そのため「かぎりなく友達に近い黒子」なのだと話していた（インタビューは二〇〇五年九月〜一二月に都内のCILに所属する介護者に対して実施した）。もちろん、これらのインタビューはあくまでも一部の介護者への調査であり、CILに登録する介護者すべてを代表する語りではない。だが、傾向として、「サービスとしての介護」の提供者であることを自覚し、職業的関係を結ぶ介護者の姿を確認することができる。

以上のように東京の自立生活運動には、先に見たヴァナキュラーな一群とは別に、近代的な（モダン）価値体系を活動の基軸に据えたゲゼルシャフト型の一群が登場した。こうしてヴァナキュラー・サイドとモダン・サイドの二つの潮流が東京の自立生活運動の展開を担うことになる。

3　全国公的介護保障要求者組合の結成と展開

(1) 全国公的介護保障要求者組合の結成

東京都の介護人派遣事業の拡大によって、東京に移転し自立生活をはじめる障害者が増大していた。在障会を頼り、日本各地から支援を求めて人がやってくるようになった。そうした経緯のなかで、地域間の格差なく、全国的な公的介護保障を要求するべきだという機運が高まった。全障連の分科会のなかで議論がかわされ、新しい団体の立ち上げが呼びかけられる。創る会活動を担った在障会のメンバーが中心となって一九八七年にその準備会が発足する。一年間の検討を経て、一九八八（昭和六三）年九月、全国公的介護保障要求者組合が結成された（図20）。委員長に新田勲、副委員長に荒木義昭、書記長に高橋修がついた。

一九八九（平成元）年、厚生省はゴールドプランを発表する。介護者の一〇万人増員を謳い、高齢社会に向けた介護政策が具体化していく。また、家庭奉仕員派遣制度はホームヘルパー制度と名称変更され、内容も改定が加えられる。派遣制度は行政による直接実施ではなく民間組織に委託され社会福祉協議会や家政婦紹介所による実施が進められた。それに伴い、ホームヘルパーの報酬単価が上げられた。

このころ、国は障害者の介護保障について新制度の設置はしばらく困難と表明している。そのため要求者組合はホームヘルパー制度を利用して、自分たちの介護者を登録させる、「自薦登録ヘルパー」という方法を編み出す。他方、ホームヘルパー制度には、ヘルパーの派遣時間を上限一八時間とする規定や早朝夜間の派遣を制限するといった内規があった。要求者組合はこの撤廃を求め、改正に成功する。この情報を全国に流す。新制度の設置要求は続けながら、現実的な方向として自薦登録ヘルパーの拡充を進め、その情報の発信に力を入れた。

当時の要求者組合の空気を知る者の語りを引こう。川元恭子は一九九五（平成七）年に故郷の香川県小豆島を離れ要求者組合の事務局に入った[9]。筋ジストロフィーの当事者である彼女にとって公的介護保障要求運動に飛び込んだことは人生の大きな転機となったという。川元はここで多くの人と出会い、運動の戦略、歴史を学んだと語る。「私は、育てられたのは、いまもCILをもちろんやっていますが、介護保障運動なんですね」と話す。現在は自立生活センターを運営しているが、彼女にとって要求者組合での経験は「運動のなかの柱」であり、柱があるからこそ現在の様々な実践が可能になっていると語っていた。

身近な先輩に高橋修と益留俊樹がいた。高橋からは「運動の大きなところ」を学び、益留からは交渉や自立支援の「具体的なところ」を学んだという[10]。このころ川元が目にした要求者組合の行政に対する交渉術は圧倒的なものがあった（図29、図30）。

川元：高橋修、益留俊樹、このふたりの、あとまわりの人たちの交渉能力はすごく高いものがあったと思います。私はそれですっごく勉強になったし、いまではああいう交渉がたぶん、やり方はたぶん、できない、ですね。見てくるなかではないですね。うん、うまいですねぇ。やっぱりその当時のやり方だったとは思うんですね。けっこう過激さもあり、そうかといって冷静に理詰めでいくっていうところもあり、非常にうまい交渉でした。もちろん、新田さんもやっぱり押さえなきゃいけない点っていうのは、きちっとっていうのはやっぱりありますけれどね。

図 29　要求者組合結成大会

図 30　要求者組合

過激さと理知性はこのころの組合の特長だった。高橋は差別的な発言をした官僚に対しては「蹴飛ばして土下座させていた」ほどだ。在障会時代から過激派でならした高橋や、その相方の益留は要求者組合の全国的な運動展開に大きく貢献した。行政に対する強い発言力を発揮するとともに、全国各地の障害者団体を訪問し、福祉制度の情報や運動の方法を伝えていった。

要求者組合の要として活躍した高橋と益留だったが、彼らは同じ時期に要求者組合の活動とは別に自分たちの地元で新しい取り組みをはじめている。CILの立ち上げである。

(2) ゲゼルシャフト——自立生活センター（CIL）

高橋修も益留俊樹も自身の活動のルーツは在障会活動、つまり東京のヴァナキュラー・サイドにある。新田や荒木、三井らと交流を持ち、彼らから自立生活の何たるかを叩き込まれ、見よう見まねでその生活・活動を形成してきた。また、一九八〇年代に新田らが開発した専従介護形態を高橋や益留は採用していた。しかし、高橋は専従介護の方法に限界を感じたていたという。専従介護はどうしても個人の能力に依存する。そもそもひとりの障害者が多数の健常者を集め、自らの介護者として雇い入れること自体、相当な困難を伴う。そのため専従介護形態では、どんなに重度の障害があっても介護を利用して自立生活を営むことができるという理想を実現することが難しい。そこで高橋は集団的な介護の供給形態への転換を模索しはじめる。彼が見出したのがCILの方法論だった。東京に土着的に叢生した公的介護保障要求運動がすべて個人間の面倒見の世界であったのに対して、ＣＩＬは組織的な介護派遣を確立した。高橋は立岩真也のインタビューにこう答えている。

むかしの東京の活動って、介護もそうだけどみんな全部個人の関係だったのよ。みんな関係性って、なんていうかな、個人の面倒見なのよね。個人的な応援体制なのよ。おれ、個人のネットワークっていうのは意味がない。意味がないというか、それでは限界があるんだと。組織としてきちっとやるべきだし。（中略）仕事として割るんだと、割り切っちゃうんだと。個人的魅力のある人間なんか介護者確保できるわけよ。どんなかたちでも。ほんとに自己主張できない、知識障害があるとか、精神障害があるとか、そういう人たちが、サポートがなきゃ自立できないいんだ、一人暮らしできないんだと。それは個人では無理である。そういったときに、中西さんのその、サービスという。それと障害種別をこえて応援するんだというところ（立岩 2001：256）。

介護をサービスとして位置づけ「仕事として」割り切ることが安定的な介護の供給を可能にすると認識されている。この考えのもと、高橋は一九九一（平成三）年に「自立生活センター立川」を結成、自立生活プログラムや介護派遣サービスを開始する[11]。また、行政との関係づくりを模索する。九六年には立川市と連携を図りホームヘルプ事業の団体「ヘルプ協会たちかわ（ＨＡＴ）」を立ち上げている。

益留俊樹は高橋からＣＩＬの手法を学び、一九九二（平成四）年、田無市に「自立生活企画」を設立する。九四（平成六）年には公的制度による三六五日二四時間介護保障の実現に成功する。当時、自治体の独自事業と生活保護、公的ヘルパー制度を組み合わせることによって介護保障をアレンジしていた。しかし、ホームヘルプサービスには週一八時間の供給を上限とするという慣例が自治体にはあり、この上限のために十分な供給が実施されていなかった。九二年に国から一八時間は上限ではないと解釈する通知が出る。だが、通知後も実施主体である市は認めなかった。益留は撤廃を訴え続け、九三年の市議会で了承を得る。公務員ヘルパー時代には考えられなかった土日、夜間早朝の派遣も認めさせることができた。市との交渉の末、介護人派遣事業の八時間、生活保護他人介護加算の四時間、ホームヘルパー制度の一二時間を市は了承し、実質的に二四時間介護保障が実現した（立川市で高橋修らが実現したのに次いで日本で二例目）。

なぜ在障会活動から出発した彼らがＣＩＬを設立するに至ったのか。益留は「個人の能力によって左右される自立生活であってはよくないと思った」と語る。彼自身に「そこにすごい限界を感じたんですよね。介護者とのやりとりですごい抱えてしまうし、それこそ明日の介護者を毎日探しているような、そういう状況がなんとか変えられないか」という思いがあった。そのときに出会ったのがＣＩＬだった。

行動をともにしてきた高橋がＣＩＬに関心を持ち、九一年にＣＩＬ立川を創設していたことも大きかった。益留は高橋がCILを立ち上げたことに、はじめ「なんで?」という思いがあったが、立川へ見学に行くにつれて魅力を感じるようになった。自立生活プログラムの実施と支援活動を通して、障害当事者が働く場ができる。自分の学んできたことを事業として広めていける。「それはいいな」と思った。九二年以前に田無在障会では作業所をつくる案が出ていたが、「作業のための作業所」ぐらいしか展望がなかった。それに対してCILは「当事者が当事者としての役割」を担っていける。そこに大きな価値を見出せる。益留はそう考えCILの方法論を活用した団体「自立生活企画」を立ち上げた。

CILは、それまでのヴァナキュラー・サイドの集団が「義理と人情」という言葉にあるような、個人の情緒的・人格的な結合を集団の基礎に据えていたのと異なり、社会学の語彙ではゲゼルシャフトとして理解することができる。他方、要求者組合にはゲゼルシャフトとはおよそ性質の異なる集団形態の一群もあった。それを次に見よう。

(3) コミューン——かたつむりとつばさ

要求者組合には三井絹子を中心とした「かたつむりの会」も加わっていた。また、一九九四(平成六)年にかたつむりの会から独立し、多摩市に「自立ステーション・つばさ」(以下、つばさ)を結成する木村英子らもいた[12]。先に見たように、かたつむりはコミューン的な共同体を志向しており、障害者と介護者が区別なく「同じ人間として」向かい合う関係の構築を目指していた。つばさはかたつむりの思想を継承しており、メンバー間の親密な結束にもとづいた集団行動を活動の基本に置いていた。違和感や疑問があれば、必ず議論し意見を闘わせて、話しあうことで互いが変わっていくことを求めている。ここではつばさの代表である木村英子の語りを聞こう。

かたつむりやつばさは障害者の自立生活の支援をおこなっている。しかし、それは手とり足とりのサポートを目的とした支援ではない。家族や施設から出て自立を希望する障害者には必ず「自立の練習」を課す。まず三か月程度、制度を利用せずに障害者が自分で介護者を探し自分の生活を組み立てる。介護者の派遣を受けるのではなく、自ら大学や街頭に立ちビラまきをして介護者を探すのである。介護者が見つかったとしても最初はボランティアで介護を依頼する。貨幣の関係に依存しない関係の切り結び方を学ぶためだ。仮に制度が破綻する事態があっても生きていけるように生きる術を身につける。木村によれば、苦労して健常者と出会い、健常者に理解を求め、関係をつくることで「自分が生きていくためには健常者がいないと生きていけないんだ」ということを身体に叩き込むのだという。そのためには「与えられて生きている」ことはありえない。「自分から介護人に話しかけて、きょう泊まりに入ってくれっていえるくらいの人じゃないと、制度がなくなったときに、生き抜いていけない」のである。このように「生き抜いていける力」を徹底的に伝えるのがかたつむりやつばさの自立支援活動だ。

彼らは新しく介護に入る介護者に対しても運動への参加を求める。介護者は自らの社会的な立場、障害者の歴史を理解して介護に携わるべきだと考えている。そして、現状を変えていくことが介護者の仕事なのだと認識させる。そのため、介護者には最初の面接のときから「ここは運動体だ」と説明し、「賃金を支払う以上、運動をしなければ雇わない、それは義務だ」と伝えている。たとえば、カンパ活動、講演会、行政交渉等の際に差別的な扱いを受ければ一緒になって異議を唱えてほしい。それが介護と運動をともにするということだ。しかし、実際には「『そこまではできないや』っていう介護者が多い」のが現実である。だから、「とっても介護者を定着させるのは困難です」と木村は語っていた。

木村：でも、障害者が存在するっていうことは、そしてその介護をするっていうことは、社会がどういう目で障害者を見てるかってことを知らなければならないし、そういう障害者の人と一緒に歩くってことは、介護人の自分も社会と闘わないといけないんだってことを、わからなくても、自覚してくださいっていう。自覚するよう努力してくださいっていうふうにいいます。そうでないと、施設の職員と同じになっちゃう。ただ、トイレをやってあげる、ごはんやったりするだけだから。施設の職員とかわらないので。制度がどういうふうに動いているとか、どういう人たちが歴史上つくってきたとか（を勉強してもらう）。

木村が介護者に求めるものは「障害を持つってことがどんなにたいへんかってことを、感動としてというか、感性として理解できる人、そして、それに手をさしのべようとする人」だ。そのような介護者にいまだかつて出会ったことはほとんどないが、理想はそうであり、それだけの仕事をする介護者に「お金を払うのは何のためらいもない」という。木村がこれを求めるのは、障害者運動は障害者だけではなく、「健常者の人と二人三脚することによって」可能になると考えるからだ。彼女は「健常者の人とお互いの違いをぶつけあいながら歩んでいくっていうのは大切なことだと思います」と語った。真木悠介が一九七〇年代にコミューンを「出会いの欲求に基礎をおく関係性」と呼び、個々人の矛盾を積極的に位置づけ、「葛藤や怒りや苦悩をも生の豊饒化の契機として把握しようと欲する」集団の型を「交響するコミューン」と概念化したように、かたつむりとつばさはその意味でのコミューンを現在進行形で実践している（真木 1977：182）。

では次に、要求者組合のなかにあってＣＩＬともかたつむり・つばさとも異なる集団形成をおこなっている練馬介護人派遣センターに触れておこう。

(4)「互助会」——練馬介護人派遣センター

一九九一（平成三）年、練馬在障会は荒木義昭ら数名の障害者と十数名の介護者を中心に「練馬介護人派遣センター」（以下、練馬派遣センター）を設立する。障害者が受けとる介護料をセンターが全額プールし、それを介護者に対して月々の給与というかたちで分配する。当時、二四時間を保障する介護料は支給されておらず、介護料を集団的に集約することで、介護時間の不足する障害者の時間数を補うことが可能になった（図31）。

練馬在障会時代から練馬派遣センターの設立まで介護者としてかかわってきた、柏原伸治に話を聞いた[13]。柏原にとってセンターの創設は組織の事業所化というよりも「専従の集団化」であり、賛同する者たちによる「互助会」のイメージだった。また、柏原の語りからは「運命共同体」という言葉も聞かれた。彼自身は当初、この取り組みが成功するとは思えず、「人間の必然のなりゆきとしてまとまんないだろう」と距離を置いていた。ところが、「まとまっちゃった」ので、柏原も「そうなったら、別に反対する理由はないから」本格的に加わるようになった。柏原の現在の実感では「そんなお互い理解しあってすばらしい団体が誕生するなんて私は正直思わなかったんですけど、まぁなんとかなったんですね」と話す。その要因は、介護保障の支給量が伸びた時期に重なったことと、中心メンバーであった難病の女性とその家族に対する二四時間支援にセンター全体で取り組んだことが、集団の結束を高める一因になったと語っていた[14]。

柏原によれば練馬の方法論はＣＩＬともかたつむりとも異なるという。たとえば、それは自立支援のスタイルに顕著だ。ＣＩＬは自立生活プログラムによって障害者のひとり暮らしの手立てを伝達し自立への道筋をつける。かたつむりであれば、「自立の家」で介護者募集のビラの作成から配布までを自分でおこなわせ、介護者を使って生きていける「自立の練習」を受けさせる。柏原は練馬の方法から比べると「どちらも手荒なことをやっているように見える」。

図 31　練馬介護人派遣センター

「相談にのって不安を取り除いて、とにかくとことん一緒に準備しましょうっていうのが練馬だから」という。かたつむりやＣＩＬの方法では能力のある者は自立できるが、そうでない者は難しい。なかには「自分でやるんだ」という感覚の薄い障害者もいる。そうした人でも自立していける状況をつくるのが「練馬型」だ。

ただ、柏原は、かたつむりもＣＩＬも練馬も「それぞれに問題があると思うし、それを一挙に解決するすばらしいやり方はどちらも見つけていないと思う」と話す。少なくとも練馬では、「自立しろ」「自分の考えを出せよ」というようにはやらない。精一杯生きている人に向って、これ以上「がんばれ」ということはできないと考えるからだ。

柏原によれば、この練馬のスタイルを生み出したのは代表の荒木義昭によるものが大きいという。「荒木さんの性格そのまんまですね。何でも話しあいをしよう。納得いかないことがあればなんでも話しあい」という態度がそうさせている。彼は在障会、介護人派遣センターを引っ張ってきた荒木を「やさしい人」と評した。「怒るけれども、いっていることに怒っているだけで、相手に対して怒ってない、そういう感じのする人」である。だから、こちらからいろいろと話にいきたくなってしまう。要求者組合のなかでも「新田さんは過激なことをいい出す人で、荒木さんはそれはおかしいんじゃないかっていう人」であり、急激な変化についていけない者はみんな荒木を慕う。新田はアイデアマンで何ごとも思い切り「バサッ」と決める。荒木はまわりの提案も考慮しながらできるだけうまくいく方法はないかと考える。人気が出るのは荒木で、「ぶち上げる新田さん、みんなの応援を受けて『それはおかしい』っていう荒木さん」という構図が昔からあった。

以上のように、要求者組合はこの三つのタイプが共存しながら活動を展開する。このまとまりが重なりつつずれながら、不思議な創発特性を発揮して運動展開がなされた。そしてそれが介護保障制度の形成に影響を与えていた。その具体例として東京都の重度脳性麻痺者等介護人派遣事業の再編をあげることができる。次にこの制度がすがたを現していく過程を記述しよう。

4 制度がすがたを現すとき――ヴァナキュラーとモダンをつなぐ

(1) 介護人派遣事業の再編過程

ここからは東京都福祉局の職員であった市川準一の語りを中心に、介護保障制度の生成・再編過程を記述する[15]。市川は新田らが自立生活の拠り所とした東京都介護人派遣事業の担当官だった。行政の内部にいた者の立場から公的介護保障要求運動がどのように見えていたのか確認しよう。

市川が東京都に入庁したのは一九七四（昭和四九）年のことだ。美濃部革新都政の二期目で「福祉の美濃部でどんなことやれるか」という考えをぼんやりと抱き、希望する配属先を「福祉部門」と書いていた。そのせいか最初は都立心身障害者福祉センターに付属する補装具研究所に配属された。その後、児童福祉関係の部署を経て、八八（昭和六一）年に福祉局障害福祉部に移り、九〇（昭和六三）年から障害福祉部計画課企画係に配属される。

異動当初、障害福祉部内にはいくつかの懸案事項があった。その一つが全身性障害者介護人派遣事業だった（以下、介護人派遣事業）。介護人派遣事業は一九七四年に月四日実施だったものが、毎年の都と在障会の折衝の結果、規模が拡大し八八年には月一四日実施となっていた。加えて同年、今後五年で実施日を増やし九三年には三六五日全日保障を実現するという確認が福祉部長と在障会とのあいだで取りかわされていた。この点は福祉局内部でも「常識的な判断として三六五日というのは必要だろう」という合意があった。ただし、そのことは予算の膨張を確実に招く。そのため財務局から当事業の今後のあり方を明示するよう求められていた。

福祉局は介護人派遣事業を重度障害者の地域生活を支える制度として積極的に評価していたが、他方で詰め切れていない部分を残したまま運用が続いていたことも事実だった。市川によれば「非常に強い、いわば当事者の方からの要望、圧力のなかで、やむをえずみたいなところ」があり、「障害福祉政策全体のなかでこれをどう位置づけるかということがぜんぜんできていない」という認識を持っていた。九三年全日保障後の派遣事業をどう運用していくかが課内の検討課題だった。

この企画を担当したのが市川だ。彼は一九九一年に他の部署に移っていたが、九四年に再び障害福祉課に戻る。利用者側との意見調整を重視していた彼は、さっそく運動側へのヒアリングを試みる。在障会に派遣事業の検討会の開催を持ちかけた。全日保障後、予算の拡大にどう対処するかという問題に在障会も関心を持っていたため、在障会側も受け入れ、検討会は月に一度のペースでおこなわれることになった。

当時、東京都側が思案していたことはこうだ。予算規模の拡大への懸念があったが、こうした地域生活を支える介護保障制度は、東京都に限定されるのではなく、全国実施されるべきだと考えられた。しかし、都道府県の一〇〇%持ち出しの事業では、実施しようにも難色を示す自治体があるのは当然で、それでは全国的に広がらない。他地域での実施を可能にするためには自治体の単独事業ではなく、国に責任を伴わせた国の事業として位置づけ直す必要がある。全国実施の道筋を東京都が示すべきだ。そう考えられた。

そこである妙案が考え出される。それは国のホームヘルプサービス制度の予算を都の介護人派遣事業に投入するという方法である。つまり、国庫補助を組み入れることで介護人派遣事業予算の安定化を図るというものだ。都単独の事業ではなく国庫補助事業とすることで、今後利用者が増えたとしても都の財政負担は抑えられる。これはかなり離れわざ的なところがあったが（そのため予算通過直前に主計部長から問題点を指摘され収拾に走りまわった）、財務局はおおいに歓迎すべきことだと反応し、何としても実施すべきとの回答を得る。しかし、それだけではまわり切らない部分が残り、財源の四分の一負担を区市町村へ求めた。区市町村が新たな負担を承認するわけがなく、「これにすさまじい時間がかかった」。特に市長会の厚生部会の壁が厚く、市川ら担当者が何度も説明に出向き、激変緩和の経過措置を設けることを条件に了承を得た。また、国（厚生省）との折衝でも若干の調整を求められた。国側は予算を要することになる事業が全国的に広がることにかなりの警戒感を持っていた。そのため国の制度で許容できないことは書くべきでないとして実施要綱に注文がついた。だから、いつ「国としては絶対認められない」と頓挫するかもしれないと内心は「実はドキドキで話をしてた」が、最終的に了解を得る。

在障会との折衝で課題になったのもこの点だ。介護人派遣事業を国のホームヘルプサービス制度に乗せるとなると国の実施要綱に従うことになる。たとえば、これまで障害者は介護者個人と関係をつくり制度利用の申請をおこなっていた。それに対して国の制度では介護者は介護派遣事業所への登録を求められることになる。介護券の支給も障害者への直接支給から事業所への支給に切り替えられることになる。介護人派遣事業はかなり障害者の自由度が認められた制度であったため、当然、在障会は反発した。他方、東京都は事業の安定化が見込まれるメリットを強調し、在障会に譲歩を求めた。妥協点を探った結果、ホームヘルプサービスのように規定の介護者が行政から派遣される形態を取らず、障害者が慣れ親しんだ介護者を自薦で事業所に登録できる形態を取ることで妥結する。運動側が「自薦登録ヘルパー」と呼ぶ形態である。

市川は「（介護人派遣事業は）きわめて泥臭い制度ですから、もう〜ほんとにねぇ、三年かかったかなぁ」と話していたが、最後の確認の場で新田が在障会のメンバーに「みんな不満はあるだろうけど、東京都がここまで譲歩してくれたのははじめてだ」と評価してくれたことが忘れられないという。この国のホームヘルプサービスの予算投入は一九九七年に実施され、全身性障害者介護人派遣事業は全身性障害者介護人派遣サービスとなる。

(2) 在障会とCILのリンク

介護人派遣事業の再編にあわせて市川が考えていたことがもう一つある。介護制度の財源を確保するだけでなく人材を供給できる仕組みをつくるということだ。彼はこの頃、「札幌いちご会」の小山内美智子[16]が「魅力のある障害者しか自立できないのか、それはおかしい。ふつうの障害者だって自立できないとおかしい」と語っているのを聞いた。そのとおりだと思った。介護者を集めるために障害者が一人で「大学の門の前でビラをまく」のに苦心するのでは限界がある。「何としても人を供給できるところを持たないと、やっぱり決定的にこの事業は伸びないだろう」と考えていた。

東京都の制度的条件のなかでどのような方法が可能かを検討した。都内に有償の介護サービス事業を手掛ける団体が生まれていたことから、民間団体を活用する手はないかと考えた。都は先駆的な事業を実施する団体への補助として一九八六年に地域福祉振興事業を創設していた。この事業を利用して介護派遣を開始したのがヒューマンケア協会である。他に都の独自制度である重度障害者手当があり、国の年金、特別障害者手当とあわせればそれなりの額になる。これを利用することで介護派遣団体からの有償サービスを受けることができる。福祉が措置の時代であり、障害者が有償で介護サービスを利用するという発想は根付いていたなかったが、サービス供給の確立という点でこれは欠かせないと思われた。

この頃、福祉局は運動側の構成を的確に把握していた。市川によれば自立生活を送る重度障害者には二つのパターンがある。一つは専従介護者を中心に生活を組み立てているグループであり、新田ら在障会がそうだ。二つは派遣センターを中心に短時間単位の介護者によって生活を組み立てているグループであり、CILがそうだ。市川は「この両方がそれなりにメリットもありデメリットもある」と捉えていたが、念頭にあった「魅力ある障害者でなくとも（地域生活を可能にする）」という目標を実現するためには、派遣センターの機能は非常に重要だと認識していた。そこで「専従の介護者の方をうまく包み込むようなかたちと、いまのセンターのようなものをうまく包み込むようなかたち」に介護人派遣事業を位置づけ直すことを考えていた。特に日本のCILはアメリカ型のCILと異なり、啓発活動だけでなく、介護派遣にも力を入れていたため、日本型CILの介護サービスと都の介護人派遣事業をうまく組み合わせることはできないか。これが福祉局の考えだった。もっとも、そう簡単にはことは進まなかった。運動内部の事情がそれを許さなかった。

市川：ただ、いろいろとやっぱり毛色が違う。運動体が違う。基本的に脳性麻痺者介護人派遣事業はやっぱり在障会がもっぱらやってきた話だし、ＩＬのなかにはオーバーラップしているところもあるけれど、ぜんぜん違うところでやっているところもある。で、ご承知のとおり、ハハハ、当時の話ですけど、新田さんと中西正司さんが手を組むなんてちょっと考えられなかった。ハハハハハ。はっきりいって。

そこで福祉局は新田ら在障会に了承を取った上でＩＬ運動を支援するための研究会を立ち上げる。都側は中西正司らに声をかけたが、出て来たメンバーを見て驚いた。これまで在障会の折衝で顔を合わせていた高橋修や益留俊樹、横山晃久らの顔があった。つまり、両団体を行き来するメンバーの姿があった。

市川：これは非常に難しい関係になってきて。ハハハハハ。当時、ＩＬ嫌いの人はけっこういるんですよ。ご承知のとおり。同じ派遣センターといっても荒木さんなんかちょっとやっぱり完全に一線を画しているし。当時、三井（俊明）さんとかあんまりお好きじゃない。ハハハハ。お好きじゃない。「アメリカかぶれ！」みたいな。

福祉局はこの時期二方向で検討会を進めている。一つには在障会とのあいだで介護人派遣事業の再編成を詰め、二つには派遣センターをどう支援するかという課題をＣＩＬのメンバーと詰めた。市川は「けっこうしんどいところがあって、アハハハ。でも、これはけっこうおもしろかったです」と笑いながら、この研究会には「いいメンバー」が出て来たため支援策の協議が深められたという。

市川は、介護人派遣事業の特長は、障害者が介護者と関係をつくり推薦することで、本人の望む生活を実現することができる点にあった。つまり、いわゆる「障害者の主体性」が保障される。介護人派遣事業の再編時に問題になったのもこの部分だった。その理想は正しいとしても、それでは自立生活が「魅力ある障害者」に限定されてしまう恐れがある。「どういう人でも、極端にいえば、周りから嫌われる人でも在宅での自立生活ができる」、それをどう可能にするか。

他方で派遣センターを活用した場合、個人の意志と派遣センターの意志が拮抗する場面が生じる。するとどうしてもセンターが障害者の生活を管理する側面が出てくる。そのことを新田らが危惧していることも市川はよくわかった。制度設計時に「やっぱりネグレクトできないのは、障害者側の主体性」であり、「障害者側がどうやって自分の介護をつくりあげることができるのか」というテーマだ。制度に従属化せず、制度のなかでどれだけ本人が「主体性」を発揮することができるか。「なかなか現実的には難しい……難しい」問題ではあるが、それが障害者福祉の中心課題だと語っていた。

市川の見立てでは、従来の介護人派遣事業が可能にしていたのは、「高橋一家とかね、新田一家とか、三井一家」という「義理人情の世界」だった。「そういうパーソナルなところでつながっていく人間関係を絶対に否定はできないんだけども、じゃ、それだけでいけるかというとね、やっぱりそれだけじゃいけない」というのが行政官としての市川の立場だった。

都側は有償介護サービスを支援する制度の具体化をＣＩＬ側に持ちかけた。ＣＩＬのメンバーは、「そうではない、自立生活プログラムを中心としてピアカウンセリング、相談業務と一体となったサービスの提供がベースだ」と主張し、介護派遣にとどまらないＣＩＬの事業全体の重要性を訴えた。都はそれはそのとおりだと考え、ＣＩＬへのトータルな支援策を検討する。予算要求をおこなう際に財務局から事業の計画性に注文がついたが、市川は「要するにこれはバークレーからの風なんだ」と啖呵を切ったのをよく覚えている。そして、障害者団体の独自の活動を支援する新事業を立ち上げる。

その結果、介護保障の財政面は介護人派遣事業が基幹をなし、実際のサービスの提供は派遣センターが担う体系がかたちを持ちはじめた。市川によれば、在障会とＣＩＬは「不思議にリンクしながら、不思議につかず離れずの関係で」、制度再編がなされる。彼は「結果的には相当いろいろと団体、あるいは障害者の方々の意見を反映した制度になったとぼくは自負しているんです」と語っていた。

(3)「ひとつの奇跡みたいなもの」としての在障会

こうして介護人派遣事業は予算的基礎が固められ、民間の介護派遣サービスの助成制度との接合が視野に入り、東京都の介護保障制度は重層的なものとなる。市川は介護人派遣事業の再編には自負がありつつも「妥協の産物」だともいう。障害者の個別具体的な介護関係を守るということと、第三者的な団体が支援枠組みを提供するということの葛藤は、「いつまでたっても行ったり来たりする部分がありますね」と語った。だから、「その辺の思いをある程度、みんな思いとしてはわかりつつ、わかりつつ、でもやっぱり具体的なかたちになるとここまでしかできない」という制度的表現だった。

しかし、そうはいっても介護人派遣事業は障害者と介護者のエロス的結びつきを担保する制度であり、先に見た「エロスの制度化」であるといえる。というのも、第一にニーズのアセスメントは障害者と行政窓口との協議によっておこなわれた。要介護度の厳格な認定基準はなく、障害者が希望した時間数を求めることができた。第二に介護者は就業にあたって資格や研修を求められることがなく、障害者が自ら選び関係を結んだ「自薦登録」が可能であった。この点は市川自身も資格取得の義務化は参入者を狭めていくこととなり、あくまで努力事項であって、強制するものではないと考えていた。

市川は行政と運動の関係は「緊張と信頼」が肝要だと語っていたが、それだけ両者はくんずほぐれつの関係を形成してきたということだ。在障会にはほんとうに苦しめられた。「新田さんともだいぶやりあったけどね。いやぁだって、ひどいんだよ」と振り返る。あるとき朝出勤すると「知事室が占拠されてる!」という知らせを受け、「何なんだよ」といってみると、在障会が「対応が遅い！」といって集団で知事室周辺を取り囲んでいる。都内のある市の対応が不適切だといって、新田らが知事室に乗りこんで占拠していた。その日は昼ごろになっても話し合いができず、夜になってやっと対話がもたれる。何とか方向性をつけ部長が「すみません、最大限努力します」と確認書を書くことで落ち着いた。「まあでも、そういうことがないとね、逆に動かないところもあってね、それはそれでまあいい意味でのプッシュにはなるんですけどね」と話していた[17]。

他にも「だって、ひどいんだ、高橋さんなんかさ」というように高橋修にもよくやられた。市川が他の課に移ってからも後任の担当者では調整がつかないとき、高橋が部長室に電話をかけてきて「市川つれてこい！」と要求する。すると、部長が「悪いけど、市川くん、いま電話があって交渉がなんかもつれてるから、市川つれてこいっていってるんで、お願い。」と頼みに来ることがよくあった。そうはいっても、高橋の「あの人間的魅力に負けちゃうんですよね」と市川は笑っていた。

市川：高橋修なんてほんとにね、あんなけったくそ悪いのいないんだけどね。まあでも話しているとね、それはそれなりに、あれはあれで魅力があるしねぇ。まあ、ぶつかったときなんかね、「市川！　おまえとも長いつきあいだけど、おまえもいよいよボケてきたな！」とか。こっちも「そんなことはない！」とかいって。ハハハハハ。「ボケてきたんじゃないか!」「そんなことはない!」。あれも口が悪いからさ。ハハハハ。笑い話ですけどねぇ。まあでもあれはあれでおもしろい人だしね。こういうねぇ、魅力のある人たちが多いから、そこになんていうかね、取り憑かれてしまうところがありますよね。

市川は障害者の魅力に「取り憑かれて」いたといって大笑いしながら、在障会など「絶対、人とあわせてなんてやれない人たち」なのに、団体として成立しているのだから驚いてしまうと話した。「荒木さんとか三井さんとか新田さんとかさ、あれがなぜか在障会というひとつの組織で動いていて、それ自体がひとつの奇跡みたいなものだけども」としみじみ語っていた。そして、この全都在障会に身を置きながらIL運動とも行き来したのが高橋だ。

市川:高橋修さんの存在というのはすごく大きかった。というのは、高橋さんTIL[18]のなかで重要なメンバーだったんだけど、自分でよくいわれていたように、「おれは就学免除で学校教育はいっさい受けていない。とにかく字は読めねぇんだ。だから難しい文章を持ってくるな!」とかいっててね、やっぱり、なんていうのかなぁ、障害を受けた方のなかでも、ほんとうにもうアメリカ帰りの英語ペラペラの方々と、新田さんをひとつのシンボルとするような、非常に土着的な、そういう人たちとのあいだに高橋さんがいたんですよね。修さんという存在があって。だから、あの存在がね、ある意味ではちょっとさっきいったように、非常に離れわざ的なところなんです。在障会の活動とＴＩＬの支援とをリンクさせながら、それを並行的にすすめて、総体としてのソーシャルサポートの体制をつくっていこうということを私どもが考えていて。そこをね、現実的につなげていたのはやっぱり高橋さん。高橋さんがいたからね、やっぱり在障会を中心としたような障害者の方々のひとつの動きと、中西さんを一つのシンボルとするようなＴＩＬの事業体としての活動、そこがね、なんかね、うまくリンクしているところがあって。

市川ら東京都職員はそのように運動の構成を見ていた[19]。新田に代表されるような土着的なグループ（ヴァナキュラー・サイド）と中西に代表されるような合理的なグループ（モダン・サイド）をつなぐ役割を果たしていたのは高橋だった。このリンクが絶妙につながって「総体としてのソーシャルサポート」が動きはじめたのである[20]。

介護人派遣事業は新田ら在障会が担ってきた制度であったが、その規模の拡大によって、財源的裏付け、さらに人材・サービスの供給の観点から制度の再編とＣＩＬへの支援策が実施されることになる。運動と行政の協働といったクリーンでオープンな討議形式というよりも、ヴァナキュラーなグループとモダンなグループのあいだの微妙なかけひき＝闘争によって、介護保障制度は形成された。ここでも「エロスの制度化」という説明が可能な政治過程が見られたといえるだろう。

5　全国公的介護保障要求者組合の分裂

(1) 活動方針をめぐる齟齬――新制度＝協調派、既存制度＝過激派

　さて、以上に述べたことは東京都における自立生活運動がヴァナキュラーな一群とモダンな一群の両方を併せ持ちながら展開していた事実である。彼らは東京都レベルでは全都在障会として、国レベルでは全国公的介護保障要求者組合として活動をおこなった。その過程自体が「闘争」となり強力な創発特性を生んでいたが、他方でグループ間に内在していた齟齬が次第に大きなものになっていた。高橋修はこのことに関連して東京の自立生活運動には「表の運動」と「裏の運動」があると語っている。

　「裏」のほうは府中（療育センター）闘争の中から出た、日本の、東京独特の、いわゆる自立運動……俺なんかそっちから入ったから……。
　ヒューマンケア協会なんかは、表の、かっこいい運動なわけよ、ね。かっこいい運動だし、エリート運動なわけよ……。教養豊かな人たちだしさ。でも、教養豊かだから何でも取れるって話じゃない。（立岩 2001：255）

高橋の意識のなかには裏＝七〇年代の府中闘争以後に起こった運動（＝ヴァナキュラー・サイド）と、表＝八〇年代中頃から生まれたＣＩＬの運動（モダン・サイド）という、はっきりとした区別があったことがわかる。ふたつの勢力は要求者組合の次のような活動方針をめぐる意見の相違として現われていた。まず、既存制度の拡充か新制度の創設かという制度要求をめぐる違いだ。先に述べたように九〇年代は高齢者介護の制度化が検討され、それと接点を持ちながら障害者福祉においても全国的な介護保障制度をつくるべきだという主張が出てくる。それに対して新田らは、現行のホームヘルプサービスと自治体の介護人派遣事業を併用させ、既存の枠組のなかで時間数を伸ばしていくべきだと主張した。一方、高橋らは制度を切り貼りするこれまでの不十分な形態ではなく、全国どこにいても誰もが公平に利用できる制度をつくるべきだと考え、新制度の獲得をめざした。つまり、既存制度派と新制度派の対立である。九〇年代に入り高齢者の介護制度と障害者の介護制度の統合が模索されるなかで、新制度の設置を急げば必ずこれまでの保障が切り下げられていくことを危惧する既存制度派＝在障会派と、危機を回避しながら新たに普遍的な制度の構築を図るべきだとする新制度派＝ＣＩＬ派に二分されようとしていた。

また、そもそもこの対立の背景には行政に対する姿勢の違いがあった。斎藤正明によれば「肉体闘争でぶんどるっていう方針をとる過激派新田勲と、行政との協調路線を歩む高橋さん」という構図が顕在化していた。高橋は「アニキのやり方は古い」と語り、糾弾型の運動スタイルに距離を置きはじめていた。そして、同じころ活動の軸足をＣＩＬへ移していた。これは運動の実権を握る主導権争いともなった。斎藤によれば、新田と高橋の確執は以前からあった。「典型的だったのが、組合の委員長を決める、新田がやるか高橋がやるかをめぐって」の駆け引きだという。

この水面下の対立が行政との折衝時に顕わになる。一九九五（平成七）年、高橋が要求者組合の委員長につく。彼が中心となって自薦登録ヘルパーを公的制度内に設置するよう厚生省に要求していた。このときまで彼らが「自薦登録ヘルパー」と呼んでいたものは、あくまでも運動側の創意工夫によって運用されていた方法であり、公的に明文化された制度ではなかった。それを公的に認めさせる交渉を続けていた。厚生省とは大筋で合意していたが、制度化寸前のところで覆される。介護福祉士資格やホームヘルパー研修を導入し、介護労働力の安定確保が推進されているなかで、障害者の育成した介護者であれば誰でも登録可能とする制度は公的には認められない。厚生省は最終的にそう判断した。このとき新田はすぐさま厚生省に飛んでいき、激しい抗議行動をとった。他方、益留によれば高橋はこれを静観したという。

益留：そのときは対応がまったく分かれちゃったんですよ。私は非常にそこで困っちゃって。どっちかっていうと高橋さんよりに立っちゃったものだから、非常に中途半端な立ち位置になっちゃったんだけど。その一件が要求者組合のなかでの制度要求運動に対して、いわゆる事業所としての立場を明確にしていく高橋＝ＣＩＬ派っていうのと、事業所の立場ではなくて、当事者の使い勝手のいいヘルパー制度として求めていきたいっていう新田派に。そういうところで、組合のなかでのいわゆる制度要求っていうのが二分化していくところなんですよね。

自薦登録ヘルパーについては、その後通知のなかで「こうした方法もありうる」という文言が示され、運用上の一手段として認められた。ただし、運動内部の温度差は埋められないほど広がっていた。このように制度要求の内容をめぐる対立があり、それは運動のスタイルあるいは行政に対する姿勢の違いが生んだものだった。この二派は先に見たように、共同体の密接なつながりによって運動を展開するグループとＣＩＬの方法論を取り入れ事業所を立ち上げていったグループとの対立だった。こうした事態は感情的な衝突を含みながら、共同歩調をとることを難しくさせていく。

(2)「おまえら障害者じゃねぇ！」

方針の違いは感情的なレベルでの対立と避けがたく結びついた。新田によれば、ＣＩＬの事業所を立ち上げていたＣＩＬ派と在障会派には、眼には見えないが、はっきりとすれ違いがあったという。在障会派はＣＩＬ派の人たちに「気おくれしていた」と新田は話していた。この「気おくれ」という言葉を柏原伸治も用いて、こう話していた。

柏原：三多摩の人たち（かたつむりやつばさ）が益留くんなんかに対して感じていたのは、いっしょに話し合いをしても、気おくれしてたと思うんですね。

＊＊：益留さんに対してですか？

柏原：うん。感情的な言葉でいえば「バカにされている」っていうか。私から見れば別にバカになんかしてなかったと思うんだけど、うん。で、向こうはすごく情報を握っているわけですよ。能力が高いですから、いろんなつながりが広がっていって、いろんな情報が入るわけですよね。そのなかからこうしたほうがいいんじゃないかって話し合いをしていくわけですね。そうすると新田さん・益留くんのレベルで話し合いになる。「それでいこうじゃないか」っていわれちゃえば、「新田さんもそういうし、そうか」みたいな話になる。ところが、納得できない人たちがいて、その人たちが、益留さんの目から見れば、「一度決まったことをまた蒸し返すのか、それはこのあいだ決まったじゃないか、だから、今日はそのうえで話をしようと思ってきたのにいつまでも話が進まない」と。で、東京都とたとえば、代表で話をしに行って、「こういうふうにいきましょうか」って決めてきたのに、みんなで交渉にいくと、「そんなの反対だった」ということになってくる。（それでは）「やってられない」と。一緒にいて話し合いができているのか。そういうすれ違いを感じましたね。

「気おくれ」やすれ違いは感情を剥き出しにした対立を生んだ。一度、会議の場で在障会グループから要求者組合の執行部に対して「おまえら障害者じゃねぇ！」という発言が飛んだことがあった。能弁で理路整然と話す障害者は障害者でないというのだ。柏原は「やっぱり横から見ていてたって、新田さんや三井さんと益留くんは違う、ぜんぜん違うっていうのはあったよね。やっぱり、障害者のタイプが違ったんだと思うんですね」と語った。

「障害者のタイプが違う」。そんなことがあるのかと思うが、確かにあるように感じられる。たとえば、障害が重度か軽度か、障害が先天的か後天的（中途障害）か、言語障害があるかないか。木村英子は、こういった身体的条件の違いによってそれぞれの障害者が経験している世界はまったく異なると話す。「個人個人が違うのは当然」だが、大きく分類しても重度の障害者と軽度の障害者とでは「壁は大きい」「もう人種がぜんぜん違いますね」と彼女はいう。「それが引き金になって分裂を起こす」ケースは頻繁にあると説明していた。

障害の重度／軽度は客観的には判断ができず、ＣＩＬ派が軽度で在障会派が重度だったかというと、必ずしもそんなことはいえない。しかし、確かに「障害者のタイプが違う」という指摘は妥当するように思われる。木村によればその決定的な差異は「障害者魂」の有無だという。彼女から見ると新田や三井には「障害者魂」がある。あるいは「障害者としての誇り」を持っている。彼らは幼い頃から障害が重く、口でしゃべることもできない。日常の行為を健常者にあわせることができず、あわせようとすれば自分たちは生きていけないということを身にしみて知っている。そんな彼らの運動は自分たちが健常者に合わせるのではなく、健常者が自分たちに合わせるよう求めるものだった。木村は「そこが譲らない線っていうのがあって、うん。そこはすごいなって思うし。私はそれは尊敬しているひとつなんですけど」と話していた。

(3) 対立から分裂へ

一九九七(平成九)年、要求者組合は高橋修が委員長、益留俊樹が書記長を務めていた。このころ組合では厚生省の要請を受けて、介護者の資格要件に対する組合の見解をどのようにまとめるかという議題が話しあわれた。九〇年代、高齢者介護の制度化が検討され、障害者福祉も何らかの影響を受けることが避けられなくなっていた。今後、職業介護者の増員は必須であり、厚生省では予算の確保が重要課題になっていた。財務当局(大蔵省)からは、介護者の位置づけをこれまでの曖昧な職種に据え置くのではなく、資格の取得を義務化し、国民の理解が得られる制度にすべきだと求められていた。

厚生省の意を受けて要求者組合は資格の是非について議論する。これが対立を加速させた。新田と益留の正面衝突だった。既存の介護人派遣事業、ホームヘルプサービスの自薦登録は介護者の資格取得は要件とされず、希望する者は介護者になることができた。制度のなかにグレーゾーンを多く残し、利用する側にとって自由度の大きい制度だった。だが、この裁量権の広さが、不正受給の温床にもなっていた。専門性や経験を持たない者を介護者に登録し、実際に勤務実績がなくとも介護料を受け取る。そうした不正が後を絶えなかった。益留は、一定の資格化は呑むべきだと主張した。不正が横行する状況では制度の拡大は望めない。資格を要件とすることで介護を職業として位置づけるべきだと考えた。このことを厚生省との議論の俎上に載せ、明確にしていくべきだと主張した[21]。他方、新田はこれ以上の資格取得の義務化には反対した。新田は制度のグレーゾーンにこそ倫理が宿ると考えていた。制度が厳格化されれば、行政の思うように管理が進み、生活の自由さは大幅に縮減されていくだろう。

こうした介護資格の強化の是非をめぐる対立があった。新田は、厚生省と議論すること自体、制度の厳格化をもたらすとして、議題に持ち出すことを慎重にすべきだといった。ＣＩＬ派からすれば、厚生省との話しあいに応じなければ、厚生省の思うままに制度設計されてしまう。介護保険制度の次として障害者福祉にも資格化の波が押し寄せる、その前に何らかの手を打ち、交渉するべきだと訴えた。しかし、最終的に資格の具体的なルール化には臨まない、という新田の主張で押しきられる。

これはかねてからの対立を先鋭化させた。そして、両者の意見調整と関係の修復へとは向かわなかった。柏原によれば「そういう場で高橋さん、面と向って論議はやらなかったし、ちょっとのらりくらりというか。それでこれじゃいっしょにやれないね」と態度を固めていったように見えた。高橋は要求者組合からの別れどきを探っていた。この対立を機に彼がＣＩＬ派のメンバーに対して「ここが別れどきだ、離れよう」と伝えた。

高橋は委員長を辞任する。新田の専従介護者だった斎藤によれば、「高橋さんだって要求者組合をずっと引っ張ってきたんだから、立ち上げから。多摩のメンバーをみんな動員して。もちろん思い入れもあった」。他方で、彼らはＣＩＬの事業所を立ち上げ自分たちの活動の場を見出していた。すでにポスト要求者組合のあり方を見込み、要求者組合の縮小と下部組織の自立生活情報センターの再編を検討していた。このときの経緯を益留はこう語る。

益留：組合は組合として名前は残しましょうと。実質的なところは情報センターが担っていったほうが、全国的な情報展開っていうかな、活動を広げる意味では、情報センターのほうがいいだろうというところで、それで、組合を形骸化しようとしたわけです。名称を残しましょう、ただし、情報センターは運動の中心は担っていきましょうと。まぁ、革命を起こそうと、別のいい方をすると裏切ったわけですよ。新田さんをね。

益留はこう自嘲的に語り「組合が分裂したっていうのは、あれはねぇ、新田さんにはほんとうに申し訳なかったけど……」と語っていた[22]。斎藤は「分裂当初まで、高橋さんが出てくるまで、なんとか高橋さんをつなぎとめておこうと。高橋さんなしには新田さんだけでは絶対に衰退して、こけていくから。最後まで高橋さんを説得しにいってたんだけど」、その甲斐なく分裂は決定的なものとなる。

新田も分裂には強く反対していた。実際に高橋との関係を修復しようとするＦＡＸの文書が彼の家に数枚残っている。一九九七年一〇月、田無市役所の会議室で最後の調整を図る執行委員会が持たれた。高橋らの意は固かった。会議室にはCIL派とかたつむりの会、つばさなどが詰めかけていた。感情をあらわにしたぶつかり合いがあった。両派の決裂の瞬間だった。このとき、新田はどのように考えていたのか。要求者組合のあり方について問うと「これで組合がつぶれても仕方がないと（思っていた）」と語った。新田は対立の末、要求者組合が解散してもそれは致し方ないと考えていたという。実際に分裂にさいして何を感じたのか聞いた。

新田：ぼくは、まぁ、絶対に確実なものはいくらつくってもないでしょ。そういうところでは、まあ、つくる人のケンカはしない。

＊＊：つくる人のケンカはしない？　グループをつくる人ですか？

新田：まあ……。（一分ほど間）自分がよいと思ったものをつくればいいし、こういう福祉活動は常に分裂して成長していくものでしょ。あまり、そこではこだわらない。

＊＊：なるほど。でも、感情論になってしまいますけど、高橋さんにしても、益留さんにしても、新田さんからすれば自分の弟子のような、後継者のような人ですよね。彼らが離れていくということは、何というか、寂しいというか、何たることか……という感じはなかったんでしょうか？

新田：まあ、でも、ぼくは寂しいというよりは、ぼくのやっていることを後からわかればいいと思ってやってるし、別に敵だとか憎むとかそういう感情はないよ。益留にしても横山にしてもぼくのやってきたことはわかってきたから、ああいう場（シンポジウム）に呼ぶのでしょ。
＊＊：はい。
新田：それがぼくの後継者づくりなのよ。ハハハハ。

分裂の後、新田は自己の立場をどう置こうとしたのか。

＊＊：新田さんは別れたときに益留さんとか横山さんのほうにいこうと思わなかったのですか？
新田：向こうは、当然ぼくがひとりになって、ぼくからいくと思ってたと、こないだいわれたけど。益留から。ハハハハハ。
＊＊：つまり、かたつむりとかつばさは面倒くさいと。そっち（ＣＩＬ）にいったほうがよかったということはなかったんですか？
新田：まぁ……。（一分ほど間）そのあと、つばさとかかたつむりとか一〇名くらいに「組合はどうしてもなくせないから、どこにもいかないでくれ」と、まあ、頼まれたのよ。
＊＊：組合はつぶせないから、頼まれた。でも、新田さんのなかではつぶれても仕方がないというのがあって。
新田：まあ、はやくいえば拝み倒されたのよ。やめないでと。

＊＊：あぁそうなんだ。
新田：まあ。いままでやってきた関係もあるし、向こうのほうが弱いでしょ。
＊＊：向こう？　っていうのはかたつむりとかつばさですか？
新田：ハハハ。うん。益留はぼくが来るのを待ってたらしい。まさか、向こうにいくとは思わなかったたって。
＊＊：あぁ。新田さんがＣＩＬには行かないにしても、ＣＩＬに近いところにいってたら歴史はどうなっていたか、考えるとおもしろいですねぇ。そうすると、益留さんのほうにいこうかと思っていたりもしたわけですか？
新田：まあ。
＊＊：拝み倒されてやむを得ずってことは、「まぁ仕方がないな」ということなので、半分受け入れつつ、半分かたつむりとかつばさは「ちょっとなぁ」というのもあったんですか？
新田：ある。ハハハハハハ。
＊＊：ハハハハハ。
新田：あるよ。
＊＊：それはおもしろいですね。新田さんらしい。どうしてですか？　集団で行動するというのが受け入れられないのでしょうか？
新田：うん。いけばケンカ。

新田は組合の解散もあり得ると思っていたほどだから、分裂直後は態度を決めかねていたようだ。ＣＩＬ派に参加しようとも決めていなかったが、かたつむりやつばさにいこうとも思えなかった。だが、彼らに説得され組合に残ることを決める。

川元恭子は組合を離れるときも、また離れてからも、迷いは消えなかったという。「これでいいんだろうか、自分たちのやりたかったことだろうか」と自問した。ただ、「お金を人間に換えて、人として支援する」スタイルを追求したかったし、それをやってきたことは間違っていないと語る。その上で、「私を育ててくれたのは介護保障運動」と述べ、「新田さんや荒木さんらの土臭さを忘れちゃいけない、忘れがちになっていく大事なもの」と話していた。

分裂後、団体の予算や事務所、会員名簿の分割にかんする協議がおこなわれた。役員は入れかわり、新田が委員長に復帰する。実務を担う書記長は木村英子がつき要求者組合の建て直しに奔走する。

以上は一九九七年の出来事だ。同年に国会で成立する介護保険法が要求者組合に小さくないインパクトを与えていることがわかる。グレーゾーンの倫理によって運用されてきた介護制度ではもはや立ち行かないという認識が、行政はもちろん、運動内部でも持たれていた。東京都の介護人派遣事業の制度化が絶妙なかけひきのなかで再編されていったのとは異なり、制度を制度たらしめる合理性や透明性が前面に押し出されてくることになる。要求者組合の分裂の契機となった要因の一つはこの制度の合理化の流れによるものだったといえる。これをきっかけとして、かねてから団体が抱えていた障害者同士の感情的な対立、方針・路線の齟齬が噴出したのである。

(4) 要求者組合とCILの現在――普遍化と共同体のジレンマ

分裂後の要求者組合とCILはどのような経過をたどったのだろうか。まず、CILは障害者の自立生活を支える基幹的な組織へと成長する。有償ボランティア的な介護派遣をおこなっていたCILは高橋や益留の合流によって財源面でのバックアップを見出す。CILにとって二〇〇〇年代前半の政府による社会福祉基礎構造改革は強い追い風となった。〇三年の支援費制度は「措置から契約へ」を謳い、従来の措置制度からの脱却と利用者の自己決定を尊重した契約制度への移行を示した。支援費制度が採用した介護報酬の代理受領方式は、介護の「財源」と「サービスの供給」を分離させ、財源は公的セクターが担い、サービス供給は民間・非営利セクターが担うものだった。これは「カネは出せ、クチは出すな」あるいは「当事者が当事者を支える」を求めて来た自立生活運動のスタイルが制度化されたものと考えることもできる。CILはサービス供給の受け皿となり、障害者の介護制度に欠かすことのできない組織となった（中西・上野 2003）。

また、支援費制度において介護報酬の給付は国の裁量的経費から義務的経費に代わり、介護者の報酬も確実なものとなる。結果、在宅障害者の介護は（まだ不十分な部分は残しながらも）

職業として成り立つようになった。

　新田の介護者であった斎藤正明は一九九九（平成一一）年に新田のもとから離れ、二〇〇〇（平成一二）年に地元の障害者たちとＣＩＬの介護派遣事業所を立ち上げている。それ以後は介護派遣のコーディネーター兼介護者として障害者の地域生活を支えてきた。斎藤は二〇〇〇年代前半の障害者福祉の制度的転換を、自らも要求者組合からＣＩＬへ移るなかで経験している。彼は障害者福祉、また自立生活運動の変化をどのように見ているのだろうか。

　斎藤にとって、専従介護方式から事業所方式への転換は広い目で見れば妥当なものだった。専従介護は介護関係に生じる「矛盾をぜんぶ個別個別の介助者、健常者と障害者で解決しろとなっていたので、もう〜、（解決なんて）できない。良好関係ができない」というのが実感だった。彼は七〇年代から介護が社会制度として成り立つにはどうすればよいかを絶えず考えてきた。「普遍化しない専従方式は展望がないんだと。エピソードで終わってしまう」のであり、自分のやっている生活と運動に意義が感じられなくなっていた。それに対してＣＩＬでは障害者と介護者のあいだに組織が第三者としてかかわり、介護のコーディネートと派遣を担う。二者関係で問題が生じても三者関係に開き解決を図ることができる。何よりも組織が介護者をプールし供給する方法は、障害者の能力や属性にかかわりなく誰もが介護を利用できる仕組みとして機能した。だから、ＣＩＬを利用し生活を送る障害者には「運動とはまったく無縁だし、なかには『そんな生活でええのか！』と思う人もいる」けれど、基本的には「ごく普通の人が、活動なんか無縁の人が、センターを活用しながらね、生きていけるっていう点で普遍性を持つ」という。

他方で七〇年代から運動に携わってきた斎藤だからこそ感じていることがある。それはCILの事業化にともなう共同体の希薄化だ。

斎藤：自立生活センターっていうのは、契約で、もちろんアルバイターが多くて、「ともに生きる」っていう共同体の要素より、利益、ゲゼルシャフトのほうが強くなっていって、会社化するっていうか。いま分解過程にあると思うんだけど。

＊＊：分解過程！

斎藤：いやぁ、もちろん。「ともに生きる共同体」と「利益社会」ってやっぱり相反するものであって、事業化すれば共同体は薄れるよ。障害者グループも薄れる。意識もね。だけど、練馬（介護人派遣センター）のように共同体化していると、まぁ、近代化はされないけど、重度障害者が生き残る可能性が出てくるっていうかね。

彼によればCILは会社化しているという。これは社会経済の構造的な問題とかかわっている。CILとは「運動体」であり「事業体」であるといわれるように、社会運動を担う主体であるとともに、経済活動をおこなう主体でもある。「事業」で得た利益を「運動」に投資することで活動の持続性を確保してきた。CILの場合、経済活動の大部分を占めるのは介護派遣である。CILの財政規模で安定的な介護派遣を実施するためには、事業所の経営を担う少数の正規スタッフと、介護の現場を担う多数の非正規スタッフという雇用形態が採られる。結果、多くの介護者が非正規のパートタイマー・アルバイターとなる。これは現代の介護派遣事業所が採用せざるを得ない雇用形態であり、CILかどうかにかかわりない。もちろん、この体制であっても事業と運動が両立されれば問題はないが、一般に経営の維持に力が削がれてしまい、運動へのコミットが薄まる。斎藤はこのことを指して「事業化すると共同体は薄れる」と述べている。

これに対して斎藤は練馬介護人派遣センターがそれとは異なる形態をとっており、「難しいところだと思うけど、『二四時間介護と重度障害者のグループ化』と同時に『介助者の生きられる職員化』っていうのを、共同ローテでギルドみたいにつくっていく」ことを可能にしているのかもしれないと語っていた。

では、練馬介護人派遣センターの現在はどうか。柏原伸治によれば、派遣センターは介護がサービス化・商品化するなかでも、互助会の性格を有し、何ごともグループのなかで話しあう共同性を残していると語る。派遣センターは規模の面で積極的な事業拡大を図っておらず、従来から所属しているメンバー同士が互いに支え合うセンターを志向している。そのため、介護者には周りの人間を支えフォローしていくというスタンスが基本にあるという[23]。

柏原：（介護者たちは）熱いですよ〜。要はあくまでもグループのなかでの個別の人を理解しようとする姿勢とか、自分が差し出せるものは差し出そうとする姿勢とかね。「やれることはやれます」みたいな。

こうした練馬のスタイルを指して、益留俊樹は自らの自立生活企画はＣＩＬのスタイルをとっているが、「どちらかというと練馬の派遣センターに近いんですよ」と語っていた。たとえば、自立生活企画はできるだけ介護者を月給制で雇用するようにしている。時給制で働いている者もいるが、専従介護に近い雇用形態を基本に置き、それをセンターがまわす。そうすることで介護のパートタイム労働化を防いでいるという。介助者運動の実践家である渡邉琢が指摘しているように、介護者の給与が時給か月給かの違いは大きい（渡邉 2011）。時給制の場合、介護者は自分が介護に入る時間にだけかかわればよいと割り切って仕事をする。そうなると、障害者の生活をトータルに支えようとする姿勢が薄まる。他方、月給制の場合、労働時間が終われば「他は知らない」というかかわりではなく、障害者の生活全体にかかわろうとする傾向が強まるという。益留は介護者からこうした姿勢を引き出そうと考え月給制を採用していると話していた。

もっとも、益留はＣＩＬの方法は障害者の自立生活を支えるのに確実に必要だが、現在のＣＩＬには小さくない危うさを感じている。それは消費者主義や当事者主権の自己目的化という事態だ。高橋と歩みをともにしてきた益留の場合、自分がＣＩＬをはじめたのは「中西さんを通したらやっていなかったと思うんだけど、高橋さんを通しているからできたと思うんですよ」という。なぜなら、中西の介護観は「消費者として介護を選ぶことがまずは自立生活の第一歩」という消費者主義である。しかし、益留は「それに対してものすごい反発があって」、つまり、「介護は消費、消耗品じゃないんだ」と考えているためだ。介護制度が未整備な時代、自分たちは介護者を集めるためにほんとうに苦心してきた。十分な介護料がないのだから介護者にはボランティアで来てもらう。介護者がいなければ自分の生活は成り立たない。だから、彼らに次も来てもらおうと、あらゆることを考え、気を使い、場を繕った。介護はそうやって互いを確かめあう関係のなかからできあがる。介護保障とはその関係を担保するための手立てなのだ。そんなことを「とつとつとね、荒木さんとか新田さんとかあの辺から諭されてきたわけですよね、叩き込まれているわけですよ。そこがないと私たちの生活が成り立たないんだよと」。だから、「介護は消費するもの」などといわれると強い違和感があった。ＣＩＬの消費者主義はサービスの受け手の権限を強化するものだったが、結果的にこれは「当事者の責任も回避しちゃうし、介護者の責任もなくなってしまうっていう恐さを持っている」という。ＣＩＬは「当事者主権」を標榜し、障害者の権力を操作的に確保しようとしてきた。しかし、それが強い権力性を帯びてくると今度は健常者が抑圧的な状態に置かれることになる。実際、そうした状態は生じていると益留は語る。

益留：ＣＩＬは二分化していると思うんだけど、一つは「権力を持った当事者と離れていく職員」っていうもの。もう一つは「権力を持った健常者とそれに振り回される障害者」。けれど、この二つは同質じゃないかと思うんですよ。「ともに生きる」ことを考えないと当事者権力、誰かが権力を持ってしまって、そのときに負けてしまう側が出てくる。消費者としての障害者でなくて、「ともに生きる」ってこと。お互いに責任を果たさないと成り立たないのが介護関係だし、お互いに責任を果たさないこと、果たさせないことが権力を生んでしまう。

ＣＩＬであっても健常者スタッフの力が強大になり障害者が知らず知らずのうちに疎外されてしまうことがある。障害者も介護者もどちらも責任を持たない無責任体質が常態化するのである。こうした事態は同じ問題の表と裏だという。他者の存在を考慮せずに自己の利益を図るとき、他者はその存在を捨象される。捨象された側はこの場にかかわろうとする動機を削がれる。その結果、相手に対して責任を持とうとする意識が薄れていく。介護関係をともにつくりだそうとする姿勢は消え、「コンビニスタイル」と呼んでもよいような働き方を生んでしまうという。だから、益留は「そこはやっぱりお互いにきちっと責任がとれるような仕組みをつくっていきたいなと思いますよね」と語っていた[24]。

自立ステーションつばさの木村英子も介護の「コンビニスタイル化」を憂いていた。

二〇〇三年の支援費制度施行後、かたつむりやつばさも法人格を取得し介護派遣事業所を運営している。しかし、彼らの活動は共同体としての思想的側面を強く有しており、介護を商品労働とは見ていない。共同体内で支えあう介護を実践しており、コミューンの性格が強い。そのため、介護者には日常の介護だけでなく運動にかかわる「ともに生きる」実践者であることを求める。けれども、支援費制度以降、それを要求すると介護者が集まらなくなってしまった。

木村：（介護者の）研修期間で三か月くらい様子を見るんですけど、三か月のうち一〇人来たら九人辞めますね。それは労働以上のことを求められるからだと思うんですね。たとえば、気持ちとか。自分の内面性とか、自分の将来の夢とか。そういうものを語らないといけないとか。あと、自分の本性とか。

＊＊：すごいな！

木村：そういうものを日々追求するわけですよね。そうすると逃げちゃう。

＊＊：ハハハハハハ。

木村：だって、（介護をやると）自分がほんとうにやさしい人間か問われちゃうわけじゃないですか。そうすると、「こんなたいへんな思いをするんだったら割り切ってできる仕事でいいわ」って辞めちゃうみたいな。だから、この介護っていうのは、人間対人間ていうか、それこそ人間学ですよね。だから、人間に興味のない人間が介護をしても失敗すると思います。

益留が語っていたように、木村も介護料がわずかだった時代から必死になって介護者を探し関係をつくってきた。当時は「障害者の側はその人がいなくなればごはんも食べられない。介護者の側も自分が抜ければ相手の命がどうなってしまうかわからない」時代だった。貨幣を行為の動機財として活用できないなかで「何を頼りに介護関係を維持していくかというと、気持ちなんですよ。相手を思う気持ち」だった。だから、介護者も自分の問題として介護と運動にかかわり、「それだけ関係が究極だった」。だが、現在、介護が商品労働として成立するようになり、いくらでも介護者の取り換えが可能になると、「とりあえず仕事だからいわれたことをやればいいやっていう部分で割り切って来る方が多い」のである。「『あなたが来ないと私は生きていけない』なんていっちゃうと、それも重たくて辞めちゃう」と顔をしかめていた。「同じ社会に生きてるのに自分と相手の状況をリンクさせないっていうか。別モノっていう感じで。私は私、あなたはあなたみたいな。そこで接点は介護っていう労働だけ」というかかわりが大部分になっている[25]。

こう話す木村もCILのやり方は一概に悪いとはいえないし、関係を「割り切る」ということも「そのほうが楽なのかなぁ」と思うことがある。しかし反面、「それはちょっとさびしいな」と感じる。なぜなら、自分が社会に出たいと願ったのは「自分のことを理解してくれる友達をつくりたいとか、自分を理解してくれる人と一緒に生きていきたいとか、それがやっぱり自分の発端だし。根底にはね。だから、人に対して絶望していないっていうか、まだ人に対して賭けているものがあると思うんですよね」と語っていた。
一方、コミューン運動の形態について益留俊樹に聞くと、彼はCILの危うさを指摘しつつ、かといって自分の活動をコミューン的なものに依拠することは考えにくいと話した。なぜなら、コミューン的共同体は人によって「ハマる人はハマるし、ハマらない人はハマらない」からだ。その意味で普遍化を期待することが難しい。益留には介護を「職業として選べるもの」にしたいという考えがある。「選べるものであり、ちゃんと食っていけるものであり、そのなかでも自己実現っていうかね、働く人が自分の働きとして達成感っていうか、成果は自分のなかできちっと持てるようなもの。そういうものにしていかないと次に続く人っていうのがいないんだと思う」。だから、「自分もやってみたいな」と思われる仕事にしていくべきだ。そのことは裏返せば、介護を辞めるときに「喪失感みたいなものを持たなくてもいいだろうと思うんですよ」と話す。コミューンの方法では離れるときに互いの喪失感がきわめて大きい。それでもやっていける人間には問題ないだろうが、一般に普遍化は望めない。だから、そのスタイルを取り入れようとは思わない。

益留：いろんな社会変革の取り組みっていうのはね、当然あるべきだと思うし、さまざまな手法があっていいと思うんだけれど、ただやっぱり私はどちらかというと、社会化していきたいっていうのが第一にあって。そこに社会化していくときの手段をこういうシステム（C

IL——引用者注）のほうにどうしても置かないと、逆にいえば、普遍化していく手立てにはならない。

益留はこう語り、CILの現在を注意深く点検しながらも、社会運動の方法論として比較したときのCILの利点を強調していた。以上のように要求者組合の分裂後、CILが勢力を拡大させ障害者の自立生活に欠くことのできないシステムを構築していったことがわかる。介護労働を商品とみなし、貨幣との交換が可能となる制度的条件が整えられた。そのことによって職業的介護者の数が増加し、自立生活を可能にする条件が充実した。CILはプールした介護者をサービスとして派遣し利用者の拡大を促した。そのさい介護関係はサービスを提供する供給者と消費者の関係へと変移することになり、貨幣を媒介にした「割り切る」関係を可能にした。このことによって介護を職業に選択する者が増え、障害者にとっても介護者を「選ぶ」ことを容易にした。CILの方法論が奏功し自立生活の進展が図られたのである。

他方で、問題点が浮き彫りになっていることも明らかだ。消費者主義や当事者主権の自己目的化は、互いの存在に無関心なかかわりを前提とする、介護の「コンビニスタイル化」を生んだ。これはサービスの広がりの裏返しなのだが、公的介護保障要求運動にかかわってきた者たちからすると、自分たちが追求してきた「関係にもとづく介護」が捨象されていく過程でもあった。つまり、集団の規模が拡大するにつれて、共同体を志向することと普遍化を志向することのジレンマが生じていた。そのため、要求運動の流れをくむ集団は現在、純粋なＣＩＬモデルではなく共同体の要素を取り入れたＣＩＬや、互助会的な派遣センター、ＣＩＬとはまったく異なるコミューンの実践などが試みられていた。

(5) 毀誉褒貶の新田勲論

さて、要求者組合の分裂とその後の各集団の展開を見た。最後に新田勲論を記述しよう。新田がいないところで聞く彼の話題はほんとうに賛辞とともに悪口が多い。みな彼に対してひとことではいえない正負の感情を抱いている。

ところで、要求者組合内で新田はどのような位置にいたのか。彼の立ち位置は高橋や益留、三井や木村、荒木のどのグループとも異なっていた。彼は地元地域における自立支援活動はおこなわず、つねに単独である。斎藤正明によれば、「三井（俊明）さんと絹さんはみんなで共同でごちゃごちゃやるのが大好き」で、行政交渉や余暇活動など何ごとも共同体を単位にして行動する。それに対して「新田さんは孤高」であり、集団を組まない。斎藤は「新田さん、なんていうかな、親分にはなれるけど、組織づくりのリーダーにはなれないから。まあ、いってみれば一人で方針決めて、『ついてこい』ってこういうことだから、誰もついていけない」と非難していた。

柏原伸治も新田のビヘイビアに違和を持つことが少なくなく、よくぶつかった。もちろん、拠って立つ立場は「人それぞれ数限りない」ので、「新田さんが自分の生きやすいように要求するのに何が悪いんだっていわれれば、それは悪くない」のだが、新田のいうことには何度も疑問を持った[26]。それに「新田さんは最後まで地域で徒党を組まなかったっていうかね。他人のことまでしょいこみたくないんだよね」というように映る。求められれば「すごい一生懸命面倒見はいいんだけど、自分の人生をかけて一緒にやろうってそういう気ではないよね。まあそういう人だとしかいえない」ということだ。しかし、行政に対峙するには一人では通用しない。だから、厚労省との折衝でも「『ほれみろ、こんなに反対している人がいるだろ、それをおさえてるのは俺なんだ』って顔してやるじゃん。みんな自分ところ（地域）で必死になって運動とかやっているのに。新田さんだけだよ、地元でやってないの」と指摘していた。だが、彼の努力はたいへんなものだったろうとは思う。「新田さんのあのエネルギーはたいしたもんだと思います。後ろから近づくとペタッと頭を叩きたくなりますけど」といって笑っていた。

また、益留も新田の単独性について語っていた。

益留：明らかに徒党を組めない新田さんと徒党を組める私の違いっていうのは確かにあるんですよ。ハハハハ。徒党っていうかね、あくまでも新田さんは自分の生活が最優先じゃないですか。それがまず基本にあるじゃない。私もそうなんだけど、そういう意味でいえば、この生活を普遍化させていきたいっていう、ひとつの運動として、目指していきたいっていうところではね、じゃっかん取り組み方が違うのかな、と。そこはまぁ別に違うものは違うとしてね、ぜんぜん何の問題もないとは思うんですけど。

このように新田批判は彼の単独行動に向けられたものが多い。彼は府中闘争時代から集団への協調よりも自己の要求を第一に据えて行動してきた。彼が信を置くのは自己の身体の欲求である。身体が欲望することを足文字で表現する。集団が自己を抑圧することをもっとも嫌い、だから自分が集団に帰属して他者を抑圧してしまうことも嫌った。実際、新田がかかわった運動は離合集散を繰り返した。それは杉村昌昭がフェリックス・ガタリの統合失調症論を援用しながら概念構築しているように、「統合の強制」ではなく「分裂の共生」だったと形容できるだろう（杉村 2005）。そのため、地域での集団的な支援活動をおこなわず自分の単独性を貫いた。とはいっても、彼のもとへは絶えず相談事や支援要請が舞い込む。そうした要求にはいつも十分すぎるぐらいに応えている。求められれば強く応答する。そのことを含めて彼は「福祉活動」と呼んでいるのだ。しかし、求められないかぎり新田のほうから「ああしたらどうかこうしたらどうか」とは決していわない。それは彼の生の倫理でもあるのだろう。

また、このこととも重なるが、要求者組合のスタッフだった西田寛が新田と介護派遣事業所の是非をめぐって会話をしている。西田は「事業所のシステムがないと生きていけない人はいっぱいいいますよ。新田さんには超人的なところ、特別なところがあって、そういう人が障害者は自分で介助者を見つけて関係をつくってマネジメントしろというのは、カール・ルイスが『オメェらもがんばれば九秒で走れる』っていってるようなもんですよ」と指摘していた。それに対して新田は障害者の可能性の芽を摘んでいるのが現在の介護派遣事業所であり、最初から障害者に能力がないように措定するのはおかしいと反論していた（フィールドノーツ二〇〇六年八月二一日）。

益留も障害者と介護者が出会い、関係をつくるという新田の介護論に触れて「それがパーソナルな介護なんだ、というのが新田さんの考え方で。正しいんですよ。すごく正しい。でもそれは新田さんだから逆にいえばできるわけであって」、同じことを他の障害者ができるかというと、できない。個人の能力がどうしても出てしまい、そのあいだを事業所がとりもつことが必要だと彼は話していた。

ところで、益留には新田勲論がある。それによれば、新田の行動の原動力の底には「絶対的な恨み」があるという。厚労省に乗りこんで机をひっくり返したり、在宅福祉課を占拠したりするような行動は、強烈な恨みによる行動だと益留はいう。しかし同時に彼の「恨み」の背景には「信頼」があるという。新田のあの行動は「おまえらはこれを聴くべきなんだ。おれの声を、おれのこの行動を知るべきなんだ」という突きつけであり、それと同時に相手は絶対わかってくれるという「信頼」が、新田に「あるかどうかはわからないけれど、少なくともそう思う」と益留は話す。

益留：それこそ重度障害者に対する差別というものに対して、こころのどこかで、それは「申し訳ないことなんだ」と、「悪いことなんだ」っていうことが、社会のなかにある。それを突きつけられたときに黙るしかないわけですよ、社会っていうか健常者っていうのは。その黙る行為があるっていうことは、私は少なからずとも、そこに信頼がある、と思うんですよね。その信頼があるからこそ、絶対的な恨みというのをきちっと表に出せると思うんですよ。

益留は自分と新田の違いがそこにあると語り、自分には健常者への恨みはあるが信頼がないという。というのも、中途障害である彼は一七歳まで健常者として生きた。そのせいか健常者同士は絶対的な信頼を持ち得ないと思ってしまうところがる。「私はだからできないのね、あの行動は」と新田と比較して語る。それに対して「新田さんは、ぜんぜん違うところで生きているから」と感じる。過去の差別体験が彼の恨みの根源にあるのだろうが、恨むだけでなく「どこかで見捨てない社会っていうのを彼はつくっている」と新田の行動に接して感じるという。だから、益留は「恨みをうまく昇華させる、表現すること」は大切なことだと話した。恨みを抱くということは、対象に強い愛着を傾けることであり、何かを信じることであり、愛を抱くことだからだ。「いまの若い障害者は恨みを自分のやり方で表現できないのがそれは悲しいなと思いますね。それは障害者に限らないな。若い人たち。自分のやるせなさ、やりきれなさを表現するってことをね」と語っていた。

それに対して木村英子は少し違うことを話している。新田の「信頼」について私が質問したときのことだ。人間に対する深いレベルでの「信頼」を新田は抱いているのではないかと私が話した。木村は「それはまだ見方が甘い」といってこう続けた。

木村：新田さんがやさしいのは許容範囲の範囲なので、それが新田さんのいう「わかりあう」っていうレベルではないですから。そこまでは。私より傷ついてるし、すごいだまされてるし、すごい裏切られてるから、人に。あのぉ、私よりも過酷な人生経験を送っているので。私はまだ人に対して幻想を描いていますから。彼はもう幻想はないですから。理想はあると思いますが、幻想はないと思います。

木村は地域での生活をはじめて二〇年近く経った。新田は四〇年だ。彼女は「年数を重ねれば重ねるほど、現実が見えてくるから、すごくシビアになりますよね」といった。しかし、新田のように「どっかでスパンってふっきれて」、「達観したいなといつも思ってます」という。木村の新田への憧憬は深い。

木村：すごい純粋な人だと思うんですよ、新田さんて。純粋すぎる人なんじゃないかなって。若いときは知らないけど。いろいろ話を聞かせてもらうと、かっこいいなって思いますけど。

もうあのひと正義の味方ですから。障害者のことは絶対、裏切らないですよ。なんだかわからないけど。障害者に対して。

以上のように新田への毀誉褒貶はかまびすしい。一つには彼の運動のスタイル、単独突破型への批判がある。そのスタイルは行政に対しての介護料要求というかたちでは力を持つが、獲得した介護料をどう分配して、障害を持つ多くの人びとの地域生活を支援していくか、という視点がない。二つに新田は介護を個人同士が結びつきつくりあげるパーソナルなものだととらえる。それを各人が局域的に立ち上げていくべきだと考えている。しかし、そのスタイルには限界があり普遍化が期待できない。他方で、益留や木村が語っているように、新田は「信頼」や「正義」を身体ごと表現しているところがあり、そのことへの畏怖ともいえる肯定的な発言が聞かれた。

6 交響圏とルール圏の再設定

(1) 普遍化の進展がもたらしたもの

要求者組合の結成とその分裂、ＣＩＬとの合流を見た。また、その過程と並行するようにして実施された東京都の介護人派遣事業の再編を記述した。加えて、要求者組合分裂後の団体の状況について触れた。では、なぜ要求者組合は分裂したのか。そのことをまとめよう。一つに運動の方針・路線をめぐる対立、二つに「障害者のタイプ」の相違とそこからくる感情的な衝突、三つに行政への姿勢の違いなどが重なり、具体的には介護資格の強化をめぐる意見の相違が分裂を決定的なものにした。その最も大きな要因には「おまえら障害者じゃねぇ!」という言明にあったように、ヴァナキュラーな一群とモダンな一群の混じり合わなさがあっただろう。そのことが介護者との関係構築、行政との制度要求の違いとなって現れた。要求者組合とはそもそも、論理的には一致しえない二つの勢力が、市川準一の言葉でいえば「ひとつの奇跡のように」つながって展開した集団だった。

ただし、この相違をもう少し詳細に検討すると、要求者組合のなかにあっても、CILの方法を採用しつつも必ずしも介護の商品化、消費者主義を標榜するのではないグループ(自立生活センター立川、自立生活企画など)、コミューン運動の思想を実践しているグループ(かたつむりの会、つばさ)、その両者のあいだをいくような、互助組織であり派遣センターを運営するグループ(練馬介護人派遣センター)、さらにこのどれにもくみしない新田がいた。要求者組合はヴァナキュラーなグループとモダンなグループが結びつき、しかも、それぞれがそれぞれの長所・短所を闘いあわせるようにして、集団を形成しているハイブリッドな団体だった。

新田は「分裂の共生」主義者だったわけだが、彼らの、混じり合うようで混じり合わず、離れそうで離れないダイナミズムがもっとも発揮されたのが、東京都の介護人派遣事業の再編過程だった。介護人派遣事業をもっぱら手がけてきた在障会のグループと、人材供給の面で介護派遣を展開していたＣＩＬのグループは、決して混じり合わない闘争をしているのだが、しかし、その闘争＝政治こそが、行政という媒介者につなぎとめられることによって、創発的な特性を発揮して、新しい制度の構築を可能にしていた。ヴァナキュラーとモダンがぶつかりあいながら、その曖昧さやグレーゾーンを残しつつ、公的なシステムの導入によって介護の利用可能性を高める「エロスの制度化」を実現していたと見ることができる。

これは一九九七年の出来事だったが、この年は介護保険法が成立する年であり、国で社会福祉基礎構造改革が進められていく前夜の時期にあたる。それによって全国的な介護保障制度が姿を現し制度の合理化が進められていく。これは要求者組合の分裂を生み、「エロスの制度化」を可能にするポテンシャルが少しずつ縮減されていく過程でもあっただろう。また、それと並行するように分裂後の要求者組合とＣＩＬの現状を伝える語りからは、福祉の世界では介護のコンビニスタイル化と共同体要素の希薄化が進んでいることが明らかになった。ＣＩＬの伸長は介護の「普遍化」を進め、自立生活を確実に広げた。このことは大きな成果だといえるだろう。だが、そのことと引き換えにＣＩＬが捨象してきた共同体の要素が見えづらくなってきている。公的介護保障要求運動が保持しようとした「交響圏」が介護からは消えようとしている。では、次に交響圏とルール圏の観点からこの間の変動を見よう。

(2) 公的介護保障要求運動の局域性とCILの全域性――尊厳の位置

ここで冒頭の尊厳の分配をめぐる議論に戻ろう。石川准は「尊厳の分配システム」という言葉を使い、またイグナティエフは「権利の言語」ではなく「ニーズの言語」としての尊厳を、福祉国家が提供するサービスのなかに位置づけるべきだと述べていた。新田らの公的介護保障要求運動とCILはこの介護における尊厳をどのように位置づけるかという点で、異なるシステムをつくってきたといえるだろう。これは本章で見た、要求者組合の分裂過程、その後の要求者組合とCILの展開においてより明瞭に現れていた。

問題の根底にあるものは介護が人間の尊厳とかかわっているということだ。本書では介護を「エロスの交易」と呼んだが、他者の具体的な身体に触れることは否応もなく意味が溢れ出てくる。そして、このエロスがわれわれの尊厳を左右するものとなる。他者の身体に触れ結びつくことはわれわれによろこびをもたらすとともに、関係を抑圧しときには暴力をもたらすことがある。ゆえにエロスを保存することが尊厳を守ることにもなれば、反対にエロスを消し去ることが尊厳を守ることにもなりうる。この介護とエロスの関係をめぐって、CILは「近さ」や「あたたかさ」はいらないとして、可能な限り「無色」の関係をつくろうとした。それとは対照的に、新田ら公的介護保障要求運動は介護にエロスを残そうとしてきた。

このことから、第一に介護とエロスの問題をめぐって、要求運動とCILはそれぞれが構想する「関係のルール」を設定したと考えることができる。要求運動は「人間のぶつかりあい」

といわれるコミュニケーションや共同性の高い生活スタイルにあったように「人格関係」の結合を志向する。彼らにとっては人格の交流を図ることこそが関係のルールである。

他方、ＣＩＬは関係を「割り切る」ための道具として貨幣を用いる。障害者と介護者のあいだに距離を設けることで「役割関係」の形成を志向している。ＣＩＬにおいては介護にエロスを保持する必要はないとする前提がある。サービスとしての介護を利用することで自らの望む生活を築く。仮にエロスなるものが必要であるとしても、それは介護とは別の生活場面に見出せばよいと考えられている。

第二にこの関係のルールを実現するために介護者をどのように調達するかという問題がある。そこで彼らは「分配のルール」を設けた。要求運動は政府の再分配機能を用いて貨幣の供給を図り、そのことで介護者の調達可能性を高めた。介護者の生活保障がなされ介護を労働としてかかわることが可能になったのである。もっとも、要求運動における貨幣の供給は商品交換ではなく贈与であり介護関係は相互贈与の関係であるとされた。

他方、ＣＩＬは要求運動と同様に政府の再分配によって貨幣の供給をおこなうことによって、貨幣と労働の交換を進めた。介護報酬は公的財源であるために純粋な市場原理は働いていないが、介護を賃労働に位置づけ、疑似的な商品交換に置き替えた。彼らはいずれも貨幣を用いることで介護者の調達を図り、介護の安定性を高めた。さらにＣＩＬは介護の派遣システムを構築することによって（彼らの言葉でいえば「普遍化」）誰もが利用できる介護供給の体系をつくった。

これらのスタイルを採用した結果、要求運動とＣＩＬは規模の側面と関係性の側面で異なる帰結を生んでいた。一つに規模の側面において、ＣＩＬは広域的な展開を実現し、多くの障害者の介護の利用を可能にしていた。これは関係を貨幣によって割り切る疑似商品交換の関係が可能にしたものといえるだろう。それに対して要求運動はコミューン実践が見られたが、これは広域的な展開には結びつかず、局域的な活動に止まっていた。このことは要求運動の構想する関係のルールと分配のルールがかかわっており、彼らは介護を相互贈与によって成り立つ人格関係として位置づけていた。こうしたルールは共同体の価値に適合する選好を持った者しか関与することができないために、規模の拡大には結びつかないのである（社会福祉における規模の問題については山本［2011］）。

二つに関係性の側面において、ＣＩＬは「分解過程」という表現や「コンビニスタイル化」という言葉があったように、障害者と介護者が互いに他者に関心を示さない傾向を生んでいた。そのために、どちらかが権力性を帯び、どちらかが疎外状況に置かれる関係の発生が危惧されていた。それに対して要求運動は障害者と介護者が互いに緊密に結びつき、他者のよろこびが自己のよろこびであるような関係を生む土壌をつくっていた。これまでの言葉でいえば、個人的なものの領域や交響圏の生成を志向しているといえる。互いに「与えあう」という相互贈与の力に可能性を見出そうとしていると思われる。

このことから、公的介護保障要求運動の方法は局域的に親密な関係を構築する特性を有し、

ＣＩＬの方法は広域的に介護の供給を可能にする特性を有することがわかる。したがって、要求運動とＣＩＬは互いに排他的な関係にあるのではなく両者は共存的な関係にある。「尊厳」はそれぞれの運動体のなかのルールや規模、関係性の相関関係のなかで、守られるものとなる。

(3) 相互贈与と疑似商品交換――負い目を刻む／隠す

贈与論的に公的介護保障要求運動とＣＩＬを比較しよう。先述のように要求運動は相互贈与を志向し、ＣＩＬは疑似的な商品交換を志向していた。要求運動においては障害者と介護者が出会い、ぶつかりあうことによって、まさに負い目を「心の傷のように」刻み込む。そして、自己保存をかえりみず自己贈与にかりたてられていく。それを互いがかわしあう相互贈与こそが福祉の原点であると考えられている。これはエロスを派生させ互いに惹かれあう関係を構築するのである。

他方、ＣＩＬは介護関係を疑似商品交換になぞらえることで、介護のエロスを抑制し、人格的なものの流通を回避しようとした。そのつどの交換であるから、ここに負い目からの自己贈与という運動を見ることはできない。ＣＩＬでは負い目感情は姿を現さず隠される。あるいはあったとしても非在のものとして扱われる。自己贈与は自己破壊であり、介護の持続性を危うくするものである。そのためにＣＩＬでは交換こそが介護の持続可能性を保障すると考えられているのである。

このように要求運動は負い目とエロスから人間と人間の関係を構想しており、ＣＩＬは反対にそれらを回避することから関係を構想している。そして、これまで見て来たように、どちらにもメリットとデメリットがあり、かつ、相補的な位置づけが可能であった。

「個人的なものの領域を尊重することが、他者を尊重することである」という吉澤の言明が示していたように、自立生活において守られるべきは、全域化しえない交響圏であると要求運動は訴えている。もっとも、だからといって、ＣＩＬに交響圏が成立しないわけではない。どのような規模と実質のそれを構想するかによって違いが出てくる。ＣＩＬは何も介護の関係において交歓のコミュニケーションを生成しなくともよいし、むしろそれは危険をはらむとしてルール設定の構想を優先している。そのため要求運動のような積極的な態度で交響圏を形成しないが、それが偶然的に現れることを拒むものではないだろう。

注

1……この著書は日本においてはニーズ論の文脈でよく読まれた。引用されている文献に、岩田（2000：33）、立岩（2000a：310）、天田（2004：317-319）、岩崎（2005：79）などがある。

2……この行動綱領は青い芝の会の思想を示すものとして当時、強い影響力を持った。次に示す通りである。

一、われらは自らが脳性マヒ者である事を自覚する。

一、われらは強烈な自己主張を行なう。

一、われらは愛と正義を否定する。

一、われらは健全者文明を否定する。

一、われらは問題解決の路を選ばない。

なお、この行動綱領は、横田弘によって起草された「青い芝の会神奈川県連合会」の綱領を下地にしたものであるが、神奈川県連合会の綱領には「われらは健全者文明を否定する」という項目は書かれていない。この項目は一九七五年の「青い芝の会第二回全国大会」において、後に「広島青い芝の会」で活躍することになるメンバーによって提起され、「総連合会」の綱領として新たに加筆された。この経緯にかんする詳細な記述として荒井［2012］がある。

3……高橋修（たかはし　おさむ）は一九四八（昭和二三）年、新潟県生まれ。施設入所を経て八一年に一人暮らしをはじめる。同年「立川駅にエレベーター設置を要求する会」を結成。八二年に三多摩在障会、八六年に立川在障会を設立。八八年には全国公的介護保障要求者組合の結成とともに書記長に就任。九一年、自立生活センター・立川を立ち上げ代表を務める。九五年に全国自立生活センター協議会（ＪＩＬ）事務局長、要求者組合委員長となる。九九年、心不全により急逝。

4……益留俊樹（ますどめ　としき）は一九六一（昭和三六）年、宮崎県生まれ。高校在学時、ラグビーの練習中に頸椎を損傷する。八〇年に上京し東京都田無市に住む。田無在障会を拠点に自立生活の支援活動に携わる。八八年の全国公的介護保障要求者組合の結成に参加。九二年、自立生活企画を立ち上げる。同年、要求者組合書記長に就任。二〇〇〇年、全国自立生活センター協議会常任委員を務める。益留へのインタビューを二〇〇七年一二月六日に自立生活企画の事務所でおこなった。

5……横山晃久（よこやま　てるひさ）は一九五四（昭和二九）年、大阪府生まれ。六〇年、光明養護学校に入学。七二年、同校卒業。以来、駅スロープ設置運動、介護保障要求運動に取り組む。九〇年、ＨＡＮＤＳ世田谷を設立。現在、同事務局長。全国障害者介護保障協議会代表。

6……二〇一〇年五月一三日に三井俊明、絹子にインタビューをおこなった。かたつむりの家は現在、「ライフステーション・ワンステップかたつむり」となり、社会的事業所の取り組みをはじめている。

7……絹子の自伝にはこう書かれてある。「アニキによって意識を目覚めさせられ闘い方も学び、かけひきも盗み取りいろいろ教えられた。アニキはもてる。やさしい。しかしやらしくない。私の尊敬する一人である。私は時々自慢したくなる。きょうだいでこんなに闘っているのは私たちだけかもしれない……しかも地域で生きている、自分なりの生活を営んでいる。世界一かな……、先見の眼を持つアニキ、素晴らしいアニキ……、気にしててくれてありがとう。あらためて感謝します」(三井 2006：264)。

8……俊明はそのことが背景にありつつ、新田との運動の実践過程でいくつも違いがあったと話した。一つは共同性をめぐる視点だ。新田のスタイルは自分が「どう貪欲に生きるか」ということを中軸にして、「それで派生的に他の人たちが助かっていく」というものだ。しかしそれでは「突出している」障害者しか救われない。共同で運動に取り組む視点が薄く、その結果広がりのある活動ができない。二つは異性介護をめぐる問題だ。絹子は府中療育センターで男性職員による入浴介護に反対し、何度も入浴拒否をおこなった。俊明にいわせれば「入浴拒否は人間宣言」であり、その点で新田は府中療育センターで性的な嫌がらせを体験しておらず、異性介護に対する問題意識が薄い。こうしたことを絹子は新田と何度か議論したが、「平行線だった。(新田は意見が) 曲がっててもまっすぐにする」のだった。

9……川元恭子(かわもと　きょうこ)は一九五九(昭和三四)年、香川県生まれ。全国公的介護保障要求者組合の職員公募に応じ事務局員として勤務する。要求者組合の分裂に際して、全国障害者介護保障協議会を設立する。現在は自立生活センター・小平(CIL小平)の代表を務める。インタビューを二〇一〇年七月一三日にCIL小平の事務所でおこなった。

10……そんな川元から見ると、新田ははるか遠くの「お祖父ちゃんみたいなもの」だった。逆に新田から見れば「私はまだ子ども的な存在だったと思う。子どもっていうか孫くらいの感じだったと思うんです」と語り、「私からすればほんとうに大先輩で、先輩っていえない」ほどだった。上京してまもない川元には新田や荒木、三井は「強烈ですよねぇ、ほんっとに。私は『世のなかにこういう人がいるんだぁ』って思って。何も知らない感じでいてですね、強烈でしたねぇ」と話していた。

11……高橋についての言及は、立岩［2001］、渡邉［2011］がある。

12……木村英子(きむら　えいこ)は一九六五(昭和四〇)年、神奈川県生まれ。生後すぐ歩行器ごと玄関に転落し頸椎を損傷する。その直後、施設に入所する。八五年、一九歳のとき施設を飛び出し三井のもとを訪れる。

かたつむりの会の活動に参加するとともに自立生活を開始。八九年、結婚。同年、長男を出産。九四年、多摩市に「自立ステーションつばさ」を設立し、代表として地域自立生活の支援に携わる。木村へのインタビューを二〇〇七年一二月一七日につばさの事務所で約四時間実施した。

13……柏原伸治（かしわばら　しんじ）は一九五八（昭和三三）年、福島県生まれ。大学在学中に荒木義昭の介護にかかわる。八四年、「介護人派遣センターを創る会」の活動を通して在障会のネットワーク化を図る。八八年、全国公的介護保障要求者組合の結成に参加。九三年六月に練馬介護人派遣センターの事務局スタッフとなる。事務を担いながら荒木の介護を続けた。九六年からセンターのヘルパーとして介護に入る。現在は、妻、娘と暮らす。インタビューは二〇〇九年四月一三日に約四時間実施した。

ところで、柏原が障害者介護にかかわりはじめたのは一九七七年、大学に入学してすぐのころ、東久留米市にあった学生寮で勧誘されてからのことだ。当時の光景をいまでもよく覚えている。四月の一一日くらいに部屋のドアを「コンコン」とノックする音があった。開けると寮の先輩だった。「じつは一三日に荒木さんのところにいく人がいなくて困っているんだぁ。いま部屋をまわってきたんだけど誰もいなくて」といった。柏原はとにかく困っているのならと思い、どのくらいかと聞くと、週に四時間だという。そのくらいならと引き受けた。「それがことのはじまり」だった。次の年の四月には、柏原が寮の新入生に声をかけてまわる「手配師」になっていた。

この調子で柏原は大学を六年間過ごす。学生寮で寝ていると「朝電話がかかってくるんだよ。『きょう介護人がいないんだけど…』って」。「試験の日に重なっているからいけない」と一度断っても、その「地獄の底から響くような電話」を受け取り、介護者がいなくて「うんちもらしてんのかなぁとか、メシこぼしてんのかなぁ」と想像するとクラクラしてきて結局介護にいってしまうのだった。

柏原ははじめボランティアで介護に入ったが、八三年に荒木の専従介護者になる。新田が八二年に専従介護を開始したのを受けて、荒木と村田実が同じ時期にはじめたのだ。受け取っていた介護料は月に一〇万円だった。

14……他の要因としては、荒木義昭の人徳によるものが大きいと話していた。

15……市川準一（いちかわ　じゅんいち）は一九五一（昭和二六）年、福岡県生まれ。大学卒業後、七四年に東京都に入庁。はじめ都立心身障害者福祉センターの補装具研究所に勤務する。その後、福祉局で障害福祉行政に携わる。九〇年代の介護人派遣事業改正の実務的な作業は市川が中心になっておこなわれた。二〇〇九年一一月六日にインタビューを約三時間、実施した。

16……小山内美智子（おさない　みちこ）は一九五三（昭和二八）年、北海道生まれ。脳性麻痺の障害当事者。七七年、「札幌いちご会」を結成。北海道においてケア付き住宅の設置運動、自立支援活動に携わる。著書に『車いすからウインク』（文藝春秋一九八八年）、『車椅子で夜明けのコーヒー』（文藝春秋一九九五年）、『あなたは私の手になれますか』（中央法規一九九七年）他多数。

17……市川は新田について「ほんとうに貴重な人材なのでね。なかなかね、ああいう存在というのはね、他にはいないんで」といっていた。社会運動に合理的でスマートな活動は必要だが、「やっぱりちょっと違うんですよね」という。市川は役所のプランニング部門に長く在籍していたため、自分は「理論派みたいな見方をされることが多い」。しかし、「じつはぜんぜん理論派じゃなくて。もうほとんど感覚だけで仕事をしてきているんです」という。その感覚の部分では「新田さんみたいな方とね、お話をしてそこで得るものというのはほんとに大きいですからね。理論的には中西さんと話をしているほうがずっと身になるのかもしれないけど。ハハハ」ということだ。

市川からすると新田や高橋のような過激さと土着性を兼ね備えた人たちが現在の障害者運動のなかに少なくなっているように見える。「当事者のね、あとを継ぐ方がね、いないとやっぱりあれだけの貴重な、あれだけのいままでずうっと積み上げてこられたものがね、ほんとうにどうなるのか」気にしているという。

18……TＩLは東京都自立生活センター協議会（Tokyo Council on Independent Living=TIL ティル）の略称である。東京都内の自立生活センターの相互の連絡、情報提供を目的として一九九一（平成三）年に設立された。高橋はTＩLの代表を務めた。

19……高橋修は一九九九年に逝去する。市川は彼が亡くなったことは「貴重なリンクがね、なくなったというのはね、東京都のあるいは日本の障害者運動のなかではね、とっても大きなマイナスですよね」と話していた。

20……市川は〝ユーザーの思い〟を制度のなかに反映させていく要となるのが行政の企画力だという。行政の思惑だけで制度を企画するのでは企画でも何でもない。「まず根っこにあるのはユーザーですよね。まず制度を使う人、その人たちが何が欲しいのか」を第一において調整力を発揮する。それが行政の仕事だという。それは不思議な縁で上司や同僚に恵まれたと語る。当時の部長は地域福祉振興事業を導入した人物で、市川の企画を信頼してくれていた。「めぐりあわせみたいなのってあるんですよね。要するにね、組織というのも人間ですからね、人間の集まりだから」と語り、非常に調整がやりやすい職場だったという。

21……柏原によれば、このとき介護派遣の事業化の是非が争点にあがっていたわけではない。介護供給の集団化は地域のグループでおこなわれており、それを共同体として実施するか、事業体として実施するかの差異はあったが、それぞれの妥当性をめぐる議論はまだ高まっていなかった。

22……二〇〇〇年代後半から益留は再び新田らと協働で動くことが増えた。しかし、組合の分裂のことは「そこのところはすっきりと新田さんと話してなくて。いま表向きはね、和解したような雰囲気になっているけど。その辺の確執はまだちょっとどうなのかわからないですけどね」と話していた。

23……専従時代を経て派遣センターに携わってきた柏原の認識では、介護は「だんだん楽になってきていると思いますよ、お互い」という。というのも、介護者が慢性的に不足していた時代はほんとうに悲惨だった。障害者も介護者も互いにストレスがたまってすぐケンカになる。「偶然そうなったことでも『わざとだろ!』とかになっちゃうんだよね。半年くらいお互い『針のむしろ』にいるような状態だったですよ」と苦笑していた。「荒木さん、村田さんは『おまえなんか辞めてくれ』とたぶんいいたかったと思う。いやだったろうと。でも、代わりが見つからないし、自分の生活が成り立たない。私ももう辞めたかった。けど、自分がいなくなったら困るだろうと。で、相手もつらそうにしているから、そこはお詫びしてですね、『いいすぎました』と」。専従時代はそんなことがよくあった。現在では介護者が辞めてもすぐに他の介護者が入れるくらい人的資源に余裕が生まれている。だから、柏原は「よくぞここまで来た」と思っている。七〇年代は「介護料、公務員並み!」と求めてはいたが、時給一五〇円の世界だったから、そんなことが実現するとは信じていなかった。「雇われて専従になるっていうのは親の死に目には会えないかもしれないって覚悟しましたもん」というくらい、他に代わる介護者が現れず、ずっとこのままかもしれないと思っていた。それを思うとずいぶんよくなった。現在は、「〝介護人イコールいっしょに活動する〟でなくてもいい時代になってきた」。一概にそれがいいとは思わないが、介護者は運動をしなければいけない、というだけでも貧しい。障害者は介護者に怯えることなく、主義主張は違っても、必要な介護を利用できる。「だんだんよくなっていることは間違いないと私は思っている」と柏原は話していた。

24……こうしたCILへの危惧は公的介護保障要求運動からの移行組に顕著だ。CIL立川に立ち上げから携わり、高橋が九九年に逝去した後、センターを支えて来た野口俊彦は、CILは協同組合でなければならないと述べている。野口によれば、CIL立川は設立当初「住民参加型で会員制度をとって、お互い助け合う、そこを調整する機能」を担う自己完結的な相互扶助団体だった（野口ほか 2004：24）。しかし、二〇〇三年の支援費制度以降、どうしても介護のサービス化・商品化が強まり、派遣会社化が進んでいる。だが、CIL立川はそれとは違う方向を守りたいと話す。「いまの自立生活センターの派遣事業所は、介助を使う人みんなの協同組合にならなきゃいけないと思っています。介助というのは双方向のものだし、だから一方的に受け手なんてのはありえないわけで、自分の生活の中で、どういう介助者と付き合っていくかとか、そういうことをそれなりの責任をもってやっていく意味で、障害者自身も介助への責任がある」と述べている（野口ほか 2004：28）。CILであっても労働者を派遣する会社組織ではなく、共同体の性格を残そうとしていることがわかる。

25……だから、木村は「有料になっているからこそ、もっともっと豊かになっていくんじゃないかみたいな幻想というか、それは崩れたなと思いました」という。反対に介護保障が整いはじめたからこそ、「中身を充実させていくために、人間性みたいなものをお互いに高めていかなきゃいけない」と語っていた。

26……たとえば、次のようなことだ。重度脳性麻痺者等介護人派遣事業は当初、他人介護だけでなく家族介護にも介護券が支給された。それが利用者の拡大で家族介護を切り離す選択が案として東京都から出される。練馬在障会は反対したが、新田らとの話し合いの結果、切り離すことになる。このときも喧々諤々やった。また、介護人派遣事業をヘルパー制度に乗せるときも練馬在障会は反対派が多かった。国の介入が強まることへの危惧があったからだ。他にも事業所による派遣の是非や医療行為をめぐる問題など、新田との食い違いを数えればきりがないという。

第8章

考察
——相互贈与としての福祉をめぐって

本書の問題意識は、公的介護保障要求運動の生成と展開過程を記述することを通して、福祉を贈与として立ち上げることは可能かという問いを明らかにするものだった。では、それは可能だったろうか。贈与としての福祉の意義と限界はいかなるものだっただろうか。第一に新田のライフヒストリーを時系列でまとめる。新田のライフヒストリーは彼らが「自立生活」という最適解を獲得するまでの試行錯誤の過程であり、その自立生活を可能にした条件を記述する。第二にこうした過程に贈与論を踏まえた考察を加える。彼らが導き出した相互贈与としての福祉というアイデアを検討し、そこからいかなる福祉を構想することができるかを考える。

1　新田勲のライフヒストリーと自立生活——本書の要約

　本章ではこれまでの記述に考察を加え、新田らの福祉実践をめぐる新たな知見を導き出す。では、はじめに本書の要旨をまとめておこう。第1章は新田の日常生活への参与観察によって得られた事実を記述した。とりわけ、新田の介護に入るなかで見聞きした経験を最初の驚きとともに示すよう努めた。その生活は脱家族、脱施設、介護の他人化といった思想が埋め込まれ、それが実践されていた。また、共同性を醸成するための独特の工夫、たとえばパートナーや娘と介護者も含めた、その場にいる成員すべてで食卓を囲むことや、障害者と介護者がともに入浴する場面が観察された。この介護体験のなかで私は要求運動の世界にのめり込んでいったが、あるとき個人的な都合から「介護を休む」ことを切り出したところ、新田から手紙をもらった。これには相手に一撃を食らわす強烈なメッセージが記されており、私は打ちのめされ深い葛藤を抱いた。しかし、すぐその後に葛藤を緩和させる態度を新田がとったことから、私は救われた思いがした。そのメッセージには独特の「重さ」があったが、彼は他者を変革させようと体当たりでぶつかってくるところがあり、他者に捧げるエネルギーが尋常でないことがわかった。これは「贈与」の重さであり、新田のいう「福祉」とは贈与の感覚と関連しているという仮説を立てた。

第2章は第1章を受けた理論編であった。近代資本主義社会における福祉の構造を財の移転原理に着目しながらまとめた。福祉には自立・交換・保険を契機とする体系と扶助・贈与・扶養を契機とする体系があることを確認した。贈与の原理は負担の感覚と表裏をなしており、贈与は必要最低限のものに制限された。この福祉の贈与性がパラドキシカルな抑圧を生む。贈与は人間の関係に優劣を生み支配関係を形成することがあり、与えることそれ自体が他者を顧みない抑圧（＝パターナリズム）となる。そのため自立生活運動は、一つに福祉のパターナリズムを批判する運動として開始された。だが、二つに批判するだけにとどまらず、それとは別の福祉を自ら立ち上げる運動でもあった。その福祉の構築の仕方に様々な類型が見られた。自立生活センター（CIL）は福祉の贈与性を脱色し、介護をサービスとして位置づけたのに対し、公的介護保障要求運動は福祉を贈与として立ち上げることにこだわっていた。このことの意味を探るために今村仁司の贈与論を参照し、負い目感情を起点とした自己贈与と自己破壊の理論を、贈与の一撃を理解する助けとした。本書は以上の記述を踏まえ、要求運動が発する問いを引き受け、贈与としての福祉が存立可能なのか、また、そのことにいかなる価値があるのかを明らかにすることを目的に掲げた。

第3章は贈与のどの側面を拒み、どの側面を受け取るべきかという観点から、新田の家族経験と施設入所の体験を取り上げた。また、彼の現在の生活は〈家族〉と他人介護者が共在する空間であり、彼らがその生活様式を選びとっている理由を明らかにした。まず一つに自立生活運動の先行研究が示していたように、家族の内閉的な愛情や施設の福祉的配慮が彼のライフヒストリーからも確認された。母は愛情を注ぎ、介護に没頭したが、ふたりの障害児の存在は家族成員間の軋轢を深いものにした。家族の経済的困窮に直面し、彼らは一九六五年に施設へ入所する。施設は多数の入所者を一元的に管理する機構であるため、「生かすための権力」が張り巡らされており、入所者の生活は制約を受ける。これに対して新田は激しい抵抗と処遇の改善要求運動を開始するのであった（府中闘争）。こうした公的領域と私的領域の問題系を踏まえて、新田の現在の生活は、〈家族〉も他人介護者も社会的な存在としながら、かつ個人的なものの領域をかたちづくるなど、絶妙の空間を形成していた。なお、贈与論的理解では、彼らは家族や施設において返礼なき贈与を一方的に与えられることで、強烈な負い目を抱いた。与え返すことはあらかじめ封じ込められており、その負い目を解消することができない。支配の贈与を明るみにだし、拒むことによって、自ら与え返す贈与が模索されることになる。

第4章は府中闘争の展開過程を記述した。この闘争ではこれまで返礼なき一方向の贈与を与えられてきた新田らが贈与の暴力を告発した。そして、自ら贈与を与え返すことで他者に負い目を食らわし劇的な変化をもたらす闘争形式が見出された。この表現が彼の足文字だった。府中闘争は施設の職員への態度変更と連帯の呼びかけだったが、一部の職員が理解を示したものの、多くの職員は応答を示すことはなかった。このことを一九七〇年から生じる勤務異動反対闘争と在所生のハンガーストライキに見た。その後、センターを重症者の入所施設に一元化し、他の入所者を山間部の新施設に移転する方針が管理者から示される。新田ら在所生は移転に反対する有志グループを組織し抗議行動を起こす。都庁前テント座り込みがおこなわれるなど、この実践がマスメディアによって大きく報道され、施設内の現状が明るみになった。府中闘争は「施設から地域へ」という脱施設の思想が紡ぎ出されていく発火点となった。この闘争を通して新田らは挑戦による劣位感情の乗り越えという闘争形式を見出し、社会への贈与の方法を獲得するのである。

第5章では府中闘争後に地域に出た新田らが福祉をどのようなものとして立ち上げようとしたかを記述した。一九七三年、彼らは在障会を結成し、介護が公的制度によって保障される社会の確立を求める運動／生活を開始する。在障会は行政に対して介護者（人材）ではなく介護料（貨幣）の支給を求め、実際に公的介護保障の制度化に成功する。このとき獲得された諸制度は障害者と介護者がその関係性に配慮し、介護を通して互いに与えあう関係を担保する体系を持っており、われわれはこれをエロスの制度化と呼んだ。とりわけ、生活保護制度がそうであったように、彼らは相互贈与を可能にする「贈与の制度」の獲得に力を入れた。なお、これは親密に交流する介護の関係を制度的に保障するという意味で、交響圏を支えるルール圏の構想だったといえる。他方で、介護料の支給量はきわめて低く、介護者には有償ボランティア程度の介護料しか手渡すことができなかった。「ぶつかり合いの人間ドラマ」といわれるように、惹かれあう人間関係を基盤にした介護が見られ、彼らにとって生活することそれ自体が新たな

「挑戦」であり（コミューンの共生実験）、その高揚と挫折とがあった。

第6章は公的介護保障要求運動が開発した「専従介護」という労働形態の生成過程と内実を記述した。一方的な支配の贈与を拒み、与え返したうえで、いかにして贈与を肯定的に立ち上げるか、それを可能にする条件が模索された。専従介護は漸増していた介護料を、コアとなる介護者に手渡すことで介護者の生活を保障し、障害者の介護の安定化を図ることを目的として実践された。これは介護を労働として位置づけるものであり、一九八二年に実施に至る。本章では主に当時の介護者たちの語りをとりあげ、彼らが介護あるいは専従介護をどのように受けとめ実践してきたかを記述した。当時の支配的な価値観では介護を労働としてとらえる見方はきわめて少数であり、新田の意思に反して介護者からは専従介護に対する「漠然とした不安」が消えなかった。また、介護の労働化は介護者の生活の論理が顔を出してくることとなり、端的に新田との対立となって現れた。こうしたジレンマのなかにあって自ら「弱くあること」を選びとり、新田の生活のなかに自分の生活を投げ入れる介護者の姿があった。要求運動は介護の労働化を謳いながらも、貨幣を介護の対価とせず、賃労働についてまわる疎外状況を回避する戦略を採った。芸術の制作が商品労働とは異なる意味と原理を有するように、彼らは介護を商品労働と見なさず、贈与労働として位置づけていた。

第7章は公的介護保障要求運動の現在を把握するために、全国公的介護保障要求者組合における分裂過程に焦点をあてた。はじめに自立生活運動における集団の特徴を記述し、それらを比較した。要求運動はそれまでの運動の基本主題が解放闘争や所得保障要求であったのに対して、介護の公的保障を求めるという点で一線を画した。彼らは行政闘争に力を入れる一方、個々の介護関係においては障害者一人ひとりが介護者を調達し関係を形成することに主眼を置いた。この方法に対して、一九八〇年代後半、介護の安定供給を目的として集団的な供給方法が検討されるようになる。要求運動内部でも専従介護の個別性を保持しながらそれを普遍化する方法が模索された（介護人派遣センターを創る会）。この流れとは別に自立生活センター（ＣＩＬ）は介護を集団的にプールし、貨幣との交換によって障害者に介護者を派遣する方法をとった。介護に意味を付与することを避け、サービスとして「割り切って」消費することが励行された。新田らが組織した全国公的介護保障要求者組合は要求運動系のグループとＣＩＬ系のグループが混在していた。また、東京都のレベルにおいても同様のグループ構成が見られ、制度再編時にこのグループ間の闘争的な共同性によって当事者の自由を残したエロスの制度化が実現された。しかし、グループ間の対立が表面化し要求者組合は一九九七年に分裂する。現在の自立生活運動においてはコミューン型のグループが少数派となり、ゲゼルシャフト型のグループが大勢を占めるようになっている。ＣＩＬは関係を「割り切る」ことや介護の商品化によって、誰もが介護を利用できる普遍性を実現した。ただし、交響圏の要素が後退する現状にあり、介護にまつわるエロスや共同性の消失が指摘された。他方、要求運動は緊密な「人格関係」の結合を志向し、貨幣の移転がおこなわれていても、介護関係に「お互いさま」という契機を見いだすことによって、疑似商品ではなく相互贈与としての介護関係をつくろうとしていた。だが、このスタイルは共同体の価値に適合する選好を持った者しか関与できず、関与できたとしても持続性を期待できない側面があった。最後に新田をめぐる毀誉褒貶の論議を取り上げ、彼が「分裂の共生」主義者であることを確認した。

2　自立生活の条件——関係の探求

(1) 家族の経験から——個人的なものの領域と社会的なものの力

新田のライフヒストリーと運動の過程は、自立生活が獲得されていく過程であった。彼は自身の困難経験をいかにして解消するかを探求するなかから自立生活という生活様式を見出していく。では、何が自立生活を導くことになったか、彼が求める自立生活の条件とはどのようなものか、先行研究との比較をおこないながらまとめよう。まずは現在の彼の生活様式を振り返ることからはじめる。

新田が見出した自立生活とは、私的領域に属する営為とされてきた介護をいったん公的な領域に引きずり出し（脱家族）、公的な合意と資源を調達することで再び自らの私的な領域をつくりあげる戦略をとった（脱施設）。自立・生活という言葉の、「自立」が政治性を帯びた公的なものの象徴であるとすれば、「生活」は私的なものの固有性を表現しており、「公的なもの」

と「私的なもの」のはざまに「自立」・「生活」は存在している。自立生活とはこの公私区分のはざまにありながら、「個人的なものの領域」を「社会的なものの力」によって守る空間であったと考えることができる。

これは新田の現在の生活を見ればわかる。彼は一方で他人介護者を招き入れ自らの介護を介護者に預けることによって、他方で自分のパートナーと娘との関係を築き上げていた。新田はその関係を決して「家族」とは呼ばず「個人の集まり」だと表現していたが、かけがえのない他者との空間である「個人的なものの領域」を保持しようとしていたことには違いないだろう。このことを踏まえると、自立生活はひと口に「家族」なるものからの離脱を志向する「脱家族」の運動として語ることができない。「近代家族」がそうであったような、情緒的結びつきを基盤にした扶養義務からの解放を目指しながらも、具体的な他者との情緒的な結びつきそれ自体は手放されていない。その関係をいかにして自己も他者も傷つけずに確保することができるかということが問われた。

近年の自立生活の研究はこれまでの脱家族の主張を単純になぞるだけでなく、障害者家族内の複雑な関係性を繊細にとらえることで「脱家族論をより豊かなもの」（中根 2006：43）へと書き換えようとする研究が見られる（土屋 2002, 中根 2006）。社会学者の土屋葉は障害者家族への詳細な調査によって、「介助役割をあえて手放すことにより、子どもとの新しい関係性の創出を試みている」家族があることを指摘している（土屋 2002：220）。こうした事例では「自立」はある状況からの脱出ととらえられるのではなく、よりよい関係を求める手段として積極的に価値づけられているという。土屋によれば家族から介護を切り離すことによって、逆に親子のあいだに残されるものがはっきりと輪郭を持つようになる。それはお互いにとって「もっとも身近な人間の一人として、お互いを思うこと」である（土屋 2002：226）。つまり、脱家族の実践とは、家族からの完全な分離や否定を意味するのではなく、親と子が関係を結びなおすための契機でありひとつの手段であると理解されている。

社会学者の中根成寿は知的障害者家族の調査を分析するなかで、親が子に対して特権的な力を持つのではなく、「障害をもつ当事者を思い、配慮する多くの人びとの中の一人」として親を位置づけ、社会的なケアとの分担によって親も子も生活を維持することができる関係のあり方を「ケアの社会的分有」と呼んでいる。中根は家族という個別の関係性が生む「ケアへ向かう力」に繊細な注意を払いながら、ケアを家族から外部へ労働化すればそれでよいといった単純な「ケアの社会化」ではなく、家族ケアへの過剰な意味づけを緩和していくことによって「ケアを外部化できるものとそうでないものに分け、家族も含めた多元的なケアの担い手により分け有する」社会システムの構築を提案している（中根 2006：147）。

こうした新たな脱家族論を論じる自立生活の諸研究を参照すると、脱家族の主張は必ずしも家族の否定や分離として理解されているのではなく、親子の関係を編みなおすためのひとつの方法ととらえられていることがわかる。そして、その関係に「残るもの」が積極的に評価されている。

新田はこの「残るもの」をいかにして保つかを問うてきた。彼のライフヒストリーを振り返ったとき、親やきょうだいとは完全に離れ、他人介護という方法を自ら見出していくわけだが、それは親やきょうだいとの「関係の編みなおし」を結果的に導く過程だったといえる。また、彼にとって家族といった場合、定位家族（親やきょうだい）のみならず生殖家族（パートナーや子ども）との関係が注目される。もちろん定位家族と生殖家族における成員の関係性には相違があるだろうが、私的領域と公的領域の区分、あるいは「個人的なものの領域」と「社会的なものの力」をめぐる成員の配置の問題としてとらえなおせば、新田の実践は脱家族論への示唆を与えてくれる。このことに触れよう。

新たな脱家族論やケアの社会的分有というアイデアは理念的には私たちが目指していくべき方向を示しているだろう。しかし、それを実践することは非常に難しい。具体的な日常のかかわりあいにおいて、個人的なものの領域としての〈家族〉と社会的な背景を背負った〈他人〉が折り合いをつけながら生活をつくっていくことはつねに困難さが伴う。

たとえば、社会福祉学者の田中恵美子がおこなっているインタビュー調査には、夫や妻、子どもと同居し、かつ他人介護を利用している全身性障害者の事例がある（田中 2009）。そのいくつかの事例では、家族と他人介護者が折り合いをつけることの難しさが語られ、両者のあいだに生じるコンフリクトが報告されている。たとえば、六〇代の脳性マヒの男性は、かつて同居していた妻と離婚している。男性によれば介護を仕事としてとらえ他人に任せることと、家族のプライバシーを守ることの両立は困難だったという。妻は他人介護の重要性を理解し、それを望みながら、一方で「家族だけで食事をしたり、団欒したりする時間」を望んだ。男性は介護者と家族の距離に神経を使ったが、妻は「もっと家族だけで過ごしたい」と求め、ふたりの溝は深まった（田中 2009：110-111）。

また、三〇代で進行性の筋委縮症に罹患した女性（現在は五〇代）は娘が独立したあと夫と別居している。彼女は「理想を言えば、二四時間他人介助で、家族の生活を守るべきなのでしょう。けれども、我が家の場合は介助者に恵まれすぎるあまり、家族よりも介助者に頼ってしまい、（家族と）コミュニケーションもうまく取れない状態でした」と語っている（田中 2009：190-191）。

つまり、他人介護者という社会的なものの存在が大きくなり、家族という個人的なものの領域を守ることを難しくさせている。他人が私的領域に入り込んでくることによって、そこはもはや私的領域本来の性格とは異なった、公的な性格を帯びた場所へと変容する。私的領域に自己の「安息」を求めていた〈家族〉にとっては、自らの「休まる場所」の喪失を意味するだろう。他方で、他人介護者はこの場所に「安息」を求めて訪れているわけではなく、介護の必要に応じて訪れているのであり、自分自身の私的領域としては意味づけていない。その結果、両者のあいだには小さくない対立が生じることになる。公私区分のはざまを越境することの問題がここにはある。

しかし、新田のように、自分が大切に思うものの存在と関係を結びながら自立生活をつくりあげようとすれば、そこに他人介護者が入り込んでくる状況自体は避けることができない。したがって、個人的なものの領域と社会的なものの力をいかにして両立させるかという問いに向き合っていくことになる。

新田は個人的なものと社会的なものという区別を採用しておらず、いってみれば、〈家族〉とも介護者とも個人的なものの領域を形成しようとしていた。とりわけ、介護者を個人的なものとも社会的なものとも決定できない者として位置づけ、〈家族〉と他人介護者からなる「愛の空間」を立ち上げていた。これは一見、奇妙な空間に映るが必然性と合理性を持った空間である。なぜなら、自らの愛する人に介護を預けることは愛する人との関係を壊していくことにつながる、そのために他人を招き入れ介護を預けることによって愛する人との関係を守ろうとする。しかし、それで愛の関係が守られるかというと、同じ空間に他人が入り込んでくることによって愛の関係は常に脅かされる蓋然性を持つ。そこで他人には人格的なかかわりを求めず、手段的・機能的な役割を求めることがある。だが、それが行き過ぎると今度はその他人を疎外することにもなり、この場所にかかわろうとする意志を減じさせることになる。あるいはそうした非人格的な関係に置かれる他人と、人格的な愛の関係にある人とのあいだに感情の軋轢が生まれる。その結果、この空間の存在を危うくする。これはきわめて単独的で特殊な現実のようだが、こうした状況においてはどこにおいても現れうる普遍的な現実である。

新田の現在の自立生活は彼がこれまで直面した現実から解を導き出した最適な形態である。つまり、愛する人との関係を大切にするのはもちろんのこと、他人との関係を、社会的なものとも個人的なものとも区分けができないものとして結び、他人をも愛する関係をつくるということだ。これは彼がたどり着いた自立生活の理想型であり、重度の障害を持った者が介護を受けながら、かけがえのない他者とともに生きていこうとすれば、こうした空間をかたちづくることは必然なのである。

(2) 施設の経験から——役割関係と人格関係

新田の自立生活において他人介護者は社会的な存在とも個人的な存在とも決定できない区分越境的な立場性を付与されていた。他人介護には社会的な役割関係だけでなく、個人的な人格関係も同時に見られるのである。

このことは新田の施設経験が深く影響を与えているだろう。とりわけ、府中療育センターにおける施設職員との関係性がそうだった。一般に福祉施設は多数の入所者を一元的に保護・管理するために合理的・効率的な運営方法を採用している。入所者の行動の自由やプライバシーは制限を受け、そこに自己の私的領域を確保することは困難である。職員はその論理を実行するエージェントであり、施設職員としての役割を厳然と引き受けている。彼らは専門職として職務を遂行しており、入所者との関係に距離を設定する意識が強い。また、労働者の利益と入所者の利益が対立する場面では労働者は自らの利益を優先する。そのため入所者と「個人的なものの領域」を形成する余地はほとんどなく、職員と入所者とのあいだには超えることのできない「根源的裂け目」があった。

府中療育センターにおいて、在所生はのびのびと自己を解放する生活を望んでいるにもかかわらず、日常的にもっとも近くにいる職員とさえ親密な関係を切り結ぶことができない。すると日々のかかわりは互いに冷めたよそよそしいものになる。介護という人間同士が接近する契機に自己の自由さを承認することができなかった。というのも、多くの職員は組織の論理、労働者の論理を優位に考えたし、多くの在所生は世話になっているという劣位感情から、異議を申し立てることがなかった。互いに自己を超えようとして超えることができない「相互疎外」に陥っていた。その経過から職員のなかには腰痛症を発症し腰の鋭い痛みによって休職や離職を余儀なくされる者があった。新田ら在所生有志は職員とのあいだに言葉のほんとうの意味での「親密な関係」を結ぼうとして、具体的連帯を呼びかけた。しかし、この呼びかけも一部の応答を呼び込んだだけで、施設における職員と在所生の関係を根本的に変革するまでには至らなかった。

新田らが批判した施設の管理体制とは在所生に対する抑圧的な処遇をいったものだったが、それは組織の構造を批判するとともに職員との関係のあり方を問いなおすものだった。この施設経験によって、新田は介護においては社会的な役割関係を超えた、人間同士の人格関係を構築しなければならないと考えただろう。実際、一九七三年に在障会を結成し公的介護保障要求運動を開始してからは、行政に対して介護料を要求するさいに、介護料制度が「人間関係にもとづいた介護」を保障するものでなければならないと求めていた。そこにははっきりと施設の職員のような割り切った関係ではなく、互いの人間性を承認しあう関係の生成が目指されていた。このように彼の施設経験は現在の自立生活に大きな影響を残している。

(3) コミューンの経験から――直接性・無媒介性と間接性・媒介性

新田は自立生活において介護者を個人的なものとしての性格を半面で持たせたが、もう片方の半面では社会的なものとしての性格を見出そうとしていた。他人介護者は「愛の空間」にあって、個人的なものの領域に限りなく近づきつつ、社会的なポジションに止まり続ける。つまり、先ほど見た「役割関係から人格関係へ」という志向とは逆向きに依然として「役割関係」も重要な意味を持っていることを確認しておこう。

このことは娘の存在と比較すると明らかだった。新田は娘に対して限りない愛を注いでいた。娘は新田の足文字を読まず、唯一、彼と口で会話することを許された存在だった。それに対して介護者は口での会話や先読みは許されておらず、あくまでも足文字によるコミュニケーションが求められていた。ここからわかることは、介護者は〈家族〉に比べて、より社会的な場所に位置しているということであり、「他人介護」というアイデアの本義はこうした「他者」との隔たりを適切に保持しておくことにある。新田は「愛の空間」をつくりながら、しかし他人には厳然と社会的な存在であるという一線も引いている。このことも彼のライフヒストリーが導き出させたひとつの解である。一九七〇年代に彼らが試みた「愛とやさしさの共生実験」を振り返ればそのことがわかる。

一九七三年に府中療育センターを退所し、他人介護者たちの介護を受けながら新しい暮らしをはじめたとき、先に見たような個人的なものの領域と社会的なものの力の区別ははっきりとなされていなかった。介護料という貨幣の再分配は十分な実施には至っておらず、そのなかで彼らの出会い方は互いに惹きつけ合うエロスの力に依っていた。学生や主婦、労働者をボランティアで招き入れ、不安定ながらも介護を彼らに担ってもらった。

またそれだけでなく、新田らは親しい仲間と共同でともに暮らすコミューンの実験を試みている。男や女や障害者といった属性を超えて、介護に子育てに日々の生活に、「生身の人間」としてかかわりあい、愛とやさしさをもって互いを思いやる関係を模索した。ときにはぶつかりあう経験を重ねながら、ひとりの人間が真っ直ぐに結びつくことのできるコミューンを求めた。彼らは他人同士が集まって、直接的で・無媒介的な「個人的なものの領域」をつくりあげようとしたのである。

しかし、この「愛とやさしさの共生実験」はある面では挫折した。第一に直接的で・無媒介的な関係を求めたのには、彼らが生身の人間としてほんとうの「関係」をつくりたいとする理念があったからだろう。一九七〇年代にコミューンの社会学的研究をおこなっている今防人は、七七年のエッセイのなかでコミューンの実践は自己変革と他者変革を通した〈関係革命〉であると述べている（今 1977）。コミューンは「常に人間の全体的な触れあいのある場」であり、「みにくいところも、うれしいことも、あらゆる人間関係を含んだ集団のなかでこそ、人間は変わりうる」という実践者の声を拾い上げている（今 1977：170）。実際にそうした不純物のない関係は彼らを精神の深いところで出会わせただろう。しかし、生活の場がこのような理念に覆われてしまうことは相当な無理を身体に強いる。近しい人びととの関係を常に問い直さなければならない生活とはきわめて息苦しい「生活」である。コミューンは個人的なものの領域という、身体にとって自由な空間をかたちづくろうとしているはずが、その形成する力が身体を不自由にしてしまう。理念という社会的なものの力がまるで強迫観念となって個人的なものの領域の自由さを奪い取ってしまうのである。端的にいってこの実践は身体に相当の負荷を与え、疲弊させただろう。直接的で・無媒介的な関係をつくろうとする努力が直接的で・無媒介的な関係の形成を不可能にしたのである。

また、第二にこの関係はエロスの力によって惹きつけ合い結びついていた。しかし、エロスの力は強い結合をもたらすが、その結合の持続を保障するものではない。個人個人の人格の関係は一方で性愛の関係も形成した。そうなれば、その関係のそれぞれは「個人的なものの領域」を保持しようとする。しかもそれは特定の誰かと誰かを結びつけるだけでなく、複数の誰かと誰かを無秩序に結びつけた。一般に個人的なものの領域は閉じられ・隠されるべき性格を持っているが、そうした関係性がコミューンの空間のなかに無秩序に複数現れると、本来、隠されるべきものがあらわとなり、それに対する嫌悪や嫉妬、憎しみの感情が沸き起こる。結果、この空間は混乱に陥ってしまう。その混乱のすえに、愛とやさしさの共生実験は解体したといってよいだろう。

このコミューンの経験を踏まえながら、新田は他人介護者に介護料を手渡し、介護者として労働化する方法を編み出していく。つまり、直接的で・無媒介的な関係ではなく、介護料を介在させることによって成り立つ、間接的で・媒介的な関係を選択したのである。コミューンのように生身の人間として直接的につながるのではなく、「他人」介護者という、一定の距離を置いた人間同士の役割関係を形成した。常に再帰的な関係の問い直しを反復する不安定さとは異なり、「役割」という行動のパターンが与えられることによって介護は安定性を有することになる。こうした経験から新田は自立生活における介護者との関係はコミューンのような個人的なものの領域によって切り結ぶだけではなく、「他人」であることを保持した社会的な性格を与えた。

とはいえ、新田はコミューンの経験を忘却していない。なぜなら、社会的役割関係を強調するばかりであっては、介護関係は施設職員と同様のものに変容してしまうからだ。そのため七〇年代に模索された関係性はその後も連綿と探し求められていく。介護料制度の獲得に成功し、一定の介護料を介護者に手渡すことができるようになってもなお、介護労働を貨幣交換に擬制した労働には位置づけず、相互贈与としての介護を実践し続けていったのはそのためである。

(4) 介護者の経験から――商品労働と贈与労働

公的介護保障要求運動においては介護を労働としてとらえ介護料を供与する専従介護が一九八二年にはじめられた。当初は将来の展開が見えないなかで介護者は不安を抱えながらのスタートではあったが、介護料の給付額が漸増していくにつれて専従介護者の数も確保することが可能となり、介護の安定化が図られていった。しかし、介護料が労働を動機付ける財として利用できる金額にまでなっても、新田は介護料を介護労働の対価とは見なさず、また交換関係としてもとらえていなかった。介護料は介護者の生活を保障する貨幣という文脈で理解されており、介護は間接的でありながら直接的であり、媒介的でありながら無媒介的であるかたちで実践された。本書はこうした労働のあり方を商品労働と対置するかたちで贈与労働と呼んだ。

贈与労働は第一に不払い労働（unpaid work）とは異なった。新田は家族介護、さらにはボランティアの無償介護のいずれにも限界を感じとり、介護を労働として位置づける運動をおこなった。だから、介護を私的領域における家事労働としては意味づけず、私的領域から公的領域へ引きずり出すことを試みた。また、有償／無償という軸においても、介護を有償化する方向をいち早く示した。介護を無償で提供できる者は資本主義社会においては経済的に恵まれている者に限られる。有償化し介護者の生活保障を確立することが自立生活の安定につながると考えられた。このように贈与労働は決して不払い労働ではなく有償の労働である。

しかし、第二に贈与労働は商品労働あるいは賃労働とは異なる。介護において労働者は貨幣を受け取っているが、それは労働の対価としてではなく労働を可能にする資源のようなものとして受け取っている。また、その労働も貨幣の獲得を第一の目的として提供されるのではない。芸術や教育が、財・サービスの提供という形式をとっていながらも厳密な等価交換によって成り立つ商品労働ではないように、介護はあたかも芸術のような営為としてとらえられる。介護は、財・サービスの受け手である目の前の人に対して貨幣交換を超えた、無際限な何かを与えたり、思いをめぐらしたりする、贈与の労働である。

だが、この贈与労働が持つ微妙なニュアンスを理解し身体化することは必ずしも容易ではない。とくに介護保障制度が整いはじめ、介護料の給付が充実してくると、当然、貨幣の獲得を目的として介護労働に就く介護者は増える。近代的な労働観を内面化している者であれば、資本主義経済の市場原理と異なる贈与の原理に戸惑いを覚えるだろう。もちろん、その後、内的に労働観の変化が生じれば公的介護保障要求運動の世界に溶け込んでいくことはできるだろうが、等価交換を前提とした市場原理によって介護労働をおこなおうとする者はこの世界に適応することが難しいだろう。

新田は家族の経験があったからこそ、施設の管理体制に我慢がならなかったと述べていたが、彼が生成してきた実践知はすべて自分自身が直面した困難とそれをいかに解決するかという問いのプロセスのなかから生まれた。家族経験、施設経験、他人介護とコミューンの実験、専従介護の挑戦、どれを取っても彼の人生と切り離して考えることができないものである。

(5) 要求運動とCIL――関係の実質と規模の拡大

介護の有償化を求めた上で、公的介護保障要求運動が貨幣を労働の動機財には据えず、介護を贈与労働として位置づけていたのに対して、CILははっきりと商品労働として位置づけた。貨幣とは商品の一形態であるが、介護労働も商品の一形態である。その商品と商品の交換という非常に合理的でクリアな関係を提示した。そして、この介護という商品労働を消費する消費者運動としてのCILは、消費と同時にサービスの提供を実施して行き、日本の各地に介護派遣事業所を立ち上げた。CILの介護派遣システムは特定の限られた者だけが介護を利用するのではなく、誰もが容易に介護を利用できる、という利用可能性を高めた。そして各地に眠っていた介護のニーズを掘り起こし、自立生活の拡大に貢献した。

自身もCILの介護者であった前田拓也がCILにかんする分析をおこなっている。CILの消費者主義とはつまりは「金で介護を買う」という方法である。貨幣によって媒介された関係であるから、その関係は貨幣の有無によって容易に接続もすれば切断もする。これは「金の切れ目が縁の切れ目」であることを積極的に利用したものであり、障害者と介護者が互いの関係を追い込まず、自由を確保するための方法であるといわれる（前田 2009：288-289）。

ＣＩＬは介護をめぐる退出可能性を担保することで介護の量あるいは規模を保障することに成功した。介護者はいつでも介護関係から退出できるのに対して、障害者はその身体があるかぎり介護から逃れることができない。このように介護者と障害者のあいだには「退出可能性をめぐる非対称性」が存在する。それに対して介護の有償化は、貨幣を媒介にした雇用関係を導入することによって障害者に介護者を解雇する権利を与え、個別の介護関係を解消することを可能にした。介護それ自体からは逃れることはできないが、「この介護者から介護されること」からは逃れることができる方法である。ＣＩＬはこの退出可能性を担保したうえで、それでもなお退出せずにいられる回路を見出そうとしている（前田 2009：311-312）。

前田はこの退出可能性を担保したあり方を肯定的に評価し、ＣＩＬを「出入り自在の場」と表現している。また、ＣＩＬにおける障害者と介護者の関係は「まずはカネでつながっている以上、ＣＩＬはつながると同時に切り離された人びとの集う両義性の場」であり、両義的であることこそが、介護に自由さをもたらしていると述べている（前田 2009：323）。実際に、この容易なアクセスのあり方、ゆるやかなネットワークの結び方が確実に多くの健常者を集め、彼らを介護者へと育て上げた。介護者の退出可能性を肯定することは「一人でも多くの〈介助者〉を『社会』に輩出することをも保証し、肯定すること」なのであり、「つなぐと同時に切り離す、あいまいでどっちつかずな、引き裂かれた関係性の間隙をくぐった介助者たちの経験を、この『社会』のなかに再び位置づけることに静かにつながってゆくはずなのである」と述べている（前田 2009：235）。

第7章で見たように、新田らの全国公的介護保障要求者組合はヴァナキュラーな一群とモダンな一群が混在する団体であったが、意見の対立や感情のもつれが積み重なるのにつれて、後者のグループがＣＩＬの方法論を選びとり、結果的に要求者組合は分裂に至った。その後、ＣＩＬは財源的な保障を得、介護派遣サービスを各地に展開していった。前田が指摘するような「出入り自在さ」が多くの障害者と健常者を出会わせたのであり、ＣＩＬは運動としても事業としても成功を収めたといっていい。

ただし、これは商品としての介護サービスが拡大したという「規模」を尺度として見た場合にいえることである。介護サービスの量的な拡大、あるいは実施規模の拡大が多くの自立生活の安定につながる。これはまったくの正論である。しかし、他方で要求運動が追求してきたようなコミューン的な出会いの可能性、本書のこれまでの言葉でいえば「交響圏」はどうなっただろうか。新田らが家族から離れ、また施設からも飛び出し介護者とともにつくろうとしてきた生活は、もちろん規模の保障がなければ成り立たない世界ではあるが、はじまりにおいて彼らを突き動かしたものは、他者との関係の実質をゆたかなものにしたいという欲求であり希望であった。この「関係の実質」を求めようとする意志は、現在、ＣＩＬの華々しい活躍の陰で過去のものとして忘れ去られようとはしていないか。

もちろん、第7章で触れたように、「〝規模の拡大〟か〝関係の実質〟か」をめぐる議論は、どちらかに正否があるわけではなく、二項対立的にとらえるべき問題ではない。そのどちらもが追求すべき課題であり、それを求める方法論も多様であってよい。実際、ＣＩＬは介護関係において交歓の関係を求めることは、むしろ危険をはらむとしてルールの設定を優先的に置いている。しかし、そのルールが整ったうえで「交響するコミュニケーション」が偶然的に現れることについてはまったく拒むものではないだろう。つまり、多くの人にとっての介護の利用可能性・汎用可能性という点ではＣＩＬの方法論はきわめて有効であるだろうが、その場その場の出会いの実質を問うという点では、要求運動の訴えるものが重要な意味を持つだろう。

以上のように要求運動が自立生活を可能にするための条件にしてきたものは、脱家族化、脱施設化、脱商品化、相互贈与化という要素をあげることができる。そのさいに、たえずある局面にふたつのベクトルが働いているが（個人的なものか社会的なものか、役割関係か人格関係か、直接性・無媒介性か間接性・媒介性か、関係か規模か等）、新田ら要求運動はそのどちらかを即座に選び取るのではなく、そのつどそのつどその場にふさわしい態度を採用してきた。では、退出可能でクリアな関係性である商品交換に擬制するのではなく、相互贈与のように非合理的でおよそやっかいな関係として福祉を構築しようとしている新田らの実践は、どのように理解されるべきだろうか。最後にそのことを考察しよう。

3 相互贈与としての福祉をめぐって

(1) 相互贈与という交響圏

公的介護保障要求運動のいう贈与とは互いに与えあう贈与であり、相互贈与と呼ぶことができた。では、なぜ相互贈与が求められたのか。それは介護関係に生じるエロスや〈交歓する他者〉とのコミュニケーションを持続させるためである。つまり、要求運動は交響圏が守られることを自立生活の基本要件としており、それを維持する範囲でルール圏が構想され（公的介護保障）、それを脅かすルール（介護の商品化）は拒まれた。順序をたどって説明していこう。

家族や施設の介護が陥りがちな「支配の贈与」を排除しながら、なお贈与の肯定的な力を受け取るためには、双方向の贈与でなければならないことが経験のなかから認識された。この相互贈与は公的介護保障の仕組みとなって具体化した。公的介護保障とは障害者と介護者相互の生活保障を、⑴関係性の水準と⑵制度の水準にわたって確立することを意味した。それぞれの水準は相互にリンクしており、彼らの望む関係性が彼らの求める制度の体系を形成した。⑴関係性水準においては、介護者による介護の贈与と障害者による介護料の贈与によって相互贈与の生成が目指されていた。⑵制度水準では、介護人派遣事業、生活保護他人介護加算などの介護保障制度が、直接障害者に介護料を支給し、それを受け取った障害者は介護者に介護料を手渡すことができた。そのため、彼らの実現した制度は「相互贈与を可能にする贈与」としての性格を持っていた。この意味で要求運動は福祉を贈与として立ち上げることに成功したと考えてよいだろう。

もっとも、公的介護保障によって介護と介護料の与えあいが可能になったことを指して、彼らのいう相互贈与が成立すると見るのは不十分である。介護料という貨幣の活用はこの運動にとってきわめて重要な生存の技法であったわけだが、介護料それ自体は贈与財であるというより、相互贈与のための前提条件であったといったほうがよい。事実、介護者に貨幣を手渡しても介護労働は商品労働と意味づけずに贈与労働として位置づけており、彼らが交流させようとしている贈与は単なる財やサービスの提供のことではなかった。

では、彼らが相互贈与として何を行き来させようとしているのか。まず、介護と贈与の関係について確認しよう。全身性障害者の生存は介護なしには成立せず、彼らの生活は介護の絶対的必要に基礎付けられている。介護とは、本書で何度も触れてきたように、身体を媒介にしたエロスの交易である。介護にあっては財やサービスの移転があるだけでなく、人びとの人格や感情が行き来する。あるいは目の前の人間に対することで、人は正の感情を持ったり負の感情を持ったりする。ときには負い目を抱いたり、その感情を掻き消すように「自己を与える」運動をはじめたりすることがある。この点で介護には財やサービスの移転に限定されない「何ものか」の交流を見てとることができる。

公的介護保障要求運動はこの「何ものか」の交流としての介護を「相互贈与」として立ち上げようとしてきた。第一になぜ「一方向の」贈与ではなく、「相互の」贈与でなければならないのか。それは「返礼なき贈与」が「支配の贈与」に変質するからである。家族や施設における贈り手の一方向の贈与が受け手を抑圧するように、一方的に与えられる贈与は受け手を劣位に貶めることがある。

そのため、それへの抵抗として第二に「与え返す贈与」が見出された。これは刻まれた負い目を解消するために、受け手が贈り手へと自己贈与を向け返す事態を指す。今村仁司の言葉では「挑戦による劣位感情の乗り越え」である。この挑戦は、相手の一方的な贈与が「支配の贈与」に過ぎないことを明るみにだし、そのことをめぐる負い目感情を相手に引き起こさせる機能を持つ。

第三に今度は「与え返す贈与」を受け取った側が、「支配の贈与」の欺瞞性に直面し負い目感情に打ちのめされるなかで、質的に異なる贈与を開始することになる。受け手からの一撃に贈り手が沈黙するのではなく、一撃によって再び活気づくのである。一九七〇年代の若者たちは負い目を解消する自己贈与が、自己のアイデンティティの確かさとなるような自己保存の実践を繰り返した。彼らの場合、自己保存と自己贈与の「張り合わせ」を自己保存の優位性のなかで生きておらず、自己を破壊する危うさを常にはらみながら「自己を与える」ことがなされた（やさしさとしての自己贈与）。

第四にこの贈与の特性は「交換」と比較したときに明瞭になる。交換は利得構造の明確な財の移転である。交換においては贈り手も受け手も「割り切って」「黙り込む」スタイルで財を移転するのであり、そこに不均衡で法外な力が働く余地はなく、また、他者との出会いの瞬間に訪れるエロスも縮減される。交換では他者のよろこびを自己のよろこびとして感受すること自体が拒絶されている。

それに対して、第五に相互贈与とは移転の等価性を度外視した贈与を相互的におこないあうという奇妙な現象である。だからそれは「贈与交換」ではない。あるいは自己と他者のドラマティックな出会いを志向する現象である。そのために交響圏の生成を可能にする契機だと考えることができる。交響圏とは見田宗介によれば「歓びと感動に充ちた生のあり方」を希求する関係の圏域である。では、なぜ要求運動は交響圏の生成にこだわってきたのか。それは全国公的介護保障要求者組合におけるヴァナキュラーな一群とモダンな一群の分裂が、交響圏の保持を志向するグループとルール圏の構想を志向するグループの衝突であったことに現れていたように、全身性障害者が全身性障害者として存在することのできる領域は交響圏に定位するという認識が持たれているからだ。交響圏とは自立や平等といった社会的な言葉を一度遮断した人間の身体の自由さに根ざした場である。人間が、だらしなく、非合理的に、愛しあったり、傷つけあったりすることの自由が承認される場が交響圏である。要求者組合とは、こうした意味での交響圏の生成を企図した団体であり、生身の身体としての人間が自己を発露できる非社会的な領域を、社会的な力＝公的介護保障というルール圏によって確保することを志向してきた。以上のことから、公的介護保障要求運動は福祉を相互贈与として立ち上げようとしてきたのである。

(2) 相互贈与への批判

では、この相互贈与を基盤とした福祉をどのように考えればよいだろうか。いくつかの困難を指摘することができる。彼らは「返礼なき」「一方向の贈与」が「支配の贈与」となることを明るみにだしそれを拒否してきた。しかし、贈与＝人に与える、という契機それ自体に内在する法外な力を否定したわけではなかった。彼ら自身が贈与の力を信じ、それをいかにして福祉のシステムのなかに立ち上げることができるかという「挑戦」を続けてきた。

この相互贈与に対する批判を想定することができる。第一にそもそも贈与でよいのか、という問いである。というのも、贈与は常に「支配の贈与」へと変質する蓋然性を持っている。専従介護者であった斎藤が何度も専従介護を批判しているのはこの相手を支配しようとする贈与の特質であり、相互贈与は関係を強く拘束し、好ましくない状況を生むことがある。贈与が関係をコントロールする性質を持つ現象であるかぎり、介護を与える側、介護を受ける側双方にとって抑圧的な関係へと自閉していくことは起こりうる。

また、このこととかかわって贈与に見られる媒介物（メディア）の問題がある。要求運動は障害者と介護者を結びつけ、つなぎとめる心的機制に負い目感情を活用した。非対称な関係が劣位感情＝負い目を生み、それを解消しようとして自己を与える運動が贈与となった。また、要求運動の場合、贈与の関係は二者関係にとどまらず、「社会」との相互贈与を構築しようとするものであったことが指摘された。それは新田の手紙の一撃がそうであったように、社会に向かって自己を与える自己贈与である。益留俊樹の言葉にならえば、贈与を受け取った側は「申し訳ない」と沈黙するしかない。その負い目感情が起点となり、社会は自己を与え返す。特に府中闘争、その後の介護人派遣事業の制度化過程は、要求運動が社会に負い目感情を刻みつけ、劣位感情を抱かせることで、社会の自己贈与を引き出しただろう。このように彼らは社会的な相互贈与を可能にしてきたといえる。負い目は人間を結びつけ、関係のネットワークを拡大していく機能を持った。その点で負い目は社会性を有し要求運動はその力を積極的に用いてきた。

しかし、いうまでもなく負い目は人を叩きのめす種類の心的機制であり、人間の関係を良好に構築するばかりではない。そのため負い目に社会性を託すことには批判が予想される。実際、CILでは介護の疑似的な商品交換が志向され、負い目感情は姿を現さず隠された。これとは反対に要求運動は負い目を「心の傷のように」刻み込み、相互贈与を引き起こした。自己贈与は自己破壊であり、介護の持続性を危うくする。このことから、CILにあっては自己贈与ではなく自己保存を優位とする「交換」こそが介護の持続可能性を保障すると考えられている。介護料という貨幣はCILにおいては介護への参入を促し、また関係を「割り切る」ことで継続を可能にする媒介財として位置づけられたが、要求運動においては介護者の生活を保障する手立てに過ぎず、関係の実質を規定する媒介財には位置づけられていなかった。

また、規模の拡大という観点から「負い目」というメディアと「貨幣」というメディアを比較したとき、どちらが自立生活の進展を促すのに有効な力を発揮してきたかというと、それは「貨幣」であろう。貨幣と介護の疑似商品交換を積極的に取り入れてきたＣＩＬの成功を見れば明らかである。他方、関係の実質という観点から見た場合、「負い目」は関係の破綻を招く危険をはらみながら、強い結びつきをもたらすものであることを、要求運動の事例は示していた。このリスクを内在させている関係構築のあり方に対する違和感も小さくはないだろう。

第二に贈与の相互性、つまり「与えあう」ことに対する疑問があるだろう。介護者の側が「与える」契機を見出すことに違和感は少ないにしても、介護を受ける側にとっても「与える」契機が求められるのだろうか。それは何らかの財や能力を有した個人に限定される事態であり、与えることのできる者を選別することにはならないか。自立生活運動が批判してきたはずの能力主義に基礎づけられた「達成価値」を是認し、在ることの意味や無為の価値を肯定する「存在価値」とは相いれない態度となるのではないか。そのため、相互贈与は特別に能力を持った者のみが見出すコミュニケーションの形態であり、能力主義による選別を再強化する恐れがあるという批判が考えられる。

これは介護者の側にも同じことがいえる。介護者は介護を贈与するというが、そのような契機を見出すことのできる者も限定されるのではないか。あるいは限定されるとして、それを追求すること自体の是非がある。たとえば、新田の専従介護者であった後藤陽子は「生き方を突きつめる」ことを介護のなかに持ち込むことは、「あんまりいいことじゃない」と語っていた。関係を突きつめ合わない「ゆるやかさ」のなかで社会的に介護の提供が了解しあえる制度を考えるべきだと話していた。実際にそのような「突きつめ」によって関係を閉塞させるのではなく、ゆるやかなネットワークとしての、「遠く離れている関係（遠離）」でありながら「偶然的な出遭い（遭遇）」が用意されている社会実践がＣＩＬであった（立岩 2000a, 立岩 2012：142-143）。

同じ専従介護者だった斎藤正明はそもそも「とてもじゃないけど割り切れない」関係である介護を、「人格的な交流」と「職業的な労働」を両立させて「仕事を通してともに生きる」ことはきわめて困難だったと語った。要求運動は介護をまるで芸術のように性格付け、贈与労働として位置づけていたが、介護者にとってこれを理解し実践することが難しい。なぜなら贈与労働とは自己保存と自己贈与の「張り合わせ」の運動を駆動させ、自己を与えることが他者のよろこびとなり、さらにそれが自己のよろこびとなるような労働であるからだ。ここに介護料という貨幣が手段的に用いられると、貨幣の論理が入り込んで来ることになり、労働者は労働の対価の獲得をめざして自己保存を優位に置き、自己贈与の契機を減退させていく。相互贈与は「交換」へと変質していくだろう。こうしたことから、贈与労働としての介護を実践することは特有の難しさを持っている。

(3) 与えることの優越——回避と賭けの弁証法

上記の批判に対する応答を記そう。第一に贈与それ自体と贈与にともなう権力、さらには負い目感情をめぐる評価である。近代社会が贈与という原理を招来する理由は人間の財の保有に不平等があるからである。資本主義の労働市場において経済活動が困難な者は、福祉国家などのある機構を中心とした社会的な財の移転を受けることになる。このときの財の移転原理は、自らの危機にあらかじめ財を備えておくような、自助・自立を原則とする保険的な再分配ではない。「だれもがいつかは高齢者になる」「いつなんどき障害者になるかわからない」といったリスク回避の原理とは異なっているのである。その社会は非対称な関係にあるその人に対して財の移転を承認するよう求めている。つまりは贈与としての財の移転、人びととの差異に繊細な応答を示す再分配政策を呼び込んでいる。

もちろん、指摘されてきたように、こうした贈与の原理が関係の優劣を生み権力を生じさせること、あるいは負い目感情によって抑圧的な心理状態をもたらすことの問題がある。そのためにＣＩＬのように疑似商品交換に擬制した原理を採用し、財の移転をめぐって生じる様々なリスクを回避する方法が取られた。しかし、本書で追いかけてきたことはこれとはまったく逆である。贈与は危険でリスクを伴う。だから、回避しなければならない、のではなく、危険でリスクを伴う、だからこそ、その中身に一つひとつ向き合って、よりゆたかな現実をつくりあげていかなければならないということであった。

このことは、第二の問題点である贈与の相互性、つまり「与えあう」ということにかかわる。というのも、それは能力のある者、人を惹きつける魅力のある者に限定される蓋然性が高い。その意味でＣＩＬのような規模の拡大の面と比較参照すると、相互贈与は必ずしも「誰もが、どこでも、容易に」実践できるものではない。あるいはこれは人間にとって無理のあること、具体的には人間の身体にとって負荷の大きいことを要求しているといえる。しかし、何らかの負荷があるから贈与なのである。私の手にしているものを超えてあなたに与えようとするのだから、それは私にとって負荷である。

本書の第2章で確認したように、近代社会における福祉は資本主義を下支えする自立・交換・保険の体系と贈与・扶助の体系から構成されている。後者は資本主義の原理とは相容れないために、財の拠出者にとって「負担」として感覚されることを見た。そして福祉、とりわけ介護は肯定的なものである一方で、「負担であり、否定的なもの、いやなこと」だという事実を福祉国家は構造的に有しており、立岩はこれを福祉国家が抱える根本的中途半端さだと述べていた（立岩 2000a：234）。

このように介護（ケアという言葉が用いられることもある）を肯定的なものである一方、否定的なものとしてとらえる見方は他の論者も採用している（前田 2009：325, 堀田 2012：176）。たとえば、堀田はケアを「せずに済めばよい」と感じられる負担ではあるが、他方で「にもかかわらず人は、ケアを必要とする他者を前にしたとき、それを『しなければならない』と感じる」はずのものであると述べる。そのためにケアをめぐる考察には、「せずに済めばよい」という思いと、「しなければならない」という感覚との対立が常につきまとうことになる（堀田 2012：176）。堀田の論文はケアをとりまく負担の現況を詳細に取り上げ、ケア活動の「仕事の辛さ・負担」を誰がどのように担うべきかを現実的かつ規範的に検討しており、多くの示唆を与えてくれる[1]。しかし、本書の視点から見たとき認識の前提が異なるように思われる。ケア活動の「仕事の辛さ・負担」あるいはケアの両義性は確かに現実的には妥当する指摘だが、公的介護保障要求運動が標榜する福祉とはその意味内容が異なっている。

要求運動は「負担」と表象される事柄を否定的にとらえていない。あるいは「負担」と感覚されるものを別の意味に経験できるような回路を探し出そうとしている。「贈与する」とはその裏側に「負担する」という契機が存在する。しかし「負担」とは否定的に価値づけられることだろうか。自分を超え出ていることを与えようとすること、自身の価値の埒外にある他者に向かって自己を投げ出すこと、それは自らの身体に負荷をかけることである。だが、自分でも思いも及ばなかったことを他者に与えてしまうからこそ贈与なのであり、自己に負荷があることは肯定的なものを併せ持っている。この意味での負荷を「負担」と名指してよいのだとすれば、負担は「否定的なもの、いやなこと」だとは一概にいえない。負担とは人間に変化をもたらす何か肯定されるべきことである。いや、それは「否定的なもの、いやなこと」だからこそ、肯定されるべきことなのである。

はじめから計算可能な財の供与や、あるいは合理的な利益を見込んだ財の取得は贈与とはいわない。それは交換である。だから、負担を回避しようとしてなすケアは交換に近づく。ＣＩＬはケア関係に生じる様々な負担（リスク）を回避するためのシステムを構築してきた（「回避のシステム」）。それに対して要求運動は贈与が負担を帯同していることをよく知ったうえで、なお贈与に賭けるケア関係を生成しようとした（「賭けのシステム」）。贈与の危うさを回避するのではなく、贈与に賭けた。今村仁司は自己贈与を、自分を承認しようとしてなす「自己保存がそのままで自己破壊」となる、保存と破壊の「張り合わせ」であると述べていたが、彼らはその危うさを知っていても「与える」ことに賭ける。このことは、われわれが「与える」ということのなかからしか、われわれ自身を受容し、生のほうへ向かわせることができないことを物語っている。

もっとも、だからといってこれを特定の人びとに財やサービスの「負担」を強要する論理にしてはならない。依然、介護（ケア）の否定されるべき契機には注意深くなければならない。しかし、その回路を組み換えるべきだ。つまり、介護（ケア）の両義性（肯定／否定）を、「しなければならない」／「せずに済めばよい」＝自発／回避、という両義性ではなく、「しなければならない」／「してはならない」＝自発／抑制、という両義性に組み換えられるべきである。われわれは「否定的なもの、いやなこと」だから贈与を負担と感覚するのではなく、その人の存在のありようを尊重しようとするからこそ贈与を控えようとする。あるいは抑制すべき贈与がある。

われわれはわれわれがよく生きるために「与える」ことをする。肯定と否定を同時に持つその事態を、否定を否定してでもなされるべきだということは、肯定が優越している。その危うさをつねに回避しながらなお、「与える」ことに賭ける弁証法が福祉をゆたかなものにする。

(4)相互贈与としての福祉の構想——介護保障の確立に向けて

第2章で提示した「交換の福祉の体系」と「贈与の福祉の体系」は、本書の議論を経由することによってその具体的な内容を併せ持つようになった。「交換の福祉の体系」はロゴス・貨幣・ルール圏・全域性・規模・保険・合理性といったキーワードで語ることができる。一方、「贈与の福祉の体系」はエロス・負い目・交響圏・局域性・関係・扶助・非合理性といったキーワードによって説明できた。

今後、われわれの社会は、広い意味での「ケアを包摂する社会」に向かっていくだろう。経済成長を前提とする時代はすでに終わったのであり、達成や能力に大きな価値を置かない社会に移行しつつある。同様に、福祉においても男性稼ぎ主モデルやCareless manモデルによって構成された制度ではなく、誰もが何らかの欠損を抱えながら、それを否定的に意味付けずに、人びとのあいだでゆるやかに包摂していくシステムが模索されている。そうしたときに介護は重要な意味を持つ領野であり、「介護保障」という概念も重みを増していくものと思われる。

ケアを包摂する社会における介護保障の具体像は、第一に規模の拡大の観点から「交換の福祉の体系」が活用されていくことになるだろう。実際に、日本では介護保険制度がその性格を強く持っている。開始から数十年を経たこの制度は現実へのテクニカルな対応に追われ、当初の理念をなし崩し的に形骸化させている印象を拭えない。「公的介護保障」とはとても呼べない現状にある。そのため、交換の原理に強く規定されたこの制度が介護保障の普遍モデルとして浸透していくことには十分注意を払うべきだろう。そうでなければ、介護が「エロスの交易」としての魅力を持つことが忘れ去られてしまう。したがって第二に贈与の福祉、とりわけ公的介護保障要求運動が訴えてきた相互贈与としての福祉を局域的にあちこちで立ち上げていかなければならない。それはきわめてささやかなことかもしれないが、福祉の実質をよりゆたかにするための「挑戦」である。

注

1……堀田はケアの負担を詳細に論じたこの論文で、とくに次の三点をケア活動の「仕事の辛さ・負担」としてとりあげている。①義務的性格が強く拘束性が高く、行為者に許容される裁量性が低いこと、②日常的身体規則を侵犯し、ダーティーな仕事を伴うこと、③定型的であるが、個々の行為には相手の感覚に対する注意深さを要求されること、である（堀田 2012：193-198）。

終章

返礼としての結論

1　自己贈与の参与観察

終章では本書が辿り着いた地点をまとめ、結論を述べよう。本書の目的は新田勲のライフヒストリーと彼が実践してきた公的介護保障要求運動の展開過程を研究対象として、福祉を贈与として立ち上げることの意味とその可能性を問うことにあった。近年、贈与としての福祉は存立困難であるという認識が広がっている。というのも、福祉が贈与の形式を持つとき、それは他者を支配する「支配の贈与」へと変質する危険があるためである。これは全身性障害者の自立生活運動（とりわけＣＩＬ）の主張を受けた認識であり、福祉を贈与としてではなく、交換可能なサービスとして位置づける志向性が強まっている。それに対して、同じ自立生活運動であっても要求運動は福祉を贈与として立ち上げることとの可能性を追求してきた。このことの意義を記述するために、以下ではもう一度私の経験を振り返ろう。

新田は自己を全身性重度障害者と呈示する。彼のいう「全身」とはもちろん障害の特性をいったものだが、それだけでなく、たとえば「全身小説家」や「全身映画監督」が仕事と人生が完全に一致した人物を指すように、新田のいう「全身」もそれに似ている。つまり、障害者であることが自らの引き受けるべき天職（Beruf）となっているその様を示していると思われる。そうした全身性重度障害者たる彼が介護者に求めていることも「全身介護者たれ」というものだ。介護者に対しては、他者を支えることそれ自体が自己を支える営みとなるような生き方をして欲しいと願っている。

そんな彼の要求に私はどう応えてきたかといえば、全身介護者ではまったくない。この間ずっと私は介護者でもあり、研究者でもあった。参与・観察という言葉にある通り、この場所へのかかわりは「没頭」と「距離化」の同時並行によってなされた。だから、せいぜいが半身介護者であり、半身研究者である。この両者が交互に顔を出したり、隠れたり、どちらともつかないように混じりあいながら、この世界にかかわった。

第1章で示した新田の手紙はまさにこうした私の中途半端さを撃つものだった。あの一撃は一方で「論文を書きたい」という「研究者としての私」の欲望を突いていたが、他方で自己の欲望を優先することに後ろめたさを抱いてしまう、「介護者としての私」の疚しさを明るみにするものでもあった。そのため、私は負い目感情を膨らませ、それを解消するかのように介護に没頭した。

だが、思い返してみると負い目は決して消えることはなかった。なぜなら、私は介護者を辞めることもなかったが、研究者を辞めることもなかったからだ。もし、負い目を消し去ろうとするなら、研究者を辞めて完全に介護者になればよかっただろう。しかし、そうはしなかった。私は私の欲望に忠実にいたかったし、欲望を抑制しながら介護にかかわることのほうが自己欺瞞的だと思った。その意味で負い目は残り続けた。

その代わり次のような態度を選びとった。つまり、新田を主題にした研究をおこなうというものだ。いまとなっては嘘のような話だが、それ以前まで、私は新田にかんする論文を書くことなど想像もしていなかった。彼がどんな人物なのかもよくわからなかったし、ＣＩＬに所属する人の介護にも入っているので、議論を限定したくなかった。また、自分の関心は援助関係の理論研究にあると勝手に思い込んでいた。だから、研究と介護はそれぞれ別の方向を向いていた。

それが、新田のライフヒストリーや運動史、介護者たちとの関係を知るに及んで考えが変わった。ここにはわれわれが探究すべき問いが秘められていると感じようになった。そして、自分がどんどんはまり込んでいき、戸惑い、苦悩し、また、よろこびを感受している過程それ自体を研究の対象にすればよいのではないか。そうすれば、研究者としての私の欲望と介護者としての私の欲望を一致させることができるのではないか。そう思った。

贈与論的にいえば、負い目を解消していく自己贈与の過程を観察・記述することによって自己保存を可能にするという地点だ。だから、私にとって新田の介護は自己贈与と自己保存の「張り合わせ」を生きることであり、自己贈与の参与観察だった。「自己を与える」ことの観察とは実に奇妙だが、以下ではこうした視点から観察してきたことを記し、新田の手紙への返礼に代えよう。

2　ドラマとシステム——介護者の立場から

私は二〇〇五年の八月から新田の介護に入るようになった。それ以来毎週、週に二日、彼と会っている。二日のうちの一日は二四時間一緒にいる。これまで、わずかに休ませてもらったことはあったが、ほとんど毎週毎週、彼と出会い、食事をし、風呂に入った。

かつて鵜飼正樹が『大衆演劇への旅』のなかであざやかに活写したように、参与観察をはじめた人間はもはやそれ以前のその人と「同じ人間でいることはできない」（鵜飼 1994：346）。そのあいだ、私のなかで大きく変わったことの一つは福祉にかんする意識だ。新田に出会う以前、私は福祉に何の興味もなかった。生活保護法も読んだことがなかったので彼に笑われた。だから、新田が折に触れて口にする「福祉活動」の意味がよくわからなかった。介護に入ったばかりの頃、自費出版で出した新田の著作を購入したことがあった。軽い気持ちで「印税入りますよ！」とへらへらしていうと、彼は急にまじめな顔をして「福祉でお金を儲けるなんて大嫌い」といった。私にはその意味がつかめず、「ああ、この人のことをまだ何もわかっていないんだな」と感じたことを覚えている（フィールドノーツ　二〇〇五年一一月五日）。

いまでは新田のいう「福祉活動」が、すべてではないにしろ、いくらかはわかるようになった。彼が自分のやってきた／やっていることに誇りを抱いて「福祉活動」と呼んでいることを格好いいと思うようになった。何のてらいもなく「福祉、福祉」と語る彼が私は好きだ。それだけでなく、私のなかで福祉それ自体が好きだという感情が生まれた。これは自分でもとても不思議なことだが、そう感じる。たとえば、彼は「福祉とは保護法ではじまって保護法で終わる」とよくいうのだが、生活保護への信頼が厚い。このことにも私は共感を覚える。

では、福祉とは何なのか。福祉の何が好きなのか。このことを言語化するのは意外に難しい。新田は先ほどの生活保護法と結びつけて、こんなことを書いている。「私の生き方は国民の税金で生かされているという汚名を感じて生きているつもりはないけれど、ただし、国民の血と汗の税金を使う以上、福祉という動きのなかで、その国民に対して貢献とか奉仕という動きをしていくことが私の福祉という信念の動きです」（新田 2009：174）。例によって読み取りづらい足文字語だが、自分の信念である福祉の活動は国民への貢献であり奉仕なのだと述べられている。その動きを駆動させているのは（そう感じて生きているつもりはないが）、「国民の税金で生かされているという汚名」であるといわれている。つまり、負い目だ。刻み込まれた負い目を解消するように、彼は社会に対して自己を与える。賭けるという表現にあったように、自己をかえりみない自己贈与をおこなっている。ここに負い目を起点とした福祉を確認することができる。

これまでの人生において「心の傷のように」刻み込まれた負い目は深く重いのだろうが、新田は自分が傷ついていることを隠さず、それを正直に表現してきた。また、他者に負い目をくらわすという彼のおこないは、「もっとちゃんと傷ついて欲しい」という要求だろうと思う。あなたはいったい何に痛み、恥じらい、後ろめたさを覚え、疚しいのか。そういう自分がいることを隠さずに、また、打ち勝とうとするのでなく、劣位の感情を抱いたまま表現して欲しい。そんなメッセージを彼は与えているだろう。この新田の求めとはいったい何だろうか。

人が人を支えることの原的な難しさとは、「自己を与える」ことが「自己を破壊する」ことと一続きの線上にあることに由来していた。本書は、その難しさを解く方法が、時代や個人、集団によって異なることを明らかにしてきた。ＣＩＬが福祉の贈与性を脱色し疑似的な商品交換によって介護者と被介護者の均衡を保ち難しさを「回避」しようとしていたのに対して、公的介護保障要求運動は〈他者の歓びが直接に自己の歓びである〉ような、自己贈与が自己保存と「張り合わせ」になる福祉を求め、難しさに「直面」することに「賭け」た。もっとも、自己贈与とは自己破壊のことであり、〈与えること＝福祉〉の構造的矛盾に決定的な解を導き出すことはできない。だから、与えすぎて他者を傷つけてしまったり、反対に自己自身を傷つけてしまったりすることがある。これは福祉が均衡のとれた交換ではなく、贈与である限りにおいて生じる、避けることができない事態である。つまり、そこにはいつも「ドラマ」がある。

福祉はドラマティックでなければならない。新田ら要求運動が訴えて来たのはこのことだろう。福祉とは本来、誰もが傷つくことのない、受苦的経験を排除するシステムをいう。たとえば、ＣＩＬが構想した交換とサービスの福祉は、非合理的なものを排してシステマティックに人と人との出会いを準備するものだった。リスク回避のシステムが先にくる。他方、要求運動は人間の非合理性を排除しない。人間同士が傷つき傷つけあうことのできる場こそが尊重されるべきだと求めている。これは受苦性を排除する福祉とは正反対である。彼らは従来の枠組みでは解決困難だった家族介護や施設収容の問題に普遍的で実現可能な解（システム）を与えながら、それでもなお、人間のドラマを保持することを求めた。というのも、システム化された福祉は誰も傷つかない代わりに、ドラマもない。ドラマのないところに人間の尊厳も生まれない。彼らが福祉を贈与として立ち上げようとするのは、人が人を支えることの困難さが不可避的に生む問題を排除するためではなく、困難さに丁寧につきあっていくこと、負い目感情を抱いたり傷つけあったりする自由さを承認すること、これまでの言葉でいえば「ぶつかりあいの人間ドラマ」を保障するためである。困難をリスクとして回避するではなく、ドラマとして直面することに賭けている。

私が福祉に魅力を感じるようになったのも、このドラマとシステムの両面としての、きわめて人間的な生々しいものとおよそそれとは対極の社会的な制度が、引き裂かれるようで引き裂かれず、ひとつの世界をかたちづくっているその絶妙さに感動したからだと思う。では、次に上記に見たことと関連づけながら本書の意義をまとめよう。

3 本書の意義

以上の知見は従来の自立生活研究を塗り替えるものだろう。これまで、自立生活は脱家族、脱施設、介護の社会化などの思想を実践する生活様式だと考えられてきた。また、自立生活運動は家族や施設の持つパターナリズムを批判し、当事者自らが福祉をつくり上げていく社会実践であると指摘されてきた。それらの認識はもちろん正しい。だが、七〇年代に新田らが構想した「ぶつかりあいの人間ドラマ」が完全に抜け落ちてしまっている。従来の自立生活研究は福祉の抑圧性を警戒するあまり、自立生活における人間の相互作用に「意味」を読み取ることを意図的に避けてきた。たとえば、福祉は分配論的には贈与だといわれても、関係論的には「無色の贈与」だと主張された。そうした立場からは、交響圏や個人的なものの領域は福祉以外の領域において発現することが望ましいとされ、福祉領域にそれらを持ちこむことは危険だと主張された。だが、CILの現在をめぐる語りのなかで見られたように、全域的に適用可能なルールは局域的な場を秩序立てはするが、その局域的な場が本来有していた力を弱めてしまう恐れがある。システムが前景化しドラマが後退するのだ。そのとき人間が生身の身体をさらけだしてよい領域、すなわち尊厳が尊重される領域は少しずつ痩せ細ったものとなってしまうだろう。われわれが公的介護保障要求運動から受け取ることができるのは、人が人を支えることとの原的な難しさを回避するためのシステムを構想するのではなく、難しさが生むドラマそれ自体のなかに福祉を立ち上げていくそのスタイルである。以上のように、本書は新田勲のライフヒストリーと公的介護保障要求運動の展開過程を記述することを通して、従来の自立生活研究が示し得なかった、福祉を贈与として立ち上げることの意義を明らかにした。

おわりに

このエスノグラフィーを閉じるにあたって、参与者とも観察者ともつかない立場から、新田さんとの最後の日々を記すとともに、お世話になった方々に謝辞を申し上げることで、あとがきにかえさせていただきたい。

私は二〇〇五年八月から二〇一三年一月まで新田さんの介護に入った。最初は週に一日だったが途中から週二日になった。水曜日の夜一二時間と土曜日の終日二四時間である。週に二度とはいえ、介護の次の日は身体がぐったりして動けなかったり、頭のなかは介護経験をどうやって論文にするかということでいっぱいだった。いや、介護ではない。新田さんだ。新田勲さんのことを考えない日は一日としてなかった。

そんな生活が終わった。いま私のなかでどのような変化が起こっているのか、私自身にもはっきりとはわからない。あの日々はもうずいぶん以前のことのようにも思うが、現在も同じ時間が流れているようにも感じる。その経験の意味はこれから少しずつかたちを持つようになるのだろう。

新田さんの三年におよぶ闘病生活を記しておきたい。大腸のS状結腸にガンが見つかったのは二〇一〇年四月のことだ。発見後すぐ、自宅近くの病院に入院し、五月一四日に摘出手術を受けられた。手術はうまくいったが、そのときおこなった精密検査で肝臓への転移が見つかり、あらたに「転移性肝ガン」という診断を受けた。腫瘍はすでに肝臓の中心を覆っており、医師からは摘出は困難と伝えられた。治療法は抗ガン剤を投与し進行を抑える以外に方法はないといわれた。新田さんは熟考のすえ、抗ガン剤治療を受けることを選択された。術後の経過が落ち着くと今度は数日おきに入院し錠剤を口から飲む治療がはじまった。しかし、はじまってすぐに激しい副作用が出てしまい、意識が混濁する状態にまでなった。医師からは治療を中断した場合、肝不全となり半年で死に至ると説明されたが、新田さんは抗ガン剤の副作用で命を落とす危険を考えれば、これ以上の治療はおこなわず自宅での療養を選ぶといわれた。

その後は家での静養の日が続いた。けれど、「福祉活動」の手を休めることはなく、行政への要望書の提出、運動関係の会議への出席、講演会のパネリストなど、すべて精力的にこなしておられた。かつての介護者や仲間を集めて古希祝いをやったのもこのころだ。入浴のさいは湯船に浸かりながら「障害者としてここまで過ごすのは生半可なことじゃないよ！」といって笑ったり、「精一杯生きた。思い残すことは何もない」と話しているのをよく耳にした。だが、もう生きることができない現実を思うと恐くて仕方がないと語ってもおられた。

二〇一一年が明けるころまで、目立った治療はおこなわず時間が過ぎていくのを見ているしかなかった。それでも新田さんはあきらめず、いくつかの大学病院やガンの医療センターをまわり、有効な治療法がないか探された。いずれの病院でも「摘出は不可能、治療の術なし」という返事がかえってきたが、「この先生にダメといわれたらもうほんとうに最後」といって紹介されたある病院の医師に見せたところ、その医師は「摘出はできる、やれるだけのことをやる」といってくれた。二〇一一年二月のことだ。

こうしてふたたび転移性肝ガンの治療に専念する日々がはじまった。医師が立てた治療計画は、はじめ点滴による抗ガン剤によって腫瘍を小さくし、その後、腫瘍を切除するというものだった。五日間入院し、そのあいだ抗ガン剤治療を受ける。それが終わると一週間自宅で療養し、ふたたび入院する。このクールを続けることになった。病院は新田さんの身体にあわせて、じつに丁寧な投薬を実施してくれた。すると、驚くべきことに数クール後には腫瘍マーカーの値が下がり、CTの写真を見ても腫瘍が小さくなっているのがはっきりわかった。「メロン大のものがレモン大に」とはその医師の言葉だが、まさにそのとおりだった。私たちは希望を持った。

新田さんは抗ガン剤の投与中はほとんど眠ることができず、夜中もうつらうつらするのがやっとだった。そんなときでもベッドわきにいる私を気づかって、介護がひと段落すれば「好きなことやってていいよ」といった。私はその言葉に甘えてノートパソコンを開き明け方まで博士論文を書いていた。ときどき他愛ない話をしたり過去の運動のエピソードを聞かせてもらったりしていると、ウトウトするころには陽の光がさしていた。

闘病生活が三年目を迎えた二〇一三年一月二日、私は泊まりの介護に入り次の日の朝まで彼の家で過ごした。治療の週ではなく自宅療養の週だった。新田さんは風邪をこじらせたといって呼吸が荒くなっていた。食欲もなく、夕食はおせち料理をひと口ほど食べただけだった。夜中もぜいぜいと呼吸をし、汗がすごかったので三度ほど着替えをした。その夜は新田さんも私もほとんど眠ることができなかった。

翌朝、それでも新田さんはいつものようにトイレに行くといった。しかし、便座に座っても座位を保つことができない。ふらふらですぐにずり落ちてしまう。いつもはこの後、エンシュアリキッド（経管栄養剤）を飲むのだが、この日は「デカビタ」という。デカビタは入浴の前などに新田さんが自分に気合いを入れるときに飲む飲料だ。「あぁ気合い十分なのだ」と思って私は少し安心した。足文字を書く足もほとんど動かなかったが、わずかに動かして「（この状態は）なんだろう?」といっていた。

トイレには座っていられず、身体を抱えて布団に移動してもらった。九時には次の介護者と交代して、私は帰る準備をした。疲労はたまっていたけれど、新田さんを見ていると不思議と穏やかな気持ちになった。私は彼の手に自分の手を軽くのせて（普段そんなことはしないのだが）、「新田さん、またこんどの土曜日、来ますから」といった。すると閉じていた目を開けて、いつもの片手をあげるジェスチャーをしてくれた。少し笑顔だったように思う。その朝は別れ私は自宅に帰った。一五時過ぎに電話がかかってきた。新田さんが亡くなったことを伝えられた。

新田さんは全四六回におよぶ抗ガン剤治療に耐えられた。副作用はもちろんあったけれど、体重の大きな変動もなく、これまでとそれほど変わらない生活のなかで、淡々と治療を続けてこられた。しかし、新田さんの身体はもうずっと悲鳴をあげていたのかもしれない。それでも最後まで「闘う」姿を私たちに〝全身で〟伝えてくれたのだと思う。あの生きるエネルギーそのものだった新田さんが亡くなった実感はいまもない。あまりにも分厚く、ゆたかな人生を送られた。新田さんに心からの敬意と「ほんとうにお疲れさまでした」という言葉を捧げます。

さて、本書は立教大学大学院社会学研究科に提出した博士論文「福祉と贈与――ある全身性障害者の自立生活にかんする社会学的研究」に加筆修正をおこなったものである。執筆にあたっては多くの方々のお世話になった。私が出会った先生はすべて贈与の一撃を躊躇なく与える人だった。ここでは三人の「贈与の先生」にお礼を申し上げたい。

大学院に進学して以来、奥村隆先生にはつねに変わらぬご指導をいただいている。前期課程一年のときに先生のゼミで臨床社会学にかんする報告をさせてもらったことがあった。そのなかで私は「社会学者は傍観者である」と小さな批判を込めて書いていた。報告を聞かれた先生は「ぼくは傍観者だと思って仕事をしたことは一度もない」といわれた。まだ出会って間もなかった私は、先生のご専門を「理論社会学」だと思いこんでいたので、その言葉を意外に感じた。そもそもその意味がよくわからなかった。以来、社会学者が傍観者ではない立場で仕事をするとはどういうことか、という問いを反芻してきた。その問いに答えることはいまもできないが、ひとまずこの本をささやかな中間報告とさせていただきたいと思う。もっといえば、私はいつも奥村先生に読んでもらいたくて論文を書いてきた。先生が読んでくださると思うから、自由にフィールドに出かけ、力いっぱい論文を書くことができた。

最初に学問の世界に誘ってくださったのは橋本裕之先生である。学部の二年次に受講した先生のゼミがすべてのはじまりだった。当時、千葉大学に勤めておられた先生は私のいた大学に週に一度、出講されていた。ゼミが終わると必ず近くの居酒屋にそろって飲みに出かけた。そのたびに先生は帰るのに時間がかかるといって私のアパートに泊まりに来られた。私は何もわからずそばにいただけだったが、後になって思うと先生から研究者の身振りを身体感覚で教わった気がする。いま教員になってみて、先生がゼミの場やふだん何気なく話しておられたことをそのまま学生に語っている自分がいる。また、身体に残る学びを伝えることがいかに難しく、大切かということを実感している。

そして、新田勲さんに。新田さんは自己に対しても他者に対してもとてもきびしい人だった。と同時に底抜けにやさしい人だった。そのきびしさもやさしさも、いまの私には足りないけれど、ともに過ごした時間のなかで新田さんから教わったことを自分自身に問いかけながら、私なりの「福祉活動」を〝全身で〟社会に伝えていきたいと思う。新田さん、ほんとうにありがとうございました。

博士論文の審査をお引き受けいただいたのは、木下康仁先生、松村圭一郎先生、吉澤夏子先生、藤村正之先生である。論文を少しでもよいものにしようと、まるでチームのように一丸となって、ご意見やアイデアを投げかけてくださったことが忘れられない。先生方のご指導がなければ博士論文は何ひとつかたちにならなかったと思う。厚くお礼申し上げます。

院生室をともに過ごした立教大学社会学研究科のみなさんに感謝したい。研究にかんする議論はもちろん、何気なくかわしたみなさんとの一言ひとことが私にとってはかけがえのないものでした。

立教大学社会福祉研究所（福祉研）では庄司洋子先生、河東田博先生、菅沼隆先生、河野哲也先生をはじめ、所員・研究員のみなさんにお世話になっている。領域を越境して福祉現象にアプローチするダイナミックな研究・実践に、私は強い刺激を受けている。福祉研が置かれている総合研究センターのみなさんとお仕事ができたことも幸せな経験だった。どうもありがとうございました。

現在の職場である立教大学社会学部の諸先生方、職員の方々、助教室のスタッフのみなさんにはいつも支えていただいている。研究と教育にフル稼働のこの職場で、私はインテレクチュアルの仕事が何たるかを学ばせてもらっていると思う。

福祉の凄味と醍醐味を身を持って示してくださった障害当事者、介護者、支援者のみなさん、貴重な時間をさいて調査にご協力いただいたすべての方々にお礼申し上げます。ご教示いただいたことを本書に盛り込むことができたとはとても思えないので、これからも折に触れてみなさんのもとへうかがいたいと思っています。

自立生活の世界を最初に教えてくれた友人・落合勇平に。彼と私はまったくの同い年だった。そのためか日常のふとしたときに彼のことを思う。彼ならどう感じるだろう。彼ならどのように行動するだろう。これまでもそう感じてきたし、これからも彼はそのようにして私のなかに存在し続けると思う。

本書の出版を手掛けてくださった生活書院の髙橋淳さんに謝辞を述べたい。二〇〇七年に立命館大学で開かれた障害学会大会だったと思う。私の拙い報告を聞いて「将来、一緒に仕事をしましょう」と声をかけてくださった。その言葉がどれだけ励みになったかわからない。それからずいぶんと長い時間が経過してしまったが辛抱強く見守っていてくださった。心からお礼申し上げます。
最後に父・恒夫と母・ひで子に。それから弟の稔也と篤史、帰ればいつもあたたかく迎えてくれる故郷の人びとに。一緒に暮らしていたころは離れたくて仕方がない場所だったけれど、いまとなってはいつも心のなかにあるHomeだと感じています。その贈与に感謝の返礼を。ありがとうございました。

深田耕一郎

二〇一三年九月

新田勲・府中療育センター移転阻止斗争支援委員会, 1972,「10 日の対都交渉進展せず！ 4 項目の具体的内容についての文書回答行なわず！！」（ビラ）.
————, 1973,「移転阻止闘争の成果の上に生活権獲得の闘いを発展させよう！」（ビラ）.
新田絹子, 1969,「日記より」若林克彦編『肉と心の怒り——障害者が訴える社会福祉の現実』: 6-8.
————, 1970a,「私の意見と希望」日本脳性マヒ者協会青い芝の会『青い芝』78： 10-11.
————, 1970b,「府中療育センターからの手紙」日本脳性マヒ者協会青い芝の会『青い芝』79： 12-13.
大山文義・小野広司・名古屋足躬・新田勲, 1970,「今回の不当勤務異動に対する抗議ハンスト宣言」.
センター分会執行部, 1970a,「看護科異動に関する経過報告①-③」（ビラ）.
————, 1970b,「速報　院長回答出る」.
————, 1970c,「院内異動に関するその後の経過」『分会速報』（ビラ）.
————, 1970d,「12 月看護科異動に関する経過報告」（ビラ）.
芹沢恵一, 1970,「働くあなたの職業病・腰痛症について」（講演会）.
東京青い鳥十字の会福祉闘争委員会, 1970,「闘争宣言——在所生ハンスト支持！勤務異動の白紙撤回要求！ボランティア登録制度粉砕！」（ビラ）.
東京都, 1970,『東京都立府中療育センター』.
都職労府中療育センター分会, 1970a,「11.28 人員要求についての院長交渉もつ」『分会ニュース』（ビラ）.
————, 1970b,「納得のゆかぬ人事異動」『分会ニュース』（ビラ）.
————, 1971c,「院長交渉もたれる　全職場で討議を」『分会ニュース・速報』（ビラ）.
————, 1971d,「人員要求闘争経過報告」『分会ニュース』10.
————, 1971e,「明日（4/11）投票日　キケンはよそう！」『分会ニュース』（ビラ）.
————, 1972a,「四階病棟での転落事故を如何にみるか」『分会ニュース』16.
————, 1972b,「支援要請への回答」『分会ニュース』17.
————, 1972c,「移転については阻止しない　福祉施設改善と増設について積極的に取組む——分会の態度決る」『分会ニュース』19.
————, 1972d,「8/9 院長交渉行う」『分会ニュース』3.
横塚晃一, 1970a,「差別以前の何かがある」『あゆみ』10.
————, 1970b,「或る友への手紙」『あゆみ』11.
吉田道子, 1969,「療育センターを訪ねて」日本脳性マヒ者協会青い芝の会『青い芝』74： 3-4.
若林克彦, 1970a,「社会活動部の 1 年のまとめ」日本脳性マヒ者協会青い芝の会『青い芝』78：4-5.
————, 1970b,「府中療育センター在所生のハンガーストライキについて——経過報告」日本脳性マヒ者協会青い芝の会『青い芝』81：2-4.
若林幸子, 1970,「職員の勤務異動に関する問題への 1 階障害者のハンストをどのように受けとめるか？——私の考え」.
————, 1971,「私達もがまんできない——非常事態を私はこう考える」.
和田博夫, 1974,「都立府中療育センターの入所者はみんな病人なのか」（パンフレット）.

――――, 1971b,「実質生休二日獲得の運動を進めよう！」(ビラ).
――――, 1971c,「パート労働は私達にどのような意味をもつか」(ビラ).
――――, 1971d,「施設労働者にとって“腰痛”とは何か」(ビラ).
――――, 1971e,「一階における男子夜勤体制をどうみるか」(ビラ).
――――, 1971f,「異動白紙撤回闘争の総括」「障害者の状況と府中療育センターの位置づけ」『府中療育センターにおける運動――勤務異動反対斗争と腰痛問題』.
――――, 1971g,「重点病棟開設と重症一本化の問題――討議資料」(ビラ)
松本隆弘, 1970,「真に労働者の利益を代表する労働運動を」(ビラ).
――――, 1971a,「“腰痛”問題解決のために(案)」(ビラ).
――――, 1971b,「要求獲得に向けて斗かいをおこそう」(ビラ).
――――, 1972,「センターの『重症一本化』はわれわれになにをもたらすのか」(ビラ).
宮越忍, 1969,「府中療育センターについて」身障者の医療と生活を守る会『会報』6: 6-7.
西村秀夫, 1971,「府中療育センターの中から」『連続シンポジウム“闘争と学問”』(ビラ).
名古屋, 猪野, 新田(勲), 新田(絹), 西村, 岩楯, 1971,「質問状 10.7の遠足について」(ビラ).
日本脳性マヒ者協会青い芝の会, 1970a,「第一回討論集会の記録 府中問題」日本脳性マヒ者協会青い芝の会『青い芝』別冊.
――――, 1970b,「府中療育センター当局との交渉について」「要望書――府中療育センター在所生の外出・外泊について」日本脳性マヒ者協会青い芝の会『青い芝』79: 10-11.
――――, 1970c,「彼らのハンストをどう受けとめるのか！！――府中療育センターの職員のみなさんへ訴えます」(ビラ).
――――, 1971,『青い芝――施設問題特集号』.
日本社会事業大学二年行動委員会, 1970,「都立府中療育センター在所生ハンスト闘争事実経過報告」『二行委ニュース』.
新田勲, 1969,「これが重度障害者の生きる場所か」身障者の医療と生活を守る会『会報』7. 若林克彦編『肉と心の怒り――障害者が訴える社会福祉の現実』: 1-5.
――――, 1971a,「二度と同じことを繰り返すな！！」(ビラ).
――――, 1971b,「私は今の非常事態をどう受け止めているのかききたい！！」(ビラ).
――――, 1971c,「鳥は空へ、魚は海へ、人間は社会へ！」.
――――, 1971d,「学生祭・外出のまとめ」府中リハビリ学院新聞サークル『さんれい』3: 4.
――――, 1972a,『移転阻止闘争の経過報告』.
――――, 1972b,「身障中期計画を全面的に撤回せよ！――障害者の居住選択の自由を認めよ！」(ビラ).
――――, 1972c,「都は“在所生の意志を無視した移転計画”の白紙撤回要求を拒否し、移転の強行を決定！」(ビラ).
――――, 1972d,「障害者モルモット化計画に関する公開質問状」(ビラ).
――――, 1972e,「四項目回答に対して」(ビラ).
――――, 1973,「美濃部都知事・民生局局長宛要求書」.
新田勲ほか介護者一同, 1973a,「美濃部都知事・民生局局長宛要求書」.
――――, 1973b,「美濃部亮吉宛質問状」.

府中療育センター在所生有志グループ, 1971,『府中からの告発』(パンフレット)
————, 1972a,「闘争宣言」『斗争ニュース』1・2.
————, 1972b,『斗争ニュース』3・4.
————, 1972c,『斗争ニュース』5・6・7・8.
————, 1972d,『斗争ニュース』9.
————, 1972e,『斗争ニュース』10.
————, 1972f,『斗争ニュース』11「すわりこみ宣言」.
————, 1972g,「保護者の皆様へ」(ビラ).
————, 1973,「美濃部交渉における問題点『障害者』はモルモットなのか!」(パンフレット).
府中療育センター在所生有志グループ・支援グループ, 1972a,「全国総決起集会基調報告」.
————, 1972b,「12・16討論集会基調報告」.
————, 1974a,「要求書および回答書——六項目要求・トイレ介護拒否問題・白木問題」.
————, 1974b,『府中療育センター移転阻止闘争』.
府中斗争事務局, 1974a,『施設労働者』1.
————, 1974b,『府中療育センター1階[重度棟]民生局移管の意義を明らかにする!——府中闘争の新たな地平の獲得に向けて』(パンフレット).
————, 1974c,「発刊にあたって」『ふちゅう』1.
福祉解体編集委員会, 1973,『季刊　福祉解体』準備号.
一階職場代表委員会, 1970,「一二月一日付勤務異動についての職場討論と問題点」(ビラ).
筆者不詳, 1971,「最近の府中療育センターに於ける危機的状況について——一階の職員を中心に腰痛症による長期欠勤者が続出」(レジュメ).
医師有志, 1970,「声明」(ビラ)「センター当局の善処と3名が要求する医療を含めた闘争の保障を当局に強く要求する」.
磯部真教, 1969,「都立府中療育センターは入院と同時に解剖承諾書をとるのは何故か!」「新田君が明らかにしてくれた府中療育センターの実態と姿は、何を訴え、何を問いかけているのであろうか」日本脳性マヒ者協会青い芝の会『青い芝』73:6-7.
北区在宅障害者の保障を考える会・新田勲, 1974,『とりは空に　さかなは海に　にんげんは社会へ　介護料制度報告・介護人派遣センターの設立にむけて』.
公務災害対策委員会, 1970a,「第1回公務対策委員会」『ニュース』1.
————, 1970b,「胸部レントゲン撮影を再度申し入れ」『ニュース』2.
————, 1970c,「執行部見解出る!」『ニュース』3.
————, 1970d,「第4回委員会報告」『ニュース』4.
————, 1970e,「第6回委員会報告」『ニュース』5.
————, 1970f,「委員会報告」『ニュース』6.
————, 1970g,「執行部回答出る」『ニュース』7.
————, 1971a,「"腰痛"対策への申し入れ」(ビラ).
————, 1971b,「腰痛者の経過」(パンフレット).
————, 1971c,「経過報告」『ニュース』11.
組合員有志, 1970,「院長発言の背景にある本音は何か」(ビラ).
————, 1971a,「腰痛問題に関して」(ビラ).

「量の福祉から質の福祉へ　都に転換問う　車イス座り込み」『毎日新聞』1973 年 9 月 28 日．

「『座り込み放置』と行政を追及　身障者グループが都と話合い」『毎日新聞』1973 年 11 月 1 日．

「都側が“改善”を約束」『毎日新聞』1973 年 11 月 17 日．

「白木教授との公開討論会を」『朝日新聞』1973 年 12 月 25 日．

「身障者ら越年座り込み　都庁前　白木元院長の退任要求」『朝日新聞』1973 年 12 月 28 日．

「在所生有志に都が文書で回答　府中療育センター移転騒動」『毎日新聞』1974 年 2 月 14 日．

「車イスでの都庁座り込み　1 年半ぶり解決へ　府中療育センター問題であっせん案」『朝日新聞　夕刊』1974 年 6 月 3 日．

「“テント闘争”終結　療育センター問題　都と調印」『毎日新聞　夕刊』1974 年 6 月 5 日．

「テントを自主撤去　都知事との覚書に調印」『朝日新聞 夕刊』1974 年 6 月 5 日．

「運営に新たな波紋 一階部門の民生局移管 重症者の親が反発」『朝日新聞』1974 年 6 月 17 日．

「自治体の“善政”蒸発　増額の障害者手当、国が吸い取る」『朝日新聞』1974 年 6 月 21 日．

「身障者手当の超過支給分　当分、返す必要なし　都が指示」『朝日新聞』1974 年 6 月 22 日．

「当面、収入とせず　重度手当で都方針」『朝日新聞』1974 年 6 月 28 日．

「重症心障者には危険　府中療育センターの移管　家族ら反対の署名運動」『朝日新聞』1974 年 11 月 23 日．

「『生活の場』か『医療の場』か　運営の対立」『毎日新聞』1974 年 11 月 29 日．

「府中療育センター問題の五者　経過や実情訴える　14 日に運営委で具体論議」『朝日新聞』1975 年 2 月 8 日．

ビラ・機関誌など

青い芝の会本部役員会，1973,「“都立府中療育センター在所生の都庁前の座り込み”についての私達の見解」日本脳性マヒ者協会青い芝の会『青い芝』89： 7.
府中問題連絡会議，1970a,「府中療育センター管理支配体制粉砕」（ビラ）．
————，1970b,「療育という名の仮面をはがせ！！」「ハンストは誰にも圧殺されることはない！」（ビラ）．
府中療育センター 1 病棟，1969,『ひなまつり』（パンフレット）．
府中療育センター移転阻止闘争支援委員会，1972a,「8.12 討論集会報告」『府中療育センター移転阻止闘争支援委員会ニュース』創刊号．
————，1972b,「府中療育センター移転阻止斗争の課題といくつかの傾向に対する批判」（ビラ）."
————，1974a,『府中療育センター移転阻止闘争支援委員会ニュース』．
————，1974b,『府中療育センター移転阻止闘争支援委員会ニュース』5.
————，1974c,『府中療育センター移転阻止闘争支援委員会ニュース』9.
————，1974d,『府中療育センター移転阻止闘争支援委員会ニュース』10.
————，1974e,『府中療育センター移転阻止闘争支援委員会ニュース』11.
————，1975a,『府中療育センター移転阻止闘争支援委員会ニュース』13.
————，1975b,『府中療育センター移転阻止闘争支援委員会ニュース』14.
————，1975c,『府中療育センター移転阻止闘争支援委員会ニュース』15.
————，1975d,『府中療育センター移転阻止闘争支援委員会ニュース』16.

「テントの底」『朝日新聞』1972 年 10 月 3 日 .
「根強い差別感を破れ　身障者支援で座り込み　東京都立府中療育センターの看護助手　松本隆弘さん」『朝日新聞』1972［昭和 47］年 10 月 9 日 .
「都庁前のハンスト　10 日ぶりに解く　抗議の障害者」『朝日新聞』1972 年 10 月 9 日 .
「車イス座り込み 『施設を移さないで』都庁前にもう 33 日」『朝日新聞』1972 年 10 月 20 日 .
「車イスで 40 日座り込みなぜ…『差別移転』に反対　ジレンマに苦しむ都側」『朝日新聞　夕刊』1972 年 10 月 30 日 .
「身障者拒絶するこの大都会　府中療育センター在所者　早大生らと対話集会」『朝日新聞』1972 年 11 月 4 日 .
「都、説明会を提案　座り込みグループ『覚書違反』と不満」『朝日新聞』1972 年 12 月 8 日 .
「都の説明会を“拒否”　府中療育センター座り込みグループ」『朝日新聞』1972 年 12 月 13 日 .
「車イスと“対話”して座り込み百日目」『読売新聞 夕刊』1972 年 12 月 21 日 .
「身にしむ政治の寒風　カンパにみる人情」『朝日新聞』1972 年 12 月 25 日 .
「都､身障者に最後通告　身障者の移転反対すわり込み 100 日目に」『朝日新聞』1972 年 12 月 27 日 .
「『施設移転反対』車イスの座り込み　都が交渉打切り通告」『毎日新聞』1972 年 12 月 27 日 .
「在所生の意思、あす都が確認」『毎日新聞』1973 年 1 月 14 日 .
「身障者の民間移転　処遇は都立施設並みに　都が説明　反対者は納得せず」『朝日新聞』1973 年 1 月 16 日 .
「来月移転で賛否を聞く」『毎日新聞』1973 年 1 月 16 日 .
「車イスの座り込みのなか 3 人が移転　一次移転終わる」『毎日新聞 夕刊』1973 年 1 月 17 日 .
「抗議を押切り移転」『朝日新聞』1973 年 1 月 17 日 .
「重度障害者の一次移転終わる」『毎日新聞 』1973 年 1 月 20 日 .
「『多摩更正園は不祥事続き』施設替え反対派が態度硬化」『朝日新聞 夕刊』1973 年 1 月 26 日 .
「『職員不足なくせ』」『毎日新聞 夕刊』1973 年 1 月 26 日 .
「“多摩更生園”で患者見殺し」『読売新聞』1973 年 1 月 27 日 .
「移転第 2 陣へ阻止の座込み」『毎日新聞 夕刊』1973 年 1 月 29 日 .
「反対派支援学生が気勢」『朝日新聞』1973 年 1 月 30 日 .
「第二次組 4 人移転おわる」『毎日新聞』1973 年 2 月 1 日 .
「美濃部路線　6 年たって・いま」『朝日新聞』1973 年 2 月 11 日 .
「テント生活 1 年 対話の糸口もつかめず」『産経新聞』1973 年 9 月 17 日 .
「1 年になってしまった 車イス座り込み 交渉、物別れのまま」『毎日新聞』1973 年 9 月 18 日 .
「座り込み一年で総決起集会」『読売新聞 夕刊』1973 年 9 月 18 日 .
「都知事 1 年目に面会 すわり込みの身障者 都議会建物に乱入」『朝日新聞』1973 年 9 月 19 日 .
「27 日に知事と話合い　車イス座り込み　1 年で“糸口”」『毎日新聞』1973 年 9 月 19 日 .
「やっと対話へ」『読売新聞』1973 年 9 月 19 日 .
「知事と初めて“対話”　座り込みの身障者　福祉の実情訴える」『朝日新聞　夕刊』1973 年 9 月 27 日 .
「座り込み 1 年　車イスの対話　“施設移転責任”知事に迫る」『毎日新聞　夕刊』1973 年 9 月 27 日 .
「“強制移転はしない”療育センター問題 美濃部さん初の対話」『東京新聞』1973 年 9 月 28 日 .
「都政の目　解決の努力確認」『朝日新聞』1973 年 9 月 28 日 .

ナカニシヤ出版：112-138.
――――, 2007,「他者との共在の可能性――グローバリゼーションとジェンダー」『社会学評論』57（4）： 748-762.
在宅障害者の保障を考える会, 1976,『とりは空に、さかなは海に、にんげんは社会へ――介護料制度経過報告・介護人派遣センターの設立に向けて』.
全国公的介護保障要求者組合, 1988,「全国初の重度障害者・介護者混成組合結成」『季刊福祉労働』41：127-132.
全国自立生活センター協議会編, 2001,『自立生活運動と障害文化――当事者からの福祉論』現代書館.

新聞・雑誌記事（無署名）

「画期的な障害者施設　来月店開き　福祉センター　療育センター」『朝日新聞　夕刊』1968年（昭和43）3月6日.
「府中療育センター　都施設になびく看護婦さん　シワ寄せに泣く民間」『朝日新聞　夕刊』1968（昭和43）年4月3日.
「重症児たちに愛の基地　最新の設備で開所　都立府中療育センター」『朝日新聞　夕刊』1968（昭和43）年6月1日.
「人　白木博次」『朝日新聞』1968年6月5日.
「病床がら空き　府中療育センター　生かされぬ患者の要求」『朝日新聞』1969（昭和44）年4月17日.
「医療の場か！生活の場か！府中療育センターをめぐる対立」福祉新聞, 1969（昭和44）年7月21日.
「総合コロニーが分散　都府中療育センター　用地難、拡張できず　来年度東村山や日野へ収容」新聞社不詳,1970年7月7日.
「施設の看護人に腰痛症　つきっきりの重労働」『朝日新聞』1970年11月1日.
「『重度身障者も人間です』　監視…まるでオリの中　『親切な職員』配転でハンスト」『朝日新聞』1970年（昭和45）年12月14日.
筆者不詳, 1970,「身障者ハンストの意味　告発された府中療育センター」『朝日ジャーナル』12（51）：88.
「民間への移転は追出し　府中療育センターの障害者抗議の座り込み」『朝日新聞』1972（昭和47）年9月19日.
「都庁前、車イスの抗議　『療育所かわるのはイヤ』と」『毎日新聞』1972年9月19日.
「車イス座込み2夜」『毎日新聞』1972年9月20日.
「2局長と話合い」『毎日新聞』1972年9月22日.
「身障者、座り込み十日目」『読売新聞』1972年9月27日.
「二人がハンスト」『朝日新聞』1972年9月29日.
「座込みの2人がハンスト」『毎日新聞』1972年9月29日.
「都庁前のハンスト続く　障害者『隔離』反対の二人」『朝日新聞』1972年9月30日.
「ハンストに突入　都庁前の身障者」『読売新聞』1972年9月30日.

支部総会での講演」倉本智明・長瀬修編『障害学を語る』発行：エンパワメント研究所，発売：筒井書房．
――――，2001,「高橋修――引けないな。引いたら、自分は何のために、1981年から」全国自立生活センター協議会編『自立生活運動と障害文化――当事者からの福祉論』現代書館：249-262.
――――，2006,「贈り物の憂鬱」『希望について』青土社：93-96.
――――，2012,「無償／有償」立岩真也・堀田義太郎『差異と平等――障害とケア／有償と無償』青土社：95-173.
寺田純一，2001,「『青い芝』と43年」全国自立生活センター協議会編『自立生活運動と障害文化――当事者からの福祉論』現代書館：196-204.
Titmuss, R. M., 1970, *The gift relationship,* Palgrave Macmillan,New York.
戸恒香苗，1996,「施設の中の『する－される』関係――府中テント闘争支援者たちの『労働』」日本社会臨床学会編：165-208.
土屋葉，2002,『障害者家族を生きる』勁草書房．
内山美根子・三井絹子・根子友恵，1996,「『"介護"という関係』ノート」フォーラム90s編『月刊フォーラム』8（10）：28-36.
上野千鶴子，1996,「贈与交換と文化変容」井上ほか編『贈与と市場の社会学』岩波書店：155-178.
鵜飼正樹，1994,『大衆演劇への旅――南条まさきの一年二カ月』未来社.
和田博夫，1993,『福祉と施設の模索――障害者の医療はいかにあるべきか1』梟社．
――――，1994,『機能改善医療の可能性――障害者の医療はいかにあるべきか2』梟社．
――――，1995,『障害者とともに歩んで――障害者の医療はいかにあるべきか3』梟社．
和 崩彦，1970,「自主講座『自らをして毒虫とせよ』」『朝日ジャーナル』12（38）：31-35.
若林克彦，2001,「必ず日本の介護は問題になる――30年前に俺たちが予想したとおりになった」全国自立生活センター協議会編『自立生活運動と障害文化――当事者からの福祉論』現代書館：231-238.
渡辺鋭氣，1982,「限りなく後退する家庭奉仕員事業」『福祉労働』17：8-16.
渡邉琢，2011,『介助者たちは、どう生きていくのか――障害者の地域自立生活と介助という営み』生活書院．
矢野智司，2008,『贈与と交換の教育学――漱石、賢治と純粋贈与のレッスン』東京大学出版会．
山本馨，2011,「地域福祉実践の規模論的理解――贈与類型との親和性に着目して」『福祉社会学研究』8：85-104.
山本勝美，1999,『共生へ――障害をもつ仲間との30年』岩波書店．
山下幸子，2008,『「健常」であることを見つめる――1970年代障害当事者運動／健全者運動から』生活書院．
横山晃久，2001,「不屈な障害者運動――新たな障害者運動を目指して」全国自立生活センター協議会編『自立生活運動と障害文化――当事者からの福祉論』現代書館：263-270.
横塚晃一，1975,『母よ！殺すな』すずさわ書房．
――――，2007『母よ！殺すな』生活書院．
吉澤夏子，2004,「『個人的なもの』と平等をめぐる問い」熊野純彦・吉澤夏子編『差異のエチカ』

小倉康嗣, 2011,「ライフストーリー研究はどんな知をもたらし、人間と社会にどんな働きかけをするのか——ライフストーリーの知の生成性と調査表現」『日本オーラル・ヒストリー研究』7：137-155.
岡田英己子, 2002,「戦後東京の重度障害者政策と障害者権利運動に見る女性の役割（1）——身体障害者療護施設の設立経緯を通して」『東京都立大学人文学報』329： 1-46
岡原正幸, 1990a（=1995）,「制度としての愛情——脱家族とは」安積ほか『生の技法——家と施設を出て暮らす障害者の社会学（増補改訂版）』藤原書店：75-100.
————, 1990b（=1995）,「コンフリクトへの自由——介助関係の模索」安積ほか：121-146.
奥村隆, 2002,「社会を剥ぎ取られた地点——『無媒介性の夢』をめぐるノート」『社会学評論』52（4）：486-503.
尾中文哉, 1990（=1995）,「施設の外で生きる——福祉の空間からの脱出」安積ほか『生の技法』藤原書店, 101-120.
大野まり, 1976,「私のなかの女を求めて——女たち、子供たちとの生活」『思想の科学』64：42-48.
Pierson, C., 1991, *Beyond the Welfare State?* Basil Blackwell Limited, Oxford.（=1996, 田中浩・神谷直樹訳『曲がり角にきた福祉国家——福祉の新政治経済学』未来社.）
定藤邦子, 2011,『関西障害者運動の現代史——大阪青い芝の会を中心に』生活書院.
篠原睦治, 2010,『関係の原像を描く——「障害」元学生との対話を重ねて』現代書館.
椎名誠, 1987,『ロシアにおけるニタリノフの便座について』新潮社.
志野雅子, 1976,「施設の中から私は闘う——人間として、女として」『新地平』30（76-11）：70-77.
雫石とみ, 1997,『輝くわが最晩年——老人アパートの扉を開ければ』ミネルヴァ書房.
Simmel, G., 1900, *Philosophie des Geldes*, Berlin：Duncker & Humblot.（=1999, 居安正訳,『貨幣の哲学（新訳版）』白水社）
杉村昌昭, 2005,『分裂共生論——グローバル社会を越えて』人文書院.
庄司洋子, 1994,「家族生活と生活福祉」一番ヶ瀬康子・尾崎新編『生活福祉論』光生館, 24-47.
障害者の足を奪い返す会, 1997,『きのみ通信——猪野千代子60年を生きて』.
高木英至, 1981,「交換、贈与、分配の過程——社会過程論からの試み」『社会学評論』126：37-56.
高杉晋吾, 1971a,「拝啓『殺人施設』殿」『現代の眼』12（3）：172-181.
————, 1971b,『頭脳支配』三一書房.
武川正吾, 1996,「社会福祉と社会政策」井上ほか編『社会構想の社会学』岩波書店, 25-48.
————, 1999,『社会政策のなかの現代——福祉国家と福祉社会』東京大学出版会.
竹中勝男, 1950,『社会福祉研究』関書院.
竹沢尚一郎, 1997,『共生の技法——宗教・ボランティア・共同体』海鳥社.
田中恵美子, 2009,『障害者の「自立生活」と生活の資源——多様で個別なその世界』生活書院.
田中耕一郎, 2005,『障害者運動と価値形成——日英の比較から』現代書館.
立岩真也, 1990（=1995）a,「はやく・ゆっくり——自立生活運動の生成と展開」安積ほか：165-226.
————, 1990（=1995）b,「自立生活センターの挑戦」安積ほか：267-321.
————, 2000a,『弱くある自由へ——自己決定・介護・生死の技術』青土社.
————, 2000b,「手助けを得て、決めたり、決めずに、生きる——第3回日本ALS協会山梨県

Ramdom House.（= 1969, 柴田稔彦・行方昭夫訳『サンチェスの子供たち』みすず叢書 .）
前田拓也 , 2005,「パンツ一枚の攻防――介助現場における身体距離とセクシュアリティ」倉本智明編『セクシュアリティの障害学』明石書店：前田 2009 所収
――――, 2009,『介助現場の社会学――身体障害者の自立生活と介助者のリアリティ』生活書院 .
真木悠介 , 1971,「コミューンと最適社会――人間的未来の構想」『展望』146：10-42.
――――, 1977,『気流の鳴る音――交響するコミューン』筑摩書房 .
Marshall, T. H., 1981, *The Right to Welfare and Other Essays,* Heinaman Educational Books（=1989, 岡田藤太郎訳『福祉国家・福祉社会の基礎理論――「福祉に対する権利」他論集』相川書房 .）
益留俊樹 , 2008,「第 11 回パーソナルアシスタンス☆フォーラムの記録」リソースセンターいなっふ　http：//www.eft.gr.jp/pa-forum/080526/080501masudome.html.
Mauss, M., 1925, *Essai sur le don,*（=1962［2008］, 有地亨訳『贈与論［新装版]』勁草書房 .）
見田宗介 , 1976,「現代社会の社会意識」見田宗介編『社会意識論』東京大学出版会：1-26.
――――, 1996,「交響圏とルール圏」井上俊・上野千鶴子・大澤真幸・見田宗介・吉見俊哉編『社会構想の社会学』岩波書店：149-175
――――, 2006,『社会学入門』岩波書店 .
三井絹子 , 2006,『抵抗の証――私は人形じゃない』千書房 .
村上尚三郎 , 1981,『教育福祉論序説』勁草書房 .
中根成寿 , 2006,『知的障害者家族の臨床社会学――社会と家族でケアを分有するために』明石書店
中西正司・上野千鶴子 , 2003,『当事者主権』岩波書店 .
中野卓 , 1981,「個人の社会学的調査研究について」『社会学評論』32（1）：2-12.
根本俊雄 , 1996,「脱施設への挑戦――街中で共に暮らす」日本社会臨床学会編：55-106.
仁平典宏 , 2011,『「ボランティア」の誕生と終焉――〈贈与のパラドックス〉の知識社会学』名古屋大学出版会 .
日本社会臨床学会編 , 1996,『施設と街のはざまで――「共に生きる」ということの現在』影書房 .
新田勲 , 1969,「これが重度障害者の生きる場所か」青い芝の会『青い芝』73：6.
――――, 1982,「専従介護者にたくす介護保障」『福祉労働』17：17-25.
――――, 1985,「在宅介護労働の『職業』としての社会的保障を――地域社会の中で、共に生きるために」脳性マヒ児教育研究会『脳性マヒ児の教育』52.
――――, 1989,「介護保障運動の取り組みの歴史とその展望」『あくしょん』11：26-31.
――――, 2011,「書評リプライ　足文字は叫ぶ！再び。」『障害学研究』7：359-365.
――――, 2012a,『愛雪――ある全身性重度障害者のいのちの物語　上』, 第三書館 .
――――, 2012b,『愛雪――ある全身性重度障害者のいのちの物語　下』, 第三書館 .
新田勲編 , 2009,『足文字は叫ぶ！――全身性重度障害者のいのちの保障を』現代書館 .
新田絹子 , 1972,「わたしたちは人形じゃない　新田絹子さんの手記」『朝日ジャーナル』14（47）： 52-53.
野口俊彦・酒井弘道・木村俊彦 , 2004,「介助の社会化を考える」『季刊福祉労働』104：12-33.
縫田曄子 , 1977,『福祉・人と心』日本放送出版協会 .
荻野昌弘 , 2005,『零度の社会――詐欺と贈与の社会学』世界思想社 .
小熊英二 , 2009,『1968〈上〉――若者たちの叛乱とその背景』新曜社 .

平井玄, 2010,『愛と憎しみの新宿——半径1キロの日本近代史』筑摩書房.
堀田義太郎, 2012,「ケアと市場」立岩真也・堀田義太郎『差異と平等——障害とケア／有償と無償』青土社：175-205.
Hyde, L., 1979=1983, *The Gift: Imagination and the Erotic Life of Property,*（=2002, 井上美沙子・林ひろみ訳『ギフト——エロスの交易』法政大学出版局.)
一圓光彌, 1982,『イギリス社会保障論』光生館.
————, 1993,『自ら築く福祉——普遍的な社会保障をもとめて』大蔵省印刷局.
市野川容孝・杉田俊介・堀田義太郎, 2009,「『ケアの社会化』の此／彼岸」『現代思想』37（2）119-155.
Ignatieff, M., 1984, *The Needs of Strangers,* Picador.（=1999 添谷育志・金田耕一訳『ニーズ・オブ・ストレンジャーズ』風行社）.
今村仁司, 1994,『貨幣とは何だろうか』筑摩書房.
————, 2007,『社会性の哲学』岩波書店.
稲沢公一, 2008,「社会福祉とは——友人を助けることとの違いは何か」稲沢公一・岩崎晋也『社会福祉をつかむ』有斐閣：1-8.
石川准, 2002,「ディスアビリティの削減、インペアメントの変換」石川准・倉本智明編『障害学の主張』明石書店：17-41.
伊藤幹治, 1995,『贈与交換の人類学』筑摩書房.
伊藤智樹, 2011,「『その人らしさ』と『ニーズ』——支援者としての体験を振り返る」「支援」編集委員会編『支援』1.
岩楯恵美子, 1978,『私も学校へ行きたい』柘植書房.
岩崎晋也, 2002,「なぜ『自立』社会は援助を必要とするのか——援助機能の正当性」有斐閣：69-133.
————, 2005,「ニーズの本質とは」岩崎晋也・池本美和子・稲沢公一『資料で読み解く社会福祉』有斐閣, 65-88.
岩田正美, 2000,「社会福祉とニード——ニード論再考」右田紀久恵・秋山智久・中村永司編『社会福祉の理論と政策』中央法規出版：29-43.
角岡伸彦, 2010,『カニは横に歩く——自立障害者たちの半世紀』講談社.
北島健一, 2002,「福祉国家と非営利組織——ファイナンス／供給分離モデルの再考」宮本太郎編『福祉国家再編の政治』ミネルヴァ書房：247-275.
子供問題研究会, 1974,『俺、「普通」に行きたい』明治図書.
孝橋正一, 1954,「社会事業の理論的位置——社会事業の社会科学」『社会問題研究』4（2）：1-21.
————, 1962『社会事業の基本問題』ミネルヴァ書房.
今防人, 1977,「政治と青年——コミューン運動を例として」『現代のエスプリ別冊　青年』1：155-172.
小阪修平, 2008,『思想としての全共闘世代』筑摩書房.
栗原彬, 1973a,「共生の実験——青年の共同体について」立教法学会『法学周辺別冊』4：20-29.
————, 1973b,「存在証明の政治社会学へ」『思想』587：81-91.
————, 1981,『やさしさのゆくえ——現代青年論』筑摩書房.
Lewis, O., 1961, *The Children of Sanchez, Autobiography of a Mexican Family,* New York,

参考文献

天田城介, 2004,『老い衰えゆく自己の／と自由——高齢者ケアの社会学的実践論・当事者論』ハーベスト社.

————, 2008,「老い衰えゆくことをめぐる人びとの実践とその歴史——私たちが自らを守らんがために現れてしまう皮肉かつ危うい事態について」上野ほか編『ケア　その思想と実践 2　ケアすること』岩波書店：173-198.

荒井裕樹, 2012,「戦後障害者運動史再考（上）——『青い芝の会』の『行動綱領』についてのノート」『福祉労働』135：125-152.

安積純子・岡原正幸・尾中文哉・立岩真也, 1990（=1995）,『生の技法——家と施設を出て暮らす障害者の社会学［増補改訂版］』藤原書店.

朝日新聞学芸部編, 1976,『ニューファミリー』草風社.

Bateson, G., 1972, *Steps to an Ecology of Mind,* New York,Harper & Row.（=1990, 佐藤良明訳『精神の生態学』思索社.）

Bertaux, D., 1997, *Les Récits de Vie : Perspective Ethnosociologique,* Paris, Nathan.（=2003, 小林多寿子訳『ライフストーリー——エスノ社会学的パースペクティブ』ミネルヴァ書房.）

Blau, P., 1964, *Exchange and Power in Social Life.* John Wiley & Sons Inc.（=1974, 間場寿一・居安正・塩原勉訳『交換と権力——社会過程の弁証法社会学』新曜社.）

千葉大学文学部行動科学科社会学研究室, 1994,『障害者という場所——自立生活から社会を見る（1993 年度社会調査実習報告書）』.

出口泰靖, 2011,「『その人らしさ』はどこにある？」「支援」編集委員会編『支援』1.

Falk, P., 1994, *The Consuming Body,* London, Sage.

Foucault, M.,・渡辺守章, 1978=2007,『哲学の舞台（増補改訂版）』朝日出版社.

古川孝順, 1993,「社会福祉の概念と枠組」古川孝順・庄司洋子・定藤丈弘『社会福祉論』有斐閣：23-53.

Gans, H. J., 1982, *The Urban Villagers: Group and Class in the Life of Italian-Americans, Updated and Expanded edition,* Massachusetts, Free Press.（=2006, 松本康訳『都市の村人たち——イタリア系アメリカ人の階級文化と都市再開発』ハーベスト社.）

Goffman, E., 1961, *Asylums: Essays on the social situation of Mental Patients and Other Inmates,* New York: Doubleday and Company Inc.（=1984, 石黒毅訳『アサイラム——施設入所者の日常世界』誠信書房.）

長谷正人, 2009a,「単独性とコミュニケーション」長谷正人・奥村隆編『コミュニケーションの社会学』有斐閣：67-86.

————, 2009b,「敗者の想像力——脚本家　山田太一」『ぎゃらく』483：32-35.

橋本操, 2009,「目指せ！　プロ障害者」新田編：3-4.

林延哉, 1996,「隔離収容を問う出発——『府中テント闘争』とは何か」日本社会臨床学会編：11-53.

Herzlich, C., Pierret, J., 1991, *Malades d'hier, malades d'aujourd'hui,* Paris, Payot.（=1992, 小倉孝誠訳『「病人」の誕生』藤原書店.）

年表 府中療育センター闘争における各主体の動向

年	おもな経過	センター在所生有志グループ、支援者の動き	センター職員の動き	メディアの報道	参考（社会の出来事）
1967	0416 社会党・共産党推薦の美濃部亮吉が東京都知事に当選。				
1968（昭和43）	0401 府中療育センター開設。院長に白木博次東大医学部長が就任。 0601 府中療育センター開所。 1201 東京都『東京都中期計画1968』。初めてのシビルミニマムを設定、心身障害者対策として収容・通所施設の充実を策定。	開所とともに、猪野千代子、岩楯恵美子、志野雅子、名古屋足躬、西村留利ら入所。 1001 新田勲、絹子、町田荘から府中療育センターに入所。	06?? 都職労衛生局支部府中療育センター分会（以下、センター分会）結成。 センター分会、人員補充を要求。	0306「画期的な障害者施設 来月店開き 福祉センター 療育センター」『朝日新聞 夕刊』。 0403「府中療育センター 都施設になびく看護婦さん シワ寄せに泣く民間」『朝日新聞 夕刊』。 0601「重症児たちに愛の基地 最新の設備で開所 都府中療育センター」『朝日新聞 夕刊』。 0605「人 白木博次」『朝日新聞』。	0308 王子野戦病院受け入れ阻止闘争激化。 0331 ジョンソン米大統領、ベトナム戦争での北爆一部停止を発表。 0404 マーティン・ルーサー・キング暗殺。 0419 西武百貨店渋谷店開店。 1017 川端康成がノーベル文学賞受賞。 1020 巨人が阪急を下し日本シリーズ四連覇。 1021 国際反戦デーで新宿駅を学生が占拠、騒乱罪適用。 1210 東京都府中市で三億円強奪事件発生。
	0411 新田勲、管理体制への抗議から府中療育センター事務所前に座り込み。	01?? 新田、この頃町田荘で知りあった恋人と別れる。 0215 宮越忍「府中療育センターについて」身障者の医療と生活を守る会『会報』6: 6-7。 0430 新田勲「これが重度障害者の生きる場所か」身障者の医療と生活を守る会『会報』7。→1015 若林克彦編『肉と心の怒り――障害者が訴える社会福祉の現実』: 1-5。	04?? 府中療育センター1病棟『ひなまつり』（パンフレット）。	0417「病床が空き 府中療育センター 生かされぬ患者の要求」『朝日新聞』。	0102 昭和天皇パチンコ狙撃事件。 0118-19 東大安田講堂攻防戦。 0124 美濃部都知事、都主催の公営競技廃止を通達。 0407 永山則夫連続射殺事件犯人逮捕。

1969（昭和44）	1970（昭和45）
05?? 新田勲、絹子、青い芝の会の総会に参加し、府中療育センターの実情を訴える。 07?? 新田ら、大島一良副院長と面談。	01?? 新田、職員異動の頻繁さに抗議。 03?? 白木博次「医学と医療——重症心身障害の考え方との関連において」『思想』549: 408-422。 0626 センター当局、日本脳性マヒ者協会青い芝の会と交渉。「在所生の外出・外泊について」。 0626 日本脳性マヒ者協会青い芝の会、府中療育センター当局との交渉。青い芝の会から吉田道子、平田浩二、寺田純一、横塚晃一、若林克彦が参加。
0621 新田勲「都立府中療育センターは入院と同時に解剖承諾書をとるのは何故か！」、磯部真教「新田君が明らかにしてくれた府中療育センターの実態と姿は、何を訴え、何を問いかけているのであろうか」日本脳性マヒ者協会青い芝の会『青い芝』73: 6-7。 1015 吉田道子「療育センターを訪ねて」日本脳性マヒ者協会青い芝の会『青い芝』74: 3-4。 1015 新田絹子「日記より」若林克彦編『肉と心の怒り——障害者が訴える社会福祉の現実』:6-8。	01?? 絹子、この頃三井俊明と出逢う。 0610 新田絹子「私の意見と希望」日本脳性マヒ者協会青い芝の会『青い芝』78: 10-11。 0610 若林克彦「社会活動部の一年のまとめ」日本脳性マヒ者協会青い芝の会『青い芝』78: 4-5 0628 「第一回討論集会の記録　府中問題」日本脳性マヒ者協会青い芝の会『青い芝』別冊。
	04?? 腰痛で病欠する職員が出始める。 07?? 職員に腰痛者が激増。 0807 職場代表委員会において公務災害対策委員会の設置を承認。 0824 公務災害対策委員会「第一回公務対策委員会」『ニュース』1。 0828 公務災害対策委員会「胸部レントゲン」撮影を再度申し入れ」『ニュース』2。
0721 「医療の場か！生活の場か！府中療育センターをめぐる対立」新聞社不明。	
0610 日本のGNPが西ドイツを抜いて世界第二位。 0718 庄司薫『赤頭巾ちゃん気をつけて』が芥川賞受賞。 0720 アポロ11号が月面有人着陸。 1004 『8時だョ！全員集合』（TBS）放映開始。 1005 『サザエさん』（フジテレビ）放映開始。 1007 『巨泉×前武ゲバゲバ90分！』（日本テレビ）放映開始。	0114 第三次佐藤栄作内閣発足。 0131 映画『イージーライダー』公開。 0314 日本万国博覧会（大阪万博）開幕。 0322 第一回全日本女子プロ・ボウリング選手権開催、中山律子が優勝。 0331 赤軍派による日航機よど号ハイジャック事件。 0401 『あしたのジョー』放映開始。 0410 ビートルズ解散。 0529 横浜市で二人の障害児の母親が下の子を絞殺。地元に減刑嘆願運動が起きる。青い芝の会神奈川県連合会が厳正裁判を要求。 0623 日米安全保障条約自動延長。

1970（昭和45）

1101 東京都『東京都立府中療育センター』（パンフレット）。
1121 一二月一日付看護科職員異動発表。
1128 センター当局、センター分会と団体交渉。
1129 新田ら四名、ハンガーストライキを決行。
1201 医長、看護課長、センター分会と交渉。
1202 院長、センター分会と交渉。
1204 センター当局、センター分会と交渉。職員による一票投票を実施。
1205 大決起集会。
1206 センター分会臨時総会。
1207 看護科勤務異動、反対運動のなか異動が実施される。
12?? 都、センター入所者を移転し、重症一本化する方針を発表。入所者には知らされず。

0810 新田絹子「府中療育センターからの手紙」日本脳性マヒ者協会青い芝の会『青い芝』79: 12-13。
0810 日本脳性マヒ者協会青い芝の会「府中療育センター当局との交渉について」「要望書――府中療育センター在所生の外出・外泊について」日本脳性マヒ者協会青い芝の会『青い芝』79: 10-11。
08?? 横塚晃一「差別以前の何かがある」『あゆみ』10。府中闘争について言及。
10?? 横塚晃一「或る友への手紙」『あゆみ』11。府中闘争について言及。
1129 一階在所生有志・大山文義・小野広司・名古屋足躬・新田勲「今回の不当勤務異動に対する抗議ハンスト宣言」（ビラ）。
1130 日本脳性マヒ者協会青い芝の会「彼らのハンストをどう受けとめるのか!!――府中療育センターの職員のみなさんへ訴えます」（ビラ）。
1204 府中問題連絡会議「府中療育センター管理支配体制粉砕」（ビラ）。
1204 青い鳥十字の会福祉闘争委員会「闘争宣言――在所生ハンスト支持！勤務異動の白紙撤回要求！ボランティア登録制度粉砕！」（ビラ）。
1210 府中問題連絡会議「療育という名の仮面をはがせ!!」「ハンストは誰にも圧殺されることはない！」（ビラ）。

09?? 腰痛による退職者が出始める。
0905 公務災害対策委員会「執行部見解出る！」『ニュース』3。
0914 公務災害対策委員会「第四回委員会報告」『ニュース』4。
0924 公務災害対策委員会「第六回委員会報告」『ニュース』5。
1009 公務災害対策委員会「委員会報告」『ニュース』6。
1105 公務災害対策委員会「執行部回答出る」『ニュース』7。
1129 一階職場代表委員会「一二月一日付勤務異動についての職場討論と問題点」（ビラ）。
1201 若林幸子「職員の勤務異動に関する問題での一階障害者のハンストをどのように受けとめるのか？――私の考え」（ビラ）。
1201-02 センター分会執行部「看護科異動に関する経過報告①・③」（ビラ）。
1203 センター分会執行部「速報 院長回答出る」。
1204 都職労府中療育センター分会「11.28人員要求についての院長交渉もつ」『分会ニュース』（ビラ）。
1205 医師有志「声明」（ビラ）「センター当局の善処と三名が要求する医療を含めた闘争の保障を当局に強く要求する」。
1205 都職労府中療育センター分会「納得のゆかぬ人事異動」『分会ニュース』（ビラ）。

0707 「総合コロニーが分散 都府中療育センター 用地難、拡張できず 来年度東村山や日野へ収容」新聞社不明。
0927 和 崩彦「自主講座『自らをして毒虫とせよ』」『朝日ジャーナル』12(38): 31-35。
1101 「施設の看護人に腰痛症 つきっきりの重労働」『朝日新聞』。
1214 「府中療育センター 新田『重度身障者も人間です』」『朝日新聞』。
1227 「身障者ハンストの意味――告発された府中療育センター」『朝日ジャーナル』12(51): 88。

0802 東京都内ではじめての歩行者天国が銀座、新宿、池袋、浅草で実施。
0912 映画『ひまわり』公開。
1102 巨人、ロッテを下し日本シリーズ六連覇。
1125 三島由紀夫自衛隊市ヶ谷駐屯地で割腹自殺。
1218 東京都板橋区で京浜安保共闘のメンバー三人が交番を襲撃（上赤塚交番襲撃事件）。

	1971（昭和46）
	0210 センター当局、パートによる欠員の埋め合わせ、ポーターの夜勤勤務、在所生家族の動員。四月の新規採用時に増員を決定。 0317 衛生局、都職労府中療育センター分会と話しあい、次年度四月に欠員補充の確認。 0411 社・共推薦の美濃部亮吉、三六一万五二九九票を獲得し再選（日本選挙史上最多得票）。 05?? 白木博次「美濃部都政下における医療の現状と将来像——わが国における医学と医療の荒廃への危機との関連で」東京都政調査会『都政』16（5）。 06?? センター一階在所生を「多摩更生園」へ移転の噂が流れる。
12?? 日本社会事業大学二年行動委員会「都立府中療育センター在所生ハンスト闘争事実経過報告」『二行委ニュース』。	0212 新田勲「二度と同じことを繰り返すな‼」（ビラ）。 0213 新田勲「私は今の非常事態をどう受け止めているのかききたい‼」（ビラ）。 0412 新田、日本社会事業大学入学式に侵入、アピール「鳥は空へ、魚は海へ、人間は社会へ！」発言。 05?? 新田、この頃府中リハビリテーション学院の女子学生と出逢う。恋愛関係になる。 07?? 絹子と俊明、山口の木村浩子のもとへ。
1207 松本隆弘「真に労働者の利益を代表する労働運動を」（ビラ）。 1208 センター分会執行部「院内異動に関するその後の経過」『分会速報』（ビラ）。 1211 組合員有志「院長発言の背景にある本音は何か」（ビラ）。 1217 芹沢恵一「働くあなたの職業病・腰痛症について」（講演会）。 1230 センター分会執行部「一二月看護科異動に関する経過報告」（ビラ）。 12?? センター分会執行部「看護科一二月定期異動の斗いと総括・今後の方針」。	01?? 腰痛による病欠者が再び激増。夜勤人員の確保が困難になる。 0209 都職労府中療育センター分会公務災害対策委員会「〝腰痛〟対策への申し入れ」。 0210 都職労府中療育センター分会「院長交渉もたれる 全職場で討議を」『分会ニュース・速報』（ビラ）。 0211 若林幸子「私達もがまんできない——非常事態を私はこう考える」（ビラ）。 02?? 都職労府中療育センター分会「人員要求闘争経過報告」『分会ニュース』10。 02?? 「最近の府中療育センターに於ける危機的状況について——一階の職員を中心に腰痛症による長期欠勤者が続出」（レジュメ）。
	0131 『新婚さんいらっしゃい！』（ABC）が放映開始。 0205 アポロ14号、月に着陸。 0222 成田空港公団、第一次強制代執行開始。 0326 東パキスタンの分離とバングラデシュ建国が宣言される。 0403 毎日放送が『仮面ライダー』放映開始。 0411 大阪府知事選挙で社会党・共産党推薦の黒田了一が現職を破り当選。 0419 ソ連、世界初の宇宙ステーション・サリュート1号打ち上げ。 0514 大久保清事件。第四八代横綱・大鵬が引退表明。

1971（昭和46）	
多摩更生園への移転とは、都がたてた中期計画の中で作られた計画であり、日野市程久保の山の中腹を切り拓いて立てた民間経営の施設に一階在所生を移そうというものであった。 0901　在所生有志、多摩更生園を見学。 0902　在所生有志、都民生局を訪問、移転について質問。 1005　在所生有志、「遠足の介護人を、行く本人の意志で自由に何故選べないのか」と医者に問題提起。 1007　在所生有志、多摩更生園についての資料等を親の会、職員、在所生へ配布。 11??　移転について親の会も動揺。センター当局に質問するも、センターは回答せず。 11??　在所生、その父、支援者、多摩更生園を見学（二回）。 1205　センター当局、家族会に移転計画を説明。 12??　在所生有志、院長と面談。「六月頃五〇人を移す」という以外、回答なし。	0119　府中療育センター入所の知的障害児が四階から転落死。 0130　民生局、家族会に移転計画の説明会を開催。
0716　新田勲「学生祭・外出のまとめ」府中リハビリ学院新聞サークル『さんれい』3: 4。 08??　新田、この頃、身障者の医療と生活を守る会の事務所「いこいの家」で過ごし、自立生活を体験。 0929　名古屋、猪野、新田（勲）、新田（絹）、西村、岩楯「質問状　10.7の遠足について」（ビラ）。 1120-24　東大連続シンポジウムに向け合宿。 1204　東大連続シンポジウム開催。府中療育センター在所生有志グループ『府中からの告発』（パンフレット）。 1215　在所生有志、荒木裁判闘争に参加。八木下さんを囲む会に参加、府中問題を提起。 1216　府中療育センター移転阻止討論集会開催。	0123　在所生有志、八木下さんを囲む会に参加、移転問題を提起。 0124　合宿。
0309　一階松本「〝腰痛〞問題解決のために（案）」。 0316　一階松本「要求獲得に向けて斗かいをおこそう」（ビラ）。 0317　組合員有志「腰痛問題に関して」（ビラ）。 0329　組合員有志「実質生休二日獲得の運動を進めよう！」（ビラ）。 0331　府中療育センター組合員有志一同「パート労働は私達にどのような意味をもつか」（ビラ）。 0404　府中療育センター労働者有志「施設労働者にとって〝腰痛〞とは何か」（ビラ）。 0408　組合員有志「一階における男子夜勤体制をどうみるか」（ビラ）。 0410　都職労療育センター分会「明日（4/11）投票日　キケンはよそう！」『分会ニュース』（ビラ）。 0415　公務対策委員会「腰痛者の経過」（パンフレット）。 0608　公務災害対策委員会「経過報告」『ニュース』11。 07??　府中療育センター組合員有志「異動白紙撤回闘争の総括」。「障害者の状況と府中療育センターの位置づけ」。	0221　都職労衛生局支部府中療育センター分会「四階病棟での転落事故を如何にみるか」『分会ニュース』16。
02??　高杉晋吾「安楽死と強制収容所――巨大身障者コロニー建設の思想基盤」『朝日ジャーナル』13(5): 39-44。 03??　高杉晋吾「拝啓『殺人施設』殿」『現代の眼』12(3): 172-181。 04??　高杉晋吾「福祉幻想解体への序章――ルポ・人民の医療へ胎動する反医学総会」『朝日ジャーナル』13(17): 109-114。 0615　高杉晋吾「東洋一の福祉施設の正体」『頭脳支配』三一書房。 12??　西村秀夫「府中療育センターの中から」『連続シンポジウム〝闘争と学問〞』（ビラ）。	
0605　京王プラザホテルが開業（新宿副都心の超高層ビル第一号）。 0701　環境庁発足。 0705　第三次佐藤改造内閣発足。 0720　マクドナルド日本第一号店「銀座店」オープン。 0815　ニクソン・ショック（金とドルの交換停止）。 0908　中国の林彪がクーデター失敗、搭乗飛行機墜落死。 0916　成田空港第二次強制代執行実施。 0918　日清食品「カップヌードル」を発売。 0925　『天才バカボン』放映開始。 1003　『スター誕生！』（日本テレビ）放映開始。 1017　巨人が阪急を下し日本シリーズ七連覇。 1125　中華人民共和国が国連加盟。 1203　第三次印パ戦争。	0109　『ムーミン』放映開始。 0110　『正義を愛する者　月光仮面』放映開始。 0124　グアム島で元日本兵横井庄一氏発見。

1972（昭和47）

0226 民生局、衛生局、在所生有志と交渉。
・移転に際しての「障害者」の主体について。
・なぜ、多摩更生園へ移転させるのか。
・民間委託についての詳しい内容 明確な回答得られず。民生局、衛生局はセンターの現状を把握していない。
0310 民生局、衛生局、緑生会、在所生有志と交渉。
0317 都、回答。交渉の継続を確認。
0331 都、在所生に対して移転についての初めての説明会。
07?? センターとしての多摩更生園、見学が実現（女子のみ）。
08?? 男子在所生の見学も実現。しかし移転反対に対する嫌がらせがあり、見学者は九名のみ（二〇数名中）。
0821 民生局、衛生局、在所生有志と交渉。
0829 民生局、衛生局、在所生有志と交渉。センター訓練室で開催。 在所生多数、親二〇名弱の参加。
0907 センター一階ロビーで、都交渉。「行きたくない人はどうするか」との在所生からの問いに、「上の人に聞かないと分からない」「どうしてもという人は、家へ帰ってもらう」と回答。

0203 在所生有志、都職労府中療育センター分会へ支援要請。
0207-13 在所生有志、職員有志、ボランティア、合宿。移転の実力阻止を決定。このころから移転問題に積極的に取り組む在所生に対して、職員の個人攻撃が激しくなる。
　在所生有志F、強制的に家に連れ戻される。以後、六ヶ月間消息不明。後、センターに戻される。
0211 東大連続シンポジウム開催、移転問題の提起、移転阻止に向けての決意表明。
0226 新田、絹子、三井、名古屋、猪野、岩楯、名古屋、若林、民生局、衛生局と交渉。
0308 在所生有志、緑生会と話しあい。
0310 民生局交渉、翌日午前三時まで。
0326 府中療育センター在所生有志グループ「闘争宣言」『斗争ニュース』1・2。
0328 在所生有志、センター分会へ公開質問状。
0422 新田勲『移転阻止闘争の経過報告』。
0422 府中療育センター在所生有志グループ「保護者の皆様へ」。
0430 府中療育センター在所生有志グループ『斗争ニュース』3・4。

0228 都職労衛生局支部府中療育センター分会「支援要請への回答」『分会ニュース』17。センター分会、支援要請を拒否。
0321 都職労衛生局支部府中療育センター分会「移転については阻止しない 福祉施設改善と増設について積極的に取組む――分会の態度決る」『分会ニュース』19。
08?? 府中療育センター移転阻止闘争支援委員会「8.12討論集会報告」『府中療育センター移転阻止闘争支援委員会ニュース』創刊号。
0814 都職労衛生局支部府中療育センター分会「8/9院長交渉行う」『分会ニュース』3。
0826 府中療育センター移転阻止支援委員会「府中療育センター移転阻止斗争の課題といくつかの傾向に対する批判」（ビラ）。

0203 札幌冬季オリンピック開催。
0219 連合赤軍によるあさま山荘事件。
0221 ニクソン米大統領訪中。
0315 山陽新幹線・新大阪駅-岡山駅間開業。
0401 「ベルサイユのばら」『週刊マーガレット』が連載開始。「ドカベン」『週刊少年チャンピオン』が連載開始。
0416 川端康成が自殺。
0515 アメリカから日本へ沖縄返還、沖縄県発足。
0530 イスラエルのテルアビブ空港で日本赤軍乱射事件。
0611 田中角栄通産相『日本列島改造論』発表。
0614 中絶禁止法に反対しピル解禁を要求する女性解放連合（中ピ連）結成。
0617 ウォーターゲート事件発覚。佐藤栄作首相退陣表明。

1972（昭和47）

0912 美濃部都知事に三千名の署名をそえて、「在所生の意志を無視した移転反対。神経科学総合研究所の開設中止、介護料要求等」の要請書を提出し会見を申し込み。

0916 都庁にて拒否回答を受け取る。

0918 都庁第一庁舎前に「移転阻止・美濃部団交要求」を掲げ、座りこみテントをたてる。

0918 民生局長、衛生局長ほか都職員がテント撤去を説得。

0927 都、在所生に対し移転問題をめぐる説明会開催。

0919-0926 連日、都交渉。座りこみ開始後、はじめて民生局長、衛生局長が同席。センター院長「健康診断」を理由にドクターストップを出す。民生局長、衛生局長他、センター内の実情を把握しておらず。交渉、途中で打ち切り。

0928-1008 交渉打ち切りに抗議し在所生有志グループ名古屋と支援者の八木下浩一がハンストに入る。知事室、衛生局、民生局、沈黙。センター院長ドクターストップをかけにくる。衛生局長と徹夜交渉の末「府中療育センターでの処遇の改善、多摩更生園の改善についての折衝を行うこと、全在所生に知事が会うこと」などを確約、ハンストをとく。

1003 民生局、衛生局、新田らと交渉。

1010 民生局、衛生局、新田らと交渉。

05?? 在所生有志グループ「移転拒否」の意志表示を院長に提出。センターとして多摩更生園への見学を行うよう要請。

06?? 新田、この頃恋人とアパートで暮らしはじめる。家賃は職員有志によるカンパ。センターには入浴時のみ戻る生活に。

07?? 府中療育センター在所生有志グループ『斗争ニュース』5・6・7・8。

08?? 府中療育センター在所生有志グループ『斗争ニュース』9。

09?? 府中療育センター在所生有志グループ『斗争ニュース』10。

09?? 有志が「多摩更生園」を見学。民生局に回答を求めるも回答なし。

0918 絹子、名古屋、都庁第一庁舎前にテント座り込み。

0919 新田、第二庁舎前にテント座り込み。

0919 府中療育センター在所生有志グループ『斗争ニュース』11「すわりこみ宣言」。

0926 新田勲「身障中期計画を全面的に撤回せよ！——障害者の居住選択の自由を認めよ！」（ビラ）。

0929 新田勲「都は〝在所生の意志を無視した移転計画〟の白紙撤回要求を拒否し、移転の強行を決定！」（ビラ）。

0919 「民間への移転は追出し 抗議の座り込み 都の方針『公立には重傷者を』」『朝日新聞』。

0919 「都庁前、車イスの抗議 『療育所かわるのはイヤ』と」『毎日新聞』。

0920 「車イス座込み2夜」『毎日新聞』。

0922 「2局長と話合い」『毎日新聞』。

0927 「身障者、座り込み十日目」『読売新聞』。

0929 「二人がハンスト」『朝日新聞』。

0929 「座込みの2人がハンスト」『毎日新聞』。

0930 「都庁前のハンスト続く 障害者『隔離』反対の二人」『朝日新聞』。

0930 「ハンストに突入 都庁前の身障者」『読売新聞』。

1003 「テントの底」『朝日新聞』。

1009 「都庁前のハンスト10日ぶりに解く 抗議の障害者」『朝日新聞』。

1009 「根強い差別感を破れ 身障者支援で座り込み 東京都立府中療育センターの看護助手松本隆弘さん」『朝日新聞』。

1020 「車イス座り込み『施設を移さないで』 都庁前にも33日」『朝日新聞』。

1030 「車イスで40日座り込みなぜ… 『差別移転』に反対ジレンマに苦しむ都側」『朝日新聞（夕刊）』。

0902 「必殺シリーズ」（朝日放送・TBS）放映開始。

0905 ミュンヘンオリンピック事件、オリンピック選手村でゲリラがイスラエル人選手らを殺害。

0929 田中首相訪中、日中国交正常化の共同声明。

1001 『シャボン玉ホリデー』（日本テレビ）が一一年四ヶ月の放送に幕。

1022 柳家金語楼死去。

1028 上野動物園にジャイアントパンダのランラン、カンカンが来園。巨人が阪急を下し日本シリーズ八連覇。

1972（昭和47）	
10?? 移転反対を表明した在所生（有志グループ以外の在所生）がセンターから強制帰宅させられる。 1208 東京都衛生局長朝日仁一・民生局長縫田曄子「府中療育センター在所生移転問題について」を通知。 1226 都、交渉打ち切りの最後通告。	0113 センターにおいて突然、移転対象者の人数と日時の発表。 0115 センターにおいて移転に関する説明会。 0117-0119 第一次移転実施。一階一四人の在所生。 0127 再度、説明会開催。 0129-0131 第一次二派 移転実施。
1003 新田勲・府中療育センター移転阻止斗争支援委員会が民生局、衛生局と交渉。 1007 新田勲「障害者モルモット化計画に関する公開質問状」（ビラ）。 1010 新田勲・府中療育センター移転阻止斗争支援委員会が民生局、衛生局と交渉。 1012 新田勲・府中療育センター移転阻止斗争支援委員会「一〇日の対都交渉進展せず！四項目の具体的内容についての文書回答行なわず!!」（ビラ）。 1016 新田勲「四項目回答に対して」（ビラ）。	0119 新田勲・府中療育センター移転阻止闘争支援委員会「移転阻止闘争の成果の上に生活権獲得の闘いを発展させよう！」（ビラ）。 0313 新田勲ら第二テント撤去。
1104 「身障者拒絶するこの大都会 府中療育センター在所者早大生らと対話集会」『朝日新聞』。 1117 渡部淳「『身体障害者』の与えられた生――府中療育センター強制移転反対闘争」『朝日ジャーナル』14(47)：48-51。 1117 新田絹子「わたしたちは人形じゃない 新田絹子さんの手記」『朝日ジャーナル』1(47)：52-53。 1208 「都、説明会を提案 座り込みグループ『覚書違反と不満』」『朝日新聞』。 1213 「都の説明会を〝拒否〟府中療育センター座り込みグループ」『朝日新聞』。 1221 「車イスと〝対話〟して座り込み百日目」『読売新聞 夕刊』。 1225 「身にしむ政治の寒風 カンパにみる人情」『朝日新聞』。 1227 「都、身障者に最後通告 身障者の移転反対すわり込み100日目に」『朝日新聞』。 1227 「『施設移転反対』車イスの座り込み 都が交渉打切り通告」『毎日新聞』。	0114 「在所生の意思、あす都が確認」『毎日新聞』。 0116 「身障者の民間移転 処遇は都立施設並みに 都が説明 反対者は納得せず」『朝日新聞』。 0116 「来月移転で賛否を聞く」『毎日新聞』。 0117 「車イスの座り込みのなか三人が移転 一次移転終わる」『毎日新聞 夕刊』。
1107 アメリカ大統領選挙ニクソン再選。 1218 アメリカ軍、ベトナム北爆再開。 1225 北朝鮮最高人民会議、社会主義新憲法採択、金日成を国家主席に選出。 1227 朴正熙、大韓民国第八代大統領に就任。	0127 ベトナム和平協定。 0808 金大中拉致事件。 1017 オイルショック。 1028 地方統一選大都市圏知事に革新候補当選。

1973（昭和48）

0918　座りこみ一年が経過、都知事への直訴によって交渉の確約。
0927　有志グループ、美濃部都知事と面談。知事は自ら「強制移転は間違っていた。強制移転は中止する。府中療育センターを改善、改造し、生活の場とする」ことを約束した。以降、副知事との交渉を継続。
10??-01??　副知事と六項目要求について交渉。六項目要求
①在所生の意志を無視した強制移転の中止
②民間委託の中止（民間経営になると在所生の自己負担費が多くなり日常生活が圧迫される）
③隔離・分断の中止
④「重度・重症」一本化の中止
⑤神経科学総合研究所建設の中止
⑥「障害者」用住宅と介護料の要求
11??　白木博次「自治体（東京都を中心に）の医療行政の基本的背景」『ジュリスト——医療と人権』548: 242-248。

0929　府中療育センター在所生有志グループ「美濃部交渉における問題点『障害者』はモルモットなのか！」（パンフレット）。
1001　福祉解体編集委員会『季刊　福祉解体』準備号。

0516　府中療育センター移転阻止闘争支援委員会、院長交渉。
0521　府中療育センター移転阻止闘争支援委員会、衛生局交渉。

0117　「抗議を押切り移転」『朝日新聞』。
0120　「重度障害者の一次移転終わる」『毎日新聞』。
0126　「『多摩更正園は不祥事続き』施設替え反対派が態度硬化」『朝日新聞　夕刊』。
0126　「『職員不足なくせ』」毎日新聞　夕刊』。
0127　「〝多摩更生園〟で患者見殺し」『読売新聞』。
0129　「移転第2陣へ阻止の座込み」『毎日新聞　夕刊』。
0130　「反対派支援学生が気勢」『朝日新聞』。
0201　「第二次組4人移転おわる」『毎日新聞』。
0211　「美濃部路線　6年たって・いま」『朝日新聞』。
0917　「テント生活1年　対話の糸口もつかめず　続く車イスの座り込み」『産経新聞』。
0918　「1年になってしまった　車イス座り込み　交渉、物別れのまま」『毎日新聞』。
0918　「座り込み一年で総決起集会」『読売新聞　夕刊』。
0919　「都知事、1年目に面会　すわり込みの身障者　都議会建物に乱入」『朝日新聞』。
0919　「27日に知事と話合い　車イス座り込み　1年で〝糸口〟」『毎日新聞』。
0919　「やっと対話へ」『読売新聞』。
0927　「知事と初めて〝対話〟座り込みの身障者　福祉の実情訴える」『朝日新聞　夕刊』。
0927　「座り込み1年　車イスの対話　〝施設移転責任〟知事に迫る」『毎日新聞　夕刊』。

0127　ベトナム和平協定。
0521　山口百恵が『としごろ』で歌手デビュー。
0808　金大中拉致事件。
1001　つくば市に筑波大学が開学。
1017　オイルショック。
1028　地方統一選大都市圏知事に革新候補当選。
1101　巨人が南海を下し日本シリーズ九連覇。
1125　第二次田中内閣発足。

	1974（昭和49）
	02??-03?? 有志グループ、センターの改善・改造要求を提出（四二項目要求）。 職員の労働過重を引き起こすという理由から交渉が行き詰まる。 04?? センター医師団、有志グループの要求を認めないよう、都へ要望書を提出。 0605 交渉の行き詰まりを打開するため、議長あっせんによって覚書が交わされる。 覚書 ①一九七五年四月一日付で府中療育センター一階重度棟を民生局に移管。
	03?? 府中療育センター在所生有志グループ・支援グループ「要求書および回答書――六項目要求・トイレ介護拒否問題・白木問題」。 05?? 北区在宅障害者の保障を考える会・新田勲『とりは空に さかなは海に にんげんは社会へ 介護料制度報告・介護人派遣センターの設立にむけて』。 07?? 府中斗争事務局『施設労働者』1。
	0201 府中療育センター移転阻止闘争支援委員会『府中療育センター移転阻止闘争支援委員会ニュース』。 0529 府中療育センター移転阻止闘争支援委員会『府中療育センター移転阻止闘争支援委員会ニュース』5。
0928 「〝強制移転はしない〟 療育センター問題 美濃部さん初の対話」『東京新聞』。 0928 「都政の目 解決の努力確認」『朝日新聞』。 0928 「量の福祉から質の福祉へ 都に転換問う 車イス座り込み」『毎日新聞』。 1101 「『座り込み放置』と行政を追及 身障者グループが都と話合い」『毎日新聞』。 1117 「都側が〝改善〟を約束」『毎日新聞』。 1225 「白木教授との公開討論会を」『朝日新聞』。 1228 「身障者ら越年座り込み 都庁前 白木元院長の退任要求」『朝日新聞』。	0214 「在所生有志に都が文書で回答 府中療育センター移転騒動」『毎日新聞』。 0603 「車イスでの都庁座り込み 1年半ぶり解決へ 府中療育センター問題であっせん案」『朝日新聞 夕刊』。 0605 「〝テント闘争〟終結 療育センター問題 都と調印」『毎日新聞 夕刊』。 0605 「テントを自主撤去 都知事との覚書に調印」『朝日新聞 夕刊』。
	0126 べ平連解散集会。 0310 ルバング島で元日本兵小野田寛郎氏を発見。 0330 ザ・ドリフターズに志村けんが加入。 0515 セブンイレブンが江東区に第1号店を出店。

1974（昭和49）	1975（昭和50）
②九項目要求（もと四二項目）については第三者を交えた協議会を開き協議。 0605　有志グループ、覚書調印に基づき座り込みを一年九か月ぶりに解く。 08??・09??　覚書に基づき、都とセンター改善・改造の交渉（一階民生局移管後に在所生の生活の場にするため大部屋を四人部屋にする、トイレ・風呂の改造、集会室の設置、外出・外泊制度を撤廃、職員構成の変更）。 08下旬　センター分会（都職労衛生局支部）がセンター一階民生局移管に反対を表明。 09??　センター医師団、センター家族会、相次いで一階民生局移管に反対を表明、都へ要求。これらの反対によって都との交渉が行き詰まる。 12??　行き詰まりを打開するために都が当事者間の話し合いを提案。「話し合う会」（有志グループ、支援グループ、医師団、家族会、都の五者）が持たれる。	0325　「第三回話しあう会おこなわれる」『療育センター新聞』三月二五日臨時増刊号。 0401　都「話し合う会」で議論が集約されていないことを理由に覚書をかわさず。 0407　有志グループ、都へ抗議。
12??　府中療育センター在所生有志グループ・支援グループ『府中療育センター移転阻止闘争』。	02??　府中斗争事務局『府中療育センター一階「重度棟」民生局移管の意義を明らかにする！――府中闘争の新たな地平の獲得に向けて』（パンフレット）。
0923　移転阻止闘争支援委員会『府中療育センター移転阻止闘争支援委員会ニュース』9。 1104　府中療育センター移転阻止闘争支援委員会『府中療育センター移転阻止闘争支援委員会ニュース』10。 1204　府中療育センター移転阻止闘争支援委員会『府中療育センター移転阻止闘争支援委員会ニュース』11。	02??　府中療育センター移転阻止闘争支援委員会『府中療育センター移転阻止闘争支援委員会ニュース』13。 02??　府中療育センター移転阻止闘争支援委員会『府中療育センター移転阻止闘争支援委員会ニュース』13。
0617　「運営に新たな波紋　一階部門の民生局移管　重症者の親が反発」『朝日新聞』。 0621　「自治体の〝善政〟蒸発　増額の障害者手当、国が吸い取る」『朝日新聞』。 0622　「身障者手当の超過支給分　当分、返す必要なし　都が指示」『朝日新聞』。 0628　「当面、収入とせず　重度手当で都方針」『朝日新聞』。 0701　高杉晋吾「いま福祉施設で何が起こっているか㊤　焼死した子の補償ゼロ　なかで働く人はひどい腰痛症に悩む」『毎日新聞』。 10??　和田博夫「都立府中療育センターの入所者はみんな病人なのか」（パンフレット）。 1123　「重症心障者には危険　府中療育センターの移管　家族ら反対の署名運動」『朝日新聞』。 1129　「『生活の場』か『医療の場』か　運営の対立」『毎日新聞』。	0208　「府中療育センター問題の五者　経過や実情訴える　14日に運営委で具体論議」『朝日新聞』。
0808　ウォーターゲート事件でニクソン米大統領が辞任。フォード副大統領が大統領に就任。 1014　巨人・長嶋茂雄が引退。 1209　田中首相辞任、三木武夫内閣発足。	0308　国際婦人年。 0310　新幹線岡山‐博多間開業。 0430　ベトナム戦争終結。

1975（昭和50）
0413　社・公・共推薦の美濃部亮吉、三選。 0422　縫田民生局長退任。 06??　都の姿勢に対する抗議として都庁へ再度の座り込みを実施。 0616　「話し合う会」において都の最終案として「府中療育センター一階を同敷地内に増築する」案が出される。在所生有志グループ、支援グループ、やむなく受け入れを決める。 　しかしセンター医師団、家族会、センター分会は反対を表明。 07??　事態は進展せず、府中市議会において増築棟建設中止の決議が出される。膠着状態が続く。
0703　府中闘争事務局「発刊にあたって」『ふちゅう』1。
0425　府中療育センター移転阻止闘争支援委員会『府中療育センター移転阻止闘争支援委員会ニュース』15。 0720　府中療育センター移転阻止闘争支援委員会『府中療育センター移転阻止闘争支援委員会ニュース』16。

◉本書のテキストデータを提供いたします

本書をご購入いただいた方のうち、視覚障害、肢体不自由などの理由で書字へのアクセスが困難な方に本書のテキストデータを提供いたします。希望される方は、以下の方法にしたがってお申し込みください。

◎データの提供形式：CD-R、フロッピーディスク、メールによるファイル添付（メールアドレスをお知らせください）

◎データの提供形式・お名前・ご住所を明記した用紙、返信用封筒、下の引換券（コピー不可）および200円切手（メールによるファイル添付をご希望の場合不要）を同封のうえ弊社までお送りください。

◉本書内容の複製は点訳・音訳データなど視覚障害の方のための利用に限り認めます。内容の改変や流用、転載、その他営利を目的とした利用はお断りします。

◎あて先：

〒160-0008

東京都新宿区三栄町17-2 木原ビル303

生活書院編集部　テキストデータ係

【引換券】

福祉と贈与

著者紹介

深田耕一郎

（ふかだ　こういちろう）

1981年生まれ。2012年3月、立教大学大学院社会学研究科博士課程後期課程修了。博士（社会学）。日本学術振興会特別研究員、立教大学社会学部助教を経て、現在、女子栄養大学栄養学部専任講師。

主な論文に、

「障害者の自立生活と介助——存在価値としての自立へ」庄司洋子ほか編『自立と福祉——制度・臨床への学際的アプローチ』現代書館、2013年、173-192頁

「介助者の課題——足文字を読むということ」杉田俊介ほか編『障害者介助の現場から考える生活と労働——ささやかな「介助者学」のこころみ』明石書店、2012年、59-92頁

「介護というコミュニケーション——関係の非対称性をめぐって」福祉社会学会『福祉社会学研究』6号、2009年、82-102頁

「贈与を要求する——公的介護保障要求運動とはなにか」障害学会『障害学研究』5号、2009年、88-112頁

「贈与の福祉が生まれるところ——生の技法としての参与観察」『福祉社会学研究』12号、2015年、24-38頁

福祉と贈与
——全身性障害者・新田勲と介護者たち

発　行——二〇一三年一〇月一三日　初版第一刷発行
二〇一六年四月一〇日　初版第二刷発行

著　者——深田耕一郎
発行者——髙橋　淳
発行所——株式会社　生活書院
〒一六〇—〇〇〇八
東京都新宿区三栄町一七—二　木原ビル三〇三
TEL 〇三—三二二六—一二〇三
FAX 〇三—三二二六—一二〇四
振替 〇〇一七〇—〇—六四九七六六
http://www.seikatsushoin.com

印刷・製本——株式会社シナノ
装　丁——糟谷一穂

Printed in Japan

ISBN 978-4-86500-016-0
定価はカバーに表示してあります。
乱丁・落丁本はお取り替えいたします。